国家社科基金青年项目"明清时期有关日本的史籍研究"

（11CZS002）结题成果

临海东观

LINHAI DONGGUAN

明清史学中的日本研究与认识

Mingqing Shixue zhong de Riben Yanjiu yu Renshi

时培磊◎著

科学出版社

北京

内 容 简 介

明清时期的官员、学者撰述关乎日本的国情、史地的著作显著增加，到日本实地考察并且做出详细记述的现象也日益频繁。在某种意义上，明清时期正是中国加强日本史地著述和深入认识日本的一个转折点。本书由上编和下编两部分组成。上编主要是围绕明清时期出现的日本研究史籍，侧重于史学史和文献学的角度，对其进行史学方面的分析。下编主要是围绕明清时期日本研究史籍中所出现的对日认识问题进行分析，从史学作品中探究编纂者的日本观，以及由此反映出的明清时代时人的日本观问题，从"日本地位和整体形象观""日本人形象观""日本政治观""日本文化风俗观"等角度勾勒了一幅清新、有序的"日本观"图景。

本书适合对明清时期中日交流等问题感兴趣的读者阅读。

图书在版编目（CIP）数据

临海东观：明清史学中的日本研究与认识 / 时培磊著.—北京：科学出版社，2017.6
ISBN 978-7-03-053731-7

Ⅰ. ①临…　Ⅱ. ①时…　Ⅲ. ①日本-研究-史学史 ②史学史-中国-明清时代　Ⅳ. ①K313.07 ②K092.4

中国版本图书馆 CIP 数据核字（2017）第 132040 号

责任编辑：李春伶　耿 雪 / 责任校对：韩 杨
责任印制：张克忠 / 封面设计：润一文化
联系电话：010-64005207
电子邮箱：lichunling@mail.sciencep.com

科 学 出 版 社 出版
北京东黄城根北街 16 号
邮政编码：100717
http://www.sciencep.com

北京通州皇家印刷厂 印刷
科学出版社发行　各地新华书店经销

*

2017 年 6 月第 一 版　开本：720×1000　1/16
2018 年 1 月第二次印刷　印张：23 1/4
字数：346 000
定价：118.00 元
（如有印装质量问题，我社负责调换）

序

　　时培磊君又一书稿确定出版，一年期间内他可望出版两部著述，值得祝贺！当然，这不是一年内的研究成果，而是经过了多年的积累，在近两年内的修订补充工作。两书虽有着思维线索上的联系，但后书内容上有所扩展，学术上更深入一步，反映了作者是在具有开拓空间的议题上，锲而不舍地持续研究，不断前进。研究历史问题，理应有此"咬定青山不放松"的理念，研究专题不宜过分分散，最好围绕一个系统问题，如剥笋、抽茧，深入而延伸。"打一枪换一个地方"并非上乘的治学方式，尤其是尚处于"学术起步"状态的年轻学者，更须注意。

　　中日两国的联系在历史上源远流长。自隋唐时期，日本朝野就认识到中国的实际国情，无论政治制度还是经济、文化，都处于比日本大为先进的水平，遂主动加强了与中国的交往，中国朝廷与官员、学者，也逐步关注日本的国情、民俗，中日之间相互了解日益加深。但长期以来，日本对中国的考察为多，中国对日本的认识往往依赖对方来人的介绍，缺少中国人士亲身到日本本土做实际考查。明代中期社会矛盾积累，上层政争趋于激烈，同时日本政局也动荡频仍，游离于政权控制之外的日本浪人与中国海寇、商业走私团伙，每有勾结，发展成武装、暴力的倭寇集团，在明朝江浙沿海等地区烧杀劫掠，进而造成显著的边患，引起国人对于日本历史和国情的高度关注。明万历时期，值日本丰臣秀吉掌政，对外扩张意图膨胀，发生了中日在朝鲜半岛的战争。所有这些，都激发中国人士更加重视对于日本的了解和研究，对日本国情、历史、地理、民俗的实地考察也逐渐起步，并且留下了若干著述。

清朝取代明朝之后，政权的变动并未打断历史文化的承续，对于日本的了解和认知仍然发展。特别是日本的明治维新运动，呈现出社会制度、经济体制之巨变，引起清朝官员与士人不同的观察与评议。整个日本的历史演变与文化特色，不仅受到中国各界的关注，而且逐渐在学术层面上成为研究对象。甲午中日战争中，清朝惨败，被迫赔款、割地，对中国朝廷和士人产生强烈刺激，促使仿照日本明治维新而变法图强的思潮兴起，关乎日本的史籍遂接踵而生，在学术深度、内容广度上都超越以往。可见中国学人对于域外国度历史与现状的关注，往往是与国际关系的发展密切联系。近代东方各国共同面对西方政治、文化力量的冲击，中国与日本的反应有很大区别，日本明治维新的成功，使中国在应对西方的同时，不得不同时关注东海邻国的动向，彼时，中日关系纠结于整个国际格局之内，不同于其他任何两国的双边关系。因此，考查和总结明清时期特别是清季以来中国学界对日本的认识进程，既有学术价值，更具现实意义。

时培磊君的这部著述，分上、下两编，上编首先梳理明代以前各种皇朝正史中的日本专传，以及正史之外各种史籍中关涉日本的内容，表明自古以来两国的交往源远流长。随后详细论述明代和清代出现的研究日本之史籍，作整体把握下具体的阶段划分。例如，作者划分为三个阶段，第一是清初至清、日建交前夕。这一时期两国关系冷淡，除个别物资的贸易外，官方层面很少交往，中国学界研究日本的著述虽少，但仍有可圈可点之处，如《明史》等官修史籍包含了专门的日本记述，私家撰著则有翁广平《吾妻镜补》等名作，可见国人对日本的关注并未废弛。第二阶段始于中日两国建交，即明治维新中的公元1871年。此后20余年间，产生了多种高水平日本史著与日本考察报告，如黄遵宪的《日本国志》、王韬的《扶桑游记》、傅云龙的《游历日本图经》和顾厚焜的《日本新政考》等等。在这个时期，由于明治维新的举措引人瞩目，清人相关的记述和评议颇多，散见于各种文籍。甲午中日战争开启了清人研究日本的第三阶段，以康有为《日本变政考》、王先谦《日本源流考》为代表作。前书经世致用，以日本的范例鼓动维新变法；

后者观念上趋于保守，然而在清理史料方面颇显功力，全书用编年体勾画出日本历史发展的清晰线索。作者将清代中国研讨日本之著述，置于历史阶段性的分析，联结国情与国际关系的背景，思路明晰，认识中肯，值得赞许。

下编论述明清两代的"日本观"，即中国人士对于日本历史、国情的观感与认识，其中包括对日本的整体形象和整体地位的感触和评议，对日本人的形象即素质的描述和判断，对日本国家之政治机制运作的评价，对日本社会风俗的看法等等。下编大约占全书篇幅的三分之一，这项内容是本书作者的独到安排，立异开新，极具学术特色。

笔者认为：中国人士的"日本观"，是极其重要而又具备迫切现实性的大问题。中日两国一衣带水，历史上的文化交流从未中断，自 7 世纪以降，日本锐意学习中国的政制、经济、文化、技艺，仿从中颇具创新，塑造了在世界上相当独特的社会体制和文化特色。时值近代，日本又充当了向中国大量传播西方思想文化的中介甚至捷径，其中包括马克思主义的学说。中国颇具声势的变法维新运动，直接受到日本的影响，孙中山倡导的反清革命运动也是在日本酝酿和积蓄力量。20 世纪 30—40 年代中，日本当局打着"大东亚共存共荣"的幌子发动了对中国的全面入侵，犯下滔天罪行，这是历代以来中日关系史中最为严重的一节。然而这一时期，也不乏部分日本人士投身于中国的抗战事业，例如尾崎秀实（1901—1944）、中西功（1910—1973）、绿川英子（女，1912—1947）等一大批反对日本侵华战争的勇士，为世界反法西斯正义战争作出巨大贡献，有许多人献出了宝贵的生命。近现代的中日关系，恩仇纠结，日本观已经不能以笼统、单一的目光来面对和思考，应该充分认识其多面性、复杂性。而辅助我们形成正确的日本观，除了先进思想体系的指导而外，直接明清以来中国的各种日本观也起到一一的参考作用，这就是时培磊君在本书中特别研讨此项课题的学术意义和现实价值。

当确切得知时培磊君的大作年内将在科学出版社刊行之际，京津冀的大地，已经是春潮漫野。时至五月，华北最高气温往往超越江南，处处红飞绿舞的景象，正好借喻史苑的学术繁盛。时君赶上一个文化环境十分优越的大时代，置身于一个多获支持的好单位，可谓天时、地利、人和一应俱全，所以能够学术上多出成果、出高水平成果。这并非是说其著述已经尽善尽美，笔者对于时君，尚有文笔需要进一步历练，眼界应当扩展，思路亦可拓宽，研讨范围有待扩大的期望。而这里主要还是应当正面肯定这部著述取得的学术进展，正如在花园化的城市建设中仍可以发现不惬意之处，但不能抹杀环境日益改善的趋向。谨填词一首，既勉励时君，也对史学界之中日史学比较研究、中日关系史研究的迅速发展，致以由衷地点赞。

苏幕遮

时培磊君著述出版寄意

草萋萋，林郁郁，细雨明辉，洒向无垠绿。
秀色浓浓浓可掬，敢问东君，美景谁培育？

大和文，中国牍，点化融通，史苑添书目。
恰若飞来花一束，新意盎然，随处飘香馥。

乔治忠
2017 年 5 月于南开园上思斋

前言

中国史学素称发达，近代学术大师梁启超曾言："中国于各种学问中，惟史学为最发达；史学在世界各国中，惟中国为最发达。"[①]中国史学的发达不仅体现在对于本国历史的记载上，对于域外史地的记载也是丰富多彩。时至今日，周边一些国家和地区上古历史的书写尚需依靠中国史籍的记载来完善，如柬埔寨要研究吴哥时代的历史文化离不开元代周达观所著《真腊风土记》。而在中国史籍中，所载域外史地内容较多的当数日本。

从《山海经》开始，中国史籍中就出现了记载日本的内容。其后历代史籍中记载日本的内容逐渐丰富起来，各种史籍中有关日本史地和中日交往的记述频繁出现。特别是正史中有关日本的传记，其记载的连续性和完整性不啻为一部系统的日本史。中国史籍中对日本较为全面的认识始于《三国志·魏书·倭人传》，不到两千字的文字详细记载了当时日本的政治、经济和社会风俗的状况，这是中国人第一次较为清晰的日本观的体现。随后这一认识在很长一段时间内左右了中国人的日本观，大批史书都沿袭了这篇文字中的说法。一直到中日文化交流繁盛的隋唐时期，中国史籍中关于日本记载的内容才有了进一步的拓展，大批遣隋使、遣唐使带来了日本的信息，也改变了许多中国人的日本认知。特别是在当时文人士大夫心目中，日本的形象和地位都是与其他"蛮夷之邦"有所区别的，这从他们的诗作以及当时相关

---

① 梁启超：《中国历史研究法》，石家庄：河北教育出版社，2000年，第16页。

史籍中可以窥见端倪。随着宋代中日民间贸易的繁荣，更加丰富了中国人的对日认识，并充实了史籍中关于日本的记载。而后元军的两次征日战争又阻隔了中日交流的进程，史籍记载的内容与国人对日本的认识都受到影响。

明清时期掀起了对日研究的热潮，其中以明代中后期和清末为两个高潮阶段，出现了大批专门研究日本的史籍，对于日本的研究和认识都达到了前所未有的程度。明初的海禁政策使得中日之间处于讯息封锁的状态，而到倭寇问题发生之时，明朝人便开始积极了解和研究日本。先是嘉靖时期"宁波争贡事件"后，定海知县郑余庆支持薛俊编纂《日本考略》，这也是现存我国最早研究日本的专书。随着倭乱危害的扩大化，出现了大批研究日本的著述。特别值得一提的是郑舜功的《日本一鉴》，这是他亲自赴日考察后完成的史著，代表了当时中国对日研究的最高水平。明清鼎革之后，对日研究的进程放缓，只是清朝前期由于和长崎之间的贸易往来，出现了一些记载长崎贸易进而涉及日本的情况的史籍。19世纪中期以后，随着西方列强的入侵，中日关系也渐趋紧张。鸦片战争方才开始唤醒沉睡的中国，明治维新则将日本送上近代强国之路。中国日益落后且被列强欺凌的状况与日本明治维新以后日渐强盛的局面形成了鲜明对比，此时清朝又逐渐兴起了研究日本的热潮。当中日正式建交以后，清朝开始派遣驻日使臣、海外游历使，官、私赴日留学活动也日趋增多，他们不仅亲自观察日本，还尝试研究日本的强国之路，其中不少人都留下了研究日本的专门著述。通过对日本的实地调查和研究，使得清末中国人对于日本的认识和研究水平达到了一个新的高度。

总之，世界上恐怕再也没有哪一个国家能像中国这样对日本有连续的、系统的历史记载，以至于日本上古史的某些问题都需要借助中国的史籍来解读，这种史学现象十分值得注意和研究。尤其是明清时期，出现了大量专门研究日本的史籍，这在中国史学史上是十分独特的现象，其研究意义和学术价值自不待言。

一、学术界现有研究成果的梳理

就学术界已往的研究状况来看，对于明清时期记载日本的史籍已有不少的个案研究，一些研究中日关系史和文化交流史的论著中也有涉及，特别是探讨中国人日本观的研究成果较多。但是对明清时期有关日本的史籍进行整体研究的论述尚付阙如，对于一些史籍的挖掘也尚欠深入。本课题的研究试图从史学史的角度对明清时期的这一史学现象进行探讨，并就其中涉及的日本观问题作出分析。当然，这一探讨是建立在前人研究基础之上的，现将学术界的先行研究状况回顾如下：

首先，从 20 世纪初开始就出现了对明代有关日本的史籍进行梳理和研究的论著。缪凤林的《明人著与日本有关史籍提要》（《中央大学国学图书馆年刊》第 2 期，1929 年 10 月）中围绕《日本考略》《日本图纂》《筹海图编》和《经略复国要编》四部史籍进行论述，探讨了其版本内容、史料价值和日本认识等问题。黎光明《嘉靖御倭江浙主客军考》[①]（哈佛燕京学社，1933 年），陈懋恒《明代倭寇考略》（哈佛燕京学社，1933 年），柳诒徵《明代江苏倭寇事略》（《国风半月刊》2 卷第 8 期，1933 年）等，重点研究明代的倭寇问题，其中也谈到了明代中日关系史的问题。吴玉年《明代倭寇史籍志目》（《禹贡半月刊》2 卷第 4、6 期，1934 年）中分别简要介绍了明代多种御倭类史籍。王婆楞《历代征倭文献考》（正中书局，1940 年）中征引了从秦汉至明代的文献，分为德化、向化、携贰、力征、勘患、制议六大部分展开分析。汪向荣《中日关系史文献论考》（岳麓书社，1985 年）一书中，不仅探讨了正史中的日本传记问题，而且还着重分析了《日本考略》《筹海图编》《日本考》等几部明代的日本研究史籍。陈小法《明代中日文化交流史研究》（商务印书馆，2011 年）中对明代中日文化交流的诸多个案问题进行了深入探讨，其中也有对明代研究日本的史籍中体现的日本观问题的研究。

论文方面，王铁钧《明代的倭患与中国的日本学研究》（《华侨大学学报（哲学社会科学版）》，2003 年第 1 期）讨论了明代日本学研究的勃兴原因并论及其对学术发展之影响问题。李小林《明人私撰日本图籍及其对日本的认知》（《求是学刊》，2005 年第 4 期）、《浅论明朝人认知日本的局限性》（《江南大学学报（人文社会科学版）》，2005 年第 6 期）、《侯继高及其〈日本风土

---

① 按：该书由知识产权出版社重新整理于 2014 年出版，列为《民国文存》第 63 本。

记〉》(《兰州大学学报（社会科学版）》，2006 年第 1 期）三篇文章，既从整体上分析了明代日本研究史籍的成就和不足，又对《日本风土记》等个别史籍中体现的日本观进行了评析。陈建平在《〈日本考〉所见的日本婚葬礼俗——明代中国人的日本观初探》(《西南师范大学学报》，2000 年第 5 期）一文中，分析了《日本考》中对日本婚姻礼俗和丧葬礼俗的记载，认为此书所体现出来的关于日本民俗、民情等文化史、民俗史方面的认识价值，是中国人的日本研究史上的一座里程碑。另外还有吕万和《我国近代研究日本的奠基者及其著作》(《历史教学》，1983 年第 1 期），王守稼《研究明代中日关系史的珍贵文献——兼评复旦藏嘉靖本〈筹海图编〉》(《史林》，1986 年第 1 期）、赵刚《晚明有关日本的著作》(《故宫博物院》，1992 年第 4 期）、汤开建《〈日本一鉴〉中的葡澳史料》(《岭南文史》，1995 年第 2 期）、朱鉴秋《〈日本一鉴·桴海图经〉及明代中日海上航路的研究》(《海交史研究》，2000 年第 2 期）、李恭忠《倭寇记忆与中国海权观念的演进——从〈筹海图编〉到〈洋防辑要〉的考察》(《江海学刊》，2007 年第 3 期）、孙果清《明朝抗倭地图：〈筹海图编·沿海山沙图〉》(《地图》，2007 年第 2 期）、李丽《浅析〈日本考〉中的社会风俗》(《沧桑》，2010 年第 6 期）、童杰《郑若曾〈筹海图编〉的史学价值》(《史学史研究》，2012 年第 2 期）、时培磊《明代的日本研究史籍及其特点》(《廊坊师范学院学报》，2012 年第 2 期）、郑永常《郑舜功日本航海之旅》(《国家航海》，2014 年第 9 辑）、马先红《薛俊的日本观——以第一部日本研究的专著〈日本考略〉为中心》(《黑龙江史志》，2014 年第 9 期）、时培磊《侯继高〈全浙兵制考〉及其与〈日本风土记〉的关系》(《廊坊师范学院学报》，2015 年第 6 期）等，都涉及相关问题的研究。近年来亦有博硕士论文作相关研究，如朱莉丽《明代中国人日本观初探》(山东大学硕士学位论文，2004 年）、张冬冬《明代日本文献修纂研究》(河南师范大学硕士学位论文，2007 年）、王晓颖《谢杰与〈虔台倭纂〉》(东北师范大学硕士学位论文，2010 年）、杨晓燕《嘉隆万时期明人日本观研究（1522—1619）——以明人私修日本著作为中心》(江苏师范大学硕士学位论文，2013 年）、夏欢《郑舜功与〈日本一鉴〉》(东北师范大学硕士学位论文，2014 年）、翟正男《邓钟〈筹海重编〉研究》(山东大学硕士学位论文，2015

年）、时培磊《明清日本研究史籍探研》（南开大学博士学位论文，2010年）、童杰《明季御倭史籍研究——以〈筹海图编〉与〈日本一鉴〉为中心》（南开大学博士学位论文，2011年）等。

台湾学者郑樑生所著《中日关系史研究论集》（台北文史哲出版社，1990—2004年，第1-13册），其中收录的《佚存日本的〈全浙兵制考〉》《郑舜功〈日本一鉴〉之倭寇史料》等文章对明代的日本研究史籍进行了分析，另外的一些文章以及探讨明代中日关系史的文章也都具有启发意义。

日本学者石原道博曾著有《日明交涉の開始と不征国日本の成立——明代の日本観（一）》（《茨城大学文理学部纪要》人文科学4号，1954年）、《日明通交貿易をめぐる日本観——明代の日本観（二）》（《茨城大学文理学部纪要》人文科学5号，1955年）两篇讨论明代日本观的文章，主要是基于明代的史籍而得出的认识。日本学界关于明代《日本考略》《日本一鉴》《日本风土记》等都有不少研究，侧重于从语言学角度研究其中《寄语略》的文章占了绝大多数，均见书末参考文献，此不具列。

其次，研究清代涉日史籍的论著有：钟书河《走向世界——近代中国知识分子考察西方的历史》（中华书局，1985年）一书中，对罗森、王韬、黄遵宪等人的涉日著述及其对日认识进行了研究。王晓秋在《近代中日启示录》（北京出版社，1987年）、《近代中日文化交流史》（中华书局，1992年）、《近代中日关系史研究》（中国社会科学出版社，1997年）、《近代中国与日本：互动与影响》（昆仑出版社，2005年）等著作中，对康有为、黄遵宪、顾厚焜等人的涉日著述进行了细致研究，并分析了日本观与中日关系的发展演变状况。孙雪梅《清末民初中国人的日本观——以直隶省为中心》（天津人民出版社，2001年），对清末民初直隶地区赴日考察官民的日本观进行了介绍。郑翔贵《晚清传媒视野中的日本》（上海古籍出版社，2003年）从报刊的视角分析了晚清时期中国的对日研究及日本认识。

相关的研究论文有：佐藤三郎、郑海麟《明治前期中国人研究日本的书》（《岭南文史》，1984年第2期）、陈华新《康有为与〈日本变政考〉的几个问题》（《近代史研究》，1984年第2期）、王魁星《关于康有为写〈日本变政考〉的两个问题》（《近代史研究》，1985年第4期）、王青芝《王先谦的史学成就及思想与观念》(《船山学刊》, 2008 年第 2 期)、张群《傅云龙其人及其著述》(《河南图书馆学刊》, 2005 年第 5 期)、王宝平《傅云龙〈游历日本图经〉征引文献考》(《浙江工商大学学报》, 2008 年第 2 期)、王宝平《〈策鳌杂摭〉: 首部晚清民间文人日本研究专著》(《浙江外国语学院学报》, 2014 年第 4 期)等等, 都是从不同角度对这些史籍进行了介绍和研究。

　　黄遵宪《日本国志》在清人日本研究史籍中具有举足轻重的意义, 相关研究成果颇丰。较早展开系统研究的是王晓秋《黄遵宪〈日本国志〉初探》(《近代史研究》, 1980 年第 3 期)和陈宗海《黄遵宪的〈日本国志〉》(《史学史研究》, 1983 年第 3 期), 此后, 盛邦和《黄遵宪史学研究》(江苏古籍出版社, 1987 年)和郑海麟《黄遵宪与近代中国》(生活·读书·新知三联书店, 1988 年)对《日本国志》的版本、内容和思想等方面都进行了较为深入的探讨, 陈其泰《简论黄遵宪〈日本国志〉的时代价值》(《史学史研究》, 1988 年第 6 期)和伊原泽周《〈日本国志〉编写的探讨——以黄遵宪初次东渡为中心》(《近代史研究》, 1993 年第 1 期)又从时代价值和编纂缘起等方面对相关研究做了进一步的推进, 李长莉《黄遵宪〈日本国志〉延迟行世原因解析》(《近代史研究》, 2006 年第 2 期)则通过在台湾发现的档案文件考证出了李鸿章及总理衙门阻碍《日本国志》刊行的历史真相。围绕《日本国志》的研究成果几乎形成了一门"《日本国志》学", 因此, 有学者对《日本国志》的相关研究进行了系统梳理, 如孙颖《百余年来黄遵宪研究回顾》(《广州大学学报》, 2004 年第 12 期)、管林《近百年来黄遵宪研究的回顾与期望》(《商丘师范学院学报》, 2005 年第 4 期)、黄小用、王华《黄遵宪研究述评》(《湖南工程学院学报》, 2007 年第 1 期)、黄胜任《一百年来黄遵宪研究述评》(中国史学会、中国社会科学院近代史研究所编:《黄遵宪研究新论——纪念黄遵宪逝世一百周年国际学术研讨会论文集》, 社会科学文献出版社, 2007 年)、郑燕珍《1994—2004 年黄遵宪研究论析》(《嘉应学院学报》, 2008 年第 5 期)等。此后对黄遵宪及《日本国志》的研究除了孔祥吉《黄遵宪若干重要史实订证》(《清史研究》, 2010 年第 2 期)和王宝平《黄遵宪〈日本国志〉清季流传考》(《文献》, 2010 年第 4 期)之外, 并无突破性的进展。

　　日本学者石原道博对翁广平和黄遵宪的对日研究进行过系统的探讨，如《鎖国時代における清人の日本研究（上）——翁広平の日本国志について》（《茨城大学文理学部紀要》人文科学，通号 16，1965 年 11 月）、《鎖国時代における清人の日本研究（下）—翁広平の日本国志について》（《茨城大学文理学部紀要》通号 17，1966 年 12 月）、《黄遵憲の日本国志と日本雑事詩（上）：清代の日本研究・第三部》（《茨城大学人文学部》文学科論集，通号 7，1974 年 2 月）、《黄遵憲の日本国志と日本雑事詩（中）：清代の日本研究・第四部》（《茨城大学人文学部》文学科論集，通号 8，1975 年 3 月）、《黄遵憲の日本国志と日本雑事詩（下）：清代の日本研究・第五部》（《茨城大学人文学部》文学科論集，通号 9，1976 年 3 月）等。实藤惠秀所著《明治日支文化交涉》（光風館，1943 年）对姚文栋的对日研究进行了探讨，并且分析了姚文栋和黄遵宪的关系。日本学者对于黄遵宪的研究也成果颇丰，管林《黄遵宪研究在日本》（《光明日报》1981 年 6 月 28 日第 4 版）、伊原泽周《日本学人的黄遵宪研究》（《近代史研究》，2003 年第 1 期）等对此作了介绍。佐藤三郎《中国人の見た明治日本：東遊日記の研究》（東方書店，2003 年）一书，讨论了清末时人所著 12 部东游日记。浦地典子（Noriko Kamachi）《中国的改革：黄遵宪与日本模式》（*Reform in China：Huang Tsun-hsien and the Japanese model*，Cambridge，Mass.：Council on East Asian Studies，Harvard University：Distributed by Harvard University Press，1981），将黄遵宪的对日研究活动及其日本观置于中国近代化改良活动与日本近代化模式的比较视角中加以考察。佐佐木扬在《清末中國における日本觀と西洋觀》（東京大学出版会，2000 年）中以李鸿章为中心探讨了同治年间官僚的日本观，以及郭嵩焘的日本观，还有清末游历官们的日本调查情况。山口一郎在《近代中国の対日観》（アジア経済出版会，1970 年）一书中，分阶段分析了近代中国人的日本观。伊东昭雄、小岛晋治等人所著《中国人の日本人観 100 年史》（自由国民社，1974 年）一书，介绍了从 1840—1972 年的百年间中国人对日本及日本人的认识。

　　此外，熊达云《近代中国官民の日本視察》（成文堂，1998 年）对傅云龙《游历日本图经》和顾厚焜《日本新政考》进行了专门研究。汪婉《清末中国对日教育视察の研究》（汲古書院，1998 年）对于清末日本教育研究的相关著述进行了考察。张伟雄《文人外交官の明治日本：中国初代驻日公使团の異文化体験》（柏書房，1999 年）对清朝首届驻日使团以及黄遵宪的《日本国志》进行了系统研究。王宝平《清代中日學術交流の研究》（汲古書院，2005 年）对清代黄遵宪、姚文栋、王肇鋐、傅云龙、翁广平等人的对日研究作了深入的探讨。

最后，还有一些从整体上对明清时期涉日史籍进行探讨的论著。汪向荣《古代中国人的日本观》（上海古籍出版社，2006 年），根据隋唐以前正史中的日本专传来分析中国人的日本认识，分别从"东夷"族属、地理概念、政治制度、上层建筑和风俗习惯等四个方面来进行了论述。张哲俊《中国古代文学中的日本形象研究》（北京大学出版社，2004 年）对古代文学著作中呈现的日本形象进行了分析。朱亚非《明清两度"日本研究热"观察与比较》（《山东师大学报》，1997 年第 5 期），分析了明清时期日本研究热潮的各种表现并对形成原因进行了比较研究。

日本方面的研究有：中山久四郎《支那史籍上の日本史》（雄山閣，1929 年），对涉及日本历史的中国史籍进行了分析。岩井大慧《支那史書に現はれたる日本》（岩波書店，1935 年）从中国史籍出发来探讨了日本历史问题。

市村瓚次郎《支那の文献に見えたる日本及び日本人》（《東方文化》第 1 号，1937 年 7 月）从文献的角度分析了日本观问题。田中健夫先后发表了《倭寇図雑考——明代中国人の日本人像》、《倭寇図追考——清代中国人の日本人像》和《倭寇図補考——仁井田陞氏旧蔵書について》（分别载《東洋大学文学部紀要・史学科篇》第 41、46、47 集，1987、1992、1993 年），以图绘资料为中心，对明清中国人的日本像及日本观问题进行了解析。

此外，武安隆、熊达云《中国人の日本研究史》（六興出版，1989 年）梳理了中国的对日研究史，对明代对日研究的社会背景和主要代表作品做了介绍和分析，并总结了中国人的对日认识；对清代，则主要抓住对明治维新后的日本的认识，以及戊戌变法时期所表现出的日本观进行分析。石晓军《中日两国相互认识的变迁》（台湾商务印书馆，1992 年）从中日两国相互认知的角度分析了明清研究日本的史籍，并从中日两国各自的角度考察相互认识问题，抓住了明代日本研究专著的特点，重点以地图和语言为例分析了明代中国人对日认识的深化。此外该书还分析了晚清士大夫的三种日本观，以及清末掀起日本研究热潮后的日本观的发展过程，并探究清末留日生的日本观由仰慕向憎恶的转变。石晓军的另外一部著作《〈点石斋画报〉にみる明治日本》（東方書店，2004 年）主要以《点石斋画报》为中心分析其所展现出的日本观问题。王勇《中国史のなかの日本像》（農山漁村文化協会，2000 年）也介绍了明清史籍中所涉及的日本形象问题，按照隋朝以前朝贡时代的"宝物之岛"、遣隋遣唐使时代的"礼仪之邦"、元明时期的"海贼倭寇"和近代以来的"西学之师"四个阶段对中国人的日本观从古至今进行了解析。

欧美方面也有一些成果，如 R.Tsunota & L.C.Goodrich，*Japan in the Chinese Dynastic Histories，Later Han through Ming Dynasties*，South Pasadina，1951。此书主要是翻译了从《后汉书》的"倭传"到《明史》"日本传"的内容，并做了一定的注释和说明。其他一些研究中日关系史的著作，如 Marius B. Jansen，*Japan and China: from War to Peace，1894-1972*，Rand McNally College Pub. Co.，1975；Joshua A. Fogel，*The cultural dimension of Sino-Japanese Relations：Essays on the Nineteenth and Twentieth Centuries*，M.E. Sharpe，1995；Akira Iriye，*The Chinese and the Japanese：Essays in Political and Cultural Interactions*，Princeton，Princeton University Press，1980；Allen S. Whiting，*China Eyes Japan*，University of California Press，1989。这些著作对本书的写作都具有重要的参考价值。

综合以上学术研究史的回顾，学术界对明清时期有关日本的史籍研究已经取得了相当多的学术成果，这是本书讨论得以开展的重要学术基础。总体来看，以上研究对于明代日本研究史籍的分析主要围绕倭寇问题而展开。清代主要集中于黄遵宪及其《日本国志》的研究上，变成了一种综合研究的课题。其他研究主要集中于清末改革和日本明治维新的关系，以及中国人如何认识世界的历程。因此可以看出，对于明清时期史学中的日本研究尚缺少一种史学发展视角的分析，对于日本观的研究也有待深化。

本书从中国史学中域外载记研究的背景出发，探讨中国的日本研究史学的发展过程，特别是日本研究史籍编纂的发展演变状况。并从史学史和文献学的角度分析其中的编纂特点、史学特色与史学思想，兼从史学研究与社会发展的互动关系的角度把握，逐步理清中国史学发展中这一独特潮流的诸多问题。在明清时期有关日本的史籍中蕴含着丰富的日本观，其发展演变的过程如何，具体在政治观、形象观、风俗文化观等方面又有哪些表现和特点，也是值得探讨的问题。

二、本书的框架结构和主要内容

本书由上编和下编两部分组成。上编主要是围绕明清时期的日本研究史籍进行史学分析，侧重于史学史和文献学角度的探讨，从这种史学现象出现的原因、各种史籍的编纂情况，史籍中所蕴含的历史思想和史学思想，明清时期日本研究史籍所体现的史学与时代的互动关系等角度，进行较为系统的研究。下编主要是围绕明清涉日史籍中所体现的日本认识问题进行分析，从史学作品中探究编纂者的日本观，以及由此反映出的明清时代的日本观问题，并从日本观的不同内容来进行多角度的解析。

上编由六章组成，各章主要内容如下：

第一章回溯明清以前关涉日本之史籍及其内容特点，是展开明清时期日本研究史籍探讨的前提。明清以前的日本研究是基于中国史学的域外探求传统而出现的，从先秦到明清无论是官修正史还是私家纂史都有关心和记载域外史地的传统。历代正史中出现了 15 篇关于日本的专门传记，不仅记载了日本的史地和中日关系史的变化，还体现出一种编纂上的连续性和系统性。正史之外，也有一些地理类史籍和地方史志等记载了日本的史地，这些也是中国古代日本研究史学的组成部分。

第二章讨论明代对日研究活动的兴起与早期代表性史籍，主要分析明清时期对日研究的发端状况。明代对日研究的兴起与明日关系密切相关，嘉靖时期对日研究活动的勃兴是抗倭需要、私人修史潮流、官方支持、中日文化交流加强、相关资料的丰富，以及明代实学思潮的推动等多方面因素交织的结果。《日本考略》是宁波争贡事件发生之后由薛俊所编纂，也是现存最早研究日本的专门性史籍。《日本考略》在创新编纂方式、倭寇史料纂辑等方面有重要的史学价值，也存在抄袭旧史、错讹较多等问题。

第三章是对明代后期日本研究史籍的分析。随着倭患日益严重，许多史家编纂了大量有关日本的史籍。这一时段的史籍主要分为两类，一是专门以日本为论述对象的史籍，侧重从整体上对日本史地、中日关系史等各方面进行介绍和研究；二是抗倭御倭类史籍，侧重从武备、海防等角度研究日本和提供抗倭策略。前者主要以《日本一鉴》《日本图纂》《日本风土记》为代表。后者又可以分为纪事反思类和建言献策类两种文献。如《皇明驭倭录》《嘉靖倭乱备抄》《倭患考原》《虔台倭纂》等就属于纪事反思类史籍；《备倭记》《御倭军事条款》等属于建言献策类史籍。整体来看，明代后期的日本研究史籍具有作者群体以江南为主，对日本和倭患认识趋于全面，史籍编纂具有存史和致用目的等特点。

第四章分析清朝前期的日本研究史籍。清初出现了以长崎见闻为主的三部日本研究史籍——《海国闻见录》、《长崎纪闻》和《袖海编》。这三部史籍以长崎和长崎贸易为窗口，进而观察整个日本。翁广平编纂的《吾妻镜补》是这个时期最重要的一部日本"通史"，体现了作者为异域纂修通史的思想，是同类史籍在编纂体例上的创新。《吾妻镜补》广泛征引各种文献，对史实进行了考证，体现了乾嘉时期的治学风气，在编纂内容和治史方法上都展现了时代特色。

第五章主要分析了清日建交后中国方面的日本研究史籍。根据《中日修好条规》，清政府于 1877 年派遣驻日公使团，许多使馆人员都著有日本研究专书。姚文栋、陈家麟和王肇鋐的成就较突出。这个群体最重要的著述是黄遵宪的《日本国志》，与同时期的类似著述相比，他们对明治维新的认识及编纂方面存在较大差异。清朝在这个时期还派遣游历使考察日本，其中傅云龙完成了对日本进行全面研究的《游历日本图经》，顾厚焜则重点对明治维新的措施和成效进行考察并写出《日本新政考》。广泛运用统计图表，是该时段史籍编纂的重要特点。

第六章重点分析甲午战争后的日本研究史籍。甲午战败引起了清朝思想界的震动，日益重视对日本的研究和思考，也先后出现两部最具代表性著作。康有为编纂《日本变政考》试图影响和辅佐光绪帝的戊戌变法运动，该书主要采用编年体的形式记载了日本明治维新的历史，并且以按语的形式来阐述他的改良观。王先谦编纂的《日本源流考》是我国第一部编年体日本通史，通过对明治维新历史的评析阐述他对清末新政的态度。这个阶段的日本研究史籍大都重视以明治维新为内容，反映了编纂者对戊戌变法和新政改革的思索，体现了史籍编纂、史学潮流与社会发展的互动关系。

下编由五章组成，各章主要内容如下：

第七章介绍明清以前中国的日本观。在分析明清日本观之前，必须首先对中日关系史和明清以前的对日认识有一个总体把握。明清以前的对日认识可以分为先秦时期、魏晋南北朝时期、隋唐时期和宋元时期四个阶段加以把握。在每个时期，对日认识的主要内容各有侧重，主要体现在日本政治观、日本人观、日本风俗社会观和中日关系观等几个方面。中国的对日认识随着历史的前进而不断向前发展，总体趋于日益全面准确。但这种发展并非是直线上升的，受两国关系的影响而呈现出曲折性。

第八章分析明清时期涉日史籍中体现出的中国人对日本地位的认识及日本整体形象。本章主要从明初日本地位和整体形象观的确立、嘉靖倭乱后的转捩、南明人士赴日乞师的再度转变三个阶段叙述明代的日本地位和整体形象观。关于清代的日本观，由清初通过长崎的认识，到明治维新后中国的反应，再到甲午战争后各个阶层对日本的整体看法这样三个方面来论述。

第九章分析明清时期涉日史籍中体现的日本人形象观。对人的认识和看法，深刻影响了对日本认识的整体内容。本章运用部分史籍中的图绘资料来分析当时人眼中的日本人形象。明代主要有以使臣和僧侣为中心、以倭寇为中心两种不同的日本人形象观。清初的日本人形象观中主要沿袭明代的内容，鸦片战争后大批人士赴日，通过实地考察使得清人的日本人形象观有了很多新的变化。早期赴日者、驻日使馆人员和清末赴日考察者与留学生等不同身份观察者之间的对日认识亦有所不同。

第十章分析明清时期涉日史籍反映的日本政治观。主要包括对日本政治制度、行政区划、君臣关系、年号世系、政权变革等方面的认识和看法。明代的日本政治观受倭寇问题的影响较大，但总的趋势还是逐渐朝着接近日本实际和正确看待其状况的方向发展。清代的日本政治观以明治维新为重心，甲午战争后这种认识的步伐明显加快，对于清代的政治也产生了一定影响。

第十一章分析明清时期涉日史籍反映的日本文化风俗观。明代的日本文化风俗观是在倭寇问题的刺激下逐步深入，故意扭曲的主观因素较少，保持了基本客观的描述和认识。随着清末赴日中国人的增加，对其文化和社会风俗的认识和了解逐步加深，清人的日本文化风俗观更加贴近客观实际，对日本文化和风俗的研究较为系统。

在结语部分，对本书的论述进行了总结，并进行理论思考和反思。

总之，本书是在借鉴前人研究成果基础上，从史学史和日本观的角度推进了对明清时期涉日史籍的研究。通过系统梳理明清时期的日本研究史籍的相关学术问题，可以丰富中国史学史的研究内容，探寻史学与社会互动发展的规律，并且对探究明清时期中日关系史，以及深入解析中国人的日本认识问题都有重要的意义。当然，学力所限，本书仍有很多不足，还有一些学术问题值得深入思考和研究，特别是对于中国人的域外认识和海外观念都有继续研究的必要。

目 录

下编

明清时期涉日史籍中的日本观研究

上编

明清时期涉日史籍的史学分析

明清时期编纂了大量的有关研究日本的史籍，这种史学现象的出现既与当时的政治、社会和国际关系背景紧密相关，也与中国史学的域外载记传统密不可分。明清以前，中国的史籍中已有不少记载和研究日本的内容。虽然没有出现专门研究日本的史籍，但是这些记载足以证明关注和研究日本已经成为一种学术传统。中国编纂的史籍之所以关注日本，是与中日文化交流的历史息息相关。

第一节　中国史学的域外载记传统

从中国史学的起源来讲，周初在"殷鉴"历史意识的推动下，官方开始有目的、有系统地记载自身的历史以留存后世，并逐渐制度化。春秋时期，周王室与诸侯国纷纷以编年体的形式来记载史事，形成了官方记录的史册。在这些史册中，主要以记载本国史事为主，同时也记载对外交往的历史，有的甚至兼记所交往诸国的历史。可以说，中国史学从产生初期就将视野伸展到了记载主体之外。

一、正史①的域外载记传统

在中国古代史学中，作为正史的二十四史无疑是分量最重的史籍。虽然在 20 世纪初期二十四史被诟病为二十四姓之家谱，但那只是新史学倡导者站在史界革命的角度来做彻底的批判，我们不能因此而完全否定正史的史学价值。特别是正史中保留了大量的域外载记，这几乎可视为当时史家的一种世界性意识。

作为历代正史"标杆"的《史记》首开域外载记之先河，司马迁不仅记载了汉朝统治区域内的史事，而且对其所了解的域外史地也有很多记述。如在《西南夷列传》中记载了古代西南地区民族和政权的历史，在《匈奴列传》和《大宛列传》中则记载了西域地区诸多民族和政权的历史，《朝鲜列传》是记载我国东北地区及朝鲜半岛的历史。后世的正史多效仿此例，这种积极关注和记载域外史地的历史编纂方式成为中国史学的传统。

班固的《汉书》首开纪传体断代皇朝史之先例，用 80 余万字的篇幅详尽描述了西汉一朝的历史。除了在"尊汉"思想下尽情展现汉朝的辉煌统治历史之外，班固也不忘对域外的史地记上一笔。如不仅专设《匈奴传》来记载与西汉战和不休的匈奴，还设《西域传》来记叙"修奉朝贡"的西域其他小国。另外，班固还将其他周边政权的情况都编入《西南夷两越朝鲜传》，并称："西南外夷，种别域殊。南越尉佗，自王番禺。攸攸外寓，闽越、东瓯。爰泊朝鲜，燕之外区。汉兴柔远，与尔剖符。皆恃其岨，乍臣乍骄，孝武行师，诛灭海隅。"②虽然说是歌颂汉朝柔远之意，但也反映出班固对域外

---

① 按：正史的概念最早出现在《隋书·经籍志》中，主要用来指称纪传体史书。刘知几在《史通·古今正史》中把《尚书》《春秋》及以后的纪传、编年二体史书均称为正史。《明史·艺文志》中把纪传和编年二体并称为正史。清朝乾隆年间编纂《四库全书总目》时，以纪传体为正史，并诏定《史记》至《明史》的二十四种为正史，自此正史遂为二十四史之名称。（参见：吴泽、杨翼骧主编：《中国历史大辞典·史学史卷》"正史"条，上海：上海辞书出版社，1983 年，第 88 页。）

② 班固：《汉书》卷 100 下《叙传下》，北京：中华书局，1962 年，第 4268 页。

史地记载的重视。

西晋陈寿撰著《三国志》时，在《魏书》中专辟《乌丸鲜卑东夷传》记载域外民族和政权的史事。在记载乌丸、鲜卑的历史之前，陈寿先称："乌丸、鲜卑即古所谓东胡也。其习俗、前事，撰汉记者已录而载之矣。故但举汉末魏初以来，以备四夷之变云。"①这即是断代史的一种处理方式，前史已有记载的不再重复。陈寿记载域外的理由就是要备查周边民族和政权的历史发展，而接下来他要描述东夷诸国历史时阐述的理由更加充分。书中云："长老说有异面之人，近日之所出，遂周观诸国，采其法俗，小大区别，各有名号，可得详纪。虽夷狄之邦，而俎豆之象存。中国失礼，求之四夷，犹信。故撰次其国，列其同异，以接前史之所未备焉。"②记载域外历史不仅是要了解其风土人情，还有"礼失而求之于野"的深刻内涵，这也是陈寿对正史编纂中域外载记传统的进一步发挥。

范晔《后汉书》进一步扩展了域外载记的范围。范晔专列《东夷列传》《南蛮西南夷列传》《西羌传》《西域传》《南匈奴列传》《乌桓鲜卑列传》等共 6 篇传记来记载周边民族和政权的历史，特别是在《西域传》中记载了属于欧洲的"大秦"，并叙述其与东汉交往的情况，具有重要的史料价值。其中"至桓帝延熹九年，大秦王安敦遣使自日南徼外献象牙、犀角、玳瑁，始乃一通焉。其所表贡，并无珍异，疑传者过焉"③，是我国与欧洲交往的最早记录，但作者也表明了审慎存疑的态度。之后范晔还根据当时的一些书籍记载了与大秦的交通线路，并修订了《汉书》中的错误，这也说明当时对欧洲的地理情况还是有一定了解的。

《宋书》《南齐书》《魏书》是南北朝时期编纂完成的三部正史，这深深打上了这个时期的政治烙印。南朝谓北朝为"索虏"，北朝谓南朝为"岛夷"，这种时代背景在三部正史中都有鲜明体现。三部正史承袭了之前的传统，对域外民族和政权的史地情况有所涉及。《魏书》作者称："氐、羌、蛮、獠，风俗各异，嗜欲不同，言语不通，圣人因时设教，所以达其志而通

① 陈寿：《三国志》卷 30《乌丸鲜卑东夷传》，北京：中华书局，1959 年，第 832 页。
② 陈寿：《三国志》卷 30《乌丸鲜卑东夷传》，北京：中华书局，1959 年，第 840-841 页。
③ 范晔：《后汉书》卷 88《西域传》，北京：中华书局，1965 年，第 2920 页。

其俗也。然而外宁必有内忧，览之者不可不诫慎也。"①这是史官记载域外史地的重要目的，通过了解域外的情况而引起对本国问题的思考，并使之成为处理内外关系的历史借鉴。

隋唐五代时期是正史编纂的高峰时期，此时共有九部正史问世。隋朝结束了南北分裂对峙局面，唐朝进一步巩固了统一的多民族政权，所以正史中已经没有了南北方互相贬低的情况。在唐初纂修的五部正史《梁书》《陈书》《北齐书》《周书》《隋书》中已经不见"岛夷"和"索虏"之类的字眼，而且域外载记的范围也有进一步的扩展。《晋书》中，明确说明记载域外"四夷"（蛮夷戎狄）的原因是"殊风异俗，所未能详。故采其可知者，为之传云"。②由李延寿完成的《南史》和《北史》基本是以平等的立场对待南北各朝，而域外载记的内容则基本沿袭前史。五代后晋纂修《旧唐书》受正史编纂观念的影响，将周边民族和政权以"蛮夷戎狄"来分类记述。但由于唐朝对外交流的发达，也使得其对外认识有了进一步的发展，加之唐朝官方档案资料的丰富性，也让《旧唐书》在域外认识和记载上体现出时代性和先进性，如对日本的记载就是一例。

宋朝在官修和私撰史书上都有较大的进步，此时有《旧五代史》《新五代史》《新唐书》三部正史编纂完成。薛居正主持完成的《旧五代史》将周边的民族和政权列入《外国列传》，不再以"蛮夷戎狄"的思路来命名。受《春秋》"大义名分"思想影响，欧阳修《新五代史》专门设立了《四夷附录》来记载域外之地的历史，并称夷狄"得之未必有利，失之有足为患"③，来表明欧阳修的态度。其后由欧阳修和宋祁完成的官修《新唐书》，虽然取自《旧唐书》的内容较多，但也有一些新资料的补充。在域外载记方面，不仅将"西戎"改为"西域"，还新增了一些内容，扩大了记载范围。

元朝在政治统治上实行蒙汉二元体制，在官方史学上也推行"既继承了蒙古草原制度下的一套官方史学体制，又吸收了中原王朝的一套官方史学体

---

① 魏收：《魏书》卷 101《氐吐谷浑宕昌高昌邓至蛮獠传》，北京：中华书局，1974 年，第 2151 页。

② 房玄龄等：《晋书》卷 97《四夷传》，北京：中华书局，1974 年，第 2531 页。

③ 欧阳修：《新五代史》卷 72《四夷附录》，北京：中华书局，1974 年，第 885 页。

制"的两重体制。①《辽史》《金史》《宋史》就是元朝统治者学习中原王朝的修史传统而纂修的三部正史。在《宋史》中，纂修者把大部分宋朝统治区域之外的周边民族和政权列入《外国传》，如西夏、高丽、大理、占城、吐蕃、日本、西域诸国等等，而将西南地区归入《蛮夷传》。两种分类的区别在于，前者为与宋朝有外交关系的国家，而后者则为宋朝羁縻的归附民族和政权，所谓："西南诸蛮夷，重山复岭，杂厕荆、楚、巴、黔、巫中，四面皆王土。乃欲揭上腴之征以取不毛之地，疲易使之众而得梗化之氓，诚何益哉！树其酋长，使自镇抚，始终蛮夷遇之，斯计之得也。"②而且这些地方还会时时侵扰宋朝边境，只能以蛮夷视之。在《辽史》中专门设立了一卷《二国外记》，来记载高丽和西夏的历史。而《金史》也有两卷《外国传》记载西夏和高丽的历史。由于这三朝正史几乎是同时纂修，因此与辽、金和宋并立的周边政权的历史就没有必要在每部史书中重复记述，所以《宋史》中的域外载记比较丰富，而《辽史》和《金史》则显简略。

《元史》和《明史》在修撰时间上差别极大，《元史》修撰时间极短，用时不到一年，而《明史》耗时近百年。《元史》虽然编纂粗疏，但原始性和真实性方面有独特价值；《明史》虽精细，但史料价值有限。在域外载记方面，《元史》《外夷传》三卷，记载高丽、日本、安南、占城、爪哇等地，其中有很多元朝对外征战的内容。《明史》、《外国传》九卷和《西域传》四卷，记载内容和范围远超前代，因为明朝时中外交流比较发达，大量域外史地知识扩充了明人视野。

通过上述梳理可以看出，历代正史几乎都辟有域外载记的内容，特别是在传记中几乎都有专篇来记载周边民族和政权的历史，这反映了中国史学重视域外记载的传统。从另一个侧面也反映出，中国史学对域外探求的重视，显现出一种放眼世界的卓识，"显示了中国早就具有放眼世界的传统精神"③。

---

① 时培磊：《试论元代官方史学的两重体制》，《汉学研究》2008 年第 26 卷第 3 期，第 151 页。
② 脱脱等：《宋史》卷 493《蛮夷传》，北京：中华书局，1977 年，第 14171 页。
③ 乔治忠：《环球凉热——中国人认识世界的历程》，郑州：河南人民出版社，1998 年，第 29 页。

二、正史之外的域外探求

正史之外，其他类别的史籍中也有很多域外载记的内容。隋唐以前专记域外史地内容的史籍多已佚失，但是我们通过《隋书·经籍志》的记载可以略窥一斑，如在地理类史籍中就登载了"《游行外国传》一卷沙门释智猛撰"、"《交州以南外国传》一卷"、"《外国传》五卷释昙景撰"、"《历国传》二卷释法盛撰"、"《男女二国传》一卷"、"《诸蕃风俗记》二卷"、"《突厥所出风俗事》一卷"、"《西域道里记》三卷"、"《诸蕃国记》十七卷"，等等。《隋书·经籍志》中还记载了"《佛国记》一卷沙门释法显撰"①，我们通过现存《佛国记》一书，可知此书乃僧人法显根据其由西域至天竺取经的经历撰成，其中记载了西域各国与印度等的历史和地理情况。前述《隋书·经籍志》登载之书也有诸多为僧人所撰，或许在宗教对外交流的过程中也将域外的见闻记载到了史籍中。

唐代《大唐西域记》乃僧人玄奘根据其赴印度取经的经历而撰成。玄奘本为奉唐太宗之命取经，但在回国译经之前先行完成了这部著作，主要是为统治者征服突厥而提供地理交通等信息情报。②该书共记载了西域印度之间交通路线上的 120 多个国家的历史和地理情况，举凡这些国家的政治、地理、疆域、风俗、文化、语言、宗教等情况都有介绍，对了解该区域内的历史地理具有重要的参考价值。此外，唐代还有其他记载域外的史书面世，如杜环《经行记》，主要记载西亚、中亚和北非的地理、物产、风俗、法律、宗教等；杜环记载了阿拉伯世界的亲身经历，也记载了中华文明的对外影响，被称为"中西文化交流乃至中西文明史上的见证者、凿空者"。③

宋代的海外交通比较发达，并且通过通商活动促进了中外文化的交流。伴随着对外交往的发展，宋朝人的域外认识视野也得到扩展，编纂了一些域外载记的史籍。如赵汝适的《诸藩志》就是在其负责福建泉州的对外贸易期

---

① 以上见魏徵等：《隋书》卷 33《经籍志》，北京：中华书局，1973 年，第 983-987 页。

② 季羡林：《玄奘与〈大唐西域记〉——校注〈大唐西域记〉前言》，玄奘、辩机原著，季羡林等校注：《大唐西域记》，北京：中华书局，1985 年，第 112 页。

③ 吴毅：《杜环〈经行记〉及其重要价值》，《西北大学学报》（自然科学版）2008 年第 6 期，第 1032 页。

间完成的。书中记录了与宋朝有贸易往来的中亚和西亚50多个国家的历史和地理情况。另外，徐兢根据其出使高丽的经历完成了《宣和奉使高丽图经》一书，记载了当时朝鲜半岛的政治、经济、文化、风俗、物产和地理等情况。

　　元代版图极为广大，在对外交往上也有了进一步发展。元代史家的域外探求欲望更强，视野也更加开阔，域外史籍数量也大幅增加。如周达观《真腊风土记》、汪大渊《岛夷志略》、陈大震《大德南海志》、耶律楚材《西游录》、李志常《长春真人西游记》、刘郁《西使记》、徐明善《安南行记》、周致中《异域志》等。这些史籍向国人介绍了域外的各种历史和地理情况，拓展了元代人的域外认识视野，而且很多内容还是著者亲身考察实践而得来，具有很高的史学研究价值。如周达观的《真腊风土记》就是通过其在柬埔寨的经历而写成，对于吴哥文化有直接观察和研究。汪大渊的《岛夷志略》也是根据其海外航海经历而撰成，描述了他所经历的亚非诸多国家的亲身见闻。清朝四库馆臣评价云："大渊此书则皆亲历而手记之，究非空谈无征者比。故所记罗卫、罗斛、针路诸国，大半为史所不载。"[1]元代史家编纂的域外史地著作，不仅数量多，而且内容丰富，涉及的地域和国家也比以前有很大拓展。从历史和史学的角度讲，"元代域外游记和志书不仅从观察域外的角度使人们认识到中华文明在世界范围内的重要地位，而且还向人们说明了世界各国历史发展的联系性。这对于促进元代社会以更为开放的态势面向世界，取长补短，共同进步，具有积极的意义。元代域外史研究的成就，对明清史学也产生了重要影响"[2]。

　　明清史学延续了前代传统，在正史之外产生了众多的域外史地著作。如明代追随郑和下西洋的马欢、费信和巩珍分别撰成了《瀛涯胜览》《星槎胜览》《西洋番国志》，拓展了国人对西洋诸国史地的认识。此外，随着传教士来华以及中欧联系的加强，明人的欧洲认识也比以前有了进步。[3]徐时进

---

[1] 《钦定四库全书总目（整理本）》卷71《史部二十七·地理类四》，北京：中华书局，1997年，第977页。

[2] 周少川：《元朝的开放意识与域外史研究》，《河北学刊》2008年第5期，第85页。

[3] 参见庞乃明：《明代中国人的欧洲观》，天津：天津人民出版社，2006年。

《鸠兹集》的《欧罗巴国记》，记载了利玛窦介绍的欧洲社会、地理和文化等情况，被学者评价为"目前所知最早记述欧洲的中文文献"[①]。清朝在嘉道时期，随着西方对华威胁的加剧，域外史地著述大量出现，如俞正燮《俄罗斯事辑》、李兆洛《海国纪闻》、姚莹《俄罗斯通市始末》、张穆《俄罗斯补辑》、叶钟进《英吉利国夷情纪略》等等。与以往同类著作不同的是，"嘉道之际的域外史地学著作则以研究性的史志著作为主要撰述形式，反映了一种了解世界的意识和强烈的经世精神"[②]。随着清末政治危机的加深，"睁眼看世界"思潮日益高涨，林则徐《四洲志》、魏源《海国图志》等拓展国人世界知识和视野的史籍纷纷出现。

总之，从先秦到明清，出现了大量的域外史地著述。这些著述，不仅记载了周边民族和政权的政治、经济、文化、风俗和社会等各方面情况，而且扩展了国人的认识视野。中国史学域外探求的优良传统，从某种意义上说也是中国古代史学持续发展和繁荣的重要动力。

第二节　历代正史中的日本专传

中国古代史书涉及日本的记载非常丰富，正史中的日本传记非常具有代表性。关于正史中的日本传记的情况，已有一些学者进行过总结和分析。[③]本书在此基础上，试做进一步探究。

中国古代共有十四部正史设置了记载日本的专门性传记，总计十五篇。展开分析前，有必要进行列表总结（表1-1）。需要指出的是，本文所言的正史概念系沿用二十四史统称的传统认识，故《新元史》和《清史稿》不在探讨范围中。所列《历代正史日本专传统计表》以史学的发展为主轴，以成书

---

① 龚缨晏：《〈欧罗巴国记〉：古代中国最早介绍欧洲的著述》，《社会科学战线》2015年第11期，第89页。

② 黄长义：《嘉道之际域外史地学的兴起》，《中南民族学院学报》2000年第3期，第73页。

③ 参见汪向荣：《中国正史中的日本传》，《中日关系史文献论考》，长沙：岳麓书社，1985年；张冬冬、巨永明：《刍议中国古人的日本观——从正史中关于日本的专门记载来看古人的日本观》，《重庆师范大学学报》（哲学社会科学版）2007年第3期。

年代为序，分列名称、编纂者、列传名、称谓等项目，呈现历代正史涉日记载的总体趋向。

表 1-1　历代正史日本专传统计表

书名	成书时间	编撰者	卷次	传名	称谓	备注
《三国志》	晋太康十年（289）	陈寿	三十	东夷传	倭人	
《后汉书》	刘宋元嘉二十二年（445）	范晔	八十五	东夷传	倭	
《宋书》	齐永明六年（488）	沈约	九十七	夷蛮传	倭国	
《南齐书》	梁天监十三年（514）	萧子显	五十八	东南夷传	倭国	
《梁书》	唐贞观九年（635）	姚思廉等	五十四	东夷传	倭	
《隋书》	唐贞观十年（636）	魏徵等	八十一	东夷传	倭国	
《晋书》	唐贞观二十年（646）	房玄龄等	九十七	四夷列传	倭人	
《南史》	唐显庆四年（659）	李延寿	七十九	夷貊传	倭国	
《北史》	唐显庆四年（659）	李延寿	九十四	四夷传	倭	
《旧唐书》	后晋开运二年（945）	刘昫等	一百九十九上	东夷传	倭国 日本国	两传并列
《新唐书》	北宋嘉祐六年（1061）	欧阳修等	二百二十	东夷传	日本	
《宋史》	元至正五年（1345）	脱脱等	四百九十一	外国传	日本国	
《元史》	明洪武五年（1370）	宋濂等	二百八	外夷传	日本	
《明史》	清乾隆四年（1739）	张廷玉等	三百二十二	外国传	日本	

一、关于日本的称谓

由上表可知，从《旧唐书》开始对"日本"的称谓发生了明显的转变。在《旧唐书》之前主要以"倭"或"倭人"为名，《旧唐书》中则以"倭国"和"日本国"分别名篇，说明此时的史官已经意识到日本改名的问题，或者说他们修史时所依据的唐代史料已经记载此事。中国史学中对域外记载有"名从主人"的传统，即在史著中的称谓一般依据记载对象的称谓而来。在《旧唐书》中，《倭国传》记事最晚截止到贞观二十二年（648）新罗奉表一事，《日本国传》记事最早从长安三年（703）朝臣真人来贡方物开始。因此在后晋刘昫领衔的史官们看来，日本国改名应该就在这段时间之间。

那么日本国名到底是何时更改的呢？汪向荣根据日本史籍的记载，认为在《古事记》中自称"倭"，而在《日本书纪》中自称"日本"，所以日本国名的改变当在两书分别上呈朝廷的 712 年至 720 年之间。[①]覃启勋认为是咸亨元年（670）开始启用"日本"这一国名的。[②]沈仁安认为日本国号改名是出于白村江之战后恢复与唐朝关系之举，因此《新唐书》中咸亨元年（670）倭国"遣使贺平高丽"之后更改国名是可信的记载。[③]胡积等人根据张守节《史记正义》等资料，推断认为日本国名"应该出现在武则天会见日本使者的公元 702 年当年或之前，其出自或如张守节所说，来源于武皇后的改名"。[④]围绕日本国号问题，日本学界也存在较大争议，如岩桥小弥太所著《日本の国号》一书中就历数了近代日本学者木村正辞、星野恒、川住锉三郎、内田银藏、喜田贞吉、桥本增吉、岩井大慧等人在日本国号问题上的论争。根据《日本书纪》齐明天皇五年（659）的"伊吉连博德书"中有"日本国天皇"的记载，岩桥小弥太认为日本更改国号应该在齐明朝。[⑤]大和岩雄认为，"壬申之乱"使小国日本合并了倭国，并将国名改为日本。天武十三年（684）将更改"日本国名"的消息通报唐朝，因此"日本"国名的启用期是在 684 年之前的天武朝时期。[⑥]

围绕日本国名的问题，中日两国学者众说纷纭，但很难达成统一意见。从知识考古学的角度来讲，由"倭国"改名"日本"或许不是一朝改成，其间经历了一个逐渐演变的过程。从圣德太子改革开始，日本逐渐学习中华文明，对于文明和野蛮的认识也逐渐加深，日本对自己国家的对外形象也开始重视起来。《隋书》记载，大业三年（607）日本来华的国书中写有"日出处天子致书日没处天子无恙"[⑦]的字样。日本官修史籍《日本书纪》中也记载，推古天皇十六年（607）九月小野妹子跟随裴世清再次来隋的国书中写有

① 汪向荣：《中日关系史文献论考》，长沙：岳麓书社，1985 年，第 11-12 页。

② 覃启勋：《日本国名研究》，《武汉大学学报》1999 年第 2 期。

③ 沈仁安：《日本起源考》，北京：昆仑出版社，2004 年，第 314-318 页。

④ 胡积、洪晨晖：《"日本"国号起源再考》，《外国问题研究》2011 年第 4 期，第 47 页。

⑤ 岩桥小弥太：《日本の国号》，東京：吉川弘文館，1970 年，第 131-186 頁。

⑥ 大和岩雄：《"日本"国名与天武天皇》，《国外社会科学》2004 年第 4 期，第 107-109 页。

⑦ 魏征等：《隋书·倭国传》，北京：中华书局，1973 年，第 1827 页。

"东天皇敬白西皇帝"①的字样。从自称"天子"与隋朝天子相对，到自称"天皇"与隋朝皇帝相对，都说明日本已经意识到最高统治者称谓与国号在统治权威性上的重要性。大约从大化元年（645）起，日本就在发往朝鲜半岛诸国的文书中，使用"日本"而不是"倭"这样的自称。从神龟五年（728）渤海国致日本的表文称"伏惟大王，天朝受命，日本开基，奕叶重光"②可以看出，已有国家以"日本"的国号正式称呼日本政权。2004年考古工作者在西安发现"井真成墓志铭"石碑，铭文开篇言："公姓井，字真成，国号日本"，③由此证明中国官方称呼"日本"国号的时间不会晚于井真成去世之年，即唐玄宗开元二十二年（734）。从唐诗中我们也可以找到这样的用例，如李白的《哭晁卿衡》中有诗句："日本晁卿辞帝都，征帆一片绕蓬壶"，日本人晁衡（阿倍仲麻吕）是在天宝十二年（753）离开唐朝时遭遇海难的，这就说明在8世纪中期的唐朝已经普遍了解和使用"日本"这一国号。

从《历代正史日本专传统计表》中可以看出，自《旧唐书》之后都是使用"日本"国号，所以正史的编纂者已经普遍接受了这一称谓。《旧唐书》中分列《倭国传》和《日本传》说明已经意识到日本国号更改这一事实，但是确切的时间节点并不清楚：

> 日本国者，倭国之别种也。以其国在日边，故以日本为名。或曰：倭国自恶其名不雅，改为日本。或云：日本旧小国，并倭国之地。其人入朝者，多自矜大，不以实对，故中国疑焉。又云：其国界东西南北各数千里，西界、南界咸至大海，东界、北界有大山为限，山外即毛人之国。④

《旧唐书》的丰富记载源于唐朝官方对外观察的重视，《唐六典》载："职方郎中、员外郎掌天下之地图及城隍、镇戍、烽候之数，辨其邦国、都鄙之远迩及四夷之归化者。凡地图委州府三年一造，与板籍偕上省。其外夷

① 《日本書紀》，東京：吉川弘文館，1988年，第151頁。
② 《續日本紀》，東京：吉川弘文館，1988年，第111頁。
③ 此"贈尚衣奉御井府君墓志"现保存于西北大学博物馆。墓志铭考释可参见贾麦明：《新发现的唐日本人井真成墓志及初步研究》，《西北大学学报》2004年第6期，第12-14页。
④ 刘昫等：《旧唐书·日本传》，北京：中华书局，1975年，第5340页。

每有番官到京，委鸿胪讯其人本国山川、风土，为图以奏焉，副上于省。"①
《唐会要》称："西域既平，遣使分往康国及吐火罗国，访其风俗物产，及古
今废置，画图以进。因令史官撰《西域图志》六十卷。"②正是由于相关制度
的存在，才使得日本更改国名的前后经过得到极好保存，并被《旧唐书》总
结辑录。《新唐书》直接将二传合而为一，并将前述引文改写为：

> 咸亨元年，遣使贺平高丽。后稍习夏音，恶倭名，更号日本。使者
> 自言，国近日所出，以为名。或云日本乃小国，为倭所并，故冒其号，
> 使者不以情，故疑焉。又妄夸其国都方数千里，南、西尽海，东、北限
> 大山，其外即毛人云。③

经过改写后的文字中关于日本国号出现了变化，即"咸亨元年，遣使贺
平高丽。后稍习夏音，恶倭名，更号日本"一句中的"后"字提示，日本是
在咸亨元年之后又经过了一段时间才更改国号的，所以认为日本在咸亨元年
改名的观点应该是不准确的。

二、日本专传之间的承袭关系

通过仔细梳理和比对历代正史中的日本专传，可以发现一些规律和内在
联系，并可对其进行归类总结。

第一类是基于《三国志·魏书·倭人传》（习惯简称《魏志·倭人传》）
而衍生的传记，如《后汉书》《晋书》《梁书》中的《倭（人）传》。《后汉
书》虽然记载的历史比《三国志》早，但成书时间却晚于《三国志》，因此
《后汉书》的相关记载应承于《三国志》，通过比较两部正史中的《倭传》即
可发现端倪。

《魏志·倭人传》言：

> 人性嗜酒。见大人所敬，但搏手以当跪拜。其人寿考，或百年，或

---

① 《唐六典》卷5《尚书兵部》，北京：中华书局，1992年，第161-162页。
② 《唐会要》卷73《安西都护府·注》，上海：上海古籍出版社，2006年，第1568页。
③ 《新唐书·日本传》，北京：中华书局，1975年，第6208页。

八九十年。其俗，国大人皆四五妇，下户或二三妇。妇人不淫，不妒忌。不盗窃，少诤讼，其犯法，轻者没其妻子，重者灭其门户。[①]

《后汉书·倭传》言：

人性嗜酒。多寿考，至百余岁者甚众。国多女子，大人皆有四五妻，其余或两或三。女人不淫不妒。又俗不盗窃，少争讼。犯法者没其妻子，重者灭其门族。[②]

通过比对可以发现，《后汉书》中虽然描述简略，但基本内容未变。包括其他日本地理和风土人情等方面的记载，《后汉书》有许多与《三国志》相同之处，虽然范晔还参考了华峤《后汉书》等其他当时存行的"诸家后汉书"[③]，但《后汉书·倭传》基本来源于《魏志·倭人传》应该是准确的。

再看《晋书》和《梁书》中的相关记载，《晋书·倭人传》记载："人多寿，百年或八九十。国多妇女，不淫不炉〔妒〕。无争讼，犯轻罪者没其妻孥，重者族灭其家。"[④]在《梁书·倭传》中则描写为："人性皆嗜酒，俗不知正岁，多寿考，多至八九十，或至百岁。其俗女多男少，贵者至四五妻，贱者犹两三妻。妇人无淫炉（妒）。无盗窃，少诤讼。若犯法，轻者没其妻子，重则灭其宗族。"[⑤]两书的记载与《魏志·倭人传》差别不大，应该是出自同一史料来源。

第二类是依据南北朝和唐初编修的正史而完成的日本传，即李延寿的《南史》和《北史》中的《倭（国）传》。其中，《南史》的《倭国传》主要史源为《宋书》《南齐书》《梁书》中的日本传记，《北史》的《倭传》之史源为《隋书》中的《倭国传》。

《南史》中的《倭国传》按内容可以划分成三个部分，首先是描述倭国的风土人情，基本原文照搬《梁书·倭传》，其次是记载倭国与南朝的交往

① 陈寿：《三国志·魏书·倭人传》，北京：中华书局，1959 年，第 856 页。
② 范晔：《后汉书·东夷传·倭》，北京：中华书局，1965 年，第 2821 页。
③ 福井重雅：《〈後漢書〉〈三國志〉所收倭（人）傳の先後問題》，福井重雅先生古稀·退職記念論集刊行會編：《古代東アジアの社會と文化》，東京：汲古書院，2007 年，第 233-255 页。
④ 房玄龄：《晋书·东夷·倭人传》，北京：中华书局，1974 年，第 2536 页。
⑤ 《梁书·东夷·倭传》，北京：中华书局，1973 年，第 806 页。

情况，基本整合《宋书》《南齐书》和《梁书》中关于中日交往的相关内容，第三部分是记载倭国周边的侏儒国、黑齿国、文身国、大汉国、扶桑国等情况，基本完全照搬《梁书》的记载。

《北史》中的《倭传》由两部分内容组成，首先是描述倭国的地理位置，基本抄自于《隋书·倭国传》和《梁书·倭传》。其次是记载倭国与北朝和隋的交往情况，基本照搬《隋书·倭国传》。在转抄的过程中，《北史》所载"既至彼都，其王与世清来贡方物，此后遂绝"[1]一句出现严重讹误，从"其王与世清来贡方物"会得出倭国国王跟随裴世清来华进贡的信息，而《隋书·倭国传》的记载却是：

> 既至彼都，其王与清相见，大悦，曰："我闻海西有大隋，礼义之国，故遣朝贡。我夷人，僻在海隅，不闻礼义，是以稽留境内，不即相见。今故清道饰馆，以待大使，冀闻大国惟新之化。"清答曰："皇帝德并二仪，泽流四海，以王慕化，故遣行人来此宣谕。"既而引清就馆。其后清遣人谓其王曰："朝命既达，请即戒涂。"于是，设宴享以遣清，复令使者随清来贡方物。此后遂绝。[2]

即倭国国王接见裴世清，后派使臣随世清赴华进贡，国王本人并未来华。从此书内容的查考，以及二书的编纂先后顺序，都可以确定《隋书·倭国传》乃系《北史·倭国传》之史源。

第三类是《旧唐书》和《新唐书》中的日本传，如前所述，《新唐书》中的《日本传》的史料来源主要是《旧唐书》中的《倭国传》和《日本传》。

最后是《宋史》、《元史》和《明史》中的《日本传》，这三篇传记写法比较相似，都是简单追记中日关系史，然后着重描述所记朝代与日本的交往情况，其史源也基本来自当朝的官方文献。

---

① 《北史·倭传》，北京：中华书局，1974 年，第 3137 页。

② 魏征等：《隋书·倭国传》，北京：中华书局，1997 年，第 1828 页。

三、日本专传的书写体例

书写体例是历史编纂学的重要内容，正史的日本专传在编纂方法和书写方式上也有规律可循。

第一类日本专传的写法是着重记载日本的地理、风土、习俗和社会生活等内容，偏重于日本史地方面，主要是《三国志》《后汉书》《晋书》《梁书》《旧唐书》中的日本传记。

第二类日本专传的写法是着重记载中日交往中的朝贡和封赐等内容，偏重于中日关系史方面，主要包括《宋书》《旧唐书》《宋史》《元史》《明史》中的日本传。其中，《宋史·日本传》记录了奝然、寂照、成寻三位僧人来华的情况，并且通过他们了解了日本的天皇世系等重要信息。《旧唐书·日本传》中记录了日本遣使多次来华的情况。《元史·日本传》中偏重于元世祖和元成宗两朝的中日关系，特别是对元军征日的历史有较多记载。《明史·日本传》则将着眼点放在了明代的倭寇问题上，并叙及两国交往情况。

第三类则融合前两类的写法，采用将日本史地和中日关系并重的记载方式，包括《南齐书》《隋书》《南史》《北史》《新唐书》。其中，《南齐书》的《倭国传》只有两句话的记载，分别记载日本地理风俗和南齐诏封倭王之事。《隋书》《倭国传》内容较为丰富，既有对日本风土人情和社会状况的记载，还有对日本政治形势的描述，并且记载两国使臣往来的情况。《北史》的《倭国传》基本继承《隋书》，《南史》的《倭国传》则整合《宋书》《南齐书》和《梁书》的相关内容，分别记载了日本史地和中日交往。《新唐书》中的《日本传》也是先介绍日本的政治和社会生活，其次介绍唐朝与日本的交往情况。

结合前列《历代正史日本专传统计表》及书写方式可以发现，编纂时代靠前的史书往往比较重视对日本史地的记载，而编纂时间靠后的史书则较多关注中日两国交往的历史。正史日本专传中，一般编纂时间靠后的史书往往不再过多地将笔墨花在对日本史地的记述上，往往强调可以参考以前诸史，而将重点放在所记朝代与日本的往来状况上。并且在记载两国关系上，基本能够抓住当时的典型事例和历史事件，如隋唐和两宋时期的来华使臣和僧侣，元代的征日战争，明代的倭寇问题等等，这也反映了关注现实问题和重要历史问题的正史编纂传统。

四、日本专传的连续性与系统性

从《历代正史日本专传统计表》可以发现，正史中的日本专传几乎在时间上横跨了整个中国古代史，其中也记载了中国古代诸朝代与日本的交往史，如果连缀起来所有的内容几乎就是一部完整的中日关系史。并且在正史中还有本纪和其他列传中也都有涉及对日关系的史实记载，也补充了日本专传中的内容，由此也就形成了对于日本历史较为连续性的记载。众所周知，在《古事记》和《日本书纪》问世前的日本是属于缺少文字记载的历史时期，因此，中国正史中的相关记载就为还原日本上古史提供了可靠的文字史料。如《魏志·倭人传》已成为研究日本古代历史的重要依据。日本进入文字记载历史的时代以后，其中很多的中日关系交往的历史，都可以参照中国正史的日本传记来印证日本史书的相关记载。如小野妹子来华事件，就可以比对中日史籍《日本书纪》和《隋书》中的记载，来考证相关的史实。因此，历代正史日本传中的记载的连续性具有重要的史料价值。

同时，正史的日本专传还存在系统性，即在内容上有前后相承的内在关联。一般来讲，编纂时代靠后的正史日本传，往往都会吸收前史对日本史地的记载，而将重心放在两国交往的历史上。并且不同的正史之间还会存在一定的依赖关系，即通过标明某些关于日本的内容详于某书，而在此处省略等内容来完成日本传记的编纂。如在李延寿编纂的《南史》中的《倭国传》开篇即声明："倭国，其先出及所在，事详《北史》。"[1]也就是说，他将有关日本的地理和历史的记载放在《北史》中去编纂，而且《南史》中不再重复，二史的日本传记可以看成是属于一个编写系统。当然，对于李延寿来讲，同一人修纂两部史书比较容易形成这种前后呼应，那么隔代修纂的正史中也存

---

① 李延寿：《南史·东夷·倭国传》，北京：中华书局，1975年，第1973页。

在这种现象，就足以说明正史日本专传的系统性了。比如《元史·日本传》：
"其土疆所至与国王世系及物产风俗，见《宋史》本传。"[①]作为由明朝宋濂
等人主持修纂的官方正史中出现这样的说明，让参阅《元史》的读者去查阅
元朝所修《宋史》，证明隔代正史之间也存在这样的呼应问题，反映了正史
日本传的一种系统性。

总之，历代正史中的日本专传是中国传统史学中的重要内容，具有记载
连续性和系统性的特点。其中对日本称谓的记载反映出中国传统史学求真的
原则，纂修方法也反映出关注社会现实问题的传统。中国传统史学中向来重
视对域外史地的记载，形成了中国史学的宏阔视野和世界性意识，历代正史
中的日本传记也正是这种优良传统的反映。

在东亚文化圈中，中国传统史学对周边的日本、朝鲜和越南都有重要的
影响。"中国古代的传统史学，东传日本和朝鲜半岛等域外地区，形成以中
国为核心的东亚史学文化。"[②]中国的史官制度和官方史书编纂传统促进了周
边国家官方史学的形成和发展，各种史书编纂体裁和书法义例对东亚其他国
家私家史学的发展也产生了重要影响。中国形成的历代编纂正史的传统成为
周边国家效仿的榜样，如日本编纂的《大日本史》、朝鲜编纂的《高丽史》
等。历代正史中的日本专传是中原王朝对东亚重要邻国日本的专门记载，在
日本的《大日本史》中也有对邻国的专门记载。由水户藩主德川光圀组织编
纂的《大日本史》是日本史学史上划时代的作品，其体例完全仿照中国正
史。其中在列传部分专门列有诸藩传，将周边国家的历史记载在内，篇幅长
达 12 卷。这些列传既有朝鲜半岛的高丽、百济、新罗，也有渤海、琉球，以
及中国的隋、唐、宋、元、明等王朝。这些内容与中国正史中专门的域外列
传交相呼应，反映出东亚史学文化圈的交流与互动。

在官方的历史编纂思想中，突出正统地位和中华文化的中心地位是重要
的指导思想，在正史中也有很好的体现。正史的日本传记及其他域外载记的
内容都是服务于王朝正统思想的，在正史的历史叙事和官方的历史建构模式
中，如何突出当朝的正统和中华地位是中心目的，而对日本等域外史地的记

---

① 宋濂等：《元史·外夷·日本传》，北京：中华书局，1976 年，第 4625 页。
② 乔治忠：《中国史学史》，北京：中国人民大学出版社，2011 年，第 243 页。

录，必须服从于这个逻辑。当这种官方编纂思想传入东亚的日本、朝鲜等国时，他们也自觉吸收了这种史学思想，他们的官方史籍编纂也要维护当朝的正统地位，而且在思想上也构建出了"小中华"的中心意识。

另外，从司马迁的《史记》开始，正史中就有专门的域外载记的内容，这反映了史家对外部世界的积极认知态度。但也应看到，司马迁《史记》中的域外载记内容，多来自于汉朝自身对外部世界的实践考察。如列传中对西域地区史地记载来源于张骞的"凿空"经历。而时代越往后，中国史家对于外部世界的认知途径则由依据域内人士考察转换成外部人士提供资料。如前所述《唐六典》的记载，唐人对于外部世界的认知已经依靠询问外藩来华人士而获得。正史日本专传对于日本的记载也由起初实地调查和访问获取资料，而逐渐变成依据过往历史记载而使得对日本的认识陷入停滞。在明代，郑舜功亲自赴日开展实地调查，对倭寇的情况也进行了深入研究，取得了第一手资料，完成了较为全面记载日本史地和现实情况的《日本一鉴》，是中国人研究日本的一部重要史籍。但是在后来编纂完成的《明史·日本传》中却摈弃《日本一鉴》的内容，仍然因袭前代对日本的陈旧认识，造成颇多讹误。这种忽略甚至漠视对日本史地的先进认识，并且舍弃对现实状况的认真调查的做法，是历代正史日本专传的缺憾，也在客观上阻碍了中国对日认识的发展。

第三节　正史之外的日本载记

历代正史中的日本专传是传统典籍中日本记载的代表内容，但正史之外的史籍中也有诸多载记，其史学价值亦不容忽视。

关于明清以前正史之外的日本载记，可参考松下见林整理的《异称日本传》。该书专门收集日本以外，特别是中国和朝鲜半岛的书籍中涉及日本的资料，正如其书名的涵义"异称者，取诸异邦之人称之之语也"[1]。该书分

---

[1] 松下見林：《異稱日本傳》，近藤瓶城編：《改定史籍集覽》第廿册（新加通記類一三），東京：臨川書店，1984年，第1頁。

上中下三卷，上卷取材于中国的汉魏晋宋齐梁隋唐五季宋元诸书籍，中卷取材于明代诸书籍，下卷则取材于朝鲜半岛的书籍。通过该书，可以帮助我们梳理正史之外的日本载记的情况。

正史之外，有关日本的载记主要散在如方志类、地理类和典制类等书籍中。如方志类的典籍，南宋时期编纂的（宝庆）《四明志》记载了许多与日本相关的内容，该书《郡志·叙赋》中记述了日本树木、钱币、铜器以及来华交易杂货的情况。四明是当时的庆元府，即今浙江宁波地区，在当时是重要的对外贸易之地，因此有条件获取日本信息，从而编入地方志中。古代沿海地区的一些地方志，特别是与日本有贸易往来的港口地带，都多少保留了有关日本的记载，对研究当时的中日关系具有一定的史料价值。

地理类的典籍中涉及日本内容多存于域外载记类史籍，如宋代赵汝适编纂的《诸蕃志》就是专记域外史地情况的专书，书中有专篇介绍日本史地情况，并以《倭国》篇命名，当然其内容并未超越历代正史的日本专传。元代周致中编纂的《异域志》也是一部专门的域外载记之书，其中有专篇《日本国》来记载日本之事，但其记载水平并未超越《诸蕃志》。

典制类史籍中也有关于日本的记载，如杜佑《通典》和马端临《文献通考》。《通典》中专列一篇《倭传》，其内容主要取自《三国志》《宋书》《隋书》等，"与前史大同小异"[1]。此外，《通典》中还记载了唐太宗和武则天时期日本来华的情况，与《旧唐书》类同，说明二者来自同一史源。《文献通考》中也有专门对东夷诸国的记载，其中专篇介绍倭国，其内容也基本取自于历代正史日本传。

史部之外的文献中也有涉及日本的记载，虽然从性质上来讲不属于史籍，但也有一定的史料价值。如《太平御览》和《册府元龟》中就有记载日本情况的专篇，当然鉴于类书的性质，主要是汇集各书内容为一书，所以有关日本的内容也大多摘抄自历代正史中有关日本的记载。而在一些文集中的日本资料则能跳出正史的框架，表现出文人自己的认识和思考。如元代文人王恽《秋涧集》中的相关文章描述了日本的历史地理和风土人情，当然也存

---

[1] 松下见林：《異稱日本傳》，近藤瓶城編：《改定史籍集覽》第廿册（新加通記類一三），東京：臨川書店，1984年，第54頁。

在一定的讹误，如其演绎徐福东渡的传说而称日本"其俗多徐姓者，自云皆君房之后"。[①]文中还有对元军征日的描述，当然他是站在元朝的立场上来记载这场战争，并且为元军失利开脱，这显然是不完全符合历史史实的。元代文人吴莱也有一篇专门记叙日本的文章，其名为《论倭》，除了谈及日本的历史和现实情形外，还论述了种种不应该征伐日本的理由。另外，在诗歌类文学作品中，也有类似作品，如唐朝诗人王维《送秘书晁监还日本国》，其诗序中传递了一个唐朝人对日本的认识态度的信息，即"海东国日本为大"的观念。唐朝士人与日本和朝鲜文人都有密切交往，但饶有趣味的是，多见唐人赠诗于日本文人，而对朝鲜文人却少见此类行为，或许跟当时"海东国日本为大"的观念有一定关系。[②]此外，还有一些描写日本物产的诗歌，如我们熟知的欧阳修《日本刀歌》、元代贡性之的《倭扇》等，这些对日本器物的记载反映了当时中日贸易往来和文化交流的发展程度。虽然文学作品中的记载不如史籍更加准确和真实，但也从侧面反映了一定的历史事实，对于了解日本和研究中日关系史有所助益。

综上所述，正史的日本专传不仅时间跨度较大，而且体现出连续性和系统性。除正史专传外，本纪等其他部分也有涉及日本的内容，如《金史》的《宣宗本纪》："（兴定元年十二月）戊申，即墨移风砦于大舶中得日本国太宰府民七十二人，因籴遇风，飘至中国。有司复验无他，诏给以粮，俾还本国。"[③]这段有关漂流民的记载，正可补充正史传记。而正史之外史籍的相关记载，在内容上超出正史日本传记的情况不多；地方志类的史籍中能够借助对日贸易获取一定数量的新信息，但也大多依靠来华日本人以及使臣或商人来了解日本的信息，这也是明清以前有关日本的史籍获取史料的最主要方式。

总之，明清以前的涉日史籍编纂为明清时期对日研究高潮的出现做了很好的铺垫，为明清时期的对日研究提供了史料基础，史书编纂方式和重视域外载记的传统也为明清时期所继承和发扬。

---

① 王恽：《秋涧先生大全文集》卷40《汎海小录》，《四部丛刊》初编本。
② 参见张哲俊：《中国古代文学中的日本形象研究》，北京：北京大学出版社，2004年，第92页。
③ 脱脱等：《金史》卷15《宣宗本纪中》，北京：中华书局，1975年，第333页。

如前所述，中日两国在政治、经济、文化上的交流自明代以前就已长期存在，随着明代中日关系的发展渐趋密切，除了官方的封贡贸易之外，民间往来亦非常频繁，使得两国文化交流有了新的突破，双方实地考察的机会逐渐增多。但其间也出现了"倭寇"问题引发的外交危机，给中国沿海居民造成巨大损失，转而更加刺激了明朝官方、民间对日本的研究。诸此种种，皆为明史研究者与中外关系史研究者极为关注的问题，其中明代出现的大量研究日本的史籍，既属于明代史学研究的内容，也为中日关系史研究提供了重要资料。因此，有必要对明代研究日本的史籍进行深入探讨。

第一节　明代对日研究的兴起

明代有关日本的记载早在明初既已出现，如《明太祖实录》与《高皇帝御制文集》中记载了大量日本遣使朝贡之事，以及明太祖训示日本国王的诏谕。另外，《大明一统志》将日本置于"外夷"卷中进行了专门介绍，包括其沿革、风俗、山川、土产等。然而，嘉靖时期，涉日史籍不仅数量剧增，而且出现了研究日本的专门性史籍。这一现象无疑与明代中日关系的变化有密切联系。

一、明代中日关系的变化（洪武至嘉靖时期）

明代官方文献中"日本"与"倭人"、"倭寇"称谓并存，体现了明朝与日本的微妙关系，洪武十四年（1381）礼部尚书李叔正奉旨移文谴责日本国王，其中便指出其国"始号曰倭，后恶其名遂改日本"[①]。对倭寇犯边，《明太祖实录》记作："先是倭人屡寇濒海州县，上命中书移文责之。"可见，明人所谓"倭"非友善之称呼。倭乱现象自明初既已存在，洪武七年（1374）六月"日本国以所掠濒海民一百九人来归诏各还乡里"[②]。类似的记载还有很多。

明太祖奉行防御为主的外交策略，认为："海外蛮夷之国有为患于中国者，不可不讨；不为中国患者，不可辄自兴兵。朕以诸蛮夷小国，阻山越海，僻在一隅，彼不为中国患者，朕决不伐之。"[③]这一外交思想同样适应于中日关系上。面对日本对中国东南沿海的时加骚扰，以及日本方面的"傲慢"，一方面朱元璋加强沿海军事防御，添设备倭卫所，增加兵力部署；另一方面加重对日本王的谴责。洪武九年，日本王良怀[④]因先前本国人屡屡侵扰中国东南沿海而上表"谢罪"，朱元璋因其词语不诚乃复诏谕之，首先申明治国之道，国土不论大小，皆天造地设，理应各安其乐："故国有大小，限山隔海，天造地设，民各乐土，于是殊方异类者，处于遐漠，阴命王臣以主，使不相矛盾。有如其道者，上帝福佑之；否其道者，祸之。"[⑤]除此之

① 《明太祖实录》卷138，洪武十四年秋七月戊戌条，台北："中研院"历史语言研究所校印本，第2174页。
② 《明太祖实录》卷90，洪武七年六月戊午条，台北："中研院"历史语言研究所校印本，第1586页。
③ 《明太祖实录》卷68，洪武四年九月辛未条，台北："中研院"历史语言研究所校印本，第1277页。
④ 按："良怀"在日本史籍中作"怀良"，指怀良亲王（1329—1383）。据《太平记》知怀良亲王为后醍醐天皇第六子，为统治九州萨摩地区的征西府首领。
⑤ 《明太祖实录》卷105，洪武九年三月癸未条，台北："中研院"历史语言研究所校印本，第1755页。

外，还以元朝东征日本之失败、明朝兴义师灭元朝为例，说明了天道不可违。最后诏谕日本亲王，若其不修仁政，明朝则出师，五日便可到达日本，以此起到对其威慑的作用。"曩者胡元特违帝命，灭无罪之国，祸加臣民，横行西北，延及中土，人莫敢当将，谓天下无对矣。扬帆东下直指日本兵未登岸，金鼓未振，部伍未成，天风怒涛，樯楫摧坏，致使总兵阿答海及范文虎等十万之众没于东南。……方今吾与日本止隔沧溟，顺风扬帆，止五日夜耳，王其务修仁政，以格天心，以免国中之内祸，实为大宝，惟王察之。"①在明初较为严密的军事防御下，以及朱元璋强硬的态度，倭乱规模被控制在很小的程度之内。

明成祖朱棣即位后，一定程度上缓和并规范了与日本的关系往来。永乐元年（1403）八月，朱棣派遣"左通政赵居任、行人张洪、僧录司右阐教道成使日本"②。不久，日本即派出使团向明朝朝贡，明朝允许赐予日本勘合，即"日"字和"本"字勘合各一百道，底簿各二扇，由中日双方各自保存，以备朝贡时互相勘验。③通过勘合贸易的方式，中日两国之间逐步建立起了较为稳定的交往关系。明朝更换年号后，则重新颁给新的勘合。如明英宗即位后，"……日本等国，宣德年间分给信符及编置批文勘合底簿，今改元例应更给。"④明孝宗即位后，"命给……及四夷日本等国信符勘合以改元更造也。"⑤中日之间的勘合贸易自永乐一直到嘉靖初年时断时续，但基本维持了有序的状态。⑥

然而，这种较为稳定的关系随着日本国内形势的变化逐渐被打破。日本"应仁之乱"后，国内分裂局面加重，幕府实权旁落，已无力组织统一的对明勘合贸易。嘉靖二年（1523），大内氏派出宗设谦道所率使团，细川氏则派出由鸾冈瑞佐和宋素卿率领的使团，先后赴明。两使团至宁波后，为勘合的真伪发生争执。

---

① 《明太祖实录》卷105，洪武九年三月癸未条，台北："中研院"历史语言研究所校印本，第1756页。
② 《明太宗实录》卷22，永乐元年八月己未条，台北："中研院"历史语言研究所校印本，第410页。
③ 牧田谛亮：《策彦入明记の研究》上卷"行在礼部為關防事該"，京都：法藏館，1955年，第354-355页。
④ 《明英宗实录》卷16，正统元年夏四月壬寅条，台北："中研院"历史语言研究所校印本，第306页。
⑤ 《明孝宗实录》卷3，成化二十三年九月乙卯条，台北："中研院"历史语言研究所校印本，第46页。
⑥ 参见郑樑生：《再论明代勘合》，《中日关系史研究论集》（十），台北：文史哲出版社，2000年，第9-36页。

浙江巡按御史杨彝奏："旧例日本入贡以十年为期，徒众不得过百人，贡舸不得过三只，亦不许以兵仗自随。正德六年以后，使臣桂悟宗设等各从众至五六百人，又有副使宋素卿等一百五十人，各诘真伪，争端滋起。"①细川氏派出的副使宋素卿原为浙江鄞县人（今浙江鄞州区），以行贿市舶太监赖恩，获得先行验货通关的先机，并在宴饮时，座次居宗设谦道之上。由此引起宗设的极大不满，"与之斗，杀瑞佐，焚其舟，追素卿至绍兴城下，素卿窜匿他所免。凶党还宁波，所过焚掠，执指挥袁琎，夺船出海。都指挥刘锦追至海上，战没。"②至此，宁绍骚动，百姓遭殃，明廷要求日本处置元凶，明日勘合贸易自此受到影响，至嘉靖二十七年（1548），明廷拒绝给日本新的勘合，中日勘合贸易断绝。

"宁波争贡"之事成为影响明代中日关系发展的关键事件，由于双方停贡，倭寇大为猖獗，给中国沿海地区包括山东、浙江、福建、广东等地带来巨大损失。③明廷派出戚继光等大将，抗击倭乱，东南沿海的士人、商人等民间力量也通过自己的方式壮大抗倭阵容。其中一大批研究日本的史籍诞生，成为明代兴起研究日本潮流的重要客观因素。

二、对日研究热潮兴起的契机

自嘉靖朝开始，对日研究渐趋高潮，涌现出大批的著述。引发这一现象的契机主要有以下五个方面的因素。

1. 抗倭的客观需要

嘉靖时期，倭患日趋严重。为了有效抗击倭寇，除了官方增强军事实力外，作为士绅的史家们尤其目睹了"倭寇"为害家乡的沿海士绅乡宦，以救国救民为己任，以著书立说的方式为抗倭提供信息资源，或记载抗倭事迹，总结历史经验；或研究敌方的山川地势、人情风俗，为己方做好军事备御提

---

① 《明世宗实录》卷80，嘉靖六年九月丙戌条，台北："中研院"历史语言研究所校印本，第1779页。

② 张廷玉等：《明史》卷322《日本》，北京：中华书局，1974年，第8348-8349页。

③ 按："嘉靖大倭寇"中的倭寇成分较为复杂，包括中国沿海地带的走私分子、反明分子；日本浪人；朝鲜半岛的沿海边民；葡萄牙商人海盗等，学术界已有众多研究成果，本书论述重点不在于此，故不展开叙述。

供参考。

　　该时期出现的史籍大都以备倭为名，且作者群体大多与"抗寇"有一定联系。一类是针对如何抗倭出现的建议性、筹备性的专文或专书，如章焕所撰《平倭四疏》提出了平倭十二策。章焕曾任南京光禄寺卿，并于嘉靖三十四年上奏明世宗，陈御倭之策，[①]不久章焕转任都察院右佥都御史巡视福兴泉漳海道，后官至督理南京仓储右副都御使，皆与备倭有关。卜大同的《备倭记》记载了防备倭寇袭扰的各种对策和要素，包括将领、士卒、险要等；大同本人时任福建巡海副使，"会海寇挟倭作难，浙所在皆震，而闽为祸首，时论推同才擢福建巡海副使。"[②]此外，抗倭名将戚继光撰有《纪效新书》，记载了大量专门针对倭寇特点的战略战术。

　　另一类则记载抗倭始末，包括主要事迹与著名的抗倭人物，如茅坤所撰《徐海本末》一卷，主要记载胡宗宪抗倭事迹，且皆为作者亲见亲闻。"（茅坤）官至大名兵备副使。坤好谈兵，罢官后，值倭事方急，尝为胡宗宪招入幕，与共筹兵计，此编乃纪宗宪诱诛寇首徐海之事，皆所亲见，故叙述特详，与史所载亦多相合。"[③]采九德《倭变事略》二卷，记载嘉靖中期的抗倭史事。"采九德字常吉，着当嘉靖倭变时，常取幕府日报，为事略谈，俶扰时，事及诸帅，功罪颇晰，足备海上一时故实。"[④]

　　第三类则是介绍日本的风土人情与军事资源，如郭光复的《倭情考略》记述了日本的战术、语言、战船、武器等。虽然有些内容因来自耳闻，未必符合真实情况，但记载较为全面详细："光复，武昌人，官扬州府知府……嘉靖中东南屡中倭患，而扬州当江海之冲，被害尤甚。光复以为必得其情，始可筹备御之术，因考次所闻为此编。首总论、次事略、次倭患、次倭术、次倭语、次倭好、次倭船、次倭刀，载其情状颇详，盖亦知己知彼之

① 《明世宗实录》卷 429，嘉靖三十四年闰十一月丁丑条，台北："中研院"历史语言研究所校印本，第7413 页。

② 过庭训：《本朝分省人物考》卷 45《卜大同》，《续修四库全书》，上海：上海古籍出版社，2002 年，第534 册，第 199 页。

③ 《四库全书总目》卷 65《徐海本末一卷》，清乾隆武英殿刻本。

④ 《（雍正）浙江通志》卷 243，《文渊阁四库全书》第 525 册，第 542 页。

意。"①薛俊的《日本考略》，内容更为丰富，除了介绍日本的疆域、土产、户口、制度、风俗等情况外，还涉及对华朝贡的史事。

这类史籍的编纂目的是为了探索日本的国情，进而为抗倭提供良策。正如明人所说，日本地处大海之中，"环海为险、限山为固，妄自尊大，肆侮邻邦，纵民为盗"。②而介绍日本的史籍又相对匮乏，更加限制了明人对日本国情、军情的了解，加剧了明代沿海军民对日本的畏惧。故此需专门介绍日本，以达知己知彼之意。郭光复在《倭情考略序》中称："承平日久，民不习见兵革，一闻警息，鲜不股栗，则以未知倭情故也。兵贵知彼知我，夫所谓彼我者，情也。知其情则知有所以御之，可无惧倭矣。"③

"宁波争贡"事件发生后，倭患加剧，更直接刺激了大批学人开始参与对日研究。薛俊《日本考略》就是"宁波争贡"催生的直接产物，"（薛）俊，定海人，嘉靖二年日本国使宗设来贡，抵宁波。未几，宋素卿等亦至，互争真伪，自相残杀，所过州县，大肆焚掠，浙江濒海之地，人民苦之。后因纂辑是书"。④王文光为《日本考略》所作增补重刊的序中亦称："日本即倭奴也，其狙诈不情尤甚，镇边重臣咸以备倭为名。"⑤作者薛俊本人将编纂的宗旨亦叙述得非常明确，如了解对方语言表达的重要性在于："然言者心之声，得其言或可以察其心之诚与伪。故特寄其常所接谈字，仿佛音响而分系之，以资御边将士之听闻，亦防御之一端也。"⑥《日本图纂》的作者郑若曾也称："日本地方甚大，限隔山海。其国无典籍流于中国，山城以东漫无可考，今所据者，《日本考略》也而已，其图真欤？否欤？则莫我敢知。"⑦反映出当时人的一种需要编纂图籍进而全面认识日本的迫切心情。

2. 私人修史潮流的推动

明代中期，尤其嘉靖、隆庆、万历时期，掀起了私人著史的高潮。士大

---

① 《四库全书总目》卷100《倭情考略一卷》，清乾隆武英殿刻本。

② 《明太祖实录》卷138，洪武十四年秋七月戊戌条，台北："中研院"历史语言研究所校印本，第2174页。

③ 郭光复：《倭情考略》，《四库全书存目丛书》子部第31册，第741页。

④ 《四库全书总目》卷78《日本考略一卷》，清乾隆武英殿刻本。

⑤ 王文光：《日本考略序》，收入《丛书集成新编》第98册，台北：新文丰出版，1985年，第163页。

⑥ 薛俊：《日本国考略》，邓士龙辑，许大龄、王天有主点校：《国朝典故》卷103，北京：北京大学出版社，1993年，第2055页。

⑦ 郑若曾：《日本图纂自序》，转引自汪向荣：《中日关系史文献论考》，长沙：岳麓书社，1985年，第183页。

夫阶层是其中主力，他们饱读诗书，满腹经纶，积累了一定的著史经验，史学素养较高。加之借助职位之便，可以接触更多的史料，故涌现出了如王世贞、焦竑、郑晓等典型代表，正所谓"有明一代史部，著述虽繁，然率为缙绅士夫所撰论"[1]。平民史家（指没有担任官职的生员、文人、山人等等）的贡献亦不遑多让，他们除了致力于文学创作或理（心）学思想的研究，对编撰史书也十分热衷，成为明代史学的一大特色。

明代日本研究史籍的作者无疑亦处于这股私人著史潮流当中，使得这一领域的著述由以前单一的官方正史向多元化、基层化转变。以前的日本研究主要集中于正史的传记中，包括明初日本研究也带有很强的官方色彩，如明初所修《元史》列传中有《日本传》，或者地理志中，如《大明一统志》外夷卷中有"日本"篇，而私撰的对日研究著作相对较少。但这种单一的局面逐渐被打破，明代开始出现大批私人史家关注日本的趋势。明代大量涌现出的日本研究专书，基本都是依靠个人力量完成的，代表的是作者本人的史学思想与编撰宗旨。虽然有些也借助了政府的支持，但是并非在官方组织下或控制下进行的，故仍属于私家史学的范围。如郑若曾的《日本图纂》虽然在胡宗宪幕中完成，得到了胡的大力支持，但从该书的编撰思想、编撰体例、编撰内容上皆出于作者个人。

另外，明代私家史学的兴起促进了这一领域的著书在体例、内容上有了很大创新。私人著史的盛行突破了官方史学的束缚，可以根据编撰者的思想与现实需要制定体例，编排内容，如《筹海图编》所列"寄语岛名"，绝大部分都有用汉字标记的日语发音，这是该书在日本研究领域做出的新贡献。

3. 官方支持

明代的对日研究文献虽然大部分属于私家修史的范畴，但都离不开官方提供的修史环境，甚至很多还得到官方大力支持。嘉靖时期，身处抗倭前线的地方官大多支持、甚至鼓励学者撰写有关日本的史书。如定海知县郑余庆就支持薛俊编写了《日本考略》。是书序言称："岁嘉靖癸未，变生仓促，职是事者虽闻知食焉不避其难之为义，且不能为身计，而况于他乎？时南闽郑

---

[1] 谢国桢：《增订晚明史籍考》，"自序"，上海：上海古籍出版社，1981年，第5页。

侯崇善宰定海，目激其弊，谓往者既失之不预，而来者宜图之未然，谬以俊颇学古好修，以待时需者有年于兹，猥属为《考略》，以便御边将士之忠于谋国者究览。"①

《日本图纂》的编撰者郑若曾有志了解日本岛屿，但苦于资料和信息来源匮乏，曾试图通过审讯"倭党"或者贡臣、通事等获得信息，但"讯之长年火掌，不知也；讯之擒获倭党，不知也；讯之贡臣，不知也；讯之通事，不知也；讯之被掳去之人，不知也"，②最后在胡宗宪的帮助下，方获取真实信息。"归质所疑，总督大司马胡公谓予曰：'于识是也何？'有鄞弟子员蒋洲、陈可愿，志士也，宣谕日本，能道其山川远近风俗强弱之详，其言不诬。且召夷来廷数辈，陈所睹记。奉化人宋文复持示《南嚣倭商秘图》，参互考订，默有所得，乃命工重绘，而缀以所闻众说。"③

除在搜集资料方面提供帮助外，官方在该类书籍的印刷、出版与传播等环节也给予了大力支持。如浙江布政使范涞所撰《两浙海防类考续编》一书，就得到钦差提督军务巡抚浙江等处地方都察院右副都御使的认可，规定要精刻并广为传播，将刻本二十部送抚院，四十部送至原籍。"务要字画端楷，一面买办上好梨板，择空闲处所，募集惯熟字匠议资供给。……此系垂久之书，毋容潦草搪塞，刻完刷装二十部送院。如本院已经出境，另装四十部遇有便差送至原籍。"④而所有纸张、刻印、装订、劳务等费用皆由官方供应："其该司道前后用过纸张，并刊刻印装工料及各校誊录人役工食犒赏等项，该司径议酌行用过银两，俱于司库渔税犒赏银内造册开销。"⑤

4. 中日文化交流的加强与资料来源的扩大

明代中日交流体现在官方与民间两个方面，官方朝贡贸易虽然时断时续，但前期次数较多，从宣德到嘉靖，有 17 次之多。使臣往来于两国之

---

① 薛俊：《日本国考略》，邓士龙辑，许大龄、王天有点校：《国朝典故》卷 103，北京：北京大学出版社，1993 年，第 2034 页。

② 郑若曾：《日本图纂自序》，转引自汪向荣：《中日关系史文献论考》，长沙：岳麓书社，1985 年，第 183 页。

③ 郑若曾：《日本图纂自序》，转引自汪向荣：《中日关系史文献论考》，长沙：岳麓书社，1985 年，第 183 页。

④ 范涞：《两浙海防类考续编》，《四库存目丛书》史部第 226 册，台南：庄严文化事业有限公司，1996 年，第 276 页。

⑤ 范涞：《两浙海防类考续编》，《四库存目丛书》史部第 226 册，台南：庄严文化事业有限公司，1996 年，第 276 页。

间，对中日两国间交流起到了重要作用。中日民间贸易与文化交流则一直存在，"甚至有的倭寇贼首不自觉的成为中日往来交流的使者，比如声名显赫一时的王直和中国、日本的上层都有交游"①。

在明代还出现了大量日本僧人来华的现象。据统计，"有明一代，日本僧人来华可考者达一百一十余人"②。他们除完成外交使命外，还参与一些文化交流活动。例如广泛接触明朝士大夫，"请明朝官吏、士人为其诗文、语录作序跋，撰写塔铭、像赞、行录、碑文、篆额等"③。加之大批日本商人来到中国，给更多中国人提供了直面感触日本形象的机会，促进了中国人对日本认识的不断深入。如《日本图纂》的完成就得益于日本人的陈述。

更重要的是，明代还出现了远赴日本考察的学者，如《日本一鉴》的编撰者郑舜功就是其中之一，"前总督杨宜所遣郑舜功出海哨探夷情者，亦行至丰后岛"④。郑舜功通过亲身经历以及搜访当地资料，回国后撰成《日本一鉴》，此书成了直接引用日本本土资料的重要文献。其书中大量出现"其国书云、夷国书云、按国书、国书云"的文字说明，并且对于日本的各地郡名、町村和官职名的记载基本符合日本当时的历史史实，这些都足以说明郑舜功参考了相当数量的日本典籍。由于多种对日交流的途径被开辟，为明代日本研究提供了更加直接、可信的材料，促进了这一时期日本研究史籍的大量问世。

5. 明代实学思潮的推动

明代中后期实学思潮兴起，除了在思想领域反对空谈心性之外，还影响了政治、经济以及史学领域，提倡经世致用。张舜徽客观评价明代学术，指出："有明一代学术，尚有超越往代而不容一概抹杀者。首在官私刻书之业，远过前人。……至于实学专家，在明代兴起尤众。"⑤而这种力求务实的学术之风对明代日本研究的兴起产生了重要的影响。

---

① 参见汪向荣：《中世纪的中日关系》，北京：中国青年出版社，2001年，第266-273页。
② 何孝荣：《明代的中日文化交流》，《日本研究论集》1999年第1期。
③ 何孝荣：《明代的中日文化交流》，《日本研究论集》1999年第1期。
④ 王士骐：《皇明驭倭录》卷7，《北京图书馆古籍珍本丛刊》第10册，北京：书目文献出版社，1998年，第133页。
⑤ 张舜徽：《张舜徽学术文化随笔》，北京：中国青年出版社，2001年，第286页。

史学领域中的经世致用思想由来已久，唐代刘知幾曾经总结为："史之为用，其利甚博，乃生人之急务，为国家之要道。有国有家者，其可缺之哉！"①以史为鉴是史学研究的主要功用，至明代与思想界的实学思潮相呼应，被更多的史家所实践。明朝一直受到"南倭北虏"问题的困扰，自嘉靖以来，东南沿海地区"倭患"向大规模的"倭乱"演变，局势更加严峻，引起了社会各阶层的警戒。出使日本的郑舜功以布衣身份进京献策，受到总督杨宜的重用，可惜回国后形势变化，被迫害入狱，由此萌生了著书向世人展示日本一行的见闻，以待后用的想法。这从郑舜功的自序中可知："自岁庚戌以来，冘祸乱，荼毒东南。功思旧章，冒干天听，荷蒙圣明，遣使海外，奉宣文德，化道裔夷，得其要领，期致治安。归罹媚嫉，卒致偾事。……然东海荡平矣，而功岂下张骞耶！蠢尔海寇十有余年，汛动风生，徒报燋烂，奚为长治久安之道哉！孤愤不已，遂以见闻类编成集，目约《穷河话海》，及凡古今驭夷之事，知则悉载。上陈天览，下匡时政……"②

由此可见，很多日本研究者希望通过记述日本的历史沿革与风土人情来帮助明朝当局以及社会仁人更深入的了解敌方，以寻求解决倭患问题的明智之举。如《日本考》一书，详细记载了日本的语言、风俗等，为御边将士提供了第一手的军事信息。《日本考》的重要性可从当时肩负抗倭重任的宋应昌的话中可知："久因拮据戎事，致疏裁候，罪歉何如。然仰企故人之私，即身寓玄菟，未尝顷刻置也。昨辱飞翰下慰，兼惠日本志籍，示彼出没，资我运筹。具见门下留心国事，感甚。"③

第二节　薛俊与《日本考略》

明代嘉靖时期开始，大量日本研究的专著面世。而早期以日本命名的史籍代表作是薛俊的《日本考略》一书。此书是现存第一部研究日本的专门性

---

① 刘知幾：《史通·史官建置》，赵吕甫校注本，重庆：重庆出版社，1990 年，第 631 页。

② 郑舜功：《日本一鉴·穷河话海》卷 1，"序言"，民国二十八年据旧抄本影印。

③ 宋应昌：《经略复国要编》卷 12《与李临淮侯书》，台北：华文书局，1968 年，第 984 页。

史籍，在明代史学领域占有重要地位，因此深入分析该书的编撰状况与史料价值，对于探讨明代的日本研究问题具有重要意义。

一、最早以"日本"为名的专门性史籍

在《日本考略》之前，涉及日本的记载大多以单篇甚至更零散的形式出现，薛俊的《日本考略》是公认的中国最早的对日研究专书。然而，更准确地说，该书应该是"现存最早"的研究日本的专著，而非"最早"。因为笔者发现，在此之前，张洪的《日本补遗志》已经问世，这应该是我国最早以"日本"为研究对象的专著。弘治《常熟县志》的"张洪传记"有如下记载：

> 张洪，字宗海，号立庵。洪武二十三年，以明经除靖江三府教授。永乐初升行人，奉使日本国。二年，修茶马旧政于藩界，却其馈照。时缅甸宣慰那罗塔杀孟养宣慰刁木旦，并其地。命公赍诏责还其地，立孟养后，那罗塔不服，凡六往返，始听命。那罗塔欲毒之，见公诚信，不果。既而复命，遂入文渊阁，与修《永乐大典》，充副总裁官。书成，差主安乐堂饭饥。寻升本司右司副。洪熙改元，进翰林修撰，修太宗、仁宗两朝实录。宣德间恳乞致仕，有白金彩缎袭衣之赐。公天资明敏，标格奇古，为文章举动风生，下笔数千言立就。在翰林时，文武语敕多出其手。既归，力学不倦。所著有：《四书解义》《周易会通》《尚书补传》《诗经正义》《春秋说约》《礼记总类》《历代诗选》《史记要语》《续文章轨范》《琴川新志》，又有《揽辔集》《南夷书》《日本补遗志》《清溪集》《翰林类稿》《归田稿》《学选诗》《和陶诗》《小学翼赞诗》，共若干卷。成化间与吴思庵列祀子游祠。①

除了传记之外，还有一篇瞿汝稷后来为其所写的墓志铭：

> 先生讳洪，字宗海，祁州人。……以明经征授靖江王教授，称病免。永乐元年以行人征，旋使日本。复使吐蕃。……竣事，编篡《大

---

① （弘治）《常熟县志》，《四库全书存目丛书》第 185 册，第 169 页。

典》，晋行人司副。洪熙元年擢翰林院修撰。宣德元年同修《仁庙实录》。五年引年致仕。比归杜关谢将迎，日事著述。有《周易会通》《尚书补传》《诗书正义》《春秋说约》《礼记总类》《四书解义》《琴川新志》《日本补遗》《历代诗选》《史记要语》等。年八十有四卒。①

从以上记载可知张洪曾出使日本，一生著述丰富，参修太宗、仁宗两朝实录，史学造诣很深，而《日本补遗志》一书是其著作中的一种。《日本补遗志》的书名在不同的记载中略有区别，根据现有的研究可知："关于书名，万历以前的资料中均称《日本补遗志》，万历时期开始以《日本补遗》的书名出现。在清代，万斯同《明史·艺文志》和《千顷堂书目》中称《日本补遗》，而嘉庆《直隶太仓州志》和同治《苏州府志》中又称《日本补遗志》。在方志书中的书名基本一致，而《明史·艺文志》和《千顷堂书目》应该是根据张洪的墓志铭而采用的书名。当然墓志铭中出现字迹的脱落而造成书名少一'志'字的可能性也存在。所以张洪所著书名应该以距离其生活时代较近的《常熟县志》为准，书名应作《日本补遗志》。"②

《日本补遗志》在清修《明史》中已不见踪迹，《四库全书》亦没有收录和关于该书的任何记载，可见清初该书已经亡佚。万斯同《明史·儒林传》记载张洪著述大部分散失："诸书多散失不传。常熟自元以前无以儒学名者，有之自洪始。"③那么关于《日本补遗志》的撰写时间以及主要内容，目前仍缺乏直接资料可考。纵观张洪的著作以注疏古书、典籍为主，《日本补遗志》一书，从书名分析，应该也是一种对原书的补遗、考辨之类的著述。进一步考察，该书的完成是否与张洪出使日本的经历有关呢？据《明实录》中记载："命左通政赵居任、行人张洪、僧录司右阐教道成，使日本国。赐居任、洪各绮、丝衣一袭，道成金襕袈裟及僧衣锡杖如意净瓶钵盂各一事。仍赐三人各钞十锭铜钱一万文。"④可见，张洪于永乐元年出使日本，确有此

---

① 瞿汝稷：《明翰林院修撰止庵张先生洪墓碑》，《明文海》卷451，北京：中华书局，1987年。

② 时培磊：《我国最早以"日本"为名的专书考述》，《兰台世界》2012年5月上旬。

③ 万斯同：《明史》卷383《儒林传》，《续修四库全书》史部第331册，上海：上海古籍出版社，2002年，第90页。

④ 《明太宗实录》卷22，"永乐元年八月己未"条，台北："中研院"历史语言研究所校印本，第410页。

事，但回国后是否立即根据这段经历撰写了《日本补遗志》，却不可考。

张洪具有丰富的出使经验，时明朝设立缅甸军民宣慰使司，但其地时常发生动乱，永乐四年闰七月云南守臣言："缅甸军民宣慰使司宣慰使那罗搭檀加兵孟養，杀其宣慰使刀木旦父子，请发兵讨之，遂遣行人司行人张洪赍敕谕。"①张洪此行撰写了《南夷书》与《使规》二书，据《四库提要》概括前者："是编乃永乐四年缅甸宣慰使那罗塔刧杀孟养宣慰使刁查及思栾发，而据其地，洪时为行人赍敕往谕，因采摭见闻记其梗概。"②后者记载了奉使事迹："采古人奉使事迹，勒为一编。分十有六类：曰忠信，曰节义，曰廉介，曰谦德，曰博古，曰文学，曰识量，曰智愚，曰威仪，曰说辞，曰举贤，曰咨访，曰服善，曰详慎，曰勇略，曰警戒。各列事实于前，而断以己意。末为使缅附录，纪当日往返情形，并载所与缅酋书六篇。"③

可见，《南夷书》与《使规》是典型的记录出使见闻与经过的著作，而《日本补遗志》与之是否归为一类还需要进一步考察。（弘治）《常熟县志》中的《图籍》一篇，将三书并列记载："《使规集》、《南夷书》、《日本补遗志》。"④而根据瞿汝稷所作墓志铭推断，张洪的大部分著作是在宣德五年致仕归乡之后完成。在墓志铭中《日本补遗志》和其他大部分著作并列其中，但是唯独不见《南夷书》和《使规》两部出使完成之作。这是否又表明这三部书性质和完成时间都不同呢？故此，《日本补遗志》的性质与完成时间有多种可能，一为永乐初期，出使日本归国后完成，与《南夷书》的性质一致。第二，为补遗、考证性质的史书，与《尚书补传》等为一类，通过整理大量的史料完成。但不论哪种，可以肯定的是该书的撰写当与其日本之行有着一定的关系。

《日本补遗志》过早散失当与其传播有限有关，在明代通行的目录书中几乎都没有载录《日本补遗志》一书。在清朝，万斯同《明史·艺文志》中著录此书，而定本《明史》中则不见。《千顷堂书目》中记为："张洪《日本

① 《明太宗实录》卷 57，永乐四年闰七月己巳条，台北："中研院"历史语言研究所校印本，第 838 页。
② 《四库全书总目》卷 78《南夷书一卷》，清乾隆武英殿刻本。
③ 《钦定四库全书总目（整理本）》卷 131《子部四十一·杂家类存目八》，北京：中华书局，1997 年，1734 页。
④ （弘治）《常熟县志》卷 3《图籍》，《四库全书存目丛书》史部第 185 册，第 162 页。

补遗》又《南夷书》。"①清人朱彝尊曾赞扬撰写外国史书的作者："比于张洪、薛俊、侯继高、李言恭、郑若曾所述尤瞭如指掌矣"②。其中，列于张洪之后的四位编撰者都有日本方面的著作，可以确定朱彝尊认为张洪也是日本研究者之一，但难以就此断定朱彝尊曾经亲眼见过此书。可见，即使有上述零星的、间接的记载，也未见详细介绍，卷数不明，由此判断该书的传播范围可能并不大。

由以上资料推断，虽然有关《日本补遗志》的具体撰写时间、主要内容、传播范围不甚明了，但可确定该书是第一部以"日本"为名的专门性史籍。因张洪曾经出使日本，且具有史家敏锐的观察力，一定对日本有一定的见解，这当是其撰写该书的一个契机，当然《日本补遗志》中有多少内容与此次出访日本有关还不敢肯定。从后人极少引用或提到该书的情况看，其影响力当不及后来的《日本考略》等书。

二、薛俊与《日本考略》的问世

《日本考略》的编撰者薛俊是浙江定海人，曾任常州训导。另外，从现存《日本考略》的序言等记载中，可知其生员出身，还担任过浮梁教谕等职。康熙和光绪两朝的《定海县志》中提供的资料仅此而已。这些基本是中国学者对其生平的了解程度。③另有一人与该作者同名且生活年代相近，易与之混淆，其生平如下："薛俊，字尚节，揭阳人，性孝友，不事嬉游。闻乡人陈琠有理学，往从之。领弘治十七年乡荐，授连江训，升玉山教谕。尝师事王阳明，有所得，擢国子学正。闻母丧，奔至贵溪，卒于邸，广信，祀于名宦。"④可见此人的突出经历是曾经师事王阳明，乾隆四十四年（1779）所编的《揭阳县志》中关于此事的原委交代得更清楚，还记录了他与王阳明的对话："正德十一年守仁过玉山，遂请为弟子，问行己之要。守仁曰：'闻子笃行久，

① 黄虞稷：《千顷堂书目》，上海：上海古籍出版社，2001年，第217页。

② 朱彝尊：《曝书亭集》卷44《书海东诸国纪后》，《钦定四库全书》本。

③ 参见缪凤林：《明人著日本有关史籍提要四种》，载《中央大学国学图书馆第二年刊》，南京：国学图书馆，1929年，第1页；汪向荣：《中日关系史文献论考》，长沙：岳麓书社，1985年，第223页。

④ （嘉靖）《潮州府志》卷7，《钦定四库全书》本。

试自言之。'曰：'俊未知学，但凡事依理而行，不敢出范围耳。'曰：'依理而行是理与心犹二也，当求无私行之则一矣。'自是有悟，学益进。"①

关于薛俊的生平，海野一隆认为其生于 1474 年，卒于 1524 年。②但并不知海野一隆此说的依据所在，不过他还说薛俊曾师从王阳明，根据以上材料可知此事当为上述揭阳人薛俊所行，非《日本考略》之作者。或由于《日本考略》的编撰者定海人薛俊官卑身微，除撰写此书之外，无其他突出事迹，总之，现存史书中对他的描述甚为粗略，以至于较难探究其编撰该书的主观因素。但从当时成书的社会背景看，当与抗击倭乱有关。

如前所述，宁波争贡事件成为中日关系由稳定到紧张的转折点，海上倭患愈加严峻。在此次事件中，自宁波至绍兴沿途遭到了日本使臣宗设一行的杀掠，指挥袁琎等被掳走，百户胡源被杀害等。而定海县在知县郑余庆与定海卫指挥李震的镇守下，逃过此劫。"倭乃还至余姚，遂执宁波卫指挥袁琎越关而遁。时备倭都指挥刘锦追贼没于海。定海卫指挥李震与知县郑余庆并力固守，一日数警，而城卒无患。"③薛俊恰为定海人，时为县学生员，亲身感受到了"倭寇"带来的危害，其有志捍卫家乡，而作此书。事后，郑余庆为了防备倭寇再次来袭，于是支持薛俊编写《日本考略》。他在该书序言中，首先阐述了自古有备无患的道理："临事而有策，不若无事而有备者之克济也。故《书》曰：'惟事事，乃其有备，有备无患。'"④由此他认为在抗倭大事上亦要遵循此理，原本国家比较注重海防，沿海设有备倭卫所，筑有堡垒与斥堠，派有哨船往来巡逻，令重臣统辖。然而因承平日久，遭遇日本使团于浙江沿海一带抢掠时，猝不及防，莫知为计。郑余庆从此次事件中得出预防应当更加严密的结论，他认为不可因独免此难就暗自庆幸："余庆承乏定海，适遭其穷，以守城官兵并力据守，蕞尔区壤，独不罹害，幸亦多矣。窃以幸不可再思患，而预防之者不可不密，蚤夜辗转，以图后济。"⑤恰

① （乾隆）《揭阳县志》卷6，台北：成文出版社，据民国26年重刊本影印，1974年，第651页。
② 海野一隆：《地図に見る日本：倭國・ジパング・大日本》，東京：大修館書店，1999年，第17页。
③ 顾炎武：《天下郡国利病书・浙江上》，《续修四库全书》史部第597册，上海：上海古籍出版社，2002年，第10页。
④ 郑余庆：《日本考略引》，收入《丛书集成新编》第98册，台北：新文丰出版，1985年，第163页。
⑤ 郑余庆：《日本考略引》，收入《丛书集成新编》第98册，台北：新文丰出版，1985年，第163页。

定海县有生员薛俊博学多才，因此郑余庆便授意其撰写一部介绍日本国情之书，在其自序中表达了自己对此书的重视之意："时则有若邑庠弟子薛生俊者，学务博，行务修。恒曰：'孝亲忠君，学者分内事。'虽未偶于时，而事理世故，盖谙之素矣。乃命为《日本考略》若干卷，诚有俾于边防也。"①郑余庆认为此书必有益于边防，而忠君爱国也是学者分内之事，赞扬之余，捐俸出资刊刻，以"有志忠爱其国与民者共之"，无疑对扩大此书的影响力起了非常重要的作用。

在嘉靖《定海县志》中记载："余庆以儒术饬吏治。师事洪贯、张琦，力梓琦诗文以广其传。礼聘薛博士俊纂成《定志》，躬为裁订。迹其所为，诚非碌碌者矣。"②由此可知，郑余庆对该县的文化建设一直不遗余力地支持。在其聘请下，薛俊还纂有县志，可见薛俊确实博学多才，有一定的史学素养。以上不论社会背景抑或作者本人的学识以及周围的人文环境都是促成此书的重要因素。

三、《日本考略》的版本与卷数

《日本考略》现存流通最广的版本是嘉靖九年（1530）由定海知县王文光增补的再刊本。该书第一次刊刻是在嘉靖二年，但该刊本目前还没有被发现，这当与印刷量较小有关，另外一个重要原因，"先尹郑公寿梓，而板随以归"③，即郑余庆告老还乡时将《日本考略》嘉靖二年刊本的印版也一并带走，所以王文光想重再次刷印此书时已无版可寻，无奈只能"询诸父老而得其书，始识倭夷本末。补拾其遗，乃令重刊以传"。④可见薛俊的原刊本传播较为有限，王文光为寻访此书不得不求助父老，这也是王文光增补本成为流传最广的版本原因之一。目前无锡市图书馆仍藏有王文光刻本。另外被其他书收录的版本也是根据王文光的增补本而来，一是收入明人所编之《国朝典故》，后来又收进《四库全书存目丛书》。二是收入清人所编之《得月簃丛

① 郑余庆：《日本考略引》，收入《丛书集成新编》第98册，台北：新文丰出版，1985年，第163页。
② （嘉靖）《定海县志》卷11《名宦传》，台北：成文出版社，1983年，第455页。
③ 王文光：《日本考略序》，收入《丛书集成新编》第98册，台北：新文丰出版，1985年，第163页。
④ 王文光：《日本考略序》，收入《丛书集成新编》第98册，台北：新文丰出版，1985年，第163页。

书》，后来被收入《丛书集成初编》。虽然都本诸王文光的增补本，但是也有很大差异。《国朝典故》本中缺少郑余庆所作《日本考略引》和王文光《日本考略补》，而《得月簃丛书》本则有此序却缺少《评议略》《防御略》以及王文光增补的《国朝贡变略》。除此之外，"王文光增补本还传播到了朝鲜，出现了嘉靖四十四年（1565）的高丽金骥刻本"①。

现在所见王文光增补本《日本考略》只有一卷，共分十七略。但明代朱睦㮮《万卷堂书目》记载该书为二卷②，朱睦㮮乃明朝宗室，《万卷堂书目》即是根据其家藏万卷图书而成。《万卷堂书目》作于隆庆四年（1570），距离《日本考略》刊刻的年代最近，又是书目作者家中藏书目录，所以二卷之说最堪采信。此后成于万历年间的两部目录书均记载为一卷，分别是徐㶿《徐氏家藏书目》和祁承㸁《澹生堂藏书目》。但是在焦竑的《国史经籍志》中却著录为二卷。清人黄虞稷《千顷堂书目》中将《日本考略》记作三卷，但是吴骞根据《明季遗书目》批校为一卷。③万斯同《明史·艺文志》中记作三卷。④清朝《四库存目提要》依据浙江天一阁所藏王文光增补本，记作一卷。根据前引郑余庆所作的序言来看，也称"若干卷"，并且还有《兵计略》"别为一卷"。在明人郑若曾的《筹海图编》中，有两处引用关于沿海渔船防倭的言论，但是均不见于今本《日本考略》。《筹海图编》最后列有征引书目，今本中没有卷数。但是在乾隆《浙江通志》中记《日本考略》为二卷，并注明征引自《筹海图编》。

根据以上这些不同书目的记载和史籍的转引情况来看，《日本考略》原本可能不止一卷，最有可能为二卷。编纂《筹海图编》和《万卷堂书目》时所见的《日本考略》都应该是二卷本的。而到了万历时期诸书中所见到的《日本考略》应该就只剩下一卷本了。

① 汪向荣：《中日关系史文献论考》，长沙：岳麓书社，1985 年，第 224-226 页。
② 按：此据《续修四库全书》（上海：上海古籍出版社，2002 年）第 919 册史部目录类《万卷堂书目》卷 2，第 468 页。缪凤林《明人著与日本有关史籍提要四种》（第 2 页）、汪向荣：《中日关系史文献论考》（第 222 页）中均认为是四卷。
③ 黄虞稷：《千顷堂书目》，上海：上海古籍出版社，2001 年，第 217 页。
④ 万斯同：《明史》卷 134《艺文志》，《续修四库全书》史部第 325 册，上海：上海古籍出版社，2002 年。

第三节　《日本考略》的史学价值与局限性

《日本考略》无论在体例还是在史观上都具有开创意义，是明代对日研究高潮的开拓之作。另外，该书成于倭寇猖獗之时，流通于沿海抗倭前线，具有服务社会的现实价值。然而其成书仓促，仅用两个月左右的时间即告完成，记载粗略，且大部辑录、摘抄前史而成，又有很大局限性。因此，在肯定该书史学价值的同时，亦不可忽视其不足之处。

一、《日本考略》的史学价值

1. 开创新的编纂方式

明代以前，对日本的观察及相关记载只是正史中的一部分，篇幅有限，而缺乏专门的著作，至明代，日本作为独立的研究对象被突显出来，不论是书名还是内容都有了很大改观。上述张洪的《日本补遗志》是目录书中所见最早的以日本命名的史书，因至今不存，尚难以断定其是否为专门研究日本的著作。然而，可以确定的是，《日本考略》是现在已知的最早关于日本的研究专著，而且在明代产生了很大的影响。从这个角度来讲，《日本考略》是中国古代史学中日本研究专书编写方式的开创者。《日本考略》问世之后，又出现了很多类似的专书，如《日本一鉴》《日本图纂》《日本考》等等，这些著述都继承了《日本考略》的编撰方式。因此《日本考略》在历史编纂学以及史学发展史上都占有重要地位。

《日本考略》除了独立成书之外，在内部结构上，将全书分成 17 个部分，分别为："沿革略、疆域略、州郡略、属国略、山川略、土产略、世纪略、户口略、制度略、风俗略、朝贡略、贡物略、寇边略、文词略、寄语略、评议略、防御略"。该书按照内容，分门别类，并在每一部分冠一标题，更加清晰明了。这种编纂方式被明代后来的日本研究著作所沿袭。该书序言道："谓之略者，事不关要，姑述其概，而不条为之赘也。"①这是《日本考略》的记述风格，全书记载较为简洁，编纂者认为"事不关要"者记载尤其简略。这种记述方式在之后的同类著作中极为常见，如侯继高《日本风土记》中的"倭国事略"、郑若曾《筹海图编》中的"王官使倭事略"、"倭国朝贡事略"等等，可见其影响之大。

虽然《日本考略》总体记载简略，但对某些内容则记述详细，重点突出，如涉及中日关系的《朝贡略》。另外，还增加了《寄语略》，这是古代"外记"类著作中新出现的类别。《日本考略》将其定义为："寄即译也，西北曰译，东南曰寄。"②可见，这是记录外文的一种形式，是对日语词汇的汉译。《寄语略》共分15类，分别是：天文、时令、地理、方向、珍宝、人物、人事、身体、器用、衣服、饮食、花木、鸟兽、数目、通用。这些词汇除了有利于时人了解日本的日常用语之外，对于今人研究古代日语亦具有很大帮助。更重要的是开创了新的研究内容，此后其他同类著述多所继承。如《日本考》《日本一鉴》《筹海图编》等都设有寄语的专栏，不能不说是受《日本考略》的影响。

《日本考略》中另一开创性的贡献就是日本地图的绘制，虽然在《国朝典故》和《得月簃丛书》本中都已不存，但是在高丽刻本和抄本中都还保留着这一页地图。③海野一隆的著作《地图に见る日本：倭国・ジパング・大日本》中也收有此图。④这幅日本地图基本是根据《日本考略》中的《州郡略》和《山川略》而绘成，其中标注出了五畿、七道、三岛的州郡名称和方位，此外还有永乐初年赐封日本的寿安镇国山。⑤这种在研究日本的著作中绘制地图的编纂方式也被后人继承。当然郑若曾《筹海图编》《日本图纂》，以及郑舜功《日本一鉴》中所绘制的日本地图要更加全面和细致，能够反映出明代人对日本地理研究水平的巨大进步，但是也不能忽视《日本考

① 薛俊：《日本国考略》，收入邓士龙辑，许大龄、王天有主点校：《国朝典故》卷103，北京：北京大学出版社，1993年，第2034页。
② 薛俊：《日本国考略》，收入邓士龙辑，许大龄、王天有主点校：《国朝典故》卷103，北京：北京大学出版社，1993年，第2048页。
③ 汪向荣：《中日关系史文献论考》，长沙：岳麓书社，1985年，第225页。
④ 海野一隆：《地图に见る日本：倭国・ジパング・大日本》，东京：大修馆书店，1999年，第18页。
⑤ 参见秋山谦藏：《明代支那人の日本地理研究》，《历史地理》第61卷第1号，1933年1月，第31-61页。

略》在日本地图编纂上的开创性贡献。

2. 保留了有关"倭寇"问题的重要史料

如上述所言,《日本考略》的成书缘起明代沿海倭寇问题,有关倭患的相关记述是其重点。纵观全书,大部记载简洁,且史料来源或走访故老,或抄录前史,并不可靠。然而,有关解决倭寇问题的内容则记载比较详细,比如在《朝贡略》中,除了将从古至当时的中日关系史梳理清楚外,还特别记录了刚刚发生不久的宁波争贡事件,且记述极为详细。因该事件的发生距离《日本考略》完成只有两个月之久,且作者地处发生地不远,甚至目睹了日本使团的诸多行为,因此,此书对该事件记载的可信度当较高。尤其将事件发生的原因追溯到日本的国内形势,这对我们探讨倭寇作乱的深刻原因有很大帮助。"嘉靖二年,各遣臣贡,国王源义植嗣位,冲,势不能制。大内艺兴遣使宗设、谦导,细川乌国遣使瑞佐、宋素卿、大誓梆,至宁波巷,互相诋笑,宗设、谦导等持刀枪铳格杀宋素卿等,遂大肆焚掠,所过地方,莫不骚动,藉使不蚤为之计,宁波几为所屠矣!"①

《朝贡略》中的这段记载着重对宁波争贡事件的来龙去脉进行了简明扼要的叙述,另外,在《寇边略》中,作者还记载了洪武至嘉靖时期规模较大的倭寇犯边之事,尤其发生在嘉靖二年的宁波争贡事件。此处所记与《朝贡略》又有不同,这里主要详细记载了宗设一伙的寇边路线与过程以及杀掠情况。最突出的地方在于对事件发生的时间记载清晰,具体到日,为后人了解该事件提供了详细的资料。如五月一日事件爆发,嘉宾堂被毁:"嘉靖二年五月初一日,谦导、宗设等仇杀,瑞佐夷碎劫东库,毁嘉宾堂。"②接下来:"初六日,逃至西霍山洋,敌杀总都刘锦。初七日,绑去宁波卫指挥袁琏,定海卫出海百户刘恩死。初九日,残夷七十步从育王岭逃至小山浦,敌杀穿山百户胡源。"③

---

① 薛俊:《日本国考略》,收入邓士龙辑,许大龄、王天有主点校:《国朝典故》卷 103,北京:北京大学出版社,1993 年,第 2043 页。

② 薛俊:《日本国考略》,收入邓士龙辑,许大龄、王天有主点校:《国朝典故》卷 103,北京:北京大学出版社,1993 年,第 2044 页。

③ 薛俊:《日本国考略》,收入邓士龙辑,许大龄、王天有主点校:《国朝典故》卷 103,北京:北京大学出版社,1993 年,第 2044 页。

薛俊鉴于此次事件的恶劣影响，还看到了朝贡关系的弊端："四夷咸宾，固帝王之盛节，然彼狡者倭挟虚名以窥厚利，而使吾民脂膏，竭于供奉，吾民之命，悬于锋镝，父母斯民者，亦何忍乐受其名而不恻然于中邪！"①

3. 为抗倭提供军事策略

薛俊不仅在《日本考略》中介绍了日本的国情，尤其详细记载了倭寇为害的实情，为抗倭将士提供了重要信息，还记载了很多抗倭策略。如该书《评议略》中辑录了明弘治时名臣杨守陈所提御倭主张，更可贵的是薛俊还依据自己的认识提出了可行的建议。他认为抗倭将士不仅要注重防御工事的修缮，还要练习水战，专门针对倭寇，而对于失误军机之人则要处以重罚："下重臣时谨斥堠，修城堡，利器械，练士卒，习水战，以备不虞。一不戒，即依律例坐以法，有罚无赏，如此则边卫防御有时，边氓供费有度。"②

为了更加详细地表达自己的主张，薛俊将专门探讨抗倭之策的内容收在《防御略》中。他首先讨论了如何保障军队的供应，认为针对备倭卫所中存在的不良现象应严加惩处："其缓催、包揽、虚出，其克减、冒支、代领者，俱律有罪，职是故也。今弊滋甚大，都犯此不坐以法，曷以令下？"③其次讨论了如何提高卫所军人的战斗力，他认为由于卫所常年空虚，还存在"役占、买闲、逃营、越城居住"等违法现象，严重影响了卫所的抗倭能力。因此首要之务在于充实军伍："为今之计，莫若听令所伍空闲精壮余丁照依先年权行事例，愿充军者，辏补正额。选择平素在海营生者出海，终身不易。年老残疾，就将子姪顶补，庶人人皆习水性而熟于操舟。"④除此之外，还要加强训练："照例出海者操于水，守城者操于陆，月阅之九，务俾五

① 薛俊：《日本国考略》，收入邓士龙辑，许大龄、王天有主点校：《国朝典故》卷103，北京：北京大学出版社，1993年，第2043页。
② 薛俊：《日本国考略》，收入邓士龙辑，许大龄、王天有主点校：《国朝典故》卷103，北京：北京大学出版社，1993年，第2058页。
③ 薛俊：《日本国考略》，收入邓士龙辑，许大龄、王天有主点校：《国朝典故》卷103，北京：北京大学出版社，1993年，第2059页。
④ 薛俊：《日本国考略》，收入邓士龙辑，许大龄、王天有主点校：《国朝典故》卷103，北京：北京大学出版社，1993年，第2059页。

官不谬，五教不乱，夫然后以守则固，以战则克。"①另外，选择合适的兵器也是提高作战力的重要一环，加之配合精湛的技术必能出奇制胜："为今之计，莫若不分枪刀旗鼓，把铳手兼令习左右手射，敌近则短兵以制，远则长兵以射，远近皆宜，左右皆便，而人人皆有用之兵，无患乎倭奴之不恭矣。"②

考虑到抗击倭寇与内地或北境防御不同，在《防御略》中，薛俊提出了因地制宜的策略。倭寇船只借助广阔的海域来去匆匆，导致防不胜防，因此越早探得情报，越能掌握作战的主动权。以往的官哨船往往遇风退缩，不得要领，因此薛俊主张官哨船"少更无益虚花之制，务求坚便实用，每官哨船，增置小划船或三或四，有事则令与大船夹战"③。同时还要加强军民协力防倭，允许民船于附近海域捕鱼，以此"声息便于走报，有事便于夹战"。由上可见，薛俊提出的这些防御倭寇之道，是在其经历定海倭乱的观察基础之上的，有很强的针对性和可操作性。

《日本考略》具有为现实服务的实际意义，与晚明清谈风气相左，而属于另一股思潮——实学思潮，是史学的经世致用功能的具体体现，因此，从这一点也显示了该书具有较高的史学价值。虽然《日本考略》一书对日本的考察较为有限，介绍的信息不够全面，但其基于切身经历与缜密的思考而提出的抗倭之策，对定海县军民防倭具有参考价值，起到了一定的指导作用。

二、《日本考略》的不足之处

《日本考略》具有鲜明的记述特色，尤其在编纂方式上开启了史书"外记"类的新篇章，综合了方志类、地图类、语言类、文集类著书模式，既有疆域、沿革、风俗等内容，又增添了翻译、地图、议论等新模块，使得对外研究的记载更加全面、系统。此外，《日本考略》还是经世致用思想的一次

① 薛俊：《日本国考略》，收入邓士龙辑，许大龄、王天有主点校：《国朝典故》卷103，北京：北京大学出版社，1993年，第2060页。
② 薛俊：《日本国考略》，收入邓士龙辑，许大龄、王天有主点校：《国朝典故》卷103，北京：北京大学出版社，1993年，第2060页。
③ 薛俊：《日本国考略》，收入邓士龙辑，许大龄、王天有主点校：《国朝典故》卷103，北京：北京大学出版社，1993年，第2060页。

重要实践，提出了有效的抗倭策略，保留了重要的史料，在史学领域具有较高价值。然而，其不足之处亦较为明显，这与该书的成书时间、写作需要以及客观条件有很大关系，应当予以重视。

1. 抄撮旧史传闻，错讹较多

如上所述，《日本考略》完成于嘉靖二年七月，距离开始撰写只用了两个月的时间，或因当时形势需要，时间紧迫，此书必须在最短时间内完成以为抗倭做好准备；或因材料有限，作者没有实地考察获取一手资料的机会，仓促而成。不论何种原因，皆导致该书的史料来源不够全面与直接，也为其失误之处留下了隐患。薛俊在该书自序中声明："谓之考者，历稽载籍及广诹故老所闻，而非凿空以愚人也。"①可见其本人已认识到历史研究的基本准则，任何记载皆需有凭有据，不可独撰捏造。但碍于当时的条件，该书作者只能诉求前史，从历代史书中寻找材料，这就难免出现疏漏，且容易因袭前者的错误。《四库全书总目》评价道："大略言防御之事为多，而国土、风俗亦类入焉，然见闻未广，所辑沿革、疆域二略约举梗概，挂漏颇多。属国中兼及新罗、百济等国，不知新罗、百济在宋时已为朝鲜所并，其时并无是国矣。又序世系但及宋雍熙以前而不载元以后国王名号亦疎漏也。"②

上述评价既看到了该书叙述防御倭寇之事较多，亦指出沿革、疆域等部分记载过于简略，同时还纠正了几处记载错误的地方，较为中肯。如其《疆域略》记载曰："东南大海中，依山岛为居，西南皆距海，东北隅隔以大山，广袤四面各数千里。东北山外，历毛人国到文身国，约七千余里，南到侏儒国，约四千余里，西循一支乍，北望耽罗，渡百济到乐浪及带方等郡，约一万二千里。"③这段叙述极为疏略，且就当时中国掌握的相关知识水平，仍将毛人国、文身国、侏儒国不加辨析地录入书内，其整体的编纂态度也非常令人质疑。近代史学家缪凤林就认为明代日本研究之书内容空疏无物，开此风气者为薛俊："明自嘉靖世倭氛大炽，一时学者多论述日本，皆空疏无

---

① 薛俊：《日本国考略》，收入邓士龙辑，许大龄、王天有主点校：《国朝典故》卷103，北京：北京大学出版社，1993年，第2034页。

② 《四库全书总目》卷78《日本考略一卷》，清乾隆武英殿刻本。

③ 薛俊：《日本国考略》，收入邓士龙辑，许大龄、王天有主点校：《国朝典故》卷103，北京：北京大学出版社，1993年，第2035页。

足观，而梓山实为其初祖。国人著述之以考索日本标题者，亦以此书为首。"①这段评价不免有些严苛，笔者认为《日本考略》并非全书皆"空疏无足观"，如对宁波争贡事件的记载就极为贴近事实，且以此为基础还提出了防御之策。当然他指出了以《日本考略》为代表的很多类似的史书实际内容有限也有其一定道理，确实存在很多内容照搬前史而来，已经与当时日本的实际情况脱节。

前代史书是一种史料来源。纵观《日本考略》很多内容都能从前史中找到史源。比如《州郡略》《世纪略》的内容几乎皆来自《宋史·日本传》，有些只是前后顺序进行了调整。然而，由于薛俊在参考前人著作时没有加以考证，导致所记脱离了实际情况。例如有关日本的户口当随着时间的变化而变化，若仍照抄旧史，定会出现失误。据《魏志·倭人传》记载："南至邪马台国，女王之所都，水行十日，陆行一月。官有伊支马，次曰弥马升，次曰弥马获支，次曰奴佳鞮，可七万余户。"②观该书《户口略》就引用了此说，记载日本"户可七万余"，显然时间与地域范围皆与此数目不相对应，犯了张冠李戴的错误。另外，该书《户口略》还记载："课丁约八十八万三千三百有奇。"③这一数字当来自于《宋史》中的记载："国有五畿、七道、三岛，凡三千七百七十二都，四百一十四驿，八十八万三千三百二十九课丁。"④显然，明代时日本户口仍然维持这一数字的可能性极小，当不符合实际情况。

除此之外，《日本考略》在引用旧史时还存在改写不当，曲解原意。《魏志·倭人传》记载："所居绝岛，方可四百余里；土地山险，多深林，道路如禽鹿径。有千余户，无良田，食海物自活，乘船南北市籴。"其中"道路如禽鹿径"描述的是当地的道路如同野兽行走经过的路一般，指的是道路的开辟仍处于原始状态，位于深山丛林之中。然而，由于《日本考略》的随意

---

① 缪凤林：《明人著与日本有关史籍提要四种》，载《中央大学国学图书馆第二年刊》，南京：国学图书馆，1929年，第4页。

② 陈寿：《三国志》卷30《倭人传》，北京：中华书局，1961年，第854页。

③ 薛俊：《日本国考略》，收入邓士龙辑，许大龄、王天有主点校：《国朝典故》卷103，北京：北京大学出版社，1993年，第2038页。

④ 脱脱：《宋史》卷491《日本国》，北京：中华书局，1977年，第14134页。

修改，此段记载变成："居绝岛，方可四百余里，山险多深林，禽鹿千余成群。无良田，人食海物自活，乘船南北市糴。"① 显然"禽鹿千余成群"与"道路如禽鹿径"有很大出入。因此，有学者评价此书"错误百出，难以卒读的书籍，称不上差强人意的著作"②。

2. 对日本的认识偏于狭隘

早在魏晋至唐宋时期，人们对于日本的认识较为有限，官方文献中记载的日本多强调其居于大海之中，岛国甚多，民俗各异，保留了较多的原始面貌，总体充满了神秘色彩，对他们的描写趋向客观。如《魏志·倭人传》认为他们人情质朴，"不盗窃、少诤讼"。古人对日本的这种认识至元代时发生了变化，由于元日关系交恶，日本"倭寇"开始犯边，"在元代文人的诗文作品中，出现了很多丑化日本的行为，中国人眼中的'小日本'形象开始形成"③。

薛俊《日本考略》中对于日本的认识相比以前变得复杂起来。一方面缺乏真实可靠的资料，对于日本的疆域、人口、经济、政权更替、人情风俗等情况的认知仍然处于懵懂阶段，尚不明晰，大部分只得依靠旧史传闻中的记载。这势必影响到薛俊对日本国情的全面、客观的认识。

另一方面，其认知则依赖于薛俊与来华日本使团、商人的接触，尤其宁波争贡事件的制造者宗设一伙，他们在中国为非作歹，沿途烧杀抢掠，给薛俊留下了深刻的印象。因此，《日本考略》中对于日本人的认识就先入为主地被上述作乱的日本使团的形象代替了。如《寇边略》中所记："狼子野心，剽掠其本性也。"④ 在《评议略》中，薛俊还赞同《杨文懿公与张主客论倭奴贡献书》中的看法："倭奴僻在海岛，其俗狙诈而狠贪，自唐以至近代，已常为中国疥癣矣。"⑤ 可见，在薛俊看来，倭寇的表现已经代表了日本人的表现，那么倭寇残忍凶悍的形象也就成了整个日本人的形象，这成为其

① 薛俊：《日本国考略》，收入邓士龙辑，许大龄、王天有主点校：《国朝典故》卷103，北京：北京大学出版社，1993年，第2036页。
② 汪向荣：《中日关系史文献论考》，长沙：岳麓书社，1985年，第229页。
③ 参见张哲俊：《中国古代文学中的日本形象研究》，北京：北京大学出版社，2004年，第164-182页。
④ 薛俊：《日本国考略》，收入邓士龙辑，许大龄、王天有主点校：《国朝典故》卷103，北京：北京大学出版社，1993年，第2044页。
⑤ 薛俊：《日本国考略》，收入邓士龙辑，许大龄、王天有主点校：《国朝典故》卷103，北京：北京大学出版社，1993年，第2056页。

对日认识狭隘的一面。

薛俊的认识局限，皆缘于其缺少更多的实况调查，这也是当时的普遍现象。"当时和中国人，尤其是江浙沿海接触最多的日本人，不是经营朝贡贸易或者走私的商人，就是骚扰沿海一带，给中国人民带来苦难的倭寇。当然，这些人不代表日本人，但薛俊所见所闻和接触到的，却就是这批人。"①因为条件确实有限，所以他在书中对于日本人的描述与当时的环境有很大关系。另外，薛俊没有求助官方或民间的各种途径来接触更多的日本人，这是其个人的局限。薛俊的这种认识，也对后来的日本研究史籍产生了较大的影响，一些书中的日本认识沿袭了这种以倭寇的恶劣性来认知日本人的思维方式。

3. 踌躇不前的对日交往观

明代对日交往主要是以朝贡的形式存在的，最初明朝允许日本朝贡，是为了争取日本纳贡称臣，尤其明成祖在位时期，他希望加强外交关系，形成万国来朝的盛况。后来随着勘合贸易的进行，中日关系一段时间内较为规范。但是其中也存在一些弊端，诸如明朝一直秉承自古形成的外交礼仪，对日使团进行大加赏赐，成为财政负担。另外，日本使团时常不遵法度，在中国逗留期间贩运违禁货物、生事害民等。薛俊在《日本考略》中对中日之间的朝贡关系进行了批判。他说："书曰：'明王慎德，四夷咸宾。无有远迩，毕献方物，惟服食器用。'故国朝制定贡物祇以适用，不贵异物，贱用物也。然以愚论之，贴金扇、描金粉匣等器，寒不足为衣，饥不足为食，远不足以昭德，近不足以展亲，况中国所制亦颇足用，夫何取重于彼而纷扰如是哉？"②

在上述记载中，薛俊表达了自己的看法，认为日本所进贡的物品很多都是奢侈消费品，并无实用价值，并且明朝对其回赐往往超过贡品的价值，这一点是值得肯定的。

除此之外，薛俊还认为倭寇问题的产生源于朝贡制度，他在书中称："其所以为边境患者，不过利吾之财与货。窥伺得间，则潜剽掠以行鼠窃之

① 汪向荣：《中日关系史文献论考》，长沙：岳麓书社，1985年，第236页。
② 薛俊：《日本国考略》，收入邓士龙辑，许大龄、王天有主点校：《国朝典故》卷103，北京：北京大学出版社，1993年，第2044页。

奸，不得间，则佯称贡以馨致鱼之饵尔。"①对于该问题的解决，薛俊建议仿照明太祖防御为主的外交策略，严格限制朝贡的规模与次数。具体这样写道："俊处卑微，有怀无路，伏冀当道借重奏请，申明旧制，移文到彼，限以十年一贡，船止一正一副，水手多不过百，如不及限及逾限而至，即以寇论，人船逾数亦以寇论。"②可见，薛俊主张还原祖制，通过对日本朝贡的严格控制，来减轻倭寇隐患。然而，倭寇产生的根源并非因为中日朝贡关系的扩大，相反，与明朝海禁政策以及日本国内形势有密切关联。可见薛俊在当时的历史背景条件下，一方面看到了朝贡关系中存在的弊端，一方面又囿于认识水平，只能从《皇明祖训》中寻求解决之道，认为应当减少与日本的往来，采取消极防御的策略，保守地对待中日关系。他的这一外交观点仍然难以形成客观的日本认识。

① 薛俊：《日本国考略》，收入邓士龙辑，许大龄、王天有主点校：《国朝典故》卷 103，北京：北京大学出版社，1993 年，第 2058 页。

② 薛俊：《日本国考略》，收入邓士龙辑，许大龄、王天有主点校：《国朝典故》卷 103，北京：北京大学出版社，1993 年，第 2058 页。

随着明代社会生产力的显著提高，商品经济空前繁荣，东南沿海地区出现了资本主义萌芽，经济的发展直接推动了海外贸易的繁荣。而明朝实行海禁政策，导致民间走私贸易兴盛，到嘉靖年间部分走私者与倭寇勾结，形成新型的倭患。

出于御倭的考虑，众多史家将撰述的目光投向了日本，开始著书以介绍和研究日本。这一时期出现了大量有关日本的史籍，主要包括两种：一种是以日本为论述对象的书籍，侧重于从整体的角度介绍日本的风土人情、论述中日关系等等；另一种则是抗倭文献，重视从武备、边防的角度阐释抗倭方略。

第一节　以日本为论述对象的史籍

一、郑舜功《日本一鉴》

《日本一鉴》是明代最早的一部根据实地调查

写成的日本研究专著，具有很高的史料价值。国内学术界研究者较少，日本研究者相关论著甚多，既有校订整理本和索引，又有专题研究论文，其中关于语音的研究占据多数。①

1. 郑舜功出使日本经过及成书背景

郑舜功，明南直隶徽州府歙县郑村人②，生卒年不详，因出使日本而青史留名，但《明史》及明代史料中未见其传记，现有研究多依据其所著《日本一鉴》了解其生平。③嘉靖三十一年（1552）大规模的倭寇登陆浙东沿海府县劫掠，进而深入到浙西，蔓延至苏南、苏北。面对危局，明朝广开言路，兵部贴出告示"一应人等，但有御侮平倭长策者，俱许具开揭帖，不时赴部，以备采择"④。在这种背景下，朝野出现了大量关于抗倭的言论。嘉靖三十四年（1555），郑舜功以布衣身份上疏建言，其自称："于岁乙卯（嘉靖三十四年，1555），赴阙陈言，荷蒙圣明不以愚昧罪功，特下兵部咨送总督军门，文移浙江司道议。功使往日本国，采访夷情，随机开谕，归报施行等因。"⑤可知，郑舜功曾经赴北京兵部进言，经兵部举荐到浙闽总督处，最终

---

① 日本方面的研究成果有：三ヶ尻浩校訂：《日本一鑑》（1937 年），木村晟编辑：《〈日本一鑑〉の総合的研究：大本山総持寺貫首梅田信隆禪師退董記念・本文篇》（大阪：伽林，1996 年），大友信一、木村晟编：《日本一鑑「名彙」：本文と索引》（東京：笠間書院，1982 年），渡邊三男：《「日本一鑑」について：明末の日本紹介書》，《駒澤大學研究紀要》，vol.13（1955 / 03），坂井健一：《日本館訳語と日本一鑑にみられる近世方音の研究》，《漢學研究》（日本大學中國學會），（1970 / 03）（通号 7），木村晟：《『日本一鑑』の名彙》，《駒沢国文》（駒沢大学），vol.13（1976 / 02），神戸輝夫：《鄭舜功と蒋洲：大友宗麟と会った二人の明人》，《大分大学教育福祉科学部研究紀要》21（2），1999 / 10，中島敬：《鄭舜功の来日について》，《東洋大学文学部紀要・史学科篇》（19），1994，中島敬：《『日本一鑑』の日本認識》，《東洋大学文学部紀要，史学科篇》（東洋大学），（1995）（通号 21），中島敬：《『日本一鑑』研究史》，《東洋大学文学部紀要，史学科篇》（東洋大学），（1996）（通号 22），片山晴賢：《『日本一鑑』の基礎的研究 其の一》，《駒沢短期大学研究紀要》，vol.24（1996 / 03），中島敬：《劉喜海の『日本一鑑』研究》，《白山史学》（白山史学会），（1996 / 04）（通号 32），片山晴賢：《『日本一鑑』の注釈的研究》，《駒澤國文》（駒沢大学文学部国文学研究室），no.42（2005 / 2）。等等。

② 卞利：《有关郑舜功研究中的几个问题考辨》，"明朝及其所处历史时代"国际学术研讨会论文，廊坊师范学院，2017 年 5 月，第 965 页。

③ 童杰：《郑舜功生平大要与〈日本一鉴〉的撰著》，《中南大学学报》2014 年第 5 期；夏欢：《郑舜功与〈日本一鉴〉》，东北师范大学硕士学位论文，2014 年等。

④ 郑舜功：《日本一鉴·穷河话海》卷 8《评议》，民国二十八年据旧抄本影印。郑樑生：《明代倭寇史料》（第七辑），台北：文史哲出版社，2005 年，第 2896 页。

⑤ 郑舜功：《日本一鉴·穷河话海》卷 9《接使》，民国二十八年据旧抄本影印。标点参照郑樑生：《明代倭寇史料》（第七辑），台北：文史哲出版社，2005 年，第 2913 页。

得以出使日本。郑舜功招募沈孟纲、胡富宁等人作为从事，歃血为盟，于嘉靖三十五年五月出发，由于倭寇横行，舍宁波而取道广东，"功前奉使日本时，浙、直、福皆有贼，故取道广"①。经由钓鱼岛附近，顺琉球沿岸海域北上。本打算直抵京都，可是遭遇暴风雨袭击，最后于当年七月漂至日本九州丰后国。《日本一鉴·桴海图经》中记录了此行的经过。

到达日本后，郑舜功派遣从事沈孟纲、胡富宁到京都宣谕日本国王，其本人则留在丰后，对当地进行了细致的考察。在丰后逗留差不多六个月之后，郑舜功踏上回国的航程。于嘉靖三十六年（1557）正月，郑舜功一行人等回到广东，数月后到达宁波。

日方还派遣僧人清授与郑舜功一同返回，《明世宗实录》记载："前总督杨直所遣郑舜功出海哨探夷情者，亦行至丰后。丰后岛遣僧清授，附舟前来谢罪，言前后侵犯皆中国奸商，潜引小岛夷众，义镇等初不知也。"②表明郑舜功顺利完成了自己的使命，与日方取得了联系，并带来日方的接洽代表，中日关系存在走向更好的可能性。

但郑舜功回国后，却受到了国内政局变化的影响，嘉靖三十五年二月，胡宗宪取代杨宜，总督浙闽军务，以郑舜功未见到日本国王为由将其逮捕入狱，下狱长达七年，直到胡宗宪倒台后方才平反。出使前的一腔热血与出使后有功反下狱的巨大反差使得郑舜功心灰意冷，于是愤而著书，将自己在日本的见闻及对倭寇的看法行诸文字，正如其《日本一鉴》序言中所说：

> 日本之区悬绝沧海，自汉以来常通中国，魏晋隋唐亦常遣使，未究其□。北胡闰位虽屡使人，遭夷中沮，不得要领，辄恃兵卒致海患。逮今圣朝入贡出使，乃得要领，海患寝息百数十年矣。自岁庚戌以来，奸究祸乱，荼毒东南。功思旧章，冒干天听，荷蒙圣明，遣使海外，奉宣文德，化道裔夷，得其要领，期致治安。归雁媢嫉，卒致偾事。愤思张骞出自草茅，非奉使命终老无闻。功亦草茅，时际圣明，奉使化外，功

---

① 郑舜功：《日本一鉴·穷河话海》卷7《贡道》，民国二十八年据旧抄本影印。郑樑生：《明代倭寇史料》（第七辑），台北：文史哲出版社，2005年，第2883页。

② 《明世宗实录》卷450，"嘉靖三十六年八月甲辰"条，台北："中研院"历史语言研究所校印本，第7649页。

将垂成，不罹媢嫉，然东海荡平矣，而功岂下张骞耶！蠢尔海寇十有余年，汛动风生，徒报燋烂，奚为长治久安之道哉！孤愤不已，遂以见闻类编成集，目曰《穷河话海》，及凡古今驭夷之事，知则悉载。上陈天览，下匡时政，庶见草茅奉。①

郑舜功对抗倭、御倭有很高的自信，将自己比作通西域的张骞，结合自己的见闻并搜集前代驭夷的典故，欲为统治者寻求长治久安之道。

《日本一鉴》完成后，没有大量刊印，造成流传不广。最初刊本已不可见，清代有一些抄本传世。据日本学者中岛敬统计，留传至今的《日本一鉴》共有六大类，十四种藏本。②现在比较常见的两种版本：一是民国二十八年（1939）据旧抄本影印本。日本学者渡边三男称其抄本是北京隆福寺街的古书肆文殿阁本。③中国台湾学者据此本进行了标点和整理，将其收入《明代倭寇史料》第七辑。④另外一种是日本三ケ尻浩于昭和十二年（1937）年完成的誊写本。日本的抄本有京都大学国史研究室藏本和京都大学附属图书馆藏本，三ケ尻浩就是根据这两个底本誊写而成。

2. 《日本一鉴》的内容

《日本一鉴》共分三部分，共十六卷，包括《穷河话海》九卷、《隙岛新编》四卷和《桴海图经》三卷。

该书是在郑舜功出狱后才开始编纂，但早在日本时郑舜功已经非常注意收集资料，"馆彼六月，咨其风俗，询其地位，得闻其说，得览其书……故命从事将其图册绘录之。备按：书编遂为类聚以寄衹役之谈，归于王师计数之秋。辄以文告下狱，故违忠信未即治安，是书弃置既久矣，曩在缧绁……"⑤编纂前已经具备了比较好的基础，亲自调查当地的风俗及地理，

---

① 郑舜功：《日本一鉴·穷河话海》卷1"序言"，民国二十八年据旧抄本影印。按：据语意推断，此序言尚未结束，但中日现存版本均至此处为止。

② 参见中岛敬：《『日本一鑑』の諸伝本》，《江户·明治期の日中文化交流》，东京：農山漁村文化協会，2000年，第179-191页。

③ 渡边三男：《「日本一鑑」について：明末の日本紹介書》，《駒澤大學研究紀要》（駒澤大學），通卷第13號（1955年3月），第148页。

④ 郑樑生：《明代倭寇史料》第七辑，台北：文史哲出版社，2005年，第2837-2918页。

⑤ 郑舜功：《日本一鉴·绝岛新编》卷1，民国二十八年据旧抄本影印。

并且查阅日本的图书资料，并令沈孟纲等绘制地图。

《桴海图经》最早完成，记录使日的见闻。其中《万里长歌》记录其航行所经海路以及沿途地貌，用图示和文字详细记述了从广东、经福建沿海，穿过台湾北部海域，经钓鱼岛屿、琉球群岛到日本大阪的航海线路。《沧海津镜》主要是把其航行所经历海岛和路程均绘成地图，《天使纪程》主要记录在日本的情况，所经历的地理以及路程等情况的记载。记载了大量地名、地理等情况。

《绝岛新编》主要是把日本的地图和各种名称分类汇编起来，并收有地图十一幅。主要是分门别类的介绍日本的地理情况，对于日本的山川河流、州郡府县、町坊市邑、日常器物等等都按照字类编排在一起，并且分别加以说明和考订。

《穷河话海》的篇幅最长，是全书的主体部分。前五卷从历史沿革、政治、疆域、人物、风土等方面介绍日本，后四卷记录中日两国航海、朝贡等情况，以及海盗活动和禁戢倭寇的记载。这一部分记载了日本史和中日关系等内容，具有比较高的可信度，主要因为该部分是依据郑舜功对日本的亲自考察和对倭寇的深入调研而来。如关于日本风俗的内容：

> 俗男女人齿喜黑。齿黑之法，乃以烂铁置于醋中，伺其油浮加五倍子。如法煎之，恒染齿黑，故有黑齿之名。昔诘此，夷答曰："饭白齿黑，自欲齿洁为之。"语曰："今俗之人，大为奸偷，有污黑齿，尤宜速洁之。"闻者唯唯。①

明代另一部日本研究史籍《日本考》中亦有相关记载。②这是关于日本将牙齿染成黑色的一段记载，应当是郑舜功亲眼所见，因有不明，向当地人询问，有对有答，真实可信，是研究古代日本风俗的重要史料。

3. 《日本一鉴》的撰著特色

《日本一鉴》是明代中后期日本研究的代表性著作。其撰写的方法、内容及反映的历史思想都值得研究。

---

① 郑舜功：《日本一鉴·穷河话海》卷 3《身体》，民国二十八年据旧抄本影印。
② 李言恭、郝杰：《日本考》，汪向荣、严大中校注，北京：中华书局，1983 年，第 72-73 页。

首先，在研究方法上讲求实际调查和采访，并将中方文献与日方文献进行对比，"咨其风俗，询其地位，得闻其说，得览其书"①。书中还有不少对话记录，完整地展现了郑舜功与当地人问答的场景。如关于日本女多男少的问题，文中记载道："昔扣东夷俗欲男少，其意云何？夷答曰：'好不须多。'而诘之曰：'今为寇盗中国者，众子与，孤子与？'夷笑不答。此即自知不善矣。"②通过问答的形式，郑舜功对于日本风俗有了比较深刻的认识，而且用非常巧妙的提问方式获悉了部分日本人对于倭寇问题的看法。

比如在叙述日本的城池时，写道：

> 备按：《汉书》国有城栅，持兵守卫。《隋志》无城，《唐书》亦然，木栅有之，池则无言矣。审此夷岛，多无城池。惟山城者，山为城也。《国书》城郭四阿屋，抑其隘口。而称城者，凡廿余处。夫此之城，联木为之，其名木户，一名木构，兵守其间。夷中列国设值，战争则必构木，以为固守之计，无常木构焉。③

"审此夷岛"正说明郑舜功经过多方调查进而得出结论。

重视使用日方文献资料是《日本一鉴》的一大特色。若读其书，则必先了解其文字，《穷河话海》专辟一卷《寄语》，郑舜功在此卷序言中称：

> 即今奸宄未定，疮痛未平，干戈未已。用诈取胜，罔辩蛮貊之音，文德虚灵必本忠信之说，于斯二者，寄语不为无用也。覆按：嘉靖癸未而日本国两起贡使仇杀之时，鄞有上舍薛俊者作为《考略》，于中寄语分聚一十五类，三百余条。推原当时未知倭字，彷佛倭音，不免有讹。抑今贼寇东灭西生，躰舌莫辩，兵有误听，将有误闻。自奉宣谕，得知倭字四十七数，以志华文，调定寄音，翻译具备。……故采日用文字类分十八，凡字之下以为寄音。庶通其言，文教东夷，此为要领。④

薛俊《日本考略》收录了三百多个日本语汇。郑舜功继承了设立寄语的

---

① 郑舜功：《日本一鉴·绝岛新编》卷1，民国二十八年据旧本影印。
② 郑舜功：《日本一鉴·穷河话海》卷3《男女》，民国二十八年据旧本影印。
③ 郑舜功：《日本一鉴·穷河话海》卷2《城池》，民国二十八年据旧本影印。
④ 郑舜功：《日本一鉴·穷河话海》卷5《寄语》，民国二十八年据旧本影印。

编纂方法，不仅纠正了《日本考略》中的一些错误，而且扩大了语汇收录范围。据统计，《日本一鉴》中共收日本语汇达 3400 余个，这些内容对研究日本古代语音非常有帮助，亦是日本学界研究最用力之处。

郑舜功对日本文献的介绍也是其他史籍中少见的。《日本一鉴》中专列《书籍》一栏，介绍了日本两个重要的中国书籍藏书地——大和下野文库和相模金泽文库，并列举了大量庋藏日本的汉籍和日本所撰书籍，对了解日本文献具有极高的价值。

其次，《日本一鉴》中所反映的历史认识和思想具有极高价值。郑舜功在日本停留长达半年之久，在实际的调查与接触中形成对日本独到的见解，其著书继承了古代史学家著书明志的传统，除辩白冤情外，更重要的目的是为了向统治者提供借鉴。郑舜功非常清楚自己出使日本的目的——消除倭寇之患，于是特别重视收集日本城池、风俗等方面的情报，深知"驭夷"之难，《穷河话海》中列举了吴莱、杨守陈、薛俊、唐顺之等人关于倭患的文章。在每篇文章之后，郑舜功都加上自己的评论。郑舜功的评论都是建立在自己考察基础上的，特别是对倭寇问题的看法很多都是一针见血。如针对吏部侍郎杨守陈之书略中提到的"却其朝贡、严行海禁"的御倭策略，郑舜功持反对意见。他认为禁绝中日之间的朝贡贸易不利于经济发展，也不符合两国人民利益，只有对双方之间的贸易活动加以积极引导和严格规范，才能从源头上化解倭寇问题。郑舜功正是看到了这一点，才提出驭夷之道的关键还是坚持祖宗之法，约束和规范朝贡贸易，才是真正有利于沿海人民的措施。

对于中日文化和风俗上的巨大差异，郑舜功则主张"用夏变夷"的思想，站在儒家的立场上，主张使用儒家文化的力量来消除二国之间的差异。例如记叙日本的农桑时就提出：

> 备按：《汉书》曰土宜禾桑。历按：夷岛田地有余，而力不足，故不尽耕。虽有五谷，而民鲜能于播种。虽曰园圃，而民莫善于时蔬。诚谓广种薄收也。故斯民也，乃有饥馑之苦欤。此国西南海夷近见流遁寇掠，以往暴殄天物致起流劫之心，屡犯边腹。十有余年，四海来宾，今

此风闻悉目为倭寇，其诸司牧乌得知之哉。昔奉宣谕，乃知彼之详。其目海寇名曰破帆，一曰白波，彼深耻此。功按：是夷犹为可化，设使师之以耘耨，教之以培壅，示之以浇灌。然则彼部之民，尽皆得而食之矣。彼既无饥馑之苦，又岂有流劫之祸耶？又按：彼蚕其土可事彼桑，少培而蚕桑也。惟其越中颇事之，询其桑叶小而麄，蚕丝麄而短，皆由治桑不善矣。设使教以治桑之法，养蚕之方，其广务之。然则彼部之民，尽皆得而衣之矣。夫如是则其民不饥寒也，岂有流劫之祸耶？大抵论兵讨贼，东没西生，使务农桑，当问奴婢。设使先劳以农桑，次教训以文学，此可以语用夏变夷，两利俱安之要道。使蛮貊之民依依乐土，何必频年航海也哉！何必频年航海也哉！①

这段议论倾向于从倭患的源头来解决问题，认为倭寇的原因是因为流民，而流民乃是因为人力不足和农业技术落后。如果教给他们治桑、耕作之法，并且灌输给他们儒家思想，必能使日本人重视农桑而不必依靠航海生活。这种细致入微的观察及由此提出的解决办法，较其他泛泛之论，实属珍贵。

但是毕竟受时代所限，郑舜功对于日本的认识还有很多不足与缺陷。由于他主要停留在九州地区，对日本其他地区研究并不多，有时会以偏概全，将九州的情况视为日本全国的情况，这是不可取的一面。

二、郑若曾《日本图纂》和《筹海图编》

郑若曾（1503—1570），字伯鲁，号开阳，昆山人。祖父郑文康乃正统年间进士，父亲郑宗儒明经学，有修养，郑若曾从小就受到很好的文化熏陶。曾经师从昆山大儒魏校，后师从王守仁、湛若水。

郑若曾科举之路不顺，两次参加考试都未进入正榜，于是决意不再参加科举考试，转而从事教育，很快名声大噪。他与当时很多名士大家都有交往，《筹海图编》也正是受到这些人的帮助而编撰完成，"是编也，肇意于荆

---

① 郑舜功：《日本一鉴·穷河话海》卷3《农桑》，民国二十八年据旧抄本影印。

川，玉成于龙池，而少保公实厘正之。其翼而辅之者，则柏泉胡公松、晴江杜公拯、中方范公惟一、娄江唐公爱、洋山凌公云翼、二华谭公纶、印东王公春泽、一庵唐公枢、允斋严公中、鹿门茅公坤、翔海载公冲霄、松坡黎公秀、南塘戚公继光、水南蔡君汝兰、九河俞君献可"①。上述诸人均是一时名士。荆川即唐顺之，明代著名的文学家、儒学大师，而且曾经以兵部郎中督师浙江，亲自乘船出海督战，并著有《五编》一书。郑若曾正是在唐顺之的启发下开始编撰《筹海图编》。少保公即总督东南防务的胡宗宪，胡将郑若曾辟为幕僚，令其参与机务，这段经历使得郑若曾直接接触到很多外交史料，得以提出自己的海防主张。

郑若曾在胡宗宪幕府期间，著作等身，包括《筹海图编》《江南经略》《四隩图论》等等，对江南地区的海防有非常详细的研究和介绍，并提出很多有价值的见解。其著作中涉及研究日本的主要有《日本图纂》和《筹海图编》。

1. 《日本图纂》

《日本图纂》，一卷，郑若曾撰，康熙时其五世孙起泓将其收入《郑开阳杂著》中。该书的主要编次内容是：

先列"日本国图"和"日本入寇图"两种。日本国图乃列日本东北、东南、北、南、西北、西南所至。日本入寇图则列倭寇登陆我国主要路线和港口。

次列"日本国论"，简单介绍日本的地理位置及宋元以来与我国交通情况。

次列"日本纪略"，比较详细地记载了日本各地名称及地理位置。后列日本畿内和畿外各州、道、郡等名。

次列"风俗"，列举日本物产、服饰、婚丧、信仰等有特色之处，其他与中国相同者无载。

次列"寄语岛名"和"寄语杂类"，列有 81 个岛名和天文、时令、地理、方向、珍宝、人物等 15 类 358 个日语单词。

次列"倭好"，列有丝、丝棉、布、绵绸、红线、水银等 22 类日常所用

---

① 郑若曾：《筹海图编》，李致忠点校，北京：中华书局，2007 年，第 10 页。

之物，"知倭国之所好，则饵在是而悟所以制之之术矣"①。并且建议不可与其进行互市贸易。

次列"倭船"、"倭刀"和"寇术"，倭船记载日本船只与中国的区别、船只行动时所带的水、米等供给。倭刀则详细介绍佩刀、刺刀、解手刀三种主要类型的日本刀及各自的用途，并列举上等刀和次等刀。寇术是作者认为倭寇战胜明军的原因，建议以其术还治其人，列举了日人常用的战阵蝴蝶阵、长蛇阵以及冲阵、布阵等惯用伎俩。

次列"使倭针经图说"，详细记载太仓和福建两港到日本的航海线路及沿线经过的主要城镇、可停泊的港口等。

次列"国朝贡式"，包括贡道、贡期、历次贡例和限贡方物。

次列"市舶""颁赐日本仪制""日本入贡赐宴仪制""历代封号""宋徽宗御制跋"并附日本贡使诗、日本僧奝然表。

《日本图纂》篇幅仅一卷，因此记载比较粗略，篇幅所限并未深入，但已经体现了郑若曾对日本的探索与思考，其部分内容被收入《筹海图编》，成为郑若曾系统探讨海防的组成部分。

2. 《筹海图编》

《筹海图编》，郑若曾撰，全书共十三卷，是一部研究明代中日关系和中国海防史的重要专著。

该书在《明史·艺文志》《千顷堂书目》《四库全书总目》中均著录为"明胡宗宪撰"，并且自成书后，一再重印，导致版本迭出。关于该书的作者和版本流传，学者已经达成共识②，一致认为该书作者当为郑若曾，而胡宗宪在其编撰中亦起到了非常重要的作用。

《筹海图编》最早的版本即嘉靖刻本，由胡宗宪主持，郑若曾具体编纂而成。范惟一作序，"搜括往昔，裒汇时事，凡足以却倭，峻海上之巨坊，

---

① 郑若曾：《郑开阳杂著》，《日本图纂》卷2，《文渊阁四库全书》，第584册，第542页。
② 参见李致忠：《谈〈筹海图编〉的版本和作者》，《文物》1983年第7期；汪向荣：《〈筹海图编〉的版本和作者》，《读书》1983年第9期；王守稼，顾承甫：《研究明代中日关系史的珍贵文献——兼评复旦藏嘉靖本〈筹海图编〉》，《史林》1986年第1期；宋克夫，邵金金：《论胡宗宪在〈筹海图编〉编撰中的重要作用》，《中南大学学报》2011年第6期；刘志军，李又增：《宁夏大学图书馆馆藏〈筹海图编〉考略》，《图书馆理论与实践》2013年第12期，等。

固国家之鸿业者，萃而成书，共十有三卷。胡公题曰《筹海图编》云。因刻之会城。"①范惟一时任浙江按察副使，与身在浙直总督胡宗宪幕府中的郑若曾接触很多，对其情况比较了解。现在可见的嘉靖本共有五部，分别藏于我国的北京国家图书馆、复旦大学图书馆、武汉大学图书馆，日本内阁文库和美国普林斯顿大学葛思德图书馆。其中序跋最全的当属复旦大学藏本，"在嘉靖本《筹海图编》中，尽管有着不少差异，但比较之下可以明显地看出。复旦藏本不愧为存真的足本"②。该本刻于嘉靖壬戌年（1562），一函八册，正文每半页十二行，每行二十一字，白口，四周双边。卷首有范惟一、胡松、唐枢、茅坤四序与郑若曾自序，共五篇序文。

《筹海图编》共十三卷。第一卷载《舆地全图》和《沿海山沙图》。《舆地全图》一幅，《沿海山沙图》包括中国各个沿海地区，其中广东十一幅、福建九幅、浙江二十一幅、直隶八幅、山东十八幅、辽东五幅等，共计72幅地图。记载了整个中国沿海地区山川、河流、岛屿及渡口、营寨、卫所的分布状况。内容丰富、绘图精良，是目前可见最早的、最完备的海防形势图。从地图数量可以看出，浙江明显多于其他地区，浙江是嘉靖时期受倭寇侵扰最严重的地区，明朝抗倭指挥官的办公地点亦设在浙江，所以作为总督军务胡宗宪的幕僚，郑若曾比较容易获取当地的资料，再加上实地的考察及对渔民的走访，对浙江情况掌握最多。辽东沿海受袭次数最少，所绘海图数量最少。

第二卷上主要介绍从北魏到明朝的中日关系，分"王官"出使和"倭国进贡"两部分，其"使倭针经图说"和"国朝贡式"及卷下的内容都与其所著《日本图纂》完全一致，前已有述。

第三卷至第七卷分别介绍广东、福建、浙江、南直隶、山东及辽东各地的地形、倭寇入寇经过及海防形势，对各地的军事布防提出了很多建设性意见。配有上述沿海地区沿海府卫的地图，数量多，图示清晰。

---

① 范惟一：《筹海图编·序》，郑若曾：《筹海图编》"附录"。（按：《筹海图编》一书的"附录"中收有多篇序言，此处脚注引用为其中之一），北京：中华书局，2007年，第992页。

② 王守稼、顾承甫：《研究明代中日关系史的珍贵文献——兼评复旦藏嘉靖本〈筹海图编〉》，《史林》1986年第1期。

第八至第十卷，用年表和图谱的形式记载倭寇的形成及发展，并详述从永乐至嘉靖16次大捷始末，还有遇难殉节的军民事迹，"图以备形势，编以纪事实；形势具而险易见，事实详而得失明"[①]。《寇踪分合始末图谱》记述了打着"倭寇"旗号而行抢掠之实的以李光头、许栋、王直为代表的十四帮海盗的分合情况，将"倭寇"与沿海海盗作了区分，更有利于对症下药，找出倭患的真因。

其余三卷均为"经略"，总结历次御倭战争的经验，寻求加强海防的对策，第十三卷从兵船和兵器两方面进行研究，配有各种类型兵船和大量兵器图示，介绍其利弊得失及实际操作等。试图从兵船、兵器等方面进行改进，以便在抗倭、御倭时占有优势。

《筹海图编》对日本的研究主要集中在卷二，《王官使倭事略》和《倭国朝贡事略》内容多取自各朝正史的《日本传》或《倭人传》，卷末附有《倭国图》及《入寇图》，《倭国图》是"当时中国人绘制的最为准确完整的日本全图"[②]，而绘《入寇图》，在于使国人"知所由入，则知所由御矣"[③]，为前线抗倭将士提供借鉴。

该书附有大量的地图，极具参考价值，这些地图是郑若曾"在参阅了大量官方资料，又加上自己实地考察后绘制的"[④]，他非常重视地图的作用，认为：

> 不按图籍，不可以知扼塞；不审形势，不可以施经略。边海自粤抵辽，延袤八千五百余里，皆倭奴诸岛出没之处，地形或凸于海中，或海凹入内地。故备倭之制，有当三面设险者，有当一面设险者，必因地定策，非出悬断。世之图此者，类齐直画一。徒取观美，不知图与地别，策缘图误，何益哉。[⑤]

---

① 卢镗：《筹海图编·跋》，郑若曾：《筹海图编》"附录"，北京：中华书局，2007年，第998页。
② 童杰：《郑若曾〈筹海图编〉的史学价值》，《史学史研究》2012年第2期。
③ 郑若曾：《筹海图编·凡例》，北京：中华书局，2007年，第11页。
④ 王守稼、顾承甫：《研究明代中日关系史的珍贵文献——兼评复旦藏嘉靖本〈筹海图编〉》，《史林》1986年第1期。
⑤ 郑若曾：《筹海图编·凡例》，北京：中华书局，2007年，第11页。

郑若曾批评当时画地图者为了美观而将海岸绘成"齐直画一"的现象，重视地图在防御工事中所发挥的实际作用。作为前线指挥官的胡宗宪，对郑若曾绘制的地图赞赏有加："详核地利，指陈得失，自岭南迄辽左，计里辨方，八千五百余里，沿海山沙险扼延衺之形，盗踪分合入寇径路，以及哨守应援、水陆攻战之具，无微不覆，无细不综。"[①]

大量的地图也是《筹海图编》史料价值之一，"总图载府州卫所者，举大以该小也。若《山沙图》，则又详外而略内。各有所重，亦互见也"[②]。各图方位是上东下西、左北右南，图成之后曾有人对其"海居上、地居下"的绘法提出异议，郑若曾作《图式辨》以答之：

> 或曰：子之用心则勤矣，但以海居上、地居下，亦有说欤。若曾曰：有图画家，原有二种。有海上而地下者，有地上而海下者，其是非莫辨。若曾以义断之，中国在内近也，四裔在外远也。古今画法皆以远景为上，近景为下；外境为上，内境为下。内上外下，万古不易之大分也。必当以我身立于中国而经略，夫外夷则可若置海于下，则先自立于海中，自列于外夷矣。倒视中国，可乎。或又曰：以图作屏，立而观之，若嫌乎登夸于华。图之作岂专为屏用哉？录之书册，置之几案，但见远近，不见上下矣。昔大司马默斋许公（伦）图画九边于屏，亦以北狄居上，天下不以为非也。夫何嫌。或又曰：天地定向以北为上，以南为下。北狄原在中国之北，不可改也，海居南面可比而同之乎？若曾曰：海何尝专在南哉，南面之海惟广、廉、琼、高诸郡耳，惠潮之境，海有东南面者，有东面者，是在广东一省海且无定向矣。福建、浙江、直隶、山东，海皆在东，曷尝有南海乎？故海一也，或面南而视，或面东而视，若必欲尊北而卑南，亦将尊西而卑东乎？[③]

中国古代地图绘制讲究"内中华而外夷狄"，以中国为尊，郑若曾绘图之法被后来诸多绘图者所采用。

---

① 胡宗宪：《筹海图编·序》，郑若曾：《筹海图编》"附录"，北京：中华书局，2007年，第991页。
② 郑若曾：《筹海图编》卷首，《筹海图编·凡例》，北京：中华书局，2007年，第11页。
③ 郑若曾：《图式辨》，《郑开阳杂著》卷8，《文渊阁四库全书》第584册，第628页。

先进的海防战略思想及完备的御倭之术是本书另一大特色。这些内容集中在该书"经略"部分，卷十二"经略三·御海洋"收录当时诸多官员、名士关于海防的相关论述，既有胡宗宪、唐顺之、杨博、俞大猷等直接负责海防的抗倭指挥官，又有宁波生员陈可愿等一般士人。经过对各家说法的对比与研究，郑若曾提出了自己的海防主张：

> 按御海洋之策，有言其可行者，有言其不可行者，将以何者为定乎？若曾尝亲至海上而知之。向来定海、奉化、象山一带，贫民以海为生，荡小舟至陈钱、下八等山，取壳肉、紫菜者，不啻万计。每岁倭舶入寇、五岛开洋，东北风，五六昼夜至陈钱、下八山，分舶以犯闽、浙、直隶……因此诸山旷远萧条，无居民守御，贼寇得以深入。总制胡公与赵甫江之议所由建也。……然事理虽长，而未经试练。嗣后，将官遵而行之，始觉其间有不便者。何也？离内地太远，声援不及，接济不便。风潮有顺逆，桅舶有便否。……然自海洋之法立，而倭至必预知，为备亦甚易。……苟因将官之不欲，而遂已之，是因噎而废食也，乌可哉？如愚见，哨贼于远洋而不常厥居，击贼于近洋而勿使近岸，是之谓善体二公立法之意，而悠久可行矣。[①]

明代海防存在御"近洋"还是"外洋"的争论，从郑若曾的论述来看，他其实是综合两派意见所长"哨贼于远洋而不常厥居，击贼于近洋而勿使近岸"，这种策略非常可行，既可节省大量人力，又可及时掌握倭寇信息。

《筹海图编》是明代海防、御倭史籍的集大成者，其承接明中期日本研究勃兴之势，又进一步推动了这种态势的发展。此后隆庆、万历年间凡涉及海防、御倭事宜的史籍，无不受《筹海图编》的影响，或直接引用文字，或直接引用地图，如曾为《筹海图编》作序的茅坤，其子茅元仪撰写《武备志》中很多兵器图、海船图都选自前者。万历二十年，总督萧彦命邓钟在《筹海图编》原文的基础上，"删其繁冗，重梓成书，冠以各处海图，次记奉使朝贡之事，又分按江海诸省，记其兵防制度各事宜，而以经略诸条终

---

① 郑若曾：《筹海图编》卷 12《经略三》"御海洋"条，北京：中华书局，2007 年，第 772 页。

之"①，编成《筹海重编》，但其内容大多沿用《筹海图编》。

《筹海图编》成书后，被当政者和研究者所推崇，一再翻刻，故有多种版本，隆庆、万历、天启年间都有版本存世，清康熙时其五世孙郑起泓再次重刻，将几乎所有的序跋都保留下来。

三、《日本风土记》和《日本考》

1. 《日本风土记》和《日本考》的关系

《日本风土记》②，以侯继高编纂的《全浙兵制考》之附录存世。侯继高是明代著名的抗倭将领，号龙泉，祖籍盱眙，生于嘉靖十二年（1533）。隆庆元年，升吴淞把总，万历五年十月，掌广东都司事。十三年十二月，改镇浙江，万历十七年率部与倭寇大战于花脑洋、浪冈洋等地，皆获全胜。万历三十年死于任，享年七十。在浙江镇守近二十年，多次亲临战场、奋勇杀敌，拥有丰富的抗倭、御倭经验。

现在普遍认为《日本风土记》作者是侯继高，但将其与《日本考》内容进行对比，可以发现二书内容几乎完全一致。目前，学界已经达成普遍共识：《日本考》是一部完全翻刻《日本风土记》而成的著作。而汪向荣推测："该书（即《日本风土记》实际内容——笔者注）的原作者，既非侯继高（国），也非李言恭和郝杰；书名原来也不一定有。这份原稿可能是当时专供防倭抗倭高级将领用来作为了解敌情的参考资料。侯继高（国）也好，李言恭和郝杰也好，都只是将这份材料翻印以广传播而已。"③清代黄虞稷的《千顷堂书目》和《明史·艺文志》均记载"侯继高《全浙兵制考》四卷"、"侯继高《日本风土

---

① 《四库全书总目提要》卷75，《筹海重编》提要，清乾隆武英殿刻本。
② 该书的研究可参见汪向荣：《关于〈日本考〉》，收入汪向荣：《中日关系史文献论考》，长沙：岳麓书社，1985年，李小林：《侯继高及其〈日本风土记〉》，《兰州大学学报》2006年第1期，安田章：《日本風土記解題》，收入京都大学文学部国語学国文学研究室编：《日本风土記：全浙兵制考》（京都：京都大学国文学会，1961年），大友信一：《「日本風土記」"山歌"》《文芸研究》（日本文芸研究会），（1962/08）（通号40），赤松祐子：《「日本風土記」の基礎音系》，《国語国文》（中央図書出版社），vol.57，no.12（1988/12）、时培磊：《侯继高〈全浙兵制考〉及其与〈日本风土记〉的关系》，《廊坊师范学院学报》2015年第6期。
③ 汪向荣：《关于〈日本考〉》，收入汪向荣：《中日关系史文献论考》，长沙：岳麓书社，1985年，第257页。

记》四卷"、"李言恭《日本考》五卷"。事实上，《日本风土记》本来就是一部单行的书，后来由于内容的某种联系，在刊刻《全浙兵制考》时被作为附录收进书中，后人遂把《日本风土记》看作是侯继高名下的史籍。[①]

关于《日本考》，《四库全书总目提要》中写道：

> 明李言恭、郝杰同撰。言恭字惟寅，岐阳武靖王文忠之裔，以万历二年袭封临淮侯。杰字彦辅，蔚州人，嘉靖丙辰进士，官至南京兵部尚书。方言恭督京营戎政时，杰为右都御史。会倭患方剧，乃共掇所闻为此书，记其山川地理及世次土风，而于字书译语，胪载尤详。后倭陷朝鲜，封贡议起，杰以力争不合，徙南京。而言恭子宗城卒为石星所荐，充正使往封。至釜山，而倭情中变，易服逃归，被劾论戍。盖徒恃纸上空言，宜其不能悉知情伪也。[②]

《日本考》是在《日本风土记》原刻板的基础上略作剜补而印刷。证据有二：其一，《日本风土记》的版心全部刻有"日本风土记"的字样，《日本考》中卷二第三、十二、三十四页和卷三第八、九页的版心居然还保留着"日本风土记"的字样。其二，《日本考》第一页和后面字体完全不同。《日本风土记》第一页前半页正文为八行十七字，《日本考》则变为六行十七字，内容略作删减，空出的两行为李言恭和郝杰的署名。足以说明《日本考》是由《日本风土记》而来。汪向荣在《关于〈日本考〉》一文中就指出："从这种印刷情况看来，也完全可以认为《日本考》实际上就是《日本风土记》同一刻板的改名复刻本。"[③]

谢国桢曾为北平图书馆善本丛书《日本考》写过"跋"：

> 言恭生而岐嶷，喜读书，及长工诗，与王凤洲、李沧溟辈称海内十才子，有《贝叶斋》、《青莲阁》二集行世。与胡应麟为友，应麟《少室山房集》与之往还倡和甚繁；通于日本情事，应麟送之诗，有"月支奉

---

① 时培磊：《侯继高〈全浙兵制考〉及其与〈日本风土记〉的关系》，《廊坊师范学院学报》（社会科学版）2015年第6期，第61页。

② 《钦定四库全书总目（整理本）》卷78《史部·地理类存目》，北京：中华书局，1997年，第1055页。

③ 汪向荣：《关于〈日本考〉》，收入汪向荣：《中日关系史文献论考》，长沙：岳麓书社，1985年，第256页。

旧朔，日本祈新封"之句。督京营戎政，时倭乱方剧，与右都御使杰摭拾旧闻，同撰《日本考》，黄虞稷《千顷堂书目》、《四库全书地理类存目》均著录其书。①

由上可知，李言恭对日本之事极有研究，郝杰曾担任过辽东巡抚和蓟辽总督等职，二人对日本都有一定的了解。《日本考》的上梓时间是在万历二十一年正月十九日至十月十一日之间，正是朝鲜战场由如火如荼到进入和谈的阶段，因此李、郝二人才将《日本考》上梓出版以满足战事需要。因为二人并没有日本著作，只能利用现成的《日本风土记》为基础，稍作剜补修改后即加以印刷。李、郝二人在《日本风土记》的基础上刻印《日本考》正是为当时抗倭援朝战役提供资料，当时兵部侍郎宋应昌正以经略朝鲜、蓟辽等处军务身份指挥"朝鲜之役"，万历二十一年十一月初九日曾写信给李言恭："久因拮据戎事，致疏裁候，罪歉何如。然仰企故人之私，即身寓玄菟，未尝顷刻置也。昨辱飞翰下慰，兼惠日本志籍，示彼出没，资我运筹。具见门下留心国事，感甚。"②信中所提到李言恭送给宋应昌的"日本志籍"极有可能就是其刚刚刻印的《日本考》。"示彼出没，资我运筹"正体现出《日本考》对前线将领了解日本及倭寇行动规律的巨大帮助。

2. 《日本考》的内容及价值

《日本考》全书共分五卷，每卷下设若干子目，分门别类记载了日本的地理、沿革、风俗、语言等情况，内容取材于薛俊的《日本考略》和郑若曾的《筹海图编》《郑开阳杂著》等。

《日本考》卷一的内容基本抄自郑若曾《筹海图编》和《郑开阳杂著》中有关日本的部分，但是在编排上略有不同。《筹海图编》卷二和《郑开阳杂著》卷四是郑若曾关于日本研究的两个部分，二者内容基本相同。《日本考》中所附录的日本地图方向为"上南下北左东右西"，而《筹海图编》中日本地图的方向为"上北下南左西右东"，两幅图看起来方向完全不同，但是如果把《日本考》的地图顺时针旋转180°后就可以发现两幅图基

---

① 谢国桢：《日本考·跋》，汪向荣、严大中校注：《日本考》附录，第265页。

② 宋应昌：《经略复国要编》卷12《与李临淮侯书》，台北：华文书局，1968年，第984页。

本一样，图中所标地名也基本一致。可以断定《日本考》所附录的日本地图有可能就是来源于《筹海图编》或者说郑若曾《日本图纂》中的日本地图，只是将地图标识方向作了变动而已。《日本考》卷一中的《倭国事略》是从《筹海图编》卷二中的《日本国论》和《日本纪略》两个部分抽取出来而成的，基本内容没变，只是将后者的若干句子和段落组合而成。《筹海图编》后面分畿内部、畿外部和海曲部三个部分讲述日本的行政区划，而《日本考》则只在目录中保留了畿内部的名称，而实际上正文中却只有"畿内部"三字而无实际内容。《筹海图编》中将日本分为三部，主要依据是薛俊《日本考略》中的州郡略，郑若曾将其概括为了畿内、畿外和海曲三部。另外《筹海图编》中"驿、户、课、乡"四个条目，在《日本考》中只有"驿、户、课"三项，内容则一字不差。《筹海图编》的"户、课、乡"三条内容全部来自《日本考略》中的《户口略》。而《日本考略》中的《州郡略》或者《户口略》的内容都是来自前史，诸如《宋史·日本传》和《魏志·倭人传》，所以《日本考》只能算是传抄自传抄的内容。对于《筹海图编》中郑若曾的按语，《日本考》也进行了抄录，但是将人名撤掉……除了开头的两三个字为了删掉郑若曾的名字而改动外，后面整段的按语完全一样。《日本考》第二卷中有十七个条目的内容来自薛俊的《日本考略》，其后各卷中则只有第五卷的"文辞"和"诗赋"两部分内容来自于《日本考略》。

摘抄其他史料是中国古代私家修史最常用的手段。自薛俊《日本考略》和郑若曾《筹海图编》两部著作问世以后，明末大部分日本研究史籍体例及内容都取材于上述两部书。但《日本考》作为成书较晚的日本研究专著仍有其独特的史料价值，例如在记载时间上有所延伸，《日本考略》仅记载至嘉靖二年的朝贡情况，《日本考》则延伸到嘉靖三十六年，将嘉靖年间大部分日本朝贡情况都记载下来。

在万历刻本《日本考》卷一，首录"总督京营戎政少保兼太子太保临淮侯李言恭、协理京营戎政都察院右都御史兼兵部右侍郎郝杰考梓"[1]，没有

---

① 李言恭、郝杰：《日本考》卷1，《四库全书存目丛书》，史部，第255册，第490页。

使用"编撰"或"纂修"字样，可知李言恭、郝杰二人并非原作者，而仅是将侯继高《日本风土记》经过考证后刻板印刷。因此汪向荣《关于〈日本考〉》推测李、郝二人重刻必是侯继高事先知道并同意了的。此二书原始作者尚不可知，因此书中观点及关于日本的认识，并不能完全代表作者的观点，其大部分材料直接抄录它书，成书复杂。

第二节 抗倭御倭类史籍文献

除去上述以日本为研究对象、旨在介绍日本情况的史籍外，明末还有一种重要的日本研究史籍类型，即抗倭文献。此类文献多是东南地方官员从亲身经历出发，以抗倭、御倭、加强海防为主要编撰目的。加之明末私家撰史风气正盛、刻板印刷日趋商业化，故此类文献数量众多，王庸《明代海防图籍录》与吴玉年《明代倭寇史籍志目》收录筹海御倭类文献多达150多种。中国历史研究社1951年曾编辑一套《中国历史研究资料丛书》，原名《中国内乱外祸历史丛书》，在其中题为《倭变事略》一书中收录了《嘉靖东南平倭通录》《倭变事略》《靖海纪略》《金山倭变小志》《纪剿除徐海本末》《倭情屯田议》《日本犯华考》《中东古今和战端委考》《东倭考》等书，均是有关中日关系及抗倭御倭的专著。

根据成书的背景及目的，大体可将明后期抗倭文献分为两大类：纪事反思类和建言献策类。前者侧重于记录日本历次入侵情况，并在此基础上分析应当怎样防倭御倭，此类数量占多数。建言献策类着重从兵器、布阵等方面给防倭御倭提供可行性建议。虽有部分史籍两者兼而有之，仍将则其要者分类论述。

一、纪事反思类

1. 王士骐《皇明驭倭录》

该书是现存可见明后期抗倭文献卷数最多、篇幅最大的一部史籍。该书的编撰是在明中期倭患严重、日本研究兴起的大背景下进行的。嘉靖以后出现了很多日本研究的史籍,但部分史籍存在史实不清、考订不精、粗制滥造的现象,而国史记载较为简略,引起有识之士的担忧。《皇明驭倭录》的编撰正是出于此种考虑,其自序云:

> 纪倭事者有薛浚之《考略》,有王文光之《补遗》,而郑若曾《筹海图编》加详焉。臣不佞读之而叹其用意之勤也,已稍稍参以国史,始恨事略者百不得一,而一旦失真,士大夫不考于先朝之故事,而动以野史为证则所误多矣。乃就国史中一一拈出,自高皇帝以至穆庙列为编年,谋之巨公,题曰《皇明驭倭录》,盖列圣之诏旨、诸臣之章奏、公私创革之始末、中外战守之机宜,悉在焉。[①]

除去保存信史的因素外,亲眼目睹家乡惨状亦是其编撰目的之一。王士骐是江苏太仓人,太仓是元、明两代非常重要的港口,郑和下西洋就是从太仓出发的,因此也成为倭寇进犯的地点,王士骐出生的前一年,即嘉靖三十二年,倭寇千余人曾侵犯太仓,围困太仓城长达三个多月。次年一月,倭寇再次蹈太仓,大肆掳掠。家乡所遭受到的倭患也促使王士骐著书以思考对策。

该书正文有九卷,后附有《附略》二卷、《寄语略》一卷。卷一到卷九采用编年体辑录了洪武二年(1369)到隆庆六年(1572)有关倭寇的诏令、奏议及入侵事迹等。记事首载"洪武二年,正月遣使以即位诏谕日本占城爪哇西洋诸国"。凡涉及日本历次进贡、倭寇战事及皇帝的敕谕,都进行了广泛的搜集,如洪武五年谕中书省臣曰:

> 自兵兴以来,百姓供给颇烦,今复有兴作,乃重劳之,然所以为此者为百姓去残害保父母妻子也,朕恐有司因此重科吾民反致怨仇,谦尔中书其榜谕之,违者罪不赦。[②]

该敕谕乃是因沿海郡县屡遭倭患,官军因缺乏船只而不能追击,朝廷乃下令于沿海造船,恐官员趁机科扰民众,朱元璋特加敕谕。

---

① 王士骐:《皇明驭倭录序》卷1,《四库全书存目丛书》,史部,第53册,第4页。
② 王士骐:《皇明驭倭录》卷1,《四库全书存目丛书》,史部,第53册,第8页。

王士骐《皇明驭倭录》主要取材于正史，亦大量引用此前成书的《日本考略》《殊域周咨录》《筹海图编》等史籍，在使用过程中对上述史料有所甄别，多加有按语，如洪武十三年十二月朱元璋遣使诏谕日本国王，按曰：

> 是年正月诛丞相胡惟庸，廷臣讯辞第云使林贤下海招倭军，约期来会而已，不至如野史所载，亦不见有绝倭之诏，本年日两贡无表，又其将军奉丞相书辞意倨慢，故诏谕之，中云前年浮辞生衅，今年人来匪诚，不及通胡惟庸事，何耶。近年勘严世蕃亦云交通倭虏、潜谋叛逆，国史谓寻端杀之，非正法也。胡惟庸之通倭，恐亦类此。①

由洪武年间胡惟庸案联想到嘉靖年间的严世蕃案，二人罪状中都涉及与倭寇勾结，王士骐对此表示严重的怀疑。而该段记载在《殊域周咨录》《筹海图编》中均有记载，作者经过对比得出结论"按两书所载，小有异同，而《筹海图编》更为谬悠，且以左丞相为枢密使，野哉若此，何以征后？"②

凡涉及明朝加强海防的各项措施，《皇明驭倭录》亦积极收录其中。例如沿海卫所的设置与变化，洪武二十年，"置定海、盘石、金乡、海门四卫指挥使司于浙江并海之地，以防倭寇。置金山卫于松江之小官场，筑青村及南汇嘴城千户所二，置临山卫于绍兴及三山、沥海、三江等千户所，皆以沿海防御倭寇"③。

书中对曾经与倭寇交战，或对御倭做出过较大贡献的明代文武官员，其病卒、赐谥、建庙祭祀，亦皆详细记录。如永乐十八年，广宁伯刘荣卒，刘荣在辽东任总兵时取得望海埚大捷，故为其列传，记其生平甚详。正德十三年，浙江建信国公汤和庙于宁波，乃因"定海县巡按御史成英言，和在国初守备宁波，筑城增戍，经理周悉，至今倭不敢犯，民物奠安，皆其功也，乞立庙致祭，礼部议覆，故有是命"④。其他如唐顺之、李遂，传记亦非常详

---

① 王士骐：《皇明驭倭录》卷1，《四库全书存目丛书》，史部，第53册，第14页。
② 王士骐：《皇明驭倭录》卷1，《四库全书存目丛书》，史部，第53册，第14页。
③ 王士骐：《皇明驭倭录》卷1，《四库全书存目丛书》，史部，第53册，第18页。
④ 王士骐：《皇明驭倭录》卷4，《四库全书存目丛书》，史部，第53册，第51页。

细。将《明实录》与该书对比可以发现，实录主要以褒扬为主，而该书引《世庙识余录》《江南经略》等书对其进行全面的介绍及评价，内容更加丰富。全书记载止于隆庆六年，但为表彰浙直总督胡宗宪的功绩，后附有万历二十四年御史朱凤翔上言，为于谦、胡宗宪平反，并且最终使得明神宗同意于谦世袭锦衣卫指挥使，胡宪宗世袭锦衣卫指挥同知，给谥号。

嘉靖年间史实是几乎所有抗倭文献重点论述的部分，固然是由于嘉靖年间倭患最严重，但亦是由于编撰年代较近，资料尚有迹可循。该书共七卷，其中嘉靖年间占三卷，几乎占到全书篇幅的一半。部分官员上疏亦全文收录，有很大价值，如嘉靖三十四年巡抚应天都御史周铣言御倭有十难有三策、工部右侍郎赵文华疏陈备倭七事等。再如卷八收有《谕发兵征倭》《答倭情谕》《再答倭情谕》《请以兵事责有司》《答南北兵食谕》《答南贼谕》《答东南寇氛宣大辽东边事》《答革浙直总督》等奏谕，都是大学士徐阶承圣谕而答之者，在其《世经堂集》中均有收录，该书亦加以收录。嘉靖年间史实多取材于《明世宗实录》，如嘉靖三十四年南京兵部尚书张鏊所议留都四事，及其会同南京府科道等官议上留都安攘实政五事，与《明世宗实录》卷四百二十九记载高度一致，故可信度极高。该书对明世宗的贡献亦给予了充分的肯定：

> 世宗肃皇帝深居玄默而虑周海外，所以一时贼势猖獗东南根本之地，几至不支，而天威所加，旋就扑灭，然非胡少保宗宪一力担当，何以能奏厥功。天下有事拖泥带水之人自不可少，只今公论大定，我皇少采台臣之议而官其后以锦衣，又加易名焉，天下人欣欣若以为当然者，乃大学士阶桑梓之虑独切于时，断断宗宪不少恕何也，岂以世态炎凉，责望宗宪，此中不能无不平耶。严相嵩、赵尚书文华，天下之恶归焉，然首荐宗宪者，赵文华也，所谓非魏无知，臣安得进。自古未有权臣在内而大将立功于外者，宗宪之立功，正相严柄国之时，岂尽以贿进耶，使与徐文贞易地而处，事故未可知，嗟嗟，天下事盖难言之矣。①

《附略》卷一引历代正史有关日本的记载，包括《后汉书》《三国志魏

---

① 王士骐：《皇明驭倭录》卷8，《四库全书存目丛书》，史部，第53册，第185页。

书》《晋书》《宋书》《齐书》《梁书》《隋书》《旧唐书》《新唐书》《宋史》《元史》等等，对此前中日关系史进行了系统的回顾。卷二则收录唐代多首反映日本遣唐使来华及归国的诗词，包括王摩诘《送晁监还日本国序》、赵骅《送晁补阙归日本国》、包佶《送日本国聘贺使晁臣卿东归》、钱起《重送陆侍御史日本》、李太白《哭晁卿行》、王摩诘《送秘书监还日本国》等。最后是日本研究史籍中最常见的《寄语略》，收录各类名词共约 460 个，凡是《筹海图编》与《日本考略》中不同的词汇，均收录其中，以示其区别。

《皇明驭倭录》亦有两方面明显的缺陷，一是事件都按年排列，均没有记载其确切日期，笼统将一年中所生的事前后排列。一是其取材多是从国史中拈出，一味盲目相信国史，"然当时奏报亦多掩败为功，欺蔽蒙饰，国史所载，正未必尽为实录也"①。

2. 不著撰人《嘉靖倭乱备抄》

《四库提要》记载：

> 嘉靖倭乱备抄二卷，两淮盐政采进本。不著撰人名氏，始嘉靖二十三年日本入贡，终于四十五年闰十月，凡倭之构乱以及平戡始末，皆载之。大旨谓倭乱始于谢氏之通海，成于严嵩之任用非人，功罪颠倒。所言比正史为详。②

该书按年记事，从嘉靖二十三年日本入贡开始记载，嘉靖二十七年以后记事比较详细，凡涉及入贡及倭寇入侵、明代抗倭等事均收录于内。本书性质近似资料汇编，将有关事件抄录下来，故成此书。

3. 黄俣卿《倭患考原》（附《恤援朝鲜倭患考》）

从书名即可看出，黄俣卿《倭患考原》旨在总结倭患出现的原因，"推其致祸之由"。③该书记载了从明初洪武年间到万历四年历次倭寇侵扰的情形，部分内容加有自己的按语。限于篇幅，该书记载比较简略，叙嘉靖年间史实最详，末尾附有作者对倭患的看法及倭俗考。

---

① 王士骐：《皇明驭倭录》卷 8，《四库全书存目丛书》，史部，第 53 册，第 227 页。
② 《四库提要》，《四库全书存目丛书》，史部，第 49 册，第 645 页。
③ 《四库提要》，《四库全书存目丛书》，史部，第 52 册，第 517 页。

黄俣卿自称闽越人，故对倭患的认识要更加切实："闽与越皆邻倭之国也，倭之为患无时无之，嘉靖之季猖獗甚矣，壬辰之举不我而东者，倭岂阴厚吾闽与越哉，盖其精神在朝鲜未遑他及也，及其罢众归岛，又值主幼国疑，酋相雄长自图不暇耳"[1]，部分见解比较新颖，例如对倭患原因的考虑：

> 给事中夏言上言祸起于市舶，礼部遂请罢市舶而不知所当罢者市舶太监也，然寻罢寻设如东夷有马市西夷有茶市，江南海夷有市舶，所以通华夷之情，迁有无之货，收征税之利，减戍守之费，又以禁海贾抑奸商，使利权在上也，罢市舶，则利孔在下，奸商外诱，岛夷内讧，海上无宁日矣。[2]

该书还对部分史实进行了考证，如擒获汪直，"按：《吾学编》有胡总制计擒贼首王直之语，而不及焚徐海事。余近叩朱都护先，言直竟逸去。盖朱当日在胡公中涓者，言不予妄。郭光禄《南征实略》亦云，舟山剧贼若天不欲歼之，每追剿必遇风雨也。然卷末又有方议休卒，伺隙以图万全之举，乃值赵连檄速还云云，则纵虎遗患、罪有所归耳。"[3]

下卷《恤援朝鲜倭患考》主要记载万历年间宋应昌、杨镐东征援朝抗倭诸事。卷末所附《倭俗考》主要介绍日本的风俗、兵器、特产、贡品等等。如介绍日本若干社会风俗，"东夷去古未远，人毅而直，刑简而峻，俗贫而寡窃。男子蹲而溺，女子立而溺，幼则披发，长则秃之，妇推其髻于后，富贵家食稻衣锦，贫而下者衣楮茹秕糠而已。其敢于内犯者犹吾滨海亡命，时亦劫夺倭夷闻耳"[4]。

4. 谢杰《虔台倭纂》

《虔台倭纂》[5]，谢杰撰。该书 3 卷。"虔"是江西赣州的古称之一，在书中其自题"虔填抚闽长乐谢杰汉甫氏著录"，谢杰曾以右副都御史巡抚南

---

[1] 黄俣卿：《倭患考原》卷 2，《四库全书存目丛书》，史部，第 52 册，第 515 页。

[2] 黄俣卿：《倭患考原》卷 1，《四库全书存目丛书》，史部，第 52 册，第 503 页。

[3] 黄俣卿：《倭患考原》卷 1，《四库全书存目丛书》，史部，第 52 册，第 505 页。

[4] 黄俣卿：《倭患考原》卷 2，《四库全书存目丛书》，史部，第 52 册，第 516 页。

[5] 相关研究可参见刘晓东：《〈虔台倭纂〉的形成：从"地方经验"到"共有记忆"》，《历史研究》2013 年第 1 期。

赣，该书正是此时编纂。该书的编成是多人合作之结果，"议始于陈子信，辑于柳子邦奇、傅子良桥、朱子琦、张子仕斌，而傅与张尤力焉。余则为广之，广之尤损五之二，则纂与略之谊也，是非缪于舆人者。"①可知，该书最初由陈信倡议，后由柳邦奇、傅良桥、朱琦、张仕斌四人共同纂辑，最后由谢杰增广完成。该书由在深处内陆的南赣巡抚完成，其编纂"并非仅是谢杰对自身生活的东南沿海地区历史经验的记述，同时也是关乎江西地方荣誉的重事。"②

全书共分两卷，上卷分为"倭原""倭好""倭利""倭针""倭变""倭巧""倭媒""倭防"；下卷分为"倭绩""倭议""今倭记"。按照倭患始末的逻辑顺序安排编次："始倭原惟贡及使，初以好合，故倭好次之，好必市。纪倭利，利必争。纪倭变，变必诈。纪倭巧，巧必绝。纪倭防，防必胜。终倭绩而议附焉。示弗议，固弗成也，是纂之次第也。"③后附图绘74幅，以中日两国的地形、武具图为主。

该书具有一定的史料价值，对倭患问题亦有较多思考，如"倭原"分两部分叙述，一则叙述日本地理及各岛情况，一则将引导倭寇入侵的东南海盗归为倭患原因之一，分析东南沿海潮汕、漳州、宁绍等地海盗众多的社会经济原因，"其人众，其地不足以供，势不能不食其力于外。漳、潮以番舶为利，宁绍及浙沿海以市商灶户为利"④。从社会经济等方面分析了沿海居民转为海盗的原因，有助于找到解决问题的可行办法。

5. 张鼐《吴淞甲乙倭变志》

张鼐，字世调，华亭人，万历甲辰进士，官至南京吏部右侍郎兼詹事府詹事。该书主要记载松江府在嘉靖三十三年（1554）至三十四年（1555）间所受倭寇侵扰之状。当时比较流行的日本研究史籍对松江府受侵犯的记载多有错误，故张鼐根据目击者见闻作书以记家乡之事，"松之难，松之遗老能

---

① 谢杰：《虔台倭纂·序》，《北京图书馆古籍珍本丛刊》，第10册，北京：书目文献出版社，1998年，第227页。

② 刘晓东：《〈虔台倭纂〉的形成：从"地方经验"到"共有记忆"》，《历史研究》2013年第1期，第83页。

③ 谢杰：《虔台倭纂·序》，《北京图书馆古籍珍本丛刊》，第10册，北京：书目文献出版社，1998年，第227页。

④ 谢杰：《虔台倭纂》上卷，《北京图书馆古籍珍本丛刊》，第10册，北京：书目文献出版社，1998年，第230页。

道之，郡邑之故牒荐绅学士之论著见于他集可传也，故纪于松独详。然按之《筹海编》及《海防考》诸书，其日月颇不合，得非境外人不能传耶，吾宁信其目击者焉"。①

全书共分两卷，上卷纪事，除总叙外包括纪兵、纪捷、奸渠、周防四目。下卷纪人，分十德、十勋、十忠、十节、僧兵、狼兵、盐丁、遣祀、三太学、四辩士、两孝子、三乞儿、三腐儒等十三目。比较全面记载了松江府所遭受的倭患及当地积极抗倭的感人事迹。将记载范围限在某一特定地点，则记载更加详细、生动，为地方保存了丰富的史料。

6. 万表《海寇议》

中国科学院图书馆所藏明嘉靖吴郡袁氏嘉趣堂刻金声玉振集本题曰"范表著"，实不考之故，当作"万表"。万表字民望，邓县人，正德末武进士，累官都督同知金书南京中军都督府。"时值海寇出没，为江浙患，表推原祸本，以为奸民通番者所致，因为此议，上之当事，历叙逋逃啸聚始末甚详，其后倭乱大起，表结少林僧习格阙法，屡歼其众，盖本能以才略自显者，宜其所言之，具有先见也。"②

该书分前、后编。前编纪乱，主要记载嘉靖二十年以后大股海寇入侵事迹。后编则专为汪直立传，详细记载其发迹及被擒过程，是记载汪直事迹较为全面的一篇。并且由于作者身份之特殊，可信度较高，"纪倭乱者多矣，惟范表之述核而实，始末俱见，范督军于浙，故知之详，贼首王直竟为总制胡公，给至杭城，于己未冬十二月二十五日斩之，枭示于浙，伟哉其功耶，读秋崖朱公《譬余漫录》，与范议若相表里焉"③。

二、建言献策类

1. 卜大同《备倭记》

卜大同，字吉夫，秀水人，嘉靖戊戌（十七年，1538）进士，由刑部主

---

① 张鼐：《总叙》，《四库全书存目丛书》，史部，第 54 册，第 667 页。

② 《四库提要·海寇议》，《四库全书存目丛书》，子部，第 31 册，第 44 页。

③ 万表：《海寇议》后编，《四库全书存目丛书》，子部，第 31 册，第 43 页。

事历任湖广按察司佥事，捕盗有功升布政司参议，官至福建巡海副使。《备倭记》正是其任福建巡海副使时讲求防倭、备倭之术而作，"兹予持节闽中，职司海禁，乃日夜思竭其不肖之才力，务一心营职以求底于肃清也，顾书生不知兵，又其积弛已非一日，则亦何能为焉。所赖者上而督府洞察机宜，式勤远略，下而师帅同心靖寇，戮力效忠，以故闽海稍稍安宁，卜萌矍之作矣。夫舟帅之设亦轨事之大者也，而今所失其故实焉，岂所以跨海内制倭夷之术哉，然惟治理废兴，虽以古今时变所贵载在方策有明征焉，是俾后之人得以按籍而修其政也，乃不自揆绅绎见闻，再证履讨而为之记云"①。

该书主要为防倭、备倭提供建议，共二卷，上卷分置制、方画、将领、士卒、烽堠、险要、战舸、边储等目，卷下分奏牍、策议。原书尚有海图，"其书本名《备倭图记》，原本卷首尚有海图。此本佚之，遂并书名删去图字，然浙江鲍士恭家藏本尚题《备倭图记》也"②。

上卷从军事防御的各个方面出发，置制列举晋、唐、宋、明等各朝海防方面的设置。方画则根据明朝的实际情况，对明代海防提出自己的建议，主张划地而守，"自福宁州流江以南至罗源县濂澳门约五百里，则以烽火水寨辖之。自濂澳门以南至福清县牛头门巡检司约四百里，则以小埕水寨辖之。自牛头门以南至晋江县祥芝巡检司约五百里，则以南月山水寨辖之。自祥芝以南至漳浦县井尾巡检司约四百里，则以浯屿水寨辖之。自井尾以南至诏安县洪淡巡检司约三百里，则以铜山水寨辖之。自洪淡以南至广东拓林寨约一百里，则以元钟澳辖之，盖所谓信地云尔"③。主要划定福建和广东两地各自守御的范围。其他方面亦是先古后今，按朝代进行罗列。

卷下主要收录宋、明两代名士关于海防的奏疏，奏牍包括李纲《谕福建海寇札子》，真德秀《申枢密院措置沿海事宜状》《奏革巡海参政专粮储疏》，马文升《议五寨把总五年一换及巡海总督备倭更番出巡疏》《奏复沿海逃亡军士余剩粮疏》等。策议包括归有光《备倭事略》《备倭议》等。

该书叙述比较简略，两卷的篇幅而囊括晋、宋、明等朝代，又分多个子

---

① 卜大同：《备倭记序》，《四库全书存目丛书》，子部，第31册，第79页。

② 《四库提要·备倭记》，《四库全书存目丛书》，子部，第31册，第94页。

③ 卜大同《备倭记》卷上，《四库全书存目丛书》，子部，第31册，第81页。

目，故记载史事过于简单，《四库全书总目提要》对此评价亦较低："所言颇简略，不足以资考核，又喜征古事，尤属空谈。"[1]

2. 李遂《御倭军事条款》

李遂，字邦良，江西丰城人。明嘉靖五年（1526）进士。嘉靖三十六年，因倭寇入侵江北，李遂奉命巡抚凤阳，多次督兵抗倭，有战功，迁南京兵部右侍郎。终南京兵部尚书，在凤阳巡抚任上编纂成《御倭军事条款》一卷。

该书主要从军事的角度总结自己在组织、军令等方面的御倭经验。首录李遂《为明什伍以肃军令事》整顿军事组织，五人为伍，伍有长。二十五人为甲，甲有长，一百二十五人为队，队有长，六百二十五人为哨，三千一百二十五人为军，军有帅。并且各佩信牌、军符等物。次列"军门节制"，是军门所发布的各项命令。最后是"行军号令"，旨在加强对军队行军的纪律要求，如"违反号令者斩"、"泄漏军机者斩"。[2]

明代官员奏疏亦是抗倭御倭文献的一种重要类型，部分奏疏得以刊刻成书、印刷以传，例如章焕《平倭四疏》，《四库全书总目提要》记载：

> 明章焕撰。焕字扬华，一字茂实，长洲人，嘉靖戊戌进士，官至督理南京仓储右副都御史。焕初由刑部主事改吏部，擢南京太仆寺卿。值倭犯两浙诸郡，乃上《平倭疏》凡十二策。及转光禄寺卿，复上《安攘八事》。旋擢右佥都御史，巡抚福建，又陈《明职守》《授成算》二疏。前后四疏，皆为倭事而发。此本乃嘉靖己未焕由河南巡抚拜督漕之命，将去汴时，周藩镇国中尉睦□为序而刻之者也。[3]

在明代所修各类书目中，尚录有诸多抗倭文献。如《千顷堂书目》录有梁文《定海备倭纪略》、李贤《备倭考》、萧应宫《朝鲜征倭纪略》等。《澹生堂藏书目》录有王在晋《浙直平倭大捷考》、沈一贯《叙嘉靖间倭入东南事》《倭志》《关白据倭始末》等。《八千卷楼书目》录有吴伟业《倭寇纪

---

[1] 《四库提要·备倭记》，《四库全书存目丛书》，子部，第31册，第94页。

[2] 李遂：《御倭军事条款·行军号令》，《续修四库全书》，上海：上海古籍出版社，2002年，第852册，第692页。

[3] 《四库全书总目提要》，章焕《平倭四疏》，清乾隆武英殿刻本。

略》、谷应泰《明倭寇始末》。《天一阁书目》录有蒋应奎《李克斋平倭事略》等。

第三节　明代后期对日研究史籍的特点

这一时期，研究日本的史籍数量明显增多，作者群体构成范围大大扩展，史籍也呈现出与以往不同的特殊之处。

1. 作者籍贯多为江南，或曾任职于江南

明后期江南地区出现众多日本研究史籍，与作者的身份是有关系的，列表3-1如下：

表 3-1　《明后期日本研究史籍作者身份统计表》

书名	作者	与江南的关系	
		籍贯	任职
备倭记	卜大同		福建巡海副使
筹海图编、江南经略	郑若曾		胡宗宪幕僚
海寇议	万表		南京中军都督府都督同知
纪效新书	戚继光		浙江参将、福建总兵
平倭四疏	章焕		南京督理仓储右副都御史
倭情考略	郭光复		扬州知府
皇明驭倭录	王士骐	江苏太仓	
吴淞甲乙倭变志	张葂	松江华亭	
倭患考原	黄俣卿	自称"闽越人"	
御倭军事条款	李遂		凤阳巡抚
虔台倭纂	谢杰	福建长乐	

经过对明后期日本研究史籍的作者身份进行统计分析，可以发现这一时期日本研究史籍的作者与江南地区关系密切，或籍贯为江南，或任职于江南。籍贯为江南，则都有保护乡梓的义务。任职于江南，且多与抗倭御倭有直接关系，则抗倭御倭是他们的职责所在，这两方面的因素都使他们特别关

注倭寇进展，纷纷著书立说。

2. 对日本的认识趋于全面、对倭患的认识逐渐深刻

随着明代中日关系的不断深入发展，明人对日本的认识也由浅入深，双方互派使臣在其中起了重要作用。而如何抵御倭寇也急需加深对日本及日本人的了解，达到知己知彼的目的，因此明后期对日本的认识涵盖各方面知识，包括地理、语言、行政、风俗、兵器、战术等等。

明人对倭寇的入侵逐渐掌握其规律，如郭光复曾将南倭与北虏进行对比：

> 今国家之称难御者无如倭与虏矣，顾倭情与虏情异，虏性悍，倭性狡；虏善骑而其来也奔哮若猛虎，倭善步而其来也延蔓若游蛇，虏阵用正而善合，其战利亟。倭阵用奇而善分，其战利缓；虏轻而无亲，胜不相让，败不相救，无律谋而少勇胜不思败，败复此倭虏情之大较也。顾在御之者何如耳，相提而论御倭似犹易于御虏焉，何也。虏仅界一边耳，一呼连合数万轻骑直抵，居不用屋，食不用火，胜则长驱席卷，败则解甲回矣，此其来去之权虏犹得而制之。若倭越在海外，裹粮扬帆，必仰藉天风，及渡海而港汉丛杂、淤沙绵亘，无停舟驻足之地，则登岸之难；比登岸而不得土人之向导，则深入之难；暨其图归也，吾以计焚其舟，而彼之归路立绝矣，则返国之难。此来去之权似不为倭用，而我可得以制之。故曰御倭犹易也。①

这种认识既有此前研究的积累，也有新的发展，甚至部分士人了解日本、编撰史籍的目的就是为了防御倭寇，他们认为只有了解倭人的习俗、爱好、倭术，才能采取针对性措施，即"不稔其情，孰制其命？"②实战目的性很强。

3. 史籍的编撰普遍存在保存信史、经世致用的目的

明后期，日本研究史籍大量兴起，一时成为时尚。但其中存在不加考

---

① 郭光复：《倭情考略序》，《四库全书存目丛书》，子部，第31册，第741页。

② 谢杰：《虔台倭纂》卷上，《北京图书馆古籍珍本丛刊》，第10册，北京：书目文献出版社，1998年，第228页。

订、道听途说的现象，现存史籍得以流传部分原因正在于它们具备一定的史料价值，可以补充、考订部分史实。

保存信史是史家撰述的初衷所在，这一时期多数史家鉴于《筹海图编》及其他海防史籍的谬误而采择国史、亲访经历者，开始撰述，如《皇明驭倭录》《吴淞甲乙倭变志》等书。

同时，这一时期日本研究史籍还明显透漏出"经世致用"的思想，例如郭光复《倭情考略》编撰及流传正是为了使军民有备，为军民提供信息，"叨守维扬，愧乏绸缪计，每阅《筹海编》及旧所考闻，得其倭情之略，因汇集成帙而授之刻曰《倭情考略》，刻成遍布军民俾知倭情大概，若此，万一入犯，彼以其狡，我以其谋伐之；彼以其奇，我以其正破之；彼以其分，我以其合胜之；彼以其缓，我以其亟攻之。随机应变，可矣。倭奴于掌股之上当使牧夫市儿仍持瓦石击伤之，令如先年无一倭生还可也，谁谓御倭难哉。"[1]

大部分日本研究史籍积极为抗倭、御倭提供建议，如郭光复认为古今不同，因此御倭策略亦应有异，"今昔情异而备之有难易焉，昔倭以千百为群，众不逾万，今来必拥大众。昔倭志在抢掠，满载则归，今来必图攻取。昔倭众无统纪，败不相救，今来必奉将令进止，此今昔倭情大较也。昔倭情若彼故利其入而击之，而出海诸口可扼。今倭情若此倘纵之入则难驱矣，故御之外洋，勿令近岸，御之水滨勿令登崖，奇策也。待倭入港登岸之初，急击驱回，勿令残害岸上居民，上策也。坚壁清野，纵倭浅入，扼之要害而歼之，中策也。如不能扼之要害竟被深入，虽能歼灭亦得失相半，是为下策"[2]。在其《倭情考略》中专列"倭术"一目，认为"倭奴之胜我兵专以术也，即以其术还治其人不必用古兵法蔑不胜矣，故志之"[3]。从战术的角度介绍日本在战争过程中经常使用的蝴蝶阵、长蛇阵，并记载其破解之法。"倭好"一目中着重介绍了日本的造船技术。"倭语"收录约四百个日语词汇，内容非常丰富，包括数目、通用、人事、衣服、方向、珍宝等类，目的

---

[1] 郭光复：《倭情考略序》，《四库全书存目丛书》，子部，第31册，第741页。

[2] 郭光复《倭情考略》，《四库全书存目丛书》，子部，第31册，第744页。

[3] 郭光复《倭情考略·倭术》，《四库全书存目丛书》，子部，第31册，第754页。

在于"其出没号令即秘密必见之词，我人熟悉其语，或以侦探或以间谍，可知备矣"①。

但同时也应看到，这一时期日本研究史籍也存在诸多问题。最明显表现在内容上互相抄袭，虽有郑舜功根据自己亲自在日本见闻而作的《日本一鉴》，其他绝大多数则没有亲自到过日本，他们的史料来源部分来源于国史，部分来源于自己在抗倭前线的见闻，难免失真，即如作为胡宗宪幕僚的郑若曾也存在道听途说的情况，如《日本一鉴》中记载：

> 诣阙过吴门，比有监生郑若曾闻而顾之，愿闻要领。功因出书以示，未若曾曰："昔为《图纂》《图编》时，但倭夷事风闻未真。今见是书，惜见不早。世昔《纂》《编》，愿为改正。"功固辞之。若曾复曰："事在国家，愿勿我辞。"②

郑氏所著《筹海图编》作为明后期最重要的日本研究史籍，部分史实存在考订不精的情况，多部日本研究史籍均对其有所批评。后人在研究过程中应当慎重，勿一味轻信、不加辨别而加以使用。

---

① 郭光复《倭情考略·倭好》，《四库全书存目丛书》，子部，第 31 册，第 756 页。
② 郑舜功：《日本一鉴》卷 8《评议》，民国二十八年据旧抄本影印。

第四章 清朝前期的日本研究史籍

清朝是中国最后一个帝制王朝，其近三百年的历程形成了一部波澜壮阔的历史。清朝历史上，既有满汉文化的交融与冲突，又有古代社会与近代转型的巨大裂变。清代史学经历了从传统向近代的转型，其对西北史地和域外史学的探求也是中国传统史学走向嬗变的表现。清代史籍中，对于日本的记载和研究也经历了不同的发展阶段，这与清朝与日本的交往关系和日本自身的发展实际有着密切的关系。本章主要探讨清朝前期的日本研究史籍。

第一节　清日关系的演变与日本研究史籍的发展阶段

清朝入主中原以后，推行了一系列的内外政策，在对外关系上逐渐趋于保守，直至实行闭关锁国政策。清朝中后期又在外部影响的刺激和内部自身发展的推动下，逐步打开国门，开始或主动或被动地追赶世界发展的潮流。清朝与日本的关系也经历了一波三折的发展过程，清朝对日本的认识和研究相应的随之而变化和发展。

一、明治维新前的中日关系和清朝初期的日本研究史籍

从 1644 年清军入关到日本明治维新前的这段时间，可以看作是清朝日本研究史籍的第一个发展阶段。这个阶段的日本研究，是与清朝建立之后的统治政策和与日本的交往关系紧密相关的。

1644 年既是清朝入关的时间，也是清朝与日本发生外交关系的开端年份。是年 6 月，日本越前国的一批商人在海上遭遇风浪，漂流至中国东北，幸存者后被清朝政府送回日本。围绕遣返这批日本漂流民，清日之间展开试图建立外交关系的交涉，由此"看做清初中日关系开端的一个标志，有清一代的中日关系史就可从此事写起"。[1]而德川幕府时期的日本显然没把清朝放在眼里，他们分析当时中国的形势是："崇祯登天，弘光陷虏，唐鲁才保南隅，而鞑虏横行中原。是华变于夷之态也。"[2]因此，日本将清朝视为夷狄，自然不会友善。此外，作为同受儒家华夷大防思想影响的朝鲜，对待清朝也持抵制态度，"客观上刺激了日本对清国试图建立中日关系的抵制"[3]。当时中国国内的反清复明运动也是如火如荼，甚至出现了希冀借助日本军事力量恢复明朝的举动，即所谓赴日"乞师"。[4]德川幕府虽然没有直接出兵，但在舆论上还是支持反清复明，并且在武器方面对台湾的郑氏集团还提供了一定的支持。

由于清初建立中日关系尝试的失败，也使得清朝政府调整了对日关系的方向，从企图建立直接的友好关系调整为被动的防御策略。"这一政策的后遗症是使清国变得越来越保守，其政治外交视域变得越来越狭窄。"[5]从清朝内部来讲，为了切断台湾郑氏集团与沿海居民的联系，清初实行了严格的海禁政策，先后颁布"禁海令"和"迁海令"，规定沿海居民不得出海贸易，

① 王晓秋：《试论清代中日关系的开端》，《郑州大学学报》2008 年第 2 期，第 139 页。

② 林春胜、林信笃编：《華夷變態》上册，東京：東方書店，1981 年，第 1 頁。

③ 柳岳武：《清初中日关系研究》，《人文杂志》2006 年第 1 期，第 109 页。

④ 参见石原道博：《明末清初日本乞師の研究》，東京：冨山房，1945 年。

⑤ 柳岳武：《清初中日关系研究》，《人文杂志》2006 年第 1 期，第 112 页。

甚至令沿海居民内迁，企图彻底断绝沿海与外部的联系。直到清军平定台湾以后，这种严格的海禁政策才得以缓解，逐步开放沿海的澳门、宁波、漳州等几处港口进行对外贸易。此时的日本也开始逐渐实施海禁政策，只开放长崎一口通商。因此，清朝和日本之间的贸易往来主要依靠从宁波等几处港口到长崎之间的商船。与以前不同的是，"中国对日贸易的重心发生了北移，即从福建地区转移到江浙地区"[1]。清朝的商船主要从长崎进口铸造钱币的原料——金、银和铜等。而由此造成的日本金银的大量外流也引起幕府注意，因此日本政府颁布"正德新令"，对铜的出口采取限制措施。不久，清朝在云南开采了新的铜矿，逐步摆脱对日本的依赖。随着乾隆时期云南铜矿产量的增加，已经完全取代了日本铜，清朝商人赴长崎贸易的动力也已基本失去。

从清初的中日两国的关系来看，清朝没有与日本建立正式的外交关系，没有直接的官方交往活动，只是通过几处港口的贸易来进行商业往来和文化交流。特别是日本对外贸易的唯一窗口长崎，不仅与西方的荷兰进行交往，而且允许清朝大批商船来此贸易，成了中日经济和文化交往的重要通道。日本长崎有专门负责管理与清朝贸易的官员——"唐通事"，他们经常询问有关中国的情况，并将搜集来的情报源源不断的报告给江户幕府，这些情报也被称为"唐人风说书"。后来由江户幕府儒官林恕及其子林凤冈将这些"风说书"陆续结集收入《华夷变态》和《崎港商说》中，成为中日文化交流史的珍贵文献。[2]通过长崎这个交流窗口，"中国文化对日本江户时代的儒学、文学、工艺美术和医药等方面都产生了重要的影响"[3]。

从1840年鸦片战争开始，中国历史开启了近代史，但是对于中日关系史来讲，此时还正处在新旧交替的酝酿阶段。清朝在两次鸦片战争的打击下，先后签订了一系列不平等条约，闭关锁国的政策就此作古。不久之后的日本也同样面临着西方殖民者的坚船利炮，1854年的"黑船来航"，也宣告日本闭关锁国时代的结束。

清朝初期的日本研究史籍数量不多，与此时中日关系较为沉寂有一定关

---

① 荆晓燕：《清康熙开海后中国对日贸易重心北移原因初探》，《社会科学辑刊》2013年第2期，第164页。

② 王勇、孙文：《〈华夷变态〉与清代史料》，《浙江大学学报》2008年第1期，第141-147页。

③ 王晓秋、大庭修主编：《中日文化交流史大系·历史卷》，杭州：浙江人民出版社，1996年，第225-248页。

系。由于清朝并未与日本建立正式外交关系，官方编纂的史籍中对于日本的记载多停留在以前的认识水平上。清朝耗时近百年才完成的《明史》中列有专门的《日本传》，对明代的中日关系史有较详细的记载，其中也存在不少的问题，已有学者进行过专门的指摘。①在全国性的志书《大清一统志》中也有专门的"日本"条来记载日本的情况，但其关于历史地理和社会风俗等方面的描述基本依据传统史书。在官方编纂的大型类书《古今图书集成》中，也收集了清朝以前史书中有关日本记载的内容。与之形成对比的是，私家史籍对日本的记载要更为详细。比如以长崎贸易为主要关注对象的三部史籍——《海国闻见录》《长崎纪闻》和《袖海编》，对日认识取得了开拓性进步。另外，由翁广平编著的《吾妻镜补》，则在史籍编纂方面有较大进步，是专门编写的一部多卷本日本通史，其认识和研究程度代表了清初日本研究的最高水平。在游记方面，由跟随美国佩里舰队的翻译罗森编写的《日本日记》，见证了日本开国的历史，也有对日本风俗和社会生活的描述。

二、清日正式建交后的中日关系和日本研究史籍的第二个发展阶段

日本近代历史的转变是在受到西方列强欺凌和清朝在鸦片战争后衰败的双重刺激下产生的，他们一方面看到西方坚船利炮的威力，另一方面看到清朝的腐朽没落，于是开始将学习的目光转向西方。江户幕府显然也认识到了这一点，但是其引进西方技术、发展近代工业的措施，并未能从本质上改变日本的落后状况，于是一场倒幕运动就登场了。1868 年，由下级武士组成的倒幕力量与幕府军展开激战，最终取得胜利，并建立以明治天皇为核心的新的政府。明治新政权成立后，积极进行藩制改革，并于 1871 宣布废藩置县，实现对中央机构的改组，"日本真正实现了政治上的统一"。②随后，明治政府又在政治、军事和财政金融方面推行了一系列的改革措施，并在经济上实行"殖产兴业"政策，逐步发展资本主义经济。在思想文化方面，日本也通过大量派遣考察团和留学生向西方学习新思想和新学说，在思想上启迪民

---

① 参见孙文政：《读〈明史·日本传〉发现的问题》，《黑龙江史志》2007 年第 6 期。

② 米庆余：《明治维新——日本资本主义的进步与形成》，北京：求实出版社，1988 年，第 57 页。

智。通过明治政府的一系列改革措施，日本开始摆脱传统的束缚，跟随西方先进的资本主义国家亦步亦趋地发展起来。

明治政府成立不久就谋求与清朝建立外交关系，先是 1870 年日本派遣柳原前光到天津与直隶总督李鸿章会面，谋求建立两国通商关系，接着在 1871 年日本与清朝签订了《中日修好条规》和《中日通商章程》，由此也标志着日本和清朝正式外交关系的开始。但明治政府的根本目的并不止于建交和通商，其背后隐藏着更大的野心和侵略计划。1871 年，日本就借口琉球国漂流民在中国台湾被杀事件，悍然出兵侵台，虽然最终双方以谈判的方式来解决冲突，但是日本却成了赢家，通过《北京条约》获得了大量的军费赔偿。通过侵台事件，日本看清了清政府的底线，遂在 1879 年强行将琉球改为冲绳县，实现了日本对琉球的实际占有。

根据《中日修好条规》中对建交的约定，1874 年日本派出以柳原前光为首的驻华公使，1877 年清政府派出以何如璋为首的驻日公使，中日两国由此开始互派外交使团的时代。但日本并未停止对外侵略扩展的野心，不断通过各种手段扩展自己的军备实力，并通过控制朝鲜来威胁中国。日本的经济实力的增长和军事实力的膨胀远非清朝所能比，而且腐败无能的清政府对日本的警惕性并不高，根本没有"针对日本的侵略进行积极备战的认识，与日本针对中国积极备战的情况截然不同"[1]。随后发生的甲午战争才彻底惊醒了清政府。

在这个阶段的日本研究中，围绕了解和研究日本明治维新的史籍非常多。从 1877 年清政府派出驻日公使团开始，一大批公使团的成员逐渐认识到日本明治维新所带来的巨大成就，其中就有不少留心观察和记录者，如黄遵宪和姚文栋等人。特别是担任首届驻日公使团参赞的黄遵宪，编纂了研究日本的史诗《日本杂事诗》，并着手写作通篇巨著《日本国志》。随后几届驻日公使团的成员也有人完成研究日本的各种史籍和见闻录等。在此期间，清政府还派出专门的游历使赴海外诸国进行全方位考察，以求了解西方强盛的原因，其中傅云龙和顾厚焜专门考察了日本的情况，并完成了《游历日本图经》和《日本新政考》两部重要的史籍。另外，尚有一些通过各种方式赴日的人士

---

[1] 张声振、郭洪茂：《中日关系史》（第一卷），北京：社会科学文献出版社，2006 年，第 496 页。

完成了游记作品，如王韬的《扶桑游记》等，也反映这个时期认识和研究日本的水平。这个阶段的日本研究史籍，关注最多的是日本明治维新后的新变化，其中也不乏提出如何处理中日关系和清政府如何借鉴经验以富强的各种主张。

三、甲午战后的清日关系和日本研究史籍的第三个发展阶段

"中日甲午战争是决定中、日两国命运，决定东亚历史格局的重要战争。"[1]通过甲午战争，日本开始走上对外扩张的快车道，战败后，清朝则进一步认识到自身的差距，开始寻求新的变法图强的道路。

1898 年的戊戌变法运动是冀图通过改革来扭转清朝命运的一次尝试，但却因守旧势力的顽固阻挠而失败。在变法期间，光绪帝及变法大臣主要是效仿西方的改革措施，特别是参考日本明治维新的许多举措。义和团运动中，日本参与了西方列强主导的八国联军侵华活动，并进一步扩大了在华的权益。1904 年，日本在中国东北与同样蚕食中国的沙俄展开了直接的碰撞，通过日俄战争，日本继承了俄国在中国东北的权益。而清政府不仅坐视发生在中国领土上的日俄战争，而且最后还被迫签订《中日满洲协约》，接受日本侵占东北权益的现实。1906 年，日本在中国东北成立"南满洲铁道株式会社"，为其侵略活动打前站，搜集了大量有关中国的各种情报。随着清帝退位和民国建立，清日关系也宣告终结。

在这一阶段的日本研究中，甲午战败无疑对清朝的日本研究史籍编纂影响较大。从天朝上国的优越感中醒来的清朝士人，开始重视对日本明治维新的了解和认识，并开始编纂有关日本明治维新历史的书籍。特别是在戊戌维新期间，作为光绪帝重要谋臣的康有为编写了《日本变政考》，希望通过对日本明治维新历史经验的总结为清朝变法改革提供借鉴。清政府还派员赴日考察，对日本进行了全方位的考察和研究，他们回国后纷纷撰写了研究日本的专门性史籍和考察记录。此外，清末还有一大批通过公、自费方式赴日求学的留学生，他们对于日本也有自己的观察和研究，也编写了有关日本的史籍或游记类作品。当然，王先谦等人虽未踏足日本，但是通过文献研究的方

---

① 戴逸：《中日甲午战争的影响和意义》，《齐鲁学刊》1991 年第 1 期，第 69 页。

式编纂完成了如《日本源流考》等著作。清末，各种新媒体方式不断涌现，期刊、杂志也成为介绍和研究日本的重要媒介，并译介了部分日本的史书。这些都为当时人编修日本研究书籍提供了便利条件。

第二节　围绕长崎见闻的三部日本研究史籍

清初的中日交往，大多是往返于日本长崎的商业贸易活动，这也成为清朝了解日本的重要渠道。在这个时期，出现了三部以记述长崎见闻为主要内容的书籍。

一、三部日本研究史籍概述

1.《海国闻见录》

《海国闻见录》的作者题署为陈伦炯，但实际上是集其与父亲陈昂二人之见闻而成。《四库全书总目》称此书："虽卷帙无多，然积父子两世之阅历，参稽考验，言必有征。"①这应该是比较公允的评论，因为其父子二人都曾多次出巡海外，有亲身观察和经历。《清史稿》对陈氏父子进行了如下描述：

> 陈伦炯，字次安②，福建同安人。父昂，字英士，弱冠贾海上，习岛屿形势、风潮险易。施琅征台湾，征从军，有功，授游击。累迁至碣石总兵，擢广东右翼副都统。尝上疏言："西洋治历法者宜定员，毋多留，留者勿使布教。"又以沿海居民困于海禁，将疏请弛之。会疾作，命伦炯以遗疏进，诏报可。伦炯初以荫生授三等侍卫。雍正初，授台湾总兵，调广东高廉。坐事降台湾副将。复授总兵，历江南苏松、狼山诸镇。擢浙江提督。卒。昂疏并言："臣详察海上诸国，东海日本为大，次则琉球。……"下兵部，但令沿海将吏昼夜防卫，寝昂议。伦炯为侍

---

① 《钦定四库全书总目（整理本）》卷71《史部二十七·地理类四》，北京：中华书局，1997年，第981页。
② 按：陈伦炯的字应为"资斋"，《四库全书总目提要》及诸刻本的署名中均作"资斋"。

卫时，圣祖尝召询互市诸国事，对悉与图籍合。时互市诸国奉约束惟谨，独昂、伦炯父子有远虑，忧之最早云。①

由上可知，陈氏父子有着丰富的海外经历，《海国闻见录》的编纂建立在他们亲身考察的基础之上。陈昂年轻时闯荡海外，也正是由于其丰富的航海经历才被施琅看重，随其参与平台之役，并以军功而屡被升迁。陈伦炯年轻时出任康熙帝的侍从并得到信任，后来在台湾、江浙等地任职。二人皆对沿海形势有深刻的观察，并对清廷的海外政策提出建设性意见。由于有这样的经历和海外认识基础，《海国闻见录》的编写也就水到渠成了。

陈伦炯曾叙述撰写《海国闻见录》的目的是，"志圣祖仁皇帝暨先公之教于不忘，又使任海疆知防御搜捕之扼塞，经商者知备风潮，警寇掠，亦所以广我皇上保民恤商之德意也"②，即一则报答康熙的知遇之恩和其父陈昂的期盼，二则满足现实的需求，既能使海疆官员知道如何防御海外，又能使经商之人熟悉海外形势，从而体现雍正治下的保民恤商之仁政。因此《海国闻见录》就有着比较明显的实用目的，与雍正时期的统治政策密不可分，正如有学者对此书所作的评价："该著是陈伦炯为适用 1727 年后雍正关注东南沿海事务的政治动向而完成的时政著作。"③

《海国闻见录》成书于雍正八年（1730）十一月，全书共由上下两卷组成。从内容上来看，上卷记载清朝的沿海地理形势，以及所了解的海外各国情况，下卷载录地图，并且以沿海形势图为主。从内容构成来看，也基本体现出陈伦炯为时代服务的编纂宗旨。

《海国闻见录》上卷中的《东洋记》篇记载了朝鲜、日本及琉球的情况，其中大部分的内容是对日本的地理、政治、历史和社会风俗等情况的记录。该书中对于日本的记载多来自于陈伦炯父子的亲自考察，特别是关于长崎通商的情况和对中日关系的分析，如无亲自调查不可能如此形象和深刻。

---

① 赵尔巽等：《清史稿》卷 284《陈伦炯传》，北京：中华书局，1977 年，第 10194-10195 页。

② 陈伦炯撰，李长傅校注，陈代光整理：《〈海国闻见录〉校注》"原序"，郑州：中州古籍出版社，1985 年，第 19 页。

③ 易惠莉：《清代中前期的对日关系认识》，华东师范大学中国现代思想文化研究所编：《思想与文化》第五辑，上海：华东师范大学出版社，2005 年，第 363 页。

陈伦炯在《海国闻见录》的序言中称其父陈昂"奉施将军令，出入东西洋，招访郑氏有无遁匿遗人，凡五载"。[①]这是陈昂奉施琅之命，探询平定台湾后郑氏残余势力的去向，作为与郑氏集团有密切联系的日本自然是陈昂调查的重要之地。日本江户时代根据长崎奉行上报的文件汇编的《华夷变态》中记录了陈昂在贞享三年（康熙二十五年，1686）航海时遭遇飓风漂至日本之后的情况，"复乞当国主，发回长崎，搭船回说信万代公侯"[②]。进一步印证陈昂确实曾经到过日本。陈伦炯少时随父亲赴任江浙，也对日本有所耳闻，并产生对其进一步了解的欲望，终于在康熙四十九年（1710）成行。陈伦炯自述"少长，从先公宦浙，闻日本风景佳胜，且欲周咨明季扰乱闽、浙、江南情实。庚寅夏，亲游其地"[③]。由于父子二人都曾有亲历日本的经历，所以《海国闻见录》中对于日本的记载就是建立在一手资料的基础之上，也奠定了其在清代日本研究中的地位。"鸦片战争以后出版的《瀛寰志略》中日本部分就是在《东洋记》篇的基础上撰写的。"[④]另外，魏源编纂《海国图志》时，其五十卷初刻本中"就有9卷摘录了《海国闻见录》"[⑤]，足可见《海国闻见录》的影响。

2. 《长崎纪闻》

《长崎纪闻》是由童华（1675—1739）编纂完成的一部记录长崎中日贸易的史籍，其中也涉及日本历史和社会风俗等状况的记载。童华为浙江人，通过捐资入仕，曾历任正定、苏州、福州和漳州等地知府。[⑥]雍正七年至九年

---

① 陈伦炯撰，李长傅校注，陈代光整理：《〈海国闻见录〉校注》"原序"，郑州：中州古籍出版社，1985年，第18页。

② 林春胜、林信笃编：《華夷變態》上册，東京：東方書店，1981年，第642页。

③ 陈伦炯撰，李长傅校注，陈代光整理：《〈海国闻见录〉校注》"原序"，郑州：中州古籍出版社，1985年，第19页。

④ 陈代光：《陈伦炯与〈海国闻见录〉》，《地理研究》1985年第4期。

⑤ 阎小波：《海国闻见录》——中国人开眼看世界的珍贵文献，《学海》1993年第3期，第91页。

⑥ 按：日本学者松浦章对童华的经历有详细的考证，主要依据的史料为：袁枚：《小仓山访文集》卷7《苏州府知府童公传》，彭绍升：《二林居士集》卷21的传，《清史列传》卷75和《国朝先正事略》卷52的童华传记，沈大成：《学福斋集》卷17《前苏州府知府童公华传》，以及《清代官员履历档案全编》、光绪《畿辅通志》和同治《苏州府志》。本文对童华经历的论述主要参考松浦章的研究。参见［日］松浦章：《清代雍正期の童華『長崎紀聞』について》，《関西大学東西学術研究所紀要》33，第42页。

（1729—1735）任职苏州知府，是童华仕途中比较值得大书特书的经历。地方志中曾如此评价童华的政绩："为治精勤廉干，发奸摘伏如神，事有不可，持之甚力。"①可见童华在苏州任职期间勤政廉洁，所以深得民心，因此才会名载当地史志。童华自己也对这段为官履历比较满意，曾在《长崎纪闻》中写道："百废渐举，民乐而安之。虽文学不逮前人，而政事则庶几无愧焉。"②因为苏州自古即是文人雅集之所，"三吴名胜甲于天下，朱轮五马昔人所荣。自唐宋以来，文学侍从之臣、风流尔雅之士得守苏州者，莫不望若登仙，传为佳话。"③虽然童华治下的苏州在文化上难以达到鼎盛，但却在商业贸易上出现一派繁荣景象，特别是与日本长崎之间的贸易十分发达。以至于童华卸任苏州时，仍对此念念不忘。而《长崎纪闻》正是童华被弹劾羁管于甘肃酒泉时的回忆之作，他自述此书编纂缘起称：

> 乙卯春乞解郡务，仍以不善事上官，被劾羁管。足不出户，弹琴静坐之外，苦无书可读。乃追思在苏时，曾办洋铜百万，于各商交铜之际，询以长崎风土，至今犹能记忆，因信笔录出，名曰《长崎纪闻》。盖以华在吴二年办铜多而为日久，故问之详而知之悉。附以《铜政条议》，合成一书，冀于国家公事外不无小补。④

由此可以体会到，仕途不如意的童华是多么怀念其在苏州任上的辉煌。因此在寂寥落寞之际，总会想起苏州的盛况。《长崎纪闻》就是童华的追忆之作，其主要内容就是关于日本长崎的风土人情，了解的渠道就是通过其任职期间采访办铜商人而来。写作《长崎纪闻》的目的也是为清政府处理对日的办铜贸易而服务，同时写成的《铜政条议》一书，也可以看成是童华就中日贸易所提出的建议，以备清政府参考。

---

① 同治《苏州府志》卷70《童华传》，《中国地方志集成·江苏府县志辑》⑧，南京：江苏古籍出版社，1991年，第827页。

② 童华：《长崎纪闻》，《北京图书馆古籍珍本丛刊》卷79《子部·丛书类》据乾隆刻本影印，北京：书目文献出版社，1998年，第794页。

③ 童华：《长崎纪闻》，《北京图书馆古籍珍本丛刊》卷79《子部·丛书类》，据乾隆刻本影印，北京：书目文献出版社，1998年，第793页。

④ 童华：《长崎纪闻》，北京图书馆古籍出版编辑组：《北京图书馆古籍珍本丛刊》卷79《子部·丛书类》，据乾隆刻本影印，北京：书目文献出版社，1998年，第794页。

从记载的内容上来看，《长崎纪闻》主要包括 18 个方面的问题。[①] 其中记载了长崎的地理、政治、历史和社会风俗等情况，最主要的是描述了长崎贸易的盛况，包括参与长崎贸易的国家，交易的内容，信牌贸易的规定，铜贸易的情况，等等。《长崎纪闻》中对于当时日本禁止基督教传入规定的记载，长崎地方的风土人情的描述等内容，都具有较高的史料价值。因为童华主要依靠往来于长崎的商人的见闻而写成《长崎纪闻》，所以书中的内容大多取自亲历长崎者的见闻，来源比较可信。

3. 《袖海编》

《袖海编》成书于乾隆年间，编纂者汪鹏，字翼沧，浙江钱塘人，生卒年份不详，据学者推测可能生于雍正年间或乾隆初年。[②] 汪鹏是一位有着学者气质的商人，他不仅经商于中日之间，还能够舞文弄墨，与乾隆时期的诸多文人有着深入的交流。松浦章考证，汪鹏作为清朝商船主曾到长崎进行贸易达八次。[③] 足可见其在长崎贸易中的活跃程度，其所作《袖海编》也是建立在其对日本实地观察的基础上。作为文人，汪鹏的书画作品在清代具有一定影响，而使其广为人知的则是帮助藏书家鲍廷博在日本广搜善本书籍。因为有往来中日之间贸易的便利条件，汪鹏经常搜罗一些藏在日本的孤本和善本，后来鲍廷博所刻《知不足斋丛书》颇得益于汪鹏的协助。并且，汪鹏还经常携回一些日本人的著述，推进两国之间的书籍往来。可以说，汪鹏对于中日文化交流做出了很大贡献。

《袖海编》写成于乾隆二十九年（1764 年），此时汪鹏正在长崎进行贸易，商业活动之余汪鹏在专供清朝商人居住的唐馆中记录了他在日本的所见所闻。根据《袖海编》的序言，可以一窥汪鹏写作此书的心境。其文曰：

> 东坡云："我持此石归，袖中有东海"，真得诗家三昧。余客东瀛，寓居山馆，岩壑在望，云烟满目，而跬步不能出，直有抛南岳卷沧溟之志。是坡所袖者，以石为海；吾所袖者，以海为石。今姑就其所见闻略

---

① 松浦章：《清代雍正期の童華『長崎紀聞』について》，《関西大学東西学術研究所紀要》33，第 43-49 页。

② 参见周迅：《汪鹏事辑》，《文献》1997 年第 2 期，第 236-237 页。

③ 松浦章：《乾隆時代の長崎来航中國商人》，《咿哑》10 期，1978 年 6 月，转引自周迅：《汪鹏事辑》，《文献》1997 年第 2 期，第 237 页。

为记识，名曰《袖海编》。海耶？石耶？不得而知之矣。或云：昔有波斯持宝石入中国，其值千万。吾子他日言归，藉得如波斯之所挟持，岂非快事。然时探鲛室，过屠门，其又斯编之余绪乎！诸同人闻之其毋哂！乾隆甲申重九日竹里漫识于日本长崎唐馆。①

从中可以看出汪鹏对《袖海编》的期许，他是希望该书能够像波斯商人带到中国的宝石一样，体现出足够的价值。从汪鹏自身来讲，他是希望《袖海编》能够像苏东坡诗中所体现的豪迈情怀一样，能够将东海之气魄寓于行文中。汪鹏在长崎所见之山海景色，油然而生"抛南岳卷沧溟"之豪气，因此希望效仿苏东坡之做法，将东海之境藏于袖中，故有此书《袖海编》之命名。汪鹏携带此书回国后，只在少数人范围内传布，并未产生很大影响。后来该书被梁玉绳收入其《清白士集》中，并作序言称：

> 元人朱世，字希贤。以所历海洋山岛与夫风物所闻、舟航所见，各成一诗，诗尾缀以古句，名《鲸背吟》。徐伯龄蝉精隽载之。吾杭汪翼沧贾于海外，著《日本碎语》一卷，亦云《袖海编》。备记彼国山川、风俗、物产，史家作外国传，必有取乎此。余尝怂恿鲍君以文刻入《知不足斋丛书》，尚未果。略采数则如左，非希贤之诗滑稽比也。②

由此可知，梁玉绳曾建议藏书家鲍廷博将《袖海编》收录到《知不足斋丛书》中，通过刻印该丛书使《袖海编》能够很好地保存和广泛传播。但遗

① 汪鹏：《袖海编》，收入涨潮、杨复吉、沈楙悳等编纂：《昭代丛书》戊集续编，卷29，上海：上海古籍出版社，1990年，第1079页。王锡祺辑：《小方壶斋舆地丛钞》（杭州：杭州古籍书店，1985年）第十帙收有此书，不过其序言节略为："乾隆甲申余客东瀛，寓居山馆，岩壑在望，云烟满目，而跬步不能出，直有抛南岳卷沧溟之志，姑就其所见闻略为记识。东坡云：'我持此石归，袖中有东海。'海耶？石耶？吾不得而知之矣。"
② 梁玉绳：《清白士集》卷24《日本碎语·序》。按：日本东洋文库藏有日本刊本《日本碎语》一卷，序言和内容与梁玉绳文集中完全一样，只是将梁氏的十六条合并为十四条而已，此日本刊本可以断定为来源于梁玉绳摘录本。唐力行《关于〈日本碎语〉的碎语》（载《安徽史学》1996年第4期，第83-85页）一文中将其在东洋文库发现的日本刊本《日本碎语》作了介绍，但是却未能考证此刊本的来源，概是不知梁玉绳文集中收有此书之故。

憾的是该书由于种种原因①，未能被鲍廷博收录到《知不足斋丛书》。因此，充分认识到该书价值的梁玉绳就将《袖海编》摘录到了自己的文集《清白士集》中，并冠以《日本碎语》的书名。《袖海编》常见的通行本是杨复吉的《昭代丛书》本和王锡祺的《小方壶斋舆地丛钞》本，但是梁玉绳的《日本碎语》中却有以上通行本所不见的三条内容，有学者推断"很可能梁氏所见是汪鹏的初稿本，以后又经过作者修改，才定名为《袖海编》。"②根据前引汪鹏作于乾隆二十九年《袖海编》的序言可知，该书意在模拟苏东坡袖石为海之意蕴，应该是早已定下书名，不存在修改稿后定名之可能。或许正如梁玉绳序言中所称，该书初稿即存有《日本碎语》和《袖海编》二名。以梁玉绳《清白士集》所收录为底本传世的是《日本碎语》一书，后来经过修订并以《昭代丛书》本和《小方壶斋舆地丛钞》本传世的是《袖海编》，二者只有个别条目不同。

虽然都是记载了日本长崎的各种情况，但是《袖海编》与《海国闻见录》及《长崎纪闻》不同的是，该书作者汪鹏更多是站在一个商人和学者的角度来观察长崎和日本人，政治性就表现得没有那么强烈，"这是在此前所有清代有关日本的文字所没有的著述倾向。这一特色决定该篇较能真实地反映往来长崎的华商带回江南的日本信息的文化形态，这也是汪鹏个人关于日本的见闻感想不乏历史价值的原因所在。"③当然从所起的客观作用来看，正如梁玉绳所言，《袖海编》还是为后来了解和研究日本发挥了较大的作用。

二、三部史籍的编纂特点与影响

《海国闻见录》《长崎纪闻》和《袖海编》这三部史籍中，除了《海国闻

---

① 按：唐力行《关于〈日本碎语〉的碎语》一文认为有两个原因，一是出洋贸易有违海禁之令，鲍廷博怕担通倭之嫌；二是鲍廷博的《知不足斋丛书》主要网罗儒家经典的遗编，了解世界、认识新事物并不在"知不足"的范畴，《日本碎语》这类介绍夷情的书不屑入选。

② 周迅：《汪鹏事辑》，《文献》1997 年第 2 期，第 235 页。

③ 易惠莉：《清代中前期的对日关系认识》，《思想与文化》第五辑，上海：华东师范大学出版社，2005 年，第 368 页。

见录》是综合记叙海外诸国的情况外，另外两部则集中描述了日本的情况。《海国闻见录》中的《东洋记》篇也以日本为主，因此将此三部史籍放到一起进行讨论，主要是将《东洋记》篇和另外两部专门性史籍进行综合评析。三部史籍中对于日本的研究在编纂特点上具有很多的共性，并且都对其后的日本研究史籍产生了重要的影响。

1. 记载内容以长崎贸易为中心

《海国闻见录》《长崎纪闻》《袖海编》是清初的三部日本研究史籍，但三部书并不是对日本的全面研究，记载内容以长崎贸易为主。可以说通过记载长崎贸易，描述长崎的风土人情来体现作者对日本和日本人的观察，是这三部史籍的重要编纂特点。

长崎是清初中日贸易的重要地点，正如《海国闻见录·东洋记》中所言："与中国通贸易者，惟长崎一岛。"[1]随着长崎贸易的不断扩大，清朝商船每年从长崎运走大量的铜，这也引起了德川幕府的担忧。因此德川幕府决定对此加以限制，在1715年推出了"正德新例"，对前来长崎贸易的清朝商船进行控制，严格管控清朝的商船数量和贸易额，并发给信牌作为进行贸易的合法凭证。[2]在中日贸易交流史上，这段历史也被称作信牌贸易时期。信牌贸易与明代日本来华进行的勘合贸易有一定的相似性，这种制度在清初的日本研究史籍中也有着重的描述。童华在《长崎纪闻》中是这样记载的：

> 康熙五十年后，长崎始给倭照，以船之大小，定铜数之多寡，大约每船七百箱者居多，大者至千八十箱，千二百箱而止，每箱百斤。其照用蜡纸，写宋字，字甚端楷。定铜数，填商名，用其国年号，钤译司印。译司者，通事也，凡九姓，大都皆商种也，司贸易之事。商人无照者，船不得收口，货不得入市。一时江浙嚣然，大照一张值七、八千金，小照四、五千金，以质子钱家亦可得一、二千金，贵逾拱璧矣。新

---

① 陈伦炯撰，李长傅校注，陈代光整理：《〈海国闻见录〉校注》，郑州：中州古籍出版社，1985年，第35页。（按：该书封面标注1984年，但版权页明确注明是1985年3月第1版，故将出版年定为1985年。）

② 按：德川幕府于正德五年（1715）推出的"正德新商法"规定，每年来日清朝商船限定为三十艘，贸易银额限定为六千贯，并且发给信牌作为贸易凭证。参见木宫泰彦：《日中文化交流史》，胡锡年译，北京：商务印书馆，1980年，第649-657页。

商无照者，租一照约输铜一百二十箱，仍须旧商同去，供验明白，方准收货。其照三年一换，逾期而往则销毁不给。各商求如期而出，以奉倭法，始有钻谋求托之弊。岛中给照、毁照之权，俱在通事，于是通事至唐馆，踞首座，颐指气使，直呼商名，少不如意，辄骂詈而去。商人蠕行鼠伏，媚词泉涌，自同奴隶，积威约之渐也。①

童华的记载是根据从事长崎贸易的清朝商船主的口述而获知，是对当时情况比较真实的反映。从中可以看出，日本实行信牌贸易后，对于江浙地区的商人影响还是很大的，信牌也就成了从事对日贸易的唯一通行证，因此价值连城。而且也因此催生了信牌的租借生意，各种商人也想尽办法获取"信牌"。而负责审核和发放信牌的长崎通事则具有很大权力，可以在清朝商人面前颐指气使。而清朝商人也忌惮长崎通事，不得不小心侍奉，甚至不惜献媚讨好，完全是一种利益的驱使。《长崎纪闻》中的记载，丰富了我们对清初中日之间信牌贸易的认识，对研究中日贸易交流史具有重要的史料价值。

这些史籍中对长崎贸易的具体交易细节也有细致入微的描述，如当时亲自到长崎经商的汪鹏就在《袖海编》中这样记载：

货库距馆殊近。唐船维缆之后，当年司事者示期上办。上办即以货贮库，有关验，有揭封。揭封者，其物零星，在货不货之间，另为封识之，以待请给上办，犹曰到办。到办则专事此番交易也，故曰某办船。……曰清库，司事者与客会集货库，将上办所贮货物一一盘查，各为号记，俾无遗映。并将各货包皮秤明斤两，以便出货时除算，明晰而清楚也。曰王取，使院择而有取，不在卖额之内。曰插番，司事人领本国远商开库视货。货之高低，唐山客与商虽觌面，都不交谈，其所事在串，串之为言插也。曰讲价，通事之官进馆集客列坐，授以批价文簿，评论低昂，随时增减，至有竞而哗者，非一日所能。定则书卖字于货口之上，盖以图记，则交易之事粗毕，专待出货。每数艘讲价已定，本国

① 童华：《长崎纪闻》，《北京图书馆古籍珍本丛刊》卷 79，据乾隆刻本影印，北京：书目文献出版社，1998 年，第 797 页。

商人咸集于会馆，看板则知某货共有若干，其货之优劣，前于插番时见之矣。看板后各商书其所值之价，密封投柜，名曰丢票。然后择善价而售之，不劳较论，亦交易之良法也。①

可以看出，长崎贸易有严格的管理程序，对于货物的查验、交易的价格、货物进出仓库的封存等方面都有着详细规定。特别是实行信牌制度后，长崎的地方主事对于交易的管控非常严格，对于清朝商船有着诸多限制。②从《袖海编》的记载可以看出清初的日本研究史籍对于长崎贸易有着深入的观察，史料价值极高。

除清朝商人外，荷兰等其他国家也有商人来此贸易，并且长崎地方也为他们设置专门的居住场馆，荷兰商人居所称之为"红毛馆"。长崎对待清朝商人和荷兰商人的态度也不一样，一般上等的货品都会与清朝商人交易，而次等的货品才交与荷兰商人。童华在《长崎纪闻》中就记载日本"以条铜给唐商，以片铜给红毛"③。汪鹏在《袖海编》中也记载了当时荷兰商人在长崎的交易情况："唐船而外，有红毛船来贩，定例二艘，七月下旬到港，九月下旬返棹，信风来去，不违时日。其舟主名噶必丹，即本国之官，今岁到者，来岁押船归国，递相更替。其馆舍亦壮丽可观。红毛故奉日本正朔者，年例春正至都会入觐，四月返崎，贡献惟虔，赐予亦厚。"④由此可知，当时荷兰是打着"奉日本正朔"和"朝觐"的旗号来日本贸易的，所以日本人眼中的荷兰自然是等级低一些。虽然清朝在日本人眼中是"华夷变态"，未见得能代表中华正统，但毕竟还是称呼清朝商船为"唐船"，居所称之为"唐馆"。通过清初的日本研究史籍，我们也可以了解到当时日本的对外认识之心态和外交思想状况。

---

① 汪鹏：《袖海编》，收入涨潮、杨复吉、沈楙惪等编纂：《昭代丛书》戊集续编，卷 29，上海：上海古籍出版社，1990 年，第 1080 页。

② 参见木宫泰彦：《日中文化交流史》，胡锡年译，北京：商务印书馆，1980 年，第 657-660 页。

③ 童华：《长崎纪闻》，《北京图书馆古籍珍本丛刊》卷 79，据乾隆刻本影印，北京：书目文献出版社，1998 年，第 797 页。

④ 汪鹏：《袖海编》，收入涨潮、杨复吉、沈楙惪等编纂：《昭代丛书》戊集续编，卷 29，上海：上海古籍出版社，第 1081 页。

2. 注重观察长崎的风土人情

除长崎贸易情况之外，这三部史籍还注重对长崎风土人情的观察，并在书中进行了描述和记载。《海国闻见录》的《东洋记》篇写道"长崎产乏粟菽，难供食。指开贸易入公家，通计终岁所获利，就长崎按户口均分。"①这表明长崎依靠贸易而生的特点，农业生产水平不高，连基本的农作物都不种植，所以食物来源只能通过贸易而来。长崎居民的主要收入来源就是通过港口贸易，每年的收入通过户口人头来进行统一分配。《袖海编》中记载的信息更加丰富：

> 长崎一名琼浦，风土甚佳，山辉川媚，人之聪慧灵敏，不亚中华。男女无废时旷职，其教颇有方，斯民也三代之所以直道而行也。向使明周官之礼，习孔氏之书，大体以明彝伦增秩，事举政修，何多让焉。……崎人服药每味不过一二分，至三四分为重剂矣。盖口服之奉甚薄，故少疾病，而多丰厚情欲之窦早开，则多夭折，而鲜寿考，年登六十即为上寿，不闻有耄耋者。日本为海东富强之国。长崎孤窝海隅，素称穷岛，然贫窭者绝少。每家资十万，夜悬一灯于门，倍者灯亦倍之，以示无敢私有之意。②

由于汪鹏作为商船主在长崎进行过贸易，所以他对当地风土人情的观察具有一定的直观性。在他看来，长崎当地民风比较淳朴，而且居民由于受中华文化的熏陶而变得彬彬有礼。长崎民众虽然少病，但长寿者却不多。当然由于有通商贸易的获利，使得当地居民比较富有。可以看出，汪鹏对于长崎风土人情的观察是比较深入的，也反映出日本研究史籍在认识水平上是有进步的。在童华的《长崎纪闻》中也同样对日本长崎的风土人情有详细的记载，并且涉及当地的物价水平、市内交通、生活习俗等方面。《袖海编》和《长崎纪闻》还记载了当时长崎禁绝天主教的问题，"正月初三日，岛人男女皆跣足践铜板以为胜会，唐人践板以一足，岛人双足践之，红毛人上岸亦令

---

① 陈伦炯撰，李长傅校注，陈代光整理：《〈海国闻见录〉校注》，郑州：中州古籍出版社，1985年，第35页。
② 汪鹏：《袖海编》，收入涨潮、杨复吉、沈楙悳等编纂：《昭代丛书》戊集续编，卷29，上海：上海古籍出版社，第1081页。

践板而入。"①由于长崎是对外交往的窗口，所以传教者也容易从长崎进入，通过让人践踏印有天主像的铜板的方式，就可以辨别出是否有传教者和信教者。

3. 由长崎扩展至对日本的认识

这三部研究史籍还涉及对于日本和日本人情况的描述。《海国闻见录》的《东洋记》篇，对日本的历史和现实等情况进行了整体性的记载：

> 国王居长崎之东北，陆程近一月，地名弥耶谷，译曰京。受封汉朝。王服中国冠裳，国习中华文字，读以倭音。予夺之权，军国政事，柄于上将军，王不干预。仅食俸米，受山海贡献，上将军有时朝见而已。易代争夺，不争王而争上将军。倭人记载，自开国以来，世守为王，昔时上将军曾篡夺之，山海应贡之物不产，五谷不登，阴阳不顺，退居臣位，然后顺若如故。至今无敢妄冀者。官皆世官世禄，遵汉制，以刺史千石为名，禄厚足以养廉，故少犯法。即如年金举一街官，街官者，乡保也，岁给赠养五十金，事简而闲。通文艺者为高士，优以礼，免以徭。俗尚净洁，街衢时为拭涤，夫妻不共汤羹，饮余婢仆尚弃之。富者履坐絮席，贫者履坐荐席，名曰毯踏棉。各家计摊毯踏棉之多寡为户口。男女衣服，大领阔袖；女加长以曳地，画染花卉文采。裈用帛幅裹绕，足着短袜以曳履。男束带以插刀；髡须而薙顶；额留鬓发至后枕，阔寸余，向后一挽而系。发长者修之。女不施脂而傅粉，不带鲜花，剪彩簪珥，而插玳瑁。绿发如云，日加涤洗，熏灼楠沉，髻挽前后，爪甲无痕，惟恐纳垢。至于男女眉目肌理，不敢比胜中华，亦非诸番所能比拟，实东方精华之气所萃。人皆复姓，其单姓者，徐福配合之童男女也。徐福所居之地，名曰徐家村，其冢在熊指山下。某国男子年五十余，阳多痿。奴者侬也，故呼之曰倭奴。俗尊佛，尚中国僧，敬祖先，时扫坟庐；得香花佳果，非敬佛僧，则上祖坟。人轻生，有犯法者，事觉，向荒山割肚自杀，无累他人。立法最严，人无争斗。语言寂

---

① 童华：《长崎纪闻》，《北京图书馆古籍珍本丛刊》卷 79，据乾隆刻本影印，北京：书目文献出版社，1998 年，第 799 页。

寂，呼僮仆，鸣掌则然诺。无售买人口，佣工期满即归。①

通过这段记载可以看出，陈伦炯对日本的观察比较全面，既认识到当时政治现状，又对日本人的社会生活全景进行了细致刻画。陈伦炯所记载的日本"王"与"上将军"的关系，正是当时日本天皇与幕府将军关系的真实反映。日本天皇空有虚名，实权掌握在幕府将军手中，天皇只是象征性的领袖，但是没有过改朝换代的历史，"不争王而争上将军"正说明了日本政治斗争的特色。陈伦炯的记载里还反映了日本人崇尚洁净的特点，并且对男女的装束打扮也有详细的描述，并称赞日本人比其他东夷民族样貌气质更佳。另外还指出了日本人性格刚烈，犯法者以剖腹自杀来结束生命。当然由于日本法律严酷，百姓之间也很少争斗。陈伦炯的这些记载来自于他对日本的亲身观察和了解，比较真实反映日本幕府时期的历史和社会风俗状况，对于清初特别是清朝上层的日本认知具有重要的作用。《长崎纪闻》和《袖海编》中也有对日本和日本人情况的记载，但超出《海国闻见录》之处不多，只有《袖海编》中对于日本制墨工艺的介绍是新的认识。汪鹏在书画方面本有造诣，所以他到日本后也注意加强对这方面的了解，曾经带回了日本人的《墨谱》。②《袖海编》中记载："日本贡墨最佳。其官工为古梅园和泉橡，世制贡墨，以南山向阳松枝取烟，用鹿骨胶制成，其质轻而细，其色黑而漆，其式仿古，不下数十百种，有《墨谱》班班可考。彼国寻常人亦不易得，即得亦不敢用。"③这是对日本贡墨以及工匠如何制墨进行的介绍，应该说当时日本的工艺还是比较先进的，而墨又是当时书写和绘画的必备工具，因此他将《墨谱》带回清朝也是期望加强两国手工业技术的一种交流。清初的这三部史籍对于日本的记载和描述不似后来的研究那样全面，主要因为当时集中于长崎贸易，所以观察和接触的范围毕竟有限。

---

① 陈伦炯撰，李长傅校注，陈代光整理：《〈海国闻见录〉校注》，郑州：中州古籍出版社，1985 年，第 35-36 页。

② 参见周迅：《汪鹏事辑》，《文献》1997 年第 2 期，第 231 页。

③ 汪鹏：《袖海编》，收入涨潮、杨复吉、沈楙惠等编纂：《昭代丛书》戊集续编，卷 29，上海：上海古籍出版社，1990 年，第 1082 页。

4. 对其后日本研究史籍的影响

清初的这三部研究史籍在史料来源、研究方法和编纂方式等方面都有一定的共性。三部史籍的作者均曾亲自到过日本或者密切接触往来日本的商人，所以他们对于日本的认识很多都是来自于一手资料。在写作方式上，《海国闻见录》是以《东洋记》专篇的方式来描述日本，而《袖海编》和《长崎纪闻》则是通过笔记条列的方式来记叙日本的情况。从编纂结构上看，《海国闻见录》是从日本的历史、地理、政治、风俗等方面进行的整体性记载，而《袖海编》和《长崎纪闻》都是以记载长崎的交易情况、长崎的风土人情为主，兼而扩展至对日本情况的描述。

这三部史籍代表了清初对日认识的最高水平，而且通过作者的亲自观察也改变了明代日本研究史籍中多依靠传闻的方式，所以对其后的同类著述产生了重要影响。如在嘉庆年间成书的日本研究通史——《吾妻镜补》中引用《海国闻见录》和《袖海编》之处颇多。道光年间成书的《浪迹丛谈》中也有直接沿袭《海国闻见录》之处。《浪迹丛谈》的作者是清代著名学者和地方大员梁章钜，该书主要是杂记清代的一些时事和典故，其中有专节介绍日本的情况：

> 气候与江、浙齐，产金磁器、漆器、金文纸、马，出萨峒马者良。萨峒马即萨摩州也，其地山高水寒，刀最利，故倭人好以为佩。所统属国，北为对马岛，与朝鲜接，南为萨峒马，与琉球接。对马岛与登州直，萨峒马与温、台直，长崎与普陀东、西对峙，水程四十更。厦门至长崎，北风由五岛入，南风由天堂入，水程七十二更。海道以更计里，一昼夜为十更云。其与中国贸易者，长崎岛为百货所聚，商旅通焉。①

这段文字中介绍了日本萨摩州的气候、物产，以及对马、长崎的地理位置，中日海上航线、贸易地点等情况，而《海国闻见录·东洋记》的描述：

---

① 梁章钜：《浪迹丛谈》卷 4《日本》，北京：中华书局，1981 年，第 67 页。

所统属国二：北对马岛，与朝鲜为界，朝鲜贡于对马，而对马贡于日本。南萨峒马，与琉球为界，琉球贡于萨峒马，而萨峒马贡于日本。二岛之主，俱听指挥。气候与山东、江、浙齐。长崎与普陀东西对峙，水程四十更。厦门至长崎七十二更。北风从五岛门进，南风从天堂门进。对马岛坐向登州，萨峒马坐向温台。地产金、银、铜、漆器、纸笺、花卉、染印，海产龙涎香、鳆鱼、海参、佳蔬等类。萨峒马，山高巉岩，溪深水寒，故刀最利。兼又产马，人壮健。①

两者对比即可发现，除了个别细微差别外，基本内容几乎完全一致，可以认定《浪迹丛谈》的史料来源应该就是《海国闻见录·东洋记》。由此可见陈伦炯对于日本研究的深远影响。在鸦片战争之后编纂的一些域外认识的图书中，也有不少受清初这三部日本研究史籍影响。如徐继畲编纂的《瀛寰志略》中就有不少内容参考了陈伦炯的《海国闻见录》，该书卷一《东洋二国》篇中介绍了日本的情况，并且用小字注明"节采《海国闻见录》"②。魏源所著《海国图志》对日本的介绍也是照录了《海国闻见录·东洋记》的内容。甚至19世纪末吕调阳重新刻录谢清高的《海录》时，增加了原书没有的日本、俄罗斯两国情况，并且对原书进行了重新地分卷，"受到《海国闻见录》《四洲志》对世界区划分类的影响"③，而所增加的关于日本的内容基本来自于《海国闻见录·东洋记》。从这些被大量引用和转录的例子可以看出，清初的日本研究史籍对后世的巨大影响。

第三节　翁广平与《吾妻镜补》

《吾妻镜补》是清朝儒士翁广平所著的日本通史，其书虽不似黄遵宪《日本国志》那样广为人知，但却是清代日本研究史中的一部重要史籍。该

---

① 陈伦炯撰，李长傅校注，陈代光整理：《〈海国闻见录〉校注》，郑州：中州古籍出版社，1985年，第36-37页。

② 徐继畲：《瀛寰志略》卷1《东洋二国》，上海：上海书店出版社，2001年，第14页。

③ 安京：《〈海录〉作者、版本、内容新论》，《中国边疆史地研究》2003年第1期，第52页。

书在学术界已经引起了重视，特别是在中日关系史的研究和中国人的日本观研究方面，已经取得了不少研究成果①，但是关于该书的编纂特点以及在中国日本研究史上的特色等问题还有待深入探讨。

一、《吾妻镜补》的编著

《吾妻镜补》是清代日本研究史籍的标志性著作，该书的出现既是史学发展的必然结果，也有时代的偶然因素。《吾妻镜补》的编著离不开其作者翁广平的努力，当然也与日本《吾妻镜》一书在中国的传播密切相关。

1. 翁广平其人

翁广平，原江苏吴县平望人，字海琛，一字海村，号海邨，生于乾隆二十五年（1760），卒于道光二十二年（1842），享年八十三岁。②翁广平自幼勤奋好学，熟读经史子集，并且对自然界表现出强烈的兴趣，善于留心观察各种自然现象，并琢磨其规律和道理。地方志中曾记载翁广平专门出海观察日食等自然现象，并且写出《日食即日月合璧论》的文章来探讨日食原理，此

---

① 这方面的研究成果有：冯佐哲、王晓秋：《〈吾妻镜〉与〈吾妻镜补〉——中日文化交流的历史见证》，载《文献》1980 年第 1 期，后又收入北京市中日文化交流史研究会编：《中日文化交流论文集》，北京：人民出版社，1982 年；冯佐哲、王晓秋：《从〈吾妻镜补〉谈到清代中日贸易》，《文史》第 15 辑，收入冯佐哲著：《清代政治与中外关系》，北京：中国社会科学出版社，1998 年；廖源兰：《〈吾妻镜补〉杂谈》，载《上海高校图书情报学刊》1992 年第 4 期；石原道博：《鎖国時代における清人の日本研究（上）——翁広平の日本国志について》、《鎖国時代における清人の日本研究（下）——翁広平の日本国志について》，《茨城大学文理学部紀要》人文科学，通号 16、17；藤塚鄰：《清儒翁廣平の日本文化研究》，收入氏著《日鮮清の文化交流》（東京：中文館書店，1947 年）；佐藤三郎：《翁広平の「吾妻鏡補」について——江戸時代の中国人の日本研究》，《日本歴史》（450）；渡辺三男：《吾妻鏡補所引の日本語彙：校本「海外奇談国語解」》，《駒澤大學文學部研究紀要》（20）等等。

② 按：关于翁广平的卒年，冯佐哲、王晓秋认为卒于道光二十三年（1843），而王宝平依据《补疑年录》认为卒于道光二十二年，江庆柏：《清代人物生卒年表》（北京：人民出版社，2005 年，第 658 页）中根据《中国美术家人名辞典》也将其卒年定为道光二十二年。日本学者藤塚鄰认为《补疑年录》书前有道光十八年秋即翁广平七十九岁时为其所作的序言，但是书中却有翁广平的卒年，于理不通，认为可能是出版之际后人补入的，所以藤塚鄰的书中没有写明翁广平的卒年。虽然翁广平的卒年肯定是后来补入，但是翁广平能为吴椒的《补疑年录》作序，并为此书六位参阅人之一，必与其关系极为亲密，即使出版之际补入，考虑到翁广平与吴椒的关系，肯定不会搞错翁广平的生卒年，所以笔者将其卒年定为道光二十二年。冯佐哲、王晓秋也认为翁广平享年八十三岁，如果依照其生于乾隆二十五年，卒于道光二十三年的说法，根据中国古人纪岁的习惯则应为享年八十四岁，所以其说有自相矛盾之嫌。因此，应以卒于道光二十二年（1842）为是。

后他还专门著文探讨过月食和陨石等天文现象的规律。他对自然现象的认识在今天看来可能并不先进，但在当时条件下还是赢得不少赞誉，方志中称其"多创解，为前人所未有"。①

翁广平颇喜收藏，是清代有名的藏书家，自家建有"听莺居"用来收藏书画。翁广平一生著述广泛，比较有代表性的是《听莺居文钞》30卷，还为其家乡编纂了地方志——《平望志》24卷，另外还有一些诗文集和考证性论文。翁广平的一生并非平坦，有志于科举，但却直到年近半百才得秀才功名。虽然热衷于藏书，但家境并不富裕，仅靠薄田和教书为生。不过其二子翁大年和翁小海却继承了翁广平的学术，各有专攻，并取得了一定的成绩。王宝平所谓"翁氏人穷志不短，工绘画，好金石，喜异书，精天文，著述宏富"，②可谓对翁广平一生高度凝练的中肯评价。

2. 《吾妻镜》的在华传播与《吾妻镜补》的成书

翁广平最突出的治学特点是"喜异书"，其《吾妻镜补》的成书以及书名的来源都离不开一部异书——日本史书《吾妻镜》。《吾妻镜》是由日本镰仓幕府编纂的一部官方史学作品，主要记载源赖朝、源赖家、源实朝、藤原赖经、藤原赖嗣和宗尊亲王共六代幕府将军的历史。《吾妻镜补》全书52卷，采用日本官方史书编纂的常用体裁编年体。日本的官方史学开始于公元720年《日本书纪》的编纂，其后又分别编修了《续日本纪》《日本后纪》《续日本后纪》《日本文德天皇实录》《日本三代实录》，在日本史学史上被称作"六国史"。"六国史"代表了日本奈良时代和平安时代史学的最高水平，也是官方史学发展的里程碑式成果。自"六国史"之后，官方大部头的修史项目较少，随着天皇大权旁落幕府将军手中，官方修史的重任也落到了后者的肩上。《吾妻镜》正是幕府政权修纂的一部官方正史，记事起自1180年源赖政起兵，至于1266年宫将军宗尊亲王返京。在这部记载幕府政治变迁87年的史书中，大肆宣扬幕府将军的政绩以及支撑幕府政权的武家政治，并将

---

① 同治《苏州府志》卷107《翁广平传》，《中国地方志集成·江苏府县志辑》⑨，南京：江苏古籍出版社，1991年，第715页。

② 王宝平：《〈吾妻镜补〉著者翁广平考》，收入杭州大学日本文化研究所、日本神奈川大学人文学研究所编：《中日文化论丛1996》，杭州：杭州大学出版社，1997年，第159页。

神意史观贯穿始终。该书以"镜"为名，意在为后世提供鉴戒，其中所渗透的武士精神确实也对后世产生了很大影响，如开创德川幕府时代的将军德川家康就深受此书影响。①

《吾妻镜》成书后以抄本传世，其中传播最广的是北条本，后以此为底本在 1605 年刊印了活字本发行，现在日本常见的国史大系本就是使用此种传本。②中国所见最早的版本是 1626 年的日本宽永刻本，据学者考证北京图书馆（现国家图书馆）藏本《吾妻镜》大约在清初传入，也就是后来朱彝尊所见《吾妻镜》。③朱彝尊曾为《吾妻镜》写过跋语称："《吾妻镜》五十二卷，亦名《东鉴》，撰人姓氏未详。前有庆长十年序，后有宽永三年国人林道春后序，则镂版之岁也。编中所载始安德天皇治承四年庚子，讫龟山院天皇文永三年七月，凡八十有七年。岁月日阴晴必书，余纪将军执权次第，及会射之节。其文义郁轕，又点倭训于旁，绎之不易。而国之大事反略之，所谓不贤者识其小者而已。外藩惟高丽人著述往往流入中土，若郑麟趾《高丽史》、申叔舟《海东诸国纪》，以及《东国通鉴》、《史略》诸书，多可考证。日本职贡不修，故其君长授受次第自斋然所纪外，相传颇有异同。临淮侯李言恭撰《日本考》纪其国书、土俗颇详，而国王世传未明晰，合是编以勘《海东诸国纪》，则不若叔舟之得其要矣。康熙甲辰获睹是书于郭东高氏之稽古堂，后四十三年乃归插架，惜第六、第七二卷失去。庆长十年者，明万历三十二年，宽永三年者，明天启四年也。"④由此可知朱彝尊应该是在康熙三年（1664）见到了这部宽永刊本的《吾妻镜》，说明该书已经在中国传播了一段时间。而到康熙四十三年（1704 年）时已经失去两卷，难成足本了。

后来随着朱彝尊藏书的不断传播，《吾妻镜》也得以在中国得到进一步的流传，许多学者都见到了该书，但却一直未能搞清"吾妻"之名的真正含义。连对海外情况较为了解的朱彝尊也未完全清楚，甚至查考无证后也只能

---

① 以上参见坂本太郎：《日本的修史与史学》，沈仁安译，北京：北京大学出版社，1991 年，第 94-97 页。
② 黑板勝美编：《吾妻鏡·凡例》，東京：國史大系刊行會，1932 年。
③ 参见冯佐哲、王晓秋：《吾妻镜》与〈吾妻镜补〉——中日文化交流的历史见证，《文献》1980 年第 1 期，第 186-187 页。
④ 朱彝尊：《曝书亭集》卷 44《跋吾妻镜》，文渊阁四库全书本。按：日本庆长十年当为明万历三十三年，宽永三年当为明天启六年，朱彝尊跋文时间有误。

以笑谈猜测,《鸡窗丛语》中就收录了这段趣闻:"日本国有《吾妻镜》一书,亦名《东鉴》。吾妻二字不可解,或曰地名。尝与秀水朱竹垞太史考之,日本地里无名吾妻者。太史戏曰,日本本名倭奴,东海诸国半以奴为名,且有名姐奴者,既可称姐何不可称妻耶!相与一笑。"①还有一些清朝学者认为吾妻是岛的名称,如尤侗、石韫玉等人。所以清朝很多学者都是只见《吾妻镜》其书,但不解其意,直到 1884 年日本冈千仞来华才解开了这一谜团。冈千仞解释道:"吾妻,地名,函根以东总称。日本武尊皇子东征时,风波荡舟,茫无所从,夫橘姬代皇子投海而死。及凯旋过雄井岭时,东望叹曰,吾妻不能共归乎。故相传称关东曰吾妻,《吾妻镜》犹曰《关东通鉴》。"②文廷式又补充说:"此书当时实录,日记类以和文,中土人不能读和文,且甚芜杂,千仞辈亦倦读不能终。唯镰仓(按此关东源赖朝开幕府之地)实录,乃证古者所必取云。据此,则近时翁广平撰《吾妻镜补》记日本通国之事,实未知二字之义也。"③由此一来,终于使流传中国二百余年的《吾妻镜》一书被清人搞懂其书名的真正意思。"吾妻"日文训读为あずま(音 azuma),实际主要指日本的镰仓、江户、关东一带,这也就是《吾妻镜》一书名称的由来,由于该区域又习惯被称之为日本的"东国",所以《吾妻镜》也被称为《东鉴》。

《吾妻镜补》的编纂缘起于翁广平阅读了《吾妻镜》一书。翁广平最早见到《吾妻镜》是在清代著名的藏书机构汪氏振绮堂中,可惜该书不能外借,便失去了进一步阅读的机会。后来翁广平又从朱彝尊的跋语和《鸡窗丛语》中进一步了解到有关《吾妻镜》的奇特之处,使得从小便喜爱异书的他激发了更大的阅读欲望。经过各种努力之后,翁广平终于在同乡潘耒之子处见到该书,并得以借阅半年,满足了愿望。④但翁广平所见《吾妻镜》也已经是残

---

① 蔡澄:《鸡窗丛语》,文廷式:《纯常子枝语》卷 36,扬州:江苏广陵古籍刻印社,1990 年,第 548 页。

② 文廷式:《纯常子枝语》卷 36,扬州:江苏广陵古籍刻印社,1990 年,第 548 页。

③ 文廷式:《纯常子枝语》卷 36,扬州:江苏广陵古籍刻印社,1990 年,第 548 页。

④ 以上参见冯佐哲、王晓秋:《〈吾妻镜〉与〈吾妻镜补〉——中日文化交流的历史见证》,《文献》1980 年第 1 期,第 189 页;冯佐哲、王晓秋:《从〈吾妻镜补〉谈到清代中日贸易》,《文史》,第 15 辑,第 104-105 页;藤塚邻:《清儒翁廣平の日本文化研究》,收入氏著《日鲜清の文化交流》,東京:中文館书店,1947 年,第 123 页。

本了，这也激发了他的著述意愿，正如石韫玉所讲"翁子以日本国《吾妻镜》一书阙略未备，积一生心力穷搜博采，撰成《吾妻镜补》若干卷"[①]。

《吾妻镜》只是翁广平编著《吾妻镜补》的部分史料来源，他还广泛参阅了各种能搜集到的有关日本的史料，来完成这部日本通史著作。我们从《吾妻镜补》的自序中能够一窥翁广平搜集资料之不易：

> 明季有《吾妻镜》一书，……然所记改元甚疏略，记事仅八十七年。而八十七年中某年月日之阴晴灾异纤悉必书，余则书将军之执权及射会狩猎等事而已。余向欲仿史家编年之例为日本作通鉴，而《年代纪》《吾妻镜》所载第一代神武天皇当周僖王甲寅年，余以甲子会记推之，无论僖王无甲寅年，而年数之多寡亦不符，又无他书可以引证，事遂寝。壬申岁有商于日本者，携其国中《年号笺》一卷归以赠余，实本《吾妻镜》而改正者，其日月阴晴概从删削，其他灾异则存之，其人物之生卒、著书之始末及制度营建、军旅诸事稍有增益，国王相继之次第与改元尤为详备。自皇极天皇以迄于今俱系以甲子，皇极当唐太宗贞观十六年，神武天皇当东周惠王十七年。余因以诸王历年之数推之，毫厘不爽。于是自王极以前溯至神武，亦系以甲子，又以《日本年代挈要》《日本小志》与夫历代国史纪载之书，择其文之雅驯事之近理者，摘录数十百条，补其阙漏。[②]

从中可以看出，翁广平利用各种机会收集有关日本的史料，终于经过七年时间的辛苦努力，在嘉庆十九年（1814 年）完成了这部日本通史巨著《吾妻镜补》。从书名来看，或许我们会和前文所述文廷式一样认为该书就是补充《吾妻镜》而作，而事实并非如此，《吾妻镜补》只是部分参考了《吾妻镜》，而通篇结构和写作方式还是沿袭中国传统史书的做法，并且广搜博采而著成的一部日本通史。

[①] 石韫玉：《吾妻镜补·跋》，载王宝平编著：《吾妻鏡補：中国人による最初の日本通史》，京都：朋友书店，1997 年，第 9 页。

[②] 翁广平：《吾妻镜补·序》，载王宝平编著：《吾妻鏡補：中国人による最初の日本通史》，京都：朋友书店，1997 年，第 1-3 页。

二、《吾妻镜补》的版本与内容

《吾妻镜补》成书以后，却一直未能得到刊刻的机会。从目前中日两国发现的各种版本来看，《吾妻镜补》一书是以抄本行世的。中日学者对《吾妻镜补》的各种传本进行了梳理，基本发现有 28 卷本和 30 卷本两种抄本。特别是王宝平教授曾探查中日两国各种藏本，并将其中 30 卷本影印出版。日本学者石原道博则对《吾妻镜补》的版本和内容也有详细的介绍和研究，他曾指出日本静嘉堂文库所藏《吾妻镜补》的卷首桂岩山樵的按语，可以了解此书在中日两国的传抄情况。桂岩山樵的按语称："桂岩山樵识于京寓。道光己丑（1829）秋获此，深以为慰。此册首题识为程恩泽手笔。大意谓，此书已付刻而未果，复遣人至翁海琛处抄得，珍而藏之云耳。其后遭兵燹，此书卒未发刻，可宝也。"①由此可知，《吾妻镜补》成书后迟迟未能刊刻，所以程恩泽专门派人至翁广平处抄写，而该书由于战乱等原因也一直未能付刻。但在日本却很快就有了各种传抄本，从 1814 年《吾妻镜补》成书，到 1829 年桂岩山樵看到此抄本，时间并不算太久，也说明《吾妻镜补》的影响很快就传到了日本。

首先，我们看一下中日两国图书馆现存的各种《吾妻镜补》的版本。根据王宝平的研究，他一共找到了 8 种抄本，现列表 3-2 总结其情况如下：

表 3-2 《〈吾妻镜补〉抄本情况统计表》

	馆藏	卷数、版式	说　明
1	北京图书馆藏本	二十八卷，十册，每半页九行，每行二十一字	各卷捺有"兴亚院华北连络部调查所图书"和"兴亚院华北连络部图书"两种印章。全书内容按照翁广平的序文、凡例二十则、引用书目、吾妻镜补目录、本文、蔡寿昌后序、石韫玉跋的顺序排列。卷末记有"吾妻镜补卷××终"一行字。可能为民国初年的写本
2	北京大学图书馆藏本	二十八卷，六册，行款与顺序同北京图书馆一样	有"燕京大学图书馆珍藏"印。卷首有薛龄于 1940 年撰写的解说，其中讲到此本是根据哈佛大学图书馆 1939 年从北京书肆文禄堂购得的十二册本影抄改装为六册本。卷末列有抄写者姓名、抄写时间和字数。据此可知三人用两月时间抄完，全书共有 366 页，98061 字。换言之，二十八卷本的《吾妻镜补》有接近十万字的篇幅

---

① 转引自石原道博：《鎖国時代における清人の日本研究（上）——翁広平の「日本国志」について》，《茨城大学文理学部紀要》人文科学，通号 16，第 3 页。

续表

	馆藏	卷数、版式	说　明
3	上海图书馆藏本一	二十八卷，每半页九行，每行二十一字	全书由翁广平的自序、蔡寿昌的后序、石韫玉的跋和凡例二十则、引用书目、《吾妻镜补》目录以及本文等几个部分构成。卷末没有"男雏小海校字"六个字。可能为民国时代的写本
4	上海图书馆藏本二	三十卷，八册，每半页十二行，每行二十一字。封面为桑皮纸，四针眼	钤有"长兴王氏诒庄楼藏"印。各卷末有"男雏小海校字"六字。第十一卷的绘图全部欠缺，八页白纸之后紧跟着后文的内容
5	上海图书馆藏本三	三十卷，八册。行款、顺序和上海图书馆藏本一相同	封面、藏书印、卷末和上海图书馆藏本二相同
6	东洋文库藏本	二十八卷，十二册，行款、顺序和北京图书馆藏本相同	与北京图书馆藏本稍有不同的是引用书目置于凡例二十则之前。卷首捺有记载整理时的椭圆形印章"财团法人东洋文库／昭和十四年九月廿五日"。可以在书中见到多人的笔迹，为民国时代的写本
7	静嘉堂文库藏本	三十卷，八册，行款、顺序、卷末与上海图书馆藏本三相同	钤有现在文库的藏书印。第二、三册中能够见到修补的痕迹。第一册有识语的断片，幸好有桂岩山樵的识语能够明白残缺断片的大意
8	驹泽大学图书馆藏本	二十八卷，八册，九行二十一字	王宝平调查时并未能见到此本，只是根据福岛邦道的解说得知，此藏本为二十八卷，八册，九行二十一字的精写本

　　此外，笔者通过查考《中国古籍善本书目》发现共有四家藏书机构存有此书，分别是：上海图书馆藏 30 卷本、浙江省图书馆藏 28 卷本、湖北省图书馆藏 28 卷本、武汉大学图书馆藏 28 卷本，四种藏本也均为清抄本。①

　　从以上《吾妻镜补》各种抄本来看，主要有 28 卷本和 30 卷本两种不同。而通过对比两种不同卷数抄本又可以发现，其内容基本相同，差异在于 30 卷本比 28 卷本多出了第十一卷的地图部分，另外国语解部分在 28 卷本中是一卷，而在 30 卷本中是二卷。另外，在各部门内容次序上也大致相同，稍微区别之处在于蔡守昌和石韫玉所作的序跋部分，在 30 卷本列于卷首，而在 28 卷本中列于卷末。但是，我们根据翁广平该书中的自序可知《吾妻镜补》

---

① 参见中国古籍善本书目编辑委员会编：《中国古籍善本书目·史部》（下），上海：上海古籍出版社，1993 年，第 1081 页。

成书时既不是 30 卷也不是 28 卷，而是作者提到的世系表 10 卷，外加地理、风俗和艺文等类 26 卷。那么现在见到的各种抄本之所以跟翁广平自序所言卷数不同，或许是因为该书未能刊刻，所以传抄本在抄写时进行了分卷调整，才出现目前版本的卷数。

《吾妻镜补》目前比较通行的版本有两种，一是日本京都朋友书店 1997 年影印版，该版系由王宝平教授整理上海图书馆所藏两种 30 卷抄本而成，以"长兴王氏诒庄楼藏"30 卷本为主，并补充另外一种 30 卷本的第十一卷地图部分。二是全国图书馆缩微文献复制中心 2005 年影印版，改版系根据国家图书馆（北京图书馆）藏 28 卷本影印而成，共分 2 册。以上影印版的出版发行，为学界了解和研究《吾妻镜补》提供了方便。

其次，30 卷本是目前所见《吾妻镜补》内容最全的版本，因此我们根据 30 卷本的内容可将《吾妻镜补》的各卷内容分成 10 个组成部分，其内容和特点分别介绍如下：

1. 世系表

《世系表》是《吾妻镜补》中所占篇幅最大的部分，总共有 10 卷，约占全书的三分之一。为什么翁广平要在《吾妻镜补》中首列《世系表》，而且要占如此之多的篇幅呢？笔者认为原因有二：一是从史源学的角度来讲，翁广平编纂《吾妻镜补》所参考的各书大多以"世系"为首，因此他也效仿此种办法以《世系表》开篇。二是从该书的经世致用目的和时代背景出发而做出的选择，因为了解日本世系情况非常重要。石韫玉为该书所作序言中就通过讲述历史典故说明了世系的重要性，其文称："高宗朝禁民间私钱，偶得宽永通宝钱。司农不知其所自来，谓中国无此年号，遂令有司者治之。诸封疆大吏无一人知者，守令仓皇莫知所措。吾乡王慧音先生识为日本钱，以朱竹垞集中《吾妻镜跋》为证。每岁商人向彼国市铜，因以其钱如中国耳。"① 查《清实录》可知，该事件曾于乾隆十七年（1752 年）上达朝廷并报闻乾隆帝，足可见影响之大。② 而事件的根源在于地方不熟悉日本的世系和年号，才造成如此轰动之影响，到头来不过是一场虚惊。而解决的契机还是依靠了

---

① 石韫玉：《吾妻镜补·跋》，载王宝平编著：《吾妻鏡補：中国人による最初の日本通史》，第 10-11 頁。
② 载《清高宗实录》卷 419 "乾隆十七年七月甲申"条。

解日本世系的朱彝尊的著述，这也使得翁广平等人深深感受到了解和研究日本世系和年号的重要性。

《世系表》中主要记载的世系范围是以日本神武天皇为轴，向前记载 23世，向后记载 120 世。神武天皇以前的世系由于历史记载的缺乏，记载非常简略，仅列出天皇尊号。神武天皇以后的世系则记载愈加详细，除了记载天皇的在位时间之外，还兼记重要的国家大事。

2. 地图与地理志

目前所见 30 卷本和 28 卷本《吾妻镜补》最大的差异在于前者有一卷地图，而后者则无。或许是抄写困难等原因，导致 28 卷本中舍弃了地图部分。关于《吾妻镜补》中地图部分的编纂缘起，翁广平曾称："日本地里图始见于《筹海图编》，后有《日本图纂》、《两浙海防续编》等书，其图无甚异同，因仿其大略为一卷，以长崎图与海船图附焉。"①翁广平主要是参考了明代的一些日本研究史籍和海防御倭类的史籍中的地图，这一方面说明明代对于日本地理和地图的制作水平较高，另一方面也说明清初以来的日本地图水平停滞不前，唯一有进步的是对于长崎地图的绘制，这是得益于较为发达的长崎贸易。

这一部分的内容除地图之外，还有关于日本的地理和行政区划的记载内容，另外还特别注重对于长崎地理情况的记载，这也是清初中日两国交往和对日本了解程度的一种真实反映。该部分还附录了中日海上航行的针路图，记载中日之间的海上交通路线。

3. 风土志

风土志是专门记载某一地方风土人情的书籍，在中国一般称之为风俗志或地方志，而在日本则多称之为风土志，时至今日日本仍然编纂和发行很多记载地方风土人情的风土志。明代时，江浙地区曾流行过一部《日本风土记》，主要记载日本的全方位历史，是时人了解日本的一部重要参考书，甚至后来还被翻刻成《日本考》而在前线将士中发行，以了解敌情。翁广平在编纂《吾妻镜补》时也曾参考该书，其称"日本有《风土记》等书，无从得

① 翁广平：《吾妻镜补·凡例》，载王宝平编著：《吾妻镜補：中国人による最初の日本通史》，第 14 頁。

见，乃以《日本考》与志书与史传所记，及近时闻见之权者，作《风土志》二卷。"①可知翁广平是了解日本有编修各种风土记的传统，但是很遗憾没有见到，只能从明代所编署名为李言恭和郝杰的《日本考》一书中获取资料，并参考其他志书和传记等资料来完成《吾妻镜补》中风土志的撰写。在风土志中，翁广平详细记载了日本的风土人情，使读者从中可以了解到日本社会生活的细节。

4. 食货志

在古代，"食货"一般泛指国家的财政经济问题，"厥初生民，食货惟先"。②在传统史学中，也特别关注食货问题，《史记》专设《平准书》《货殖列传》等篇目，《汉书》中也设立《食货志》，其实早在《尚书》等上古典籍中就讨论过食货问题。"《洪范》八政，一曰食，二曰货。食谓农殖嘉谷可食之物，货谓布帛可衣，及金刀龟贝，所以分财布利通有无者也。二者，生民之本，兴自神农之世。……食足货通，然后国实民富，而教化成。"③历代正史中也有纷纷设立《食货志》，典志体史书中也往往以食货的内容开篇，如唐代杜佑的《通典》中就首列食货。中国近现代学术史上，还出现过专以研究经济史问题的食货学派，并创办了专门学术杂志《食货》半月刊。

翁广平在《吾妻镜补》中列有一卷《食货志》，主要来记载日本的各种农产品和贸易货物等，由于可依据的资料有限，翁广平往往利用的是中国史籍中记载的日本进贡物品清单。另外，他还借助清初中日长崎贸易的有利条件，得到了一些中日贸易往来的货品名单以及一些文学资料，如宋元明清时期的一些描写日本特产（刀、扇等）的诗歌作品来补足对日本特产的记载。

5. 通商条规

通商条规主要记载的是中日贸易中的管理规定，特别是日本制定的针对长崎贸易的法律条规。"前朝与日本通商无定例，亦无定处。国朝康熙中，其国中御门天皇正德五年定于长崎交易。《东洋客游略》有《通商条规》，录

① 翁广平：《吾妻镜补·凡例》，载王宝平编著：《吾妻鏡補：中国人による最初の日本通史》，第15页。

② 班固：《汉书》卷100下《叙传下》，北京：中华书局，1962年，第4242页。

③ 班固：《汉书》卷24上《食货志上》，北京：中华书局，1962年，第1117页。

为一卷，盖日本之原文也。"①通过翁广平所制定的编纂凡例可知，该部分内容主要是围绕日本制定的"正德新例"来展开记载。"正德新例"是日本政府为了缓解长崎贸易中大量铜的外流而制定的限制措施，严格管控清朝商船的数量和交易额度。所以翁广平将此作为重要事件记录到了《吾妻镜补》中，其史料来源为《东洋客游略》，应该也是熟悉清初长崎贸易者所作，并且可能直接抄录自日本的史料原文。所以《吾妻镜补》该部分所记载的通商条规的相关内容对于研究清代中日贸易交流史和深入研究长崎贸易的情况都有很高的史料价值。②

6. 职官志

职官志是中国正史中书志部分的常设内容，主要用来记载职官制度，也就是政治制度史的内容。另外，在一些典志体史书中都专门列有职官志的内容。翁广平在《吾妻镜补》中也设立了《职官志》的篇章，主要用来记载日本的职官制度，包括日本天皇政权，即"公家"的官职名称及职官制度变化的历程。其史料来源主要是有关日本的各种传记资料。"裔然之《职员表》今失传，乃杂采诸史说部，作《职官志》一卷"③，说明其搜集资料的困难。除了前代传记资料外，还利用清初汪鹏所编的《袖海编》以及前文所述《东洋客游略》等书，对长崎地方的官职制度进行了介绍。在《职官志》的附录，翁广平还介绍了作为日本附庸国的一些职官设置情况。

7. 艺文志

艺文志一般记载图书目录，内容包括书籍的作者、卷数和编纂年代等信息，并且还会有不同的分类方式，属于目录学的研究内容。正史艺文志最早出现在班固《汉书》中，在历代正史中共有六部设有艺文志，只是《隋书》称经籍志，名称略有差异。艺文志一般都只登载书名，基本不录内容，而翁广平在《吾妻镜补》中则改造了中国正史中的艺文志编纂形式。该书的艺文志，共有两方面内容：一是和中国正史中的艺文志一样只登载日本的各种书目，"日本颇有著述流传中华者，不过十之一二，其书目之见于《年号笺》

---

① 翁广平：《吾妻镜补·凡例》，载王宝平编著：《吾妻镜補：中国人による最初の日本通史》，第15页。

② 参见冯佐哲、王晓秋：《从〈吾妻镜补〉谈到清代中日贸易》，《文史》，第15辑，第107-123页。

③ 翁广平：《吾妻镜补·凡例》，载王宝平编著：《吾妻镜補：中国人による最初の日本通史》，第15-16页。

《年代挈要》《全唐诗》逸者列次其目为一卷，附《艺文志》。"①二是收录了日本的诗文，"日本文章始见于《宋书》所载雄略天皇一表，唐太宗时始作诗，今仅传一首，赵宋时仅三首、文一首。前明及国朝作诗颇多，鲜有全稿流入中华，乃于各选本与他书所载、石墨所镌辑为《艺文志》诗文共六卷。附庸国所作依时代附焉"②。这是很有趣的编纂方式，虽然违背了艺文志的原始意义，但却很好地保存了诗文的原文，起到了史料保存的作用。当然这种编纂方式也受到明代的影响，如《日本考略》《日本考》《日本一鉴》等都是采用这样的编纂方式，抄录了很多诗文的原文，而且收录的范围不仅仅限于日本人的著述，也包括一些中国人完成的诗文作品。《吾妻镜补》也承袭这种编纂方式，其中收录了朱彝尊、卢文韶等有关日本的诗文作品。

8. 国书与国语解

掌握日本的语言文字是全面了解日本的重要基础，明代的日本研究史籍中就有专门记载日本文字的"寄语"，以汉字对音来解释日本文字。翁广平在《吾妻镜补》中也专门记载了日本的语言文字，采用的方法也是汉字对音，即用汉字来标出日语的发音。当然翁广平的分类更加细致，他是用国书来记载日本的假名，用国语解来记载日本的词汇。

"海外之书各国不同，日本通俗之书仅数十字，纂为《国书》一卷，仿《八纮译史》例也。"③《八纮译史》是清代陆次云编纂的一部记载域外诸国情况的书籍，很多内容也是采自《瀛涯胜览》等域外载记之书，但里面夸张和虚构的成分较多，书中不少内容被认为是"传闻失实"④，所以清人对此书信从者不多。翁广平在《吾妻镜补》中也只是采用其编纂方法，设置国书部分来记载日语，主要是记载了一百余个日语假名，并标示其汉字对音。

---

① 翁广平：《吾妻镜补·凡例》，载王宝平编著：《吾妻鏡補：中国人による最初の日本通史》，第16页。
② 翁广平：《吾妻镜补·凡例》，载王宝平编著：《吾妻鏡補：中国人による最初の日本通史》，第16页。
③ 翁广平：《吾妻镜补·凡例》，载王宝平编著：《吾妻鏡補：中国人による最初の日本通史》，第16页。
④ 《钦定四库全书总目（整理本）》卷78《史部三十四·地理类存目七》，北京：中华书局，1997年，第1056页。

"辽金两史俱有《国语解》，兹仿其例，作《国语解》三卷。"[1]国语解在中国正史中的含义是将少数民族的词汇翻译成汉语，在《辽史》和《金史》中都有专门的国语解部分，清朝乾隆皇帝时因其满族出身，也十分重视少数民族语言问题，曾组织编纂《钦定辽金元三史国语解》，将契丹、女真和蒙古词汇进行统一入史的工作。翁广平是借用国语解的名称，来记载日语的词汇，并且分成不同的小类，收录上千个日语词汇，并用汉字来对音和解释词义。虽然自称是仿正史国语解，但实际翁广平更多的是吸收明朝日本研究史籍的作法，类似于《日本考略》的《寄语略》等部分的内容。当然进步的地方是，翁广平收录进了很多与长崎贸易相关的词汇。

9. 兵事

兵志也是中国正史和典志类史书常设内容，主要是用来记载军事制度，也兼及武器和征战等内容。翁广平在《吾妻镜补》中专设《兵事》一卷，但是并没有记录日本的军事制度，而是记载了日本的对外战争情况。"日本历朝颇有兵事，兹仅载用兵朝鲜一事，以概其余。"[2]日本历朝战争之事甚多，翁广平无法一一记载，当然他也没有获取这方面的资料，只能将丰臣秀吉入侵朝鲜一事作为代表性事件来记载。因为丰臣秀吉侵朝战争之事也牵扯进了明朝，当时明朝有一些专门记载抗倭援朝战争的史籍，所以翁广平有不少国内的资料如《两朝平攘录》等作为参考。

10. 附庸国志与杂记

附庸国是日本列岛周边的一些小岛国，这也是中国正史和明代一些日本研究史籍中所提到的附属于日本的小国。翁广平在《吾妻镜补》的最后一卷中，对这些小岛国的情况进行了简单的记载。当然时过境迁，由于大多是摘抄旧史，所以翁广平所记的这些小岛国或已不存，或不再附属于日本。另外，对于一些不适用以上分类的内容，都被置入杂记。

《吾妻镜补》采用的是结合中国正史和明代日本研究史籍的分类编纂方式，较为全面地记载了日本国情，是一部类似于典志类史书的日本通史著述。

---

[1] 翁广平：《吾妻镜补·凡例》，载王宝平编著：《吾妻镜補：中国人による最初の日本通史》，第16页。

[2] 翁广平：《吾妻镜补·凡例》，载王宝平编著：《吾妻镜補：中国人による最初の日本通史》，第17页。

三、《吾妻镜补》的编纂特点与研究特色

《吾妻镜补》是在清朝实行闭关锁国政策背景下完成的一部日本通史，该书体例严谨，内容丰富，代表了甲午战争以前清朝对日研究和相关史籍编纂的最高水平。关于该书的编纂特点，有学者曾总结为三个方面："文献主义、态度峻严、内容独特。"①这是比较客观的评价，但仍不全面。我们在吸收现有研究成果的基础上，结合明清日本研究史籍的学术史，认为《吾妻镜补》具有如下编纂特点和研究特色。

1. 纂修异域通史，编纂体例创新

中国史学起源于官方的历史记载，比较重视本国历史的记载，逐渐形成了较为完善的本国官方史学编纂体系，后来也发展出编纂前朝正史的修史传统。对于域外史地的记载也是古代史学比较关注的内容，比较多的就是历代正史的域外传记，另外也有一些游历域外的专门性游记类史籍。中国史学中关于日本史地的记载，主要出现在历代正史的传记中，明代开始出现以日本为名的专门性研究史籍。但是这种传记和史籍多是为了了解日本的需要而编纂，并没有上升到主动为异域纂修史书的高度。而翁广平的《吾妻镜补》则已经有了为异域纂修通史的史学动机，是中国传统史学中一种世界史编纂意识的萌芽。

翁广平在《吾妻镜补·自序》中详细介绍了其编纂此书的想法和动机，首先，他提到从司马迁《史记》开始就出现了记载域外传记的编纂体例，为自己纂修域外史书找到史学先例。其次，他认为"海东诸国日本为大"②，并且日本与中国交往甚早且久，深受中国文化熏陶，具有文明气象，因此其历史值得记载。再次，他还认为日本"世系之相承，未尝有更姓革命之变"③，这也是让翁广平赞叹的地方，与改朝换代频繁的中国比起来，日本"万世一系"的历史确实值得总结。其实早在宋代时，通过来华僧人的介

---

① 参见王宝平：《「吾妻鏡補」について》，载王宝平编著：《吾妻鏡補：中国人による最初の日本通史》，第7-9頁。

② 翁广平：《吾妻镜补·序》，载王宝平编著：《吾妻鏡補：中国人による最初の日本通史》，第1頁。

③ 翁广平：《吾妻镜补·序》，载王宝平编著：《吾妻鏡補：中国人による最初の日本通史》，第2頁。

绍，中国人已经了解到日本政治的这个特点："此岛夷耳，乃世祚遐久，其臣亦继袭不绝，此盖古之道也。中国自唐季之乱，宇县分裂，梁、周五代享历尤促，大臣世胄，鲜能嗣续。朕虽德渐往圣，常夙夜寅畏，讲求治本，不敢暇逸。建无穷之业，垂可久之范，亦以为子孙之计，使大臣之后世袭禄位，此朕之心焉。"①这是宋太宗召见日本来华高僧奝然时的一段谈话，足以看出中国的统治者也期望能像日本那样，将政权世世代代的传袭下去。其实日本政治中的这种正统思想也并非其独创，而是嫁接自中国的正统论思想。只不过是中国先秦时期出现的"皇天无亲，惟德是辅"的思想，传播到日本的时候就变成了"皇天有亲"的思想，从而排斥了改朝换代的理念，成为维护万世一系的法理依据。

翁广平最初的意图是编纂一部编年体日本通史，但是后来却发生了改变，正如其序言中所说："余向欲仿史家编年之例，为日本作通鉴。"②或许也是主要参考日本《吾妻镜》编年体例而产生的想法，但是又考虑到："诸史外国传不过附见于正史耳，未有专为一书者。"③因此下定决心仿照正史中志书类的体例，专门编修一部日本通史，而不限于仅是编年记事的编年体史书。

在《吾妻镜补》的编纂体例上，翁广平也有创新之处。从《世系表》的编纂来讲，它既是吸收纪传体史书中"表"的编纂体例，同时又类似于本纪的内容，因为在每位天皇的在位期间内，他都按照编年记事的方式列出朝政大事。《吾妻镜补》中并没有专门设立列传部分，翁广平的解释是："日本记事诸书，俱以世系为首，今仍之。其人物并无列传，略记其所著书名或其生卒之岁月而已，故此书亦不为列传。其间有可考者，则于《艺文志》小传中或《风土志》中详之。"④翁广平是采用在《艺文志》的小传或者在《风土记》中来记载重要人物的事迹，而不是设立专门的人物列传，这也是一种灵活变通的编纂方式。从《吾妻镜补》的整体来看，比较类似于中国传统史书

---

① 脱脱等：《宋史》卷 491《日本国传》，北京：中华书局，1977 年，第 14134 页。
② 翁广平：《吾妻镜补·序》，载王宝平编著：《吾妻镜補：中国人による最初の日本通史》，第 3 页。
③ 翁广平：《吾妻镜补·序》，载王宝平编著：《吾妻镜補：中国人による最初の日本通史》，第 3 页。
④ 翁广平：《吾妻镜补·凡例》，载王宝平编著：《吾妻镜補：中国人による最初の日本通史》，第 13 页。

中的典志类史书，又跟正史中的书志部分比较相似，但是从中国的史书体裁来看，又没有完全与之相符的体例。因此，可以说翁广平是灵活运用中国传统史书的编纂体例，并在此基础上进行了一定的创新，也是为了适用编纂日本通史的需要。

2. 广泛征引史料，不没他人之功

史料是史书编纂的根基，征引史料范围的广泛与否一定程度上影响着史书的质量。翁广平在编纂《吾妻镜补》时就广泛征引了各种史料，既包括中国的史书，也包括日本的史籍，史料范围极为广泛。并且翁广平还专门列出了该书的《引用书目》，让读者一目了然地知道他参考了哪些资料，这是传统史书中所不多见的一种方式。通过《引用书目》，我们可以知道翁广平征引史料范围的广泛性，从数量上来看就包括了 149 种汉文书籍和 41 种日本书籍。开列引用书目既表明作者征引史料的广泛，也说明作者编修史书的言之有据，也是对前人成果的一种尊重。从这种意义上来讲，与当今学术著作中的参考文献如出一辙。而在翁广平编纂史书的时代，做到这一点已是十分超前。

翁广平在《吾妻镜补》的正文中，一般都会在征引文字的末尾附录资料来源的书名，以表明自己参考的对象。这种不埋没他人之功，不掠他人之美的做法，与翁广平一贯的治学风格紧密相关。翁广平曾经参修过多种方志，如其家乡的《平望志》就是其中之一，书中也都遵循这种注明史料出处的规范。在与友人讨论修志原则的书信中，透露了翁广平注重标明史料出处的考量，其文称："凡一事一句之有关黎里者悉为摘录，或用其全文，而与他书有异者则附于其后，而注其出处。或两书互相发明，仅述其事。而出我手笔者亦当注日本某事，参某书，既不没作者之苦心，亦见我言之有本也。"[①] 由此可见，翁广平是讲求这种修史原则的。在自己的史书中，注明引用他人的学术成果，不仅是对他人学术劳动的尊重，也是展示自己所论有据。翁广平的这种学术态度，在今天依然有其价值。

---

① 翁广平:《听莺居文钞》卷 28《与吕湘渔论作志书》，北京图书馆抄本。转引自王宝平:《〈吾妻镜补〉著者翁广平考》，第 155 页。

3. 立足扎实考证，体现乾嘉学风

翁广平处于乾嘉考据学盛行之时，并且与当时很多朴学知名学者过从甚密，其学术自然也会打上这种时代的烙印。《吾妻镜补》一书就很好地体现了翁广平治学严谨的特点，很多问题的结论都是立足于扎实的考证，而对于无法考证的问题他也能保持实事求是的存疑态度。

日本的世系问题是《吾妻镜补》中用力甚多之处，所以翁广平对于天皇世系和年代的考订也格外用心。比如日本的第一代天皇神武天皇即位的时间，《吾妻镜》等书中认为该年即是中国的周僖王甲寅年，但是翁广平通过考证认为："考周僖王以庚子立，在位五年，是甲辰无甲寅，盖纪载之伪也。"[①]这是比较正确的考证，通过干支纪年的方式进行推演，即可证明《吾妻镜》记载的错乱，因此翁广平采取了不盲从的态度，而是继续寻找新的证据。后来终于找到记载日本年号的新资料《年号笺》，最终得出了正确的认识："惟《年号笺》云当周惠王十七年。考惠王以己巳立，则十七年是辛酉。又以日本诸王之历年与中国史鉴及纪载之书核之干支，毫厘不爽，故余纂此书断自辛酉始。"[②]在彻底搞清干支纪年的正确年份之后，翁广平才在《吾妻镜补》中将《世系表》从神武天皇的即位之年开始书写，并将其系年定为中国周僖王辛酉年。翁广平重视考据的治学方式，正是乾嘉学术之风的典型代表，也是乾嘉学术影响《吾妻镜补》一书的最好例证。立足于扎实的考证，不仅保证了该书的学术质量，也使《吾妻镜补》在明清时期的日本研究史上具有重要的价值。

4. 关注长崎贸易，突出时代特色

关注现实，体现时代特色，是中国史学的优良传统。翁广平在《吾妻镜补》中就体现了对现实的关注。清初中日交往最突出的时代特色就是长崎贸易。

《吾妻镜补》对长崎贸易关注颇多。如在《通商条规》中就着重记载了

---

① 翁广平：《吾妻镜补》卷1《世系表》，载王宝平编著：《吾妻镜補：中国人による最初の日本通史》，第33页。

② 翁广平：《吾妻镜补》卷1《世系表》，载王宝平编著：《吾妻镜補：中国人による最初の日本通史》，第34页。

日本颁布的"正德新令"。当时清朝商船热衷于赴长崎贸易，是因为可以从日本进口大量的铜，满足国内铸钱的需要，商人也从中获利很大。但日本政府看到铜的大量外流势必引起国内贵金属的缺乏，于是着手加以限制，终于在1715年推出"正德新令"，对来日的清朝商船数量和交易内容加以严格限制，并且颁发信牌作为交易凭证。由于很难得到日本政府颁发的信牌，所以赴日的清朝商船大大减少，中日两国的贸易形势趋于放缓。翁广平通过口述采访和搜集各种史料，将这一重大事件写进了《吾妻镜补》，体现出对时代的关注。

另外，《吾妻镜补》在《地理志》中记载了长崎的各种地理和行政区划的情况，并对港口的管理方式和管理人员都有较为详细的记载；在《食货志》中，详细列举了中日长崎贸易中交易的各种货物种类，并且还专门设有《出洋货物近时交易》栏目，对于当时长崎贸易的货物有清晰的记录，真实反映出长崎贸易的交易状况。

总之，翁广平编纂的《吾妻镜补》是在闭关锁国时代编纂的一部日本通史，在条件受限的情况下，参阅了大量中日史籍，并且进行了审慎的考证和研究，保证了该书的质量；注重标明各种史料的出处，体现了翁广平治学不没他人之功的态度；特别关注长崎贸易，体现出翁广平关注现实问题的态度，时代特色十分鲜明。

1871 年，清日签订《中日修好条规》，正式建交。此前，两国几乎同时进行的锁国政策，导致双方官方外交停滞不前。19世纪中叶，两国先后在外力的冲击下打开国门，而经过明治维新的日本率先走上资本主义道路，并转而强行与清朝建交，试图进一步在中国攫取利益。随着两国外交关系的建立，赴日清人逐渐增多，对日本的了解和研究较之以前有了极大进步，出现了大量具有重大影响力的日本研究史籍。

第一节　驻日使馆人员编纂的
日本研究史籍

根据《中日修好条规》第四条的规定，中日两国可以互派使臣，并设立公馆进行外事活动。光绪三年（1877），清朝正式派出了以何如璋为首的驻日公使团，使团到达日本的长崎和神户等地均受到空前的礼遇，不仅鸣放礼炮，而且"日人间有从西京、大阪百十里来观者。西人亦欢携妇孺，途为之塞"①。驻日使团在次年（1878）正式入驻日本东京芝山月届僧院，开始工作。公务之余，驻日公使团还与日本文人进行了广泛的文化交流，如诗文酬唱活动，很多诗篇都曾公开出版发行，成为中日诗文交流活动的见证。驻日使馆人员还经常与日本文人进行笔谈活动。随着驻日使馆人员对日本了解程度的加深，研究日本并编纂史籍的活动应运而生。

一、姚文栋及其编译著作

姚文栋是清朝两届驻日使团成员，1882 年跟随黎庶昌使团赴日，1884 年又留任为徐承祖使团成员。在出使日本的六年里，姚文栋做了大量对日调查和研究工作，特别是对日本地理状况有深入的研究，编译了多种史籍。

1. 《琉球地理志》

（1）编纂背景。

琉球在被日本吞并之前，曾经是一个存在了 500 余年的独立王国，并且在明清时期作为中国的藩属国而存在，当然也进贡日本和朝鲜等国。日本在明治维新以后，即开始冀图独自占有琉球，并且以政府的名义颁布"人民告谕大意二遍"，宣称琉球是日本领土，其人民皆为天皇子民。②琉球王国自然不会接受这样的无理要求，于是日本又开始了武力征服的计划。1874 年，日本通过出兵中国台湾，摸清了清政府的底线后，在 1876 年强行出兵琉球，对其进行实际控制。不甘亡国的琉球国王曾向清政府求救，但是清政府并未接受驻日公使何如璋的出兵救助建议，而是开始了根本没有希望的谈判之路。日本则趁清政府态度暧昧之际，直接在 1879 年宣布将琉球藩改为冲绳县，正式划归其统辖范围。而当朝鲜问题日益严重之后，清政府再也无暇顾及琉球问题，日本也就彻底完成了对琉球的吞并。

面对日本强占琉球的现实，清朝的一些有识之士如王韬等，曾专门撰文

---

① 何如璋：《使东述略》，收入钟书河主编《走向世界丛书》之《早期日本游记五种》（罗森等著，王晓秋点，史鹏校），长沙：湖南人民出版社，1983 年，第 54 页。

② 参见何慈毅：《明清时期琉球日本关系史》，南京：江苏古籍出版社，2002 年，第 142-143 页。

驳斥日本的行为。王韬在《琉球向归日本辨》中考证了琉球不属于日本的历史史实。[①]当时的日本为了处理琉球问题，曾经编纂了很多关于琉球历史和地理方面的书籍。作为驻日使馆的工作人员，姚文栋感觉有必要整理与琉球相关的资料，从而为清政府分析当时的形势、制定正确的决策提供依据。姚文栋的《琉球地理志》就是在这样的背景下编纂的。

（2）书名及史料来源。

琉球被更名为冲绳县后，姚文栋仍然将书名定为《琉球地理志》。其因何在？姚文栋的好友张焕纶曾言："日人近更名琉球为冲绳，是编仍琉球之称。余知姚君之意将使日人读之幡然而悔，图我华人读之益长其兴废继绝之思也。岂不尚哉！"[②]这就说明姚文栋是在宣示坚持琉球独立的立场，揭露日本的侵略本质。

当时日本编纂的有关琉球的书籍虽多，但多为官方内部资料，不示外人。故而姚文栋想尽各种办法尽可能多地寻找史料，"予东来后，就修史馆新纂地书中摘译琉球一门，参以海军省《实测图说》，为《琉球小志》两卷。今见学校中幼童肄业之本，其说琉球地势亦为简明，因复译之，名曰《琉球说略》，以附于《小志》之后。其原书为文部省刊行本，亦日本官书也"。[③]姚文栋通过一些源出于日本官书的琉球资料来寻找史料依据，另外，他还参考了日本学者中根淑、大槻文彦、重野安绎等人的相关论著。因此《琉球地理志》的史料来源较为广泛。

（3）内容及价值。

《琉球地理志》的主要内容就是介绍琉球的地理形势，大多译自日本的相关资料。在书中，姚文栋撰写了一篇跋文，主要内容也是考证日琉关系史，并反驳日本学者的某些言论。在跋文中，姚文栋以日本史籍记载来批驳日本学者的不实言论。比如日本学者谎称琉球为日本皇室后裔，所以日本吞并琉球完全符合历史。而姚文栋则反驳称，日本史籍中也有记载日本为中国

---

① 王韬：《琉球向归日本辨》，王锡祺辑，《小方壶斋舆地丛钞》第十帙，台北：台湾学生书局，1975年，第473-476页。

② 张焕纶：《琉球地理志序》，载姚文栋编：《琉球地理小志》，清光绪九年刻本。

③ 姚文栋：《琉球说略·序》，《琉球地理小志》附录，清光绪九年刻本。

吴太伯之后的记载，如果中国出兵侵占日本，"试问日本臣庶之心服乎？否乎？今之琉球何以异是！"①姚文栋以史实为依据的论辩，充分驳斥了日本侵占琉球的借口。

《琉球地理志》还附录《琉球小志补遗》一卷，主要记载琉球北部一个小岛的历史和地理情况，而此岛在明朝万历年间就被日本侵占，当时不管是明朝还是琉球似乎都默认了这一事实。姚文栋对此有深刻的分析："彼始公然以琉球为附庸，中山之不祀忽诸，实噶矢于此。他日如议球案，要当并问此岛也。"②他是找到了日本侵占琉球的历史根源，也为将来清朝与日本交涉琉球问题提供了历史依据。

从《琉球地理志》的内容可以看出，姚文栋是想让这部书成为驻日使团与日本交涉琉球问题时的重要参考依据。最终该书也在1883年由驻日使馆刻印，成为当时出使人员了解琉球历史的重要资料。该书传回国内，也为清朝了解琉球发挥了重要的作用。该书是姚文栋编译的首部日本研究史籍，这也是他赴日之后积极了解日本情况的成果，同时显示其关心时务和编纂史书以经世的思想。

2. 《日本地理兵要》

（1）内容与资料来源。

《日本地理兵要》是姚文栋的一部翻译之作，全书共十卷，主要内容是记载日本的地理和军事，资料来源是日本的地学及军事学书籍。姚文栋自序称："日本近颇留意地学。立于官者，内务省有地理局，海军省有水路局；士民私立者，有东京地学协会。虽人才奋起，而著述未多。兹编系取陆军省军人所诵习之《兵要地理小志》，照译汉文，旁搜近人航海记载以附益之。又以沿海港湾、岛屿、礁岬等为海道要端，博考详稽，分条胪载。"③所以他从日本官、私两个层面搜集相关资料，最终完成《日本地理兵要》。

《日本地理兵要》共由总论、正文和附录三部分组成。总论是对日本的

① 姚文栋：《琉球地理小志·跋》，清光绪九年刻本。
② 姚文栋：《琉球地理小志补遗·识语》，清光绪九年刻本。
③ 姚文栋：《日本地理兵要·例言》，收入王宝平主编：《日本军事考察记》，上海：上海古籍出版社，2004年，第3页。

整体性介绍，包括地理、历史、环境、政治和军事等方面。正文分地区介绍日本各藩的具体地理和军事情况，主要翻译自《兵要地理小志》和《地志要略》等书。附录是对正文内容的补充，主要翻译自坂谷素《三府记》、古贺煜《海防臆测》、会泽安《论兵制》、柏原长繁《大日本环海航行记》、肝付兼行《能登水陆略记》、珸瑶瑁《水道图说》等文章。

（2）经世思想。

从《日本地理兵要》的内容可以看出，姚文栋编译此书的目的是帮助清朝深入了解日本地理和军事情况，为应对日本提供相关情报。特别是对于日本各藩沿海地区的军事防御设施、海港和岛屿的信息采集，都是比较重要的军事情报。《日本地理兵要》简直可以成为清朝进攻日本的情报参考，难怪有日本学者直接把姚文栋描述成"攻日论"者。①

在《日本地理兵要》成书之前，清朝确有如陈其元《日本近事记》、陆廷黻《东征日本》、张佩伦《密定东征之策》等进攻日本的言论，但这都是在日本出兵侵台的背景下产生的。而姚文栋编纂此书的背景已不局限于此，而是与其出使日本时的时局有关。当时朝鲜局势日益严峻，1879 年日本制造江华岛事件，1882 年又借朝鲜发生兵变之机而直接出兵干涉。作为清朝藩属国的朝鲜，一直牵动着清政府的神经，所以日本步步紧逼也使清朝十分紧张。中日双方为争夺朝鲜，都派兵进驻，剑拔弩张。出使日本的姚文栋观察到日本国内"海陆军人咸诵习内务省所颁之《清国兵要地理志》一书，吾地形彼军人固讲之有素矣"②的紧张备战情况，日本军方上下如此急于了解中国的地势地形，但是清朝却对日本的军事和地理情况知之甚少，这是非常不利的。于是姚文栋试图通过编译书籍为清朝提供相关情报，不仅要使清朝了解日本的军事和地理形势，还直接发挥其军事谋略，在该书中谋划了多条进攻日本的路线。

姚文栋编译《日本地理兵要》有着很强的实用目的，不仅详细记载日本的沿海地理形势和军事情况，还能直接谋划进军线路，充分反映出他强烈的

---

① 参见實藤惠秀：《明治日支文化交涉》，東京：光風館，1943 年，第 192-194 页。

② 姚文栋：《日本地理兵要·例言》，收入王宝平主编：《日本军事考察记》，上海：上海古籍出版社，2004年，第 3 页。

爱国思想和救国理想。他对《日本地理兵要》一书也有着很高的期望，曾希望："或请将此书印给外海水师各营，令其悉明梗概，则亦不无小裨。"①《日本地理兵要》确实引起清朝总理衙门的重视，1884 年交付同文馆刊印。

3.《日本国志》

姚文栋还试图从整体上对日本进行全面的研究，并拟定了《日本国志凡例》提出了编纂书籍的方案，但该书最终是否完成、是否刊刻等问题却备受争议。日本学者佐藤三郎《近代日中交涉史研究》认为，"不幸的是，迄今我仍未见到刊行出版的这部书。此书后来是否出版过，亦不得其详"②。近年来王宝平教授发现了此书的抄本，并进行了相关的研究。③应该说姚文栋是完成了《日本国志》的书稿，但是最终却没有刊刻，只是以抄本存世，也就是现在保存在南京图书馆的这部抄本。不过在《日本国志》成书后，还是有不少人见过此书，特别是日本学者还对此有很高的评价。

姚文栋在 1884 年完成《日本国志》的初稿，后来收入其《东槎杂著》中的《日本国志凡例》介绍了该书的编纂情况、引用书籍目录、参订人员等等情况。通过凡例可知该书按照日本的地域划分成 10 卷，每卷之下又细分 24门，分别记载该地区的历史沿革和现实各方面的情况。以往都认为该书是姚文栋研究日本的专著，但经过王宝平教授的仔细比对发现，《日本国志》"实非姚的研究著作，而是全文译自《日本地志提要》。与原书相勘，姚文栋删去了原书中的神社、佛寺、牧场、驿路、瀑布、温（矿）泉等项以及归属问题悬而未决的琉球卷（原书第 75 卷），并将原书的'户数''人口'二项合为'户口'一项"。④因此该书与姚文栋的《日本地理兵要》等书一样，主要都

---

① 姚文栋：《日本地理兵要·例言》，收入王宝平主编：《日本军事考察记》，上海：上海古籍出版社，2004年，第 3 页。

② 佐藤三郎：《近代日中交涉史研究》，徐静波、李建云译，上海：上海人民出版社，2013 年，第 8 页。

③ 按：《中国古籍善本书目·史部》（上）著录称："日本国志十卷，姚文栋撰，清光绪十四年姚文枬家抄本，姚文枬跋。"（上海：上海古籍出版社 1993 年版，第 1082 页）国内多数学者都称并未发现此书（如吴伟明：《姚文栋——一个被遗忘了的清末"日本通"》，《日本学刊》，1985 年第 2 期，第 55 页；盛邦和：《黄遵宪史学研究》，南京：江苏古籍出版社 1987 年版，第 117 页。）近年王宝平发现此书并对此作专门介绍（王宝平：《新发现的姚文栋的代表作——〈日本国志〉》，载（日本）《中国研究月报》，1999年 5 月号）。

④ 王宝平：《黄遵宪与姚文栋——〈日本国志〉中雷同现象考》，收入胡令远、徐静波编：《近代以来中日文化关系的回顾与展望》，上海：上海财经大学出版社，2000 年，第 230 页。

是翻译自日本的史籍而来。

姚文栋的《日本国志》所参照的《日本地志提要》是日本官方编纂的一部重要的地理方志类史籍，被认为是"日本地志的根本资料"①，是由日本政府组织一流学者完成的权威著作。内务省地理寮地志课是负责编纂《日本地志提要》的机构，著名地理学家塚本明毅负责总阅该书。该书编纂缘起于参加奥地利的世界博览会，因此比较仓促，该书从 1872 年 10 月开始编写，时距 1873 年世博会的开始不到 7 个月的时间。最终只花了 5 个月的时间就编纂完成，因此该书的质量也很难保证，在奥地利世博会上反响平平。于是在参加完世博会后，内务省地志课又组织人员进行了深入调研，最终在 1875 年修订全书，上呈天皇。上书中曾写到该书："绅绎传记，研参舆图，咨诹地方，剖疑纠谬，振饬曹员，分课责成。凡其所纂修，辨疆域、考形势、举风俗、论沿革，大则户口、贡租、县治、军镇，次则山岳、河渠、郡邑、邮驿，以及金矿、温泉、方物、土产，庞求博采，胪列具陈，以勒成一书，名曰《日本地志提要》，为卷凡七十有七。"②其中介绍了《日本地志提要》的编纂情况，既从原始典籍和记载中获取资料，又通过田野调查搜集材料，最终由编修人员分工合作而完成。全书 77 卷，内容包括日本各地的地理地势、风俗沿革、矿产资源、户口租赋等各方面的情况。经过全面修订的《日本地志提要》条理清晰、内容充实，代表当时日本地理研究的最高水平，而且在1881 年的意大利世界万国地学会获得特别奖，足以说明该书质量上乘。姚文栋编纂《日本国志》参考《日本地志提要》是抓住了日本地学的最重要著作，可以比较准确地了解日本地理等各方面情况。

姚文栋的《日本国志》虽然是编译之作，但还是受到很多日本学者的赞誉。如星野恒曾说："志梁从其公使来寓我邦多年，译我群地志书，集其大成。"③这说明日本学者了解《日本国志》是一部翻译之作，但仍认可姚文栋

---

① 内务省地理局编纂物刊行会编：《日本地誌提要·序》，東京：ゆまに書房，1985 年。

② 塚本明毅：《上日本地誌提要表》，收入《日本地誌提要》，東京：ゆまに書房，1985 年，第 1 册，第 5-6 頁。

③ 星野恒：《跋日本志稿》，收入《海外同人集》卷上，载王宝平主编：《中日诗文交流集》，上海：上海古籍出版社，2004 年，第 77 页。

工作的价值。星野恒认为姚文栋编译《日本国志》可以使清朝人阅读之后对日本有全新的认识，而且反驳有人指责姚文栋为何不自己创作的言论，他说："以外人而记寓邦之事，非有所因，何得无误。若使志梁唾弃一切自创新奇，必将贻杜撰之讥，岂能传信于后耶！"①这种评价符合当时实际情况。日本学者川口罿对《日本国志》也有较高的评价，并将其与魏源的《海国图志》相比较，但最终还是认为姚文栋的《日本国志》更胜一筹。川口罿认为："姚君志梁成《日本国志》若干卷，盖遍搜我邦人撰著集其大成，犹魏默深之于《海国图志》也。然默深身未尝出禹域，其所志非其所践，网罗虽密，采择未精，恐未足为一部完书也。志梁则久客于我邦，足迹殆遍通邑大都，又亲与我学士大夫交，于内地形势瞭若指掌。斯编之翔实，可以征信于后，岂《海国图志》之比哉！"②这里充分肯定姚文栋亲自在日本调查研究的功绩，不仅广搜各种典籍，而且与日本学者进行了深入交流，这样通过实地调查而进行的日本研究，即使是编译的作品也具有较高价值，也难怪日本学者都称《日本国志》为集大成之作。

　　总之，姚文栋在使日期间尽力搜集日本资料，专心于对日研究工作，编译了大量史籍，为清朝了解真实的日本情况做出了贡献。由于时间短暂和急迫性，所以姚文栋主要采取翻译日本史籍的方法来完成资料编纂，如果时间从容的话，姚文栋应该可以完成自己对日本研究的专门性著作。正如日本学者佐藤三郎所言，姚文栋"计划对日本进行综合性的研究"。③我们从姚文栋自拟的《东槎二十二种目录》也可以看出，他有着对日本的政治、地理、军事、矿藏、文学等几乎所有的方面进行全面而系统的研究计划。1887年，姚文栋跟随外交大臣洪钧出使欧洲，因而结束了对日研究工作。姚文栋编译的日本研究史籍，对于清朝了解日本发挥了重要的作用，在中国的日本研究史上占据重要位置。

① 星野恒：《跋日本志稿》，收入《海外同人集》卷上，载王宝平主编：《中日诗文交流集》，上海：上海古籍出版社，2004年，第78页。

② 川口罿：《日本志稿·前题》，收入《海外同人集》卷上，载王宝平主编：《中日诗文交流集》，上海：上海古籍出版社，2004年，第78页。

③ 佐藤三郎：《近代日中交涉史研究》，徐静波、李建云译，上海：上海人民出版社，2013年，第7页。

二、陈家麟编纂的《东槎闻见录》

陈家麟是清朝第三任驻日公使徐承祖使团的随员,与姚文栋有过交集,他在出使期间也对日本进行了深入细致的调查和研究,并编纂完成《东槎闻见录》。

陈家麟 1884 年出使日本,经过两年左右的观察和研究后,在 1886 年初开始着手编纂《东槎闻见录》,历时 10 个月成书,书成后不久即离任回国。可以说,陈家麟在出使期间最大的功绩就是完成了《东槎闻见录》,该书最终也由驻日使馆刊印发行。

在内容上,《东槎闻见录》由总论 1 篇、正文 4 卷、附录地图 1 幅组成。总论是全书的卷首,主要综述中日关系的发展变迁。附录地图乃王肇鋐所作《日本四大岛全图》,四大岛即本州、四国、九州和北海道。正文四卷由 59 项条目组成分别介绍了日本多方面的情况。其分卷和条目情况如表 5-1 所示:

表 5-1 《东槎闻见录》正文内容条目列表

卷数	条目
卷一	经纬、历算、气候、时刻、疆域、形势、山川、田地、建置、都会、户口、社寺、车船、桥梁、物产、名胜、古迹、官署考
卷二	帝统、诸侯世系、政治、官制、刑罚、学校、文字、书籍、逸书、史家、古文家、诗家、画家、医家
卷三	钱币、国债、赋税、银行、矿山、兵制、炮台、台标、制造(机器附)、铁道、电线、邮便、通商
卷四	姓氏、时令、风俗、宫室、街市、饮食、服饰、婚姻、丧葬、人物、艺事、流寓(僧附)、游览、杂载

从条目来看,第一卷主要记载日本的地理情况,第二卷记载政治和文化,第三卷记载经济和军事,第四卷记载民众风俗和社会生活,基本涵盖了日本各个方面的情况。

《东槎闻见录》在编纂方法和思想上也很有特点。首先,陈家麟在编纂过程中坚持客观审慎和严谨求实的治学态度。对于书中记载的内容陈家麟都经过审慎的选择,"是编均就闻见者列入,其未经闻见仅凭臆度者一概不录。"[1]这种严谨的态度保证了该书的质量,获取资料不是通过臆度传闻,而是亲闻亲见。正如傅云龙所言,该书"不闻不见则不一录,此汉学家实事求

---

① 陈家麟:《东槎闻见录·凡例》,清光绪十三年(1887)铅印本,第 2 页。

是意也。"①这里体现的也正是清朝汉学家治学崇尚的实学风气。在《东槎闻见录》书中的具体内容记载上，陈家麟落笔非常谨慎，对于考证不清的问题他会实事求是的列明。如在该书中记录日本的地理位置时就写到："兹特参《海军测量图》，将经纬分为四分，以醒阅者之目。其无实测处则加一'约'字，以待考，或不至差毫厘缪千里矣。"②这处记载就很鲜明地体现了陈家麟治史的严谨性，对于没有经过实测的数据，他通过一个"约"来提醒读者该处存疑待考，同时也体现出《东槎闻见录》在记载事实上的科学性。

其次，《东槎闻见录》体现出陈家麟广泛征引资料而不没他人之功的编纂特点。《东槎闻见录》参考了大量的日本和中国方面的相关资料，仅在凡例中列举的书籍就有 50 余种，其中既有日本地志学的权威著作《日本地志提要》，又有各种史籍和统计图表等，还有一些中国人的日本见闻录等书籍。而且难能可贵的是，陈家麟在《东槎闻见录》中凡是引用其他的书籍资料的地方，都会特别加以小注说明，他在凡例中自称这种作法是："藉以征信，不敢掠人之美"。③虽然是以此来证明书中记载的可信，但其中也蕴含着不埋没他人之功、不掠他人之美的治学态度。

第三，《东槎闻见录》还体现了陈家麟对于日本明治维新的鲜明观点。日本学者佐藤三郎曾评价《东槎闻见录》："这部书并不只是限于客观的叙述，书中随处可见作者的论评批点，而其态度是比较公允的。"④陈家麟在该书的总论中提出了他对日本明治维新的总体看法，他写道："所更革者若干事，所讲求者若干条。立学校、整矿物、开铁道、设银行，以及机器、电线、桥梁、水道、农务、商务各事，此利政也。易服色、废汉学、改刑罚、造纸币、加赋税，以及用人、宫室、饮食、跳舞之属，此弊政也。"⑤这是比较客观公允的评价态度，既不像一些清朝敌视日本的人士那样进行全盘否定，也没有一概肯定，站在比较客观的立场上，实事求是地评价明治维新的各种优缺点。陈家麟充分肯定日本学习西方先进的技术给国家带来的变革，

① 傅云龙：《东槎闻见录·叙》，载《东槎闻见录》卷首，清光绪十三年（1887）铅印本，第 1 页。
② 陈家麟：《东槎闻见录》卷 1《经纬》，清光绪十三年（1887）铅印本，第 1 页。
③ 陈家麟：《东槎闻见录·凡例》，清光绪十三年（1887）铅印本，第 2 页。
④ 佐藤三郎：《近代日中交涉史研究》，徐静波、李建云译，上海：上海人民出版社，2013 年，第 9 页。
⑤ 陈家麟：《东槎闻见录·总论》，清光绪十三年（1887）铅印本，第 2 页。

但也不赞成改变原来的一些风俗和传统。在正文中，陈家麟批评日本改革所带来的内乱和经济问题。①当然陈家麟的观点，还是深受清朝传统士大夫阶层的影响，他们不能接受动摇国本的根本性变革，更不愿意接受改变传统风俗习惯和彻底西化的生活方式。他们支持学习西方的先进技术，从而实现国富民强的目标。这与当时清朝的实际状况有关，为了求强求富，清朝的洋务运动正如火如荼，所以学习西方先进技术是必然的选择。但是他们对传统又念念不忘，甚至一些出使日本的公使团成员还有请假回国参加科举考试者。受这种思想的影响，陈家麟对于明治维新的一些经济方面的改革进行了充分的肯定，在《东槎闻见录》中所费笔墨也最多。

三、王肇鋐编修《日本环海险要图志》

王肇鋐与陈家麟是同门关系，都师从于曾任江苏学政的林天龄。王肇鋐的另一同门徐明远也曾出使日本，并有志于开展日本研究，"余尝欲集同志数人纂《日本通志》一书，以到此未满两年，征文考献，犹有未周，载籍虽博，半皆其国之方言文字，非假以岁月翻译不为功，逡巡者久之"②。徐明远所言"同志数人"或许就包括他的同门王肇鋐和陈家麟，可见当时这些驻日使馆的随员是有志向编纂一部日本通史的。

1. 《日本环海险要图志》的编纂情况

王肇鋐于 1885 年赴日，此时陈家麟正在清朝驻日使馆任职，也为王肇鋐的日本考察提供了很多便利。王肇鋐在日本逗留了约两年时间，主要工作就是编纂《日本环海险要图志》，该书主要实地考察日本的地理形势，特别是沿海地区的地形。

王肇鋐自述该书是"博采各种沿海实测、图录，两逾寒暑，译辑成书，名之曰《日本环海险要图志》，俾航海者有所凭依"③。可知该书主要是结合王肇鋐对日本沿海的亲自调查以及相关的日本图表资料等而编纂，基本是一

① 陈家麟：《东槎闻见录》卷 2《政治》，清光绪十三年（1887）铅印本，第 12 页。
② 徐明远：《东槎闻见录·叙》，载《东槎闻见录》书前，清光绪十三年（1887）铅印本，第 6 页。
③ 王肇鋐：《日本全国海岸图·附识》，载王肇鋐：《日本环海险要图志》，国家图书馆藏清抄本。

部提供军事情报类的书籍。虽然王肇鋐自称是提供"航海者"使用，但其军事目的非常明显。所以在1890年清政府决定派遣王肇鋐再次赴日，名义上是驻日公使黎庶昌的随员，实际上主要从事《日本环海险要图志》的修订工作。因为该书在1887年初稿完成时，"先将总图付铜镌，以公诸世。欲览东国形势者，亦足识其大概。至其余各分图，惟望当道巨公采访实事者，有以成之，则幸甚"[1]。该书当时还很不完备，不仅图表数据截止于1886年，而且由于缺乏刊刻的资金，抄写又十分不易，所以舍弃了很多图表。清政府在中日关系日益紧张的时局下，必然让王肇鋐做继续深入的研究，所以王肇鋐连任黎庶昌和李经方两届驻日公使团的随员。

在经过两年多的修订后，20卷本的《日本环海险要图志》终告完成，不仅增加了8卷篇幅，而且图表数据资料信息都更新到该书完成之时。该书的各卷内容可参看表5-2：

表5-2 《日本环海险要图志》分卷内容表

卷数	内容
第1卷	总叙环海全岸形势、天时、风信、潮流、海流、经纬度表、航海法
第2-5卷	叙九州海岸
第6卷	叙九州、四国间之丰后水道
第7卷	叙四国南海岸
第8卷	叙四国中土间之纪伊水道
第9-13卷	叙中土各海岸
第14-16卷	叙在中土、四国、九州间之日本内海
第17卷	叙北海道及千岛列岛
第18卷	叙豆南诸岛
第19卷	叙州南诸岛
第20卷	叙琉球并属岛

从上表也可以看出，《日本环海险要图志》的内容主要包括沿海各地的地理地形以及洋流和航行之法等，而且分卷思路比较清晰，按照四大岛地理位置和沿海区域有序记载。如果联想到上文所提姚文栋《日本地理兵要》，不难想

---

[1] 王肇鋐：《日本全国海岸图·附识》，载王肇鋐：《日本环海险要图志》，国家图书馆藏清抄本。

见清朝驻日使馆人员所编纂的这些日本研究史籍具有很强的军事情报价值。

2. 《日本环海险要图志》的特点与价值

首先，《日本环海险要图志》广泛吸收日本资料，力求权威、准确。王肇鋐编纂《日本环海险要图志》的方法与姚文栋等人有一定的相似性，都是在大量搜集日本相关图籍资料的基础上，经过一定的翻译和加工。王肇鋐搜集的资料主要包括两个方面，一是日本的地志类资料，二是各种地图和测量图。前者参考的资料有："《日本寰瀛水路志》《东京府地志》《京都府沿海志》《神奈川县沿海志》《和歌山县沿海志》《爱知县沿海志》《大分县沿海志》《山形县沿海志》《日本地学辞书》《日本地志提要》。"①后者参考的资料有："文部省《日本全图》、内务省《府县分辖图》，又《日本全图》、《海道航线图》、松本氏《里程测量图》、伊能忠敬《日本实测图》，以及近时测量部辑制二十万分之一地图百余幅，又二万分〔之〕一地形图若干幅，海军省实测海图一百四十余幅，英海军海图若干幅。"②

我们通过分析王肇鋐所引据的这些资料可以发现，王肇鋐在选取资料上是比较有眼光的。其中的地志资料多是由日本官方组织编纂的，如《日本地志提要》就是日本内务省地志课组织专人编修的代表当时地理研究最高水准的著作，其他参考各府、都、县的沿海志也都是地方的权威之作。王肇鋐参考的地图也都是日本文部省经过实地测量而绘制的，具有较高的准确度和权威性，甚至还包括日本海军和英国海军所测绘的多幅海图，足以说明引据材料之价值。王宝平教授曾对王肇鋐所引据的这些资料进行过系统的研究，发现确实是当时最权威和最高水准的成果。③由于参考了如此有价值的资料，所以才能保证《日本环海险要图志》的水准和质量。但稍有遗憾的是，这些资料并未完全体现在《日本环海险要图志》的书中，其原因是"惟此次虽增辑大备，而目中所列之图非尠，尚未请有经费开刻，故有志而无图。"④众所周知，刊刻书籍最难的就是地图，在当时的情况和技术条件下，王肇鋐只能

① 王肇鋐：《日本环海险要图志·凡例》，国家图书馆藏清抄本。
② 王肇鋐：《日本环海险要图志·凡例》，国家图书馆藏清抄本。
③ 参见王宝平：《清代中日学术交流的研究》，东京：汲古书院，2005年，第274-279页。
④ 王肇鋐：《日本环海险要图志·凡例》，国家图书馆藏清抄本。

舍弃部分的地图资料。

其次，图表结合是《日本环海险要图志》一书最显著的特点。图表最重要的作用就是可以使内容一目了然，与文字内容相互配合，使得史书内容更加丰富。王肇鋐在《日本环海险要图志》中就充分发挥图表的作用，在书中绘制了大量的表格，使得该书记载的内容更加形象具体。特别是地图的运用，更加准确地反映了日本沿海的实际情况。"地理非图不明，非实测者不精，山川形势未可妄意伸缩也。"①这是王肇鋐对该书图表的一种解释，也是对本书质量的一种要求，力求做到图表数据的真实准确。该书开头就有一幅《日本全国海岸图》，是运用经纬度技术进行精确编绘的地图，对于准确知道日本沿海各地的问题和海岸线的详细状况具有重要的作用。王肇鋐还学习日本的地图制作技术，采用铜板镌刻的方法，追求比例尺数据的精确，以及地图各标线的准确。王肇鋐的地图制作技术非常先进，而且还帮助过驻日使馆的陈家麟在其著作中绘制日本的四大岛图。

第三，《日本环海险要图志》体现王肇鋐鲜明的致用思想。王肇鋐的治学特点中有着明确的经世致用思想，非常重视舆地之学，强调学以致用，特别是在内忧外患的时局下，他更加关心用学术来为国家服务。"鋐一介诸生，痛先人之赍志以终也。思为有用之学以继先志，遂东游日本。自揣不文，惟于舆地为性之近。但孤寒无力，提挈无人，薄游三载，始尽得其沿海各岛险要。有未备者，更辗转求诸彼国海军署中，成书十二卷，于口岸形势纤悉毕载。"②从王肇鋐的这段话中，我们可以感受到他那种致力于"有用"之学的抱负，所以他编纂《日本环海险要图志》就有着明确的致用目的，是为清政府了解日本地势地形和沿海航路所服务的。最开始的调查研究，王肇鋐几乎就是个人行为，其困难可以想见。幸好后来得到总理衙门支持，随清朝驻日使团再次赴日，既有了经费的支持，也有了工作的名分。在第二次赴日期间，王肇鋐充分利用有利条件，进行了大量细致的调查工作，增订了《日本环海险要图志》一书。"此书专考海岸岬湾之凸凹状势、岛屿礁滩之大小位置、航海锚地之深浅、底质潮汐之迟速、渡航之方向、入港避险之准

---

① 王肇鋐：《日本全国海岸图·附识》，载王肇鋐：《日本环海险要图志》，国家图书馆藏清抄本。
② 王肇鋐：《铜刻小记·自序》，转引自王宝平：《清代中日学術交流の研究》，第269页。

标。因日本四面环海，得其门则攻守皆便，失其门则攻守皆难，故首以其沿海形势考察焉。"①

总之，清朝驻日使馆的很多随员在正常的出使任务之外，大多都进行着日本研究的工作，他们或关注日本的地理情况，或关注明治维新改革措施，或关注日本的经济和商业，或关注日本沿海军事情况，通过实地调研得出了较为全面的认识，最终编纂完成了一批高质量的日本研究史籍。虽然他们大多采用翻译日本书籍和资料的方式，但是皆经过作者的编排和加工，渗透了一定的研究想法。这些日本研究史籍大多经过驻日使馆或者总理衙门的刊行，为清政府了解和研究日本，以及制定对日政策都提供了参考价值。从中国的日本研究史的角度来看，他们的研究更加接近日本的实际，他们的经世致用目的也更加鲜明，成为中国在日本研究史上的一股新潮流。

第二节　游历使编纂的日本研究史籍

为了解海外诸国、特别是西洋各国在军事、经济等领域的新情况，清政府在 1887 年派遣了 12 位海外游历使出国考察。游历使把考察情况以报告或著书形式，呈送朝廷，作为决策参考。其中，傅云龙和顾厚焜分别完成了《游历日本图经》和《日本新政考》。②

---

① 王肇鋐：《日本环海险要图志·凡例》，国家图书馆藏清抄本。

② 按：中日两国学者已有不少围绕游历使的研究成果，但是多偏重于傅云龙的研究，对顾厚焜的关注较少。这些成果参见王晓秋：《傅云龙〈游历日本图经〉初探》，《北京大学学报》（日本中心十周年特辑）1998 年 6 月；王晓秋：《晚清中国人走向世界的一次盛举——1887 年海外游历使初探》，《北京大学学报》2001 年第 3 期；王晓秋：《近代中日启示录》（北京：北京出版社，1987 年）、《近代中日文化交流史》（北京：中华书局，2000 年）、《近代中国与世界：互动与比较》（北京：紫禁城出版社，2003 年）、《晚清中国人走向世界的一次盛举：1887 年海外游历使研究》（与杨纪国合著，大连：辽宁师范大学出版社，2004 年）、《近代中国与日本：互动与影响》（北京：昆仑出版社，2005 年）等著作中的相关章节。熊达云：《近代中国官民の日本视察》（东京：成文堂，1998 年）；王宝平：《傅云龙及其〈游历日本图经〉考》（傅云龙著、王宝平整理：《游历日本图经》前言，上海：上海古籍出版社，2003 年）、王宝平：《傅云龙〈游历日本图经〉征引文献考》，《浙江工商大学学报》2008 年第 2 期；张群：《傅云龙其人及其著述》，《河南图书馆学刊》2005 年第 5 期；黄淑莲：《傅云龙和他的〈游历图经〉》，《兰台世界》2008 年第 10 期；佐藤三郎：《近代日中交涉史の研究》，东京：吉川弘文馆，1984 年、佐々木扬：《清末中国における日本観と西洋観》，东京：东京大学出版会，2000 年。

一、傅云龙《游历日本图经》

傅云龙（1840—1901），字懋元，浙江德清人。傅云龙经史和金石之学积累颇厚，从担任潼川知府的幕僚开始参与政事，1879 年参与修纂《顺天府志》。1887 年傅云龙参加清政府组织的游历使考试，并通过考选，赴海外游历，后从事洋务，在北洋机器局和海军衙门供职。傅云龙除了海外游历和洋务之外，还完成大量的著述，张之洞称赞其"所著书不下亿兆余言，要皆经天纬地之学，上谟廊庙，下裨苍生，赫赫明明，昭示万代。政治严而待士恩，服用俭而取与义，簿书繁而句稽捷。事所当为，虽众嫉谣诼，莫或顾误"①。

1. 日本游历与史籍编纂

傅云龙能够赴日本游历，主要得益于清政府在 1887 年组织的这次选拔考试。此次游历使选拔考试在同文馆举行，并且由总理衙门大臣曾纪泽亲自主持。与科举取士不同，游历使考试主要重视外交和洋务方面才能，所以从出题到阅卷都由熟悉外交和洋务的曾纪泽全权负责。②经过层层选拔，傅云龙荣登榜首，经光绪帝钦点，和顾厚焜等人组成 12 人海外游历使团。总理衙门将 12 人分五组，分别派遣考察不同的国家。傅云龙和顾厚焜同在一组，被派往日本、美国、秘鲁、巴西、古巴和加拿大 6 国进行考察。

1887 年 11 月，傅云龙等从上海出发，踏上了海外之旅。第一站为日本，一行人在长崎登陆。在长崎官方的安排下，傅云龙等人参观了长崎的监狱、学校、造船厂、矿场等。抵达东京后，傅云龙等详细考察了各类学校、新式工厂、炮兵工厂等；拜访日本政要，参观了政府部门，并且还遍访图书机构，搜求各类中日古籍。两个月后，前往日本各府县进行深入调查，参观的重点还是各类学校、新式工厂和军事设施。返回东京后，又对东京进行了大约两个月的考察，然后在 1888 年离开日本，结束了在日本长达半年的游历

---

① 张之洞：《诰授荣禄大夫懋元观察六十双寿叙》，浙江图书馆善本书库藏傅云龙资料。转引自张群：《傅云龙其人及其著述》，《河南图书馆学刊》2005 年第 5 期，第 80 页。

② 参见曾纪泽：《曾纪泽日记》，长沙：岳麓书社，1998 年，第 1597 页。

考察活动。[①]

在对日本的游历考察过程中，傅云龙边观察边记录，并酝酿了自己的考察报告，即为人熟知的《游历日本图经》。不过在离开日本之前，他只完成了该书的前 10 卷。当傅云龙结束了对美洲诸国的考察后，于 1889 年 5 月重返日本，进行了大约 5 个月的考察，最终完成了 30 卷本的《游历日本图经》。

《游历日本图经》是经过作者前后长达一年时间的调研和思考完成的日本研究史籍。该书内容共包括 15 个大的部类[②]，其下又细分为 183 个子目，内容涵盖了日本的天文地理、政治、经济、文化、外交、军事和社会生活等。虽然傅云龙游历的主要任务是考察洋务，但他却对日本做了较为全方位的研究，形成了《游历日本图经》这部近似百科全书式的著作。

2. 《游历日本图经》的研究特点

傅云龙编纂《游历日本图经》虽然是为完成游历使工作所编纂的著述，但却在编纂方法和研究特点上与其他的游历考察报告有很大不同，是一部有代表性的日本研究史籍。

（1）立足实地调研，重视一手资料。

从游历使的身份来讲，傅云龙是清政府派出的考察人员，所以到达日本之后得到了清朝驻日公使的各种帮助，而且日本政府也给予了多方关照，使得傅云龙一行能够深入到日本社会和政府机关进行调研。从傅云龙在该书中所引用的大量资料和数据就可以看出，他是经过了认真实地考察和搜集资料后完成的《游历日本图经》。傅云龙在其日记中记录了搜集资料的情况："游书肆，搜海图，得《瀛寰水陆志》诸书。厥直昂甚，归证所闻，不觉夜半，眼脂四起。"[③]可见傅云龙为了搜集资料不遗余力，并且编纂《游历日本图经》也是焚膏继晷、夜以继日，其中的辛苦自不待言。从他的日记中我们可

---

① 傅云龙一行在日本的考察日程安排可参见傅云龙：《游历日本图经余纪前编》，收入傅云龙著，傅训成整理：《傅云龙日记》，杭州：浙江古籍出版社，2005 年，第 66-118 页。

② 按：《游历日本图经》30 卷的 14 个部类具体情况为：《天文》（1 卷）、《地理》（5 卷）、《河渠志》（2 卷）、《国纪》（1 卷）、《风俗》（1 卷）、《食货》（4 卷）、《考工》（1 卷）、《兵制》（1 卷）、《职官》（1 卷）、《外交》（1 卷）、《政事》（1 卷）、《文学》（2 卷）、《艺文志》（2 卷）、《金石志》（5 卷）、《文微》（1 卷）、《叙例》（1 卷）。

③ 傅云龙：《游历日本图经余纪前编》，收入傅云龙著，傅训成整理：《傅云龙日记》，杭州：浙江古籍出版社，2005 年，第 109 页。

以看到傅云龙在日本期间几乎每天都要外出调研和查找资料，而晚上则根据资料来编纂著述。傅云龙在日本每发现新资料，即修订已写好的内容，力求保证该书的准确严谨。可以说，《游历日本图经》是傅云龙完全立足于在日本的实地调研和大量搜集一手资料的基础上编纂完成的，该书的研究水平和内容质量都在当时的同类著作中居于前列。

另外，《游历日本图经》中还保留了当时日本情况的许多原始资料。因为当时傅云龙在日本考察和编纂此书的时间并不算太长，考察任务又非常繁重，所以有些资料几乎是没有经过加工就直接写进了《游历日本图经》。王宝平教授曾经对傅云龙编纂《游历日本图经》所征引的文献进行过细致的考证，发现很多都引自日本当时的权威著述，而这些论著也是通过《游历日本图经》首次引入中国，具有较高的价值和学术影响。[1]傅云龙也对自己引用日本资料的做法进行了解释："文不必己出，惟其是而已，间录异说，劝惩交资意也。据事直书，公是非于天下也，不捐细大，未有不博而能约者也。"[2]这也是当时驻日使馆人员编纂日本研究史籍时普遍采用的一种做法，为了更便捷地了解日本，只能在广泛博采的情况下去纂集史书，所以难免会采用"拿来主义"的办法。

（2）编纂大量图表，较多开创之功。

《游历日本图经》全方位记载了日本各个方面的内容，从体例上来看比较类似于中国纪传体史书中"志"的作法，与典志体史书更为接近。中国史家曾经感叹"修史之难无出于志"，而"志"的难点是图和表。傅云龙在《游历日本图经》中综合运用了大量图表，这是非常耗费精力和不易操作的。在清朝驻日使馆人员的日本研究史籍中图表的比重并不大。如王肇鋐的《日本环海险要图志》中很多地图都因刻印和抄写难度太大，而最终不得不舍弃。清代日本研究最具影响力的著作——黄遵宪《日本国志》中也没有地图。傅云龙在《游历日本图经》中是绘制了大量的日本地图，在该书的《地理志》中就收录了日本总图一幅和各地方分图 46 幅。仅从地图的数量上来看，《游历日本图经》在当时同类著作中也是独一无二。通过大量的地图，

---

① 参见王宝平：《傅云龙〈游历日本图经〉征引文献考》，《浙江工商大学学报》2008 年第 2 期，第 71-76 页。

② 傅云龙著、王宝平整理：《游历日本图经》卷 30《凡例》，上海：上海古籍出版社，2003 年，第 608 页。

再配以文字内容的说明，可以使读者清晰了解日本地理的全貌。《游历日本图经》对清人的日本地理认识和研究水平的提高有很大帮助。

大量运用表格也是《游历日本图经》的编纂特点和优点之一。史书中运用表格主要是起到纲目清晰的作用，很多不易用文字表达的内容却可以通过表格清楚的展现在读者面前。比如通过设置表格来展现日本河流水道全貌，正如傅云龙所言，"日本河渠，巨细一千有奇，厥名有同有异。今著异名，庶其同名易捡乎！第著巨流之异名，其细已见水道，非漏也。以水道为纲，领即以分，合为条目，举所径国，其府若县若厅不烦更赘矣。"①通过设置不同的表格栏目，可以清楚地展现日本河流的历史和实际流向等问题，也提高了《游历日本图经》的编纂质量。

《金石志》属于新开创的内容。金石之学是中国的传统学术门类，清代的金石学更是发展到了一个非常高的水平。但是对于日本金石学的研究，清朝学者却很少涉及。傅云龙通过他在日本的实地考察，在《游历日本图经》中编纂了 5 卷《金石志》，记载了日本金石学方面的成就，而且难能可贵的是附录了大量的日本金石文的图片，为推动日本金石学的研究发挥了重大作用。傅云龙的这种开创性的工作，得到了日本的中国研究学家内藤湖南和神田喜一郎的大力称赞。②

（3）超越考察报告的修史事业，展示傅云龙的史家"三长"。

完成考察报告是游历使的"规定动作"，而纂修日本研究史籍则是傅云龙完成的"自选动作"。傅云龙的日本游历之行共完成了两部作品——《游历图经》和《游历日本图经余纪》，二者记载的侧重不同，但都是围绕考察而作。"昼游夜记，既揭全体之大要入于《图经》，复探致远之知著于《余纪》，而不欲以浮闻杂，并不敢以肤词饰。"③根据傅云龙的这段解释可知

---

① 傅云龙著、王宝平整理：《游历日本图经》卷 8《河渠志二·水道分合表》，上海：上海古籍出版社，2003 年，第 174 页。

② 参见内藤湖南：《中国史学史》，马彪译，上海：上海古籍出版社，2008 年，第 337 页。王宝平：《傅云龙及其〈游历日本图经〉考》，载傅云龙著、王宝平整理：《游历日本图经》前言，上海：上海古籍出版社，2003 年，第 7 页。

③ 傅云龙：《游历图经余纪叙例》，收入傅云龙著，傅训成整理：《傅云龙日记》，杭州：浙江古籍出版社，2005 年，第 275 页。

《余纪》是纪实性考察报告汇报给总理衙门，而《图经》则是对日本全面研究基础上的史学著述。

傅云龙纂修日本研究史籍的设想与其密切接触的几位学者相关，他曾在游历日本之前拜访了姚文栋[①]，而姚文栋就曾有编纂日本通史的计划，并且还编译了大量日本研究史籍。根据傅云龙的日记可知，他和姚文栋会谈之后就开始筹划《游历日本图经》一书，可以推测傅云龙的研究在一定程度上受到了姚文栋的启发。在日期间，傅云龙还与当时出使日本的陈家麟、徐承礼、王肇鋐等人有过密切的交流，并且得知他们都在进行日本研究史籍的编纂，傅云龙还为陈家麟的《东槎闻见录》作序言。[②]这些信息都为傅云龙的著述工作提供了帮助，所以他决定不仅仅要完成日本游历的考察报告，还应当纂修一部日本研究史书作为自己学术追求的目标。

《游历日本图经》成书后，傅云龙将其交予清代著名学者俞樾审阅，并向其索序。俞樾欣然作序，其文曰："往年曾应彼国人之请，选东瀛诗，凡四十卷，盛行于其国。又有请为彼国修史者，则谢之曰：'史各有职，余中朝旧史官不能越竟〔境〕而谋也。'然《海外东经》、《大荒东经》已见于《山海经》，则日本之壤地、品物未始不为大禹、伯夷所甄录矣。后世疆域益辟，见闻益广，如宋赵汝适之《诸蕃志》、元汪大渊之《岛夷志略》皆于海外诸国纪载成书。然则为彼国修史固不可，而于舆地广记方舆胜览之外旁及遐陬，亦博览者所有取也。"[③]俞樾是清末考据大家，在日本学者中亦颇受推重。据上述序文，他曾应邀为日本编选诗歌，但是对于请其修史的邀请则婉言谢绝，因为他认为史官职责只为本国修史，史家可以为外国情况记载成书，但为其修史则是不能接受的；外国情况很难了解全面，修纂难度很大。但当俞樾看了《游历日本图经》后，认定这是比较成功地为外国修史的例子，并赞道："其书自天文、地理、世系、风俗、兵制、官制、艺文、金石无不备载，纲举目张如实诸

① 傅云龙：《游历日本图经余纪前编》，收入傅云龙著，傅训成整理：《傅云龙日记》，杭州：浙江古籍出版社，2005年，第74页。

② 参见傅云龙：《东槎闻见录·叙》，载《东槎闻见录》卷首，清光绪十三年（1887）铅印本，第1页。

③ 俞樾：《傅懋元日本图经序》，载傅云龙著、王宝平整理：《游历日本图经》，上海：上海古籍出版社，2003年，第3-4页。

掌，非兼史家之三长不足以与此。"①俞樾认为傅云龙是兼具了史家"才、学、识"三长，所以才能纂修出如此高质量的他国史书。

曾担任驻日公使的黎庶昌，不仅在傅云龙游历日本期间提供了各种协助，而且看到《游历日本图经》后也是大加称赞，并且为其写序和联系出版。黎庶昌在跋文中写道："余虽不敢谓东倭事迹遂以囊括无遗，而巨细精粗、条理灿秩，亦极著书之能矣。夫游历官事也，懋元不肯视为官事，直以千秋著书之业寓乎其间，宜其成书之既详且远也。推是心以治天下事，则亦何适而不办哉！"②作为驻日公使，黎庶昌对于傅云龙的日本研究给予了相当肯定，并且肯定了其修史之功。黎庶昌认为，傅云龙的工作已经超出了游历使的考察任务，而是提高到修史事业的高度去完成日本研究史籍，是真正能够留名后世的千秋功业。

总之，《游历日本图经》内容全面、体例完善、质量上乘，是体现史家"三长"的史学名著。正如王宝平教授所言，"在甲午以前，《图经》独领风骚，代表了中国日本研究的最高水准。它与日后问世的《日本国志》一起，堪称晚清日本研究著作的双璧"③。

二、顾厚焜及其《日本新政考》

顾厚焜，字子逸，江苏元和人，生于 1854 年，卒年不详。顾厚焜于光绪九年（1883）考中进士，选任候补知县，后任刑部学习主事。他和傅云龙一同参加了清政府 1887 年举行的游历使考试，并以第三名的成绩通过考试。顾厚焜的游历轨迹与傅云龙同步，不过他考察的内容多为政治和地理方面，对所考察的六国都有相关考察报告完成。其中在日本的考察报告编纂成《日本新政考》，先在日本出版了聚珍本，后在国内又由慎记书庄发

---

① 俞樾：《傅懋元日本图经序》，载傅云龙著、王宝平整理：《游历日本图经》，上海：上海古籍出版社，2003 年，第 4 页。

② 黎庶昌：《日本图经跋》，载傅云龙著、王宝平整理：《游历日本图经》，上海：上海古籍出版社，2003 年，第 609 页。

③ 王宝平：《傅云龙及其〈游历日本图经〉考》，载傅云龙著、王宝平整理：《游历日本图经》前言，上海：上海古籍出版社，2003 年，第 6 页。

行过石印本。

与傅云龙的《游历日本图经》相比，顾厚焜《日本新政考》部帙较小，仅有两卷。顾厚焜将全书分成 9 大部类，其下又细分为 73 个小目，分别记载了日本明治维新以来的政治、经济和军事方面情况。《日本新政考》具有以下特点：

1. 重点考察新政，关注现实变化

顾厚焜《日本新政考》主要关注现实问题，重点记载日本明治维新以来的新政措施，以及在政治、经济和军事方面的新变化。正如其书名一样，该书重点记录的是"新政"，而不是日本的过往历史，这也是清代日本研究史籍中第一次以"新政"标记题名。正如该书凡例所言，"是编专言日本新政，故从前事迹不及详志。"①这也反映了游历使的首要考察任务。在整部书中，除了《世系考》涉及日本古代天皇事迹外，一概都是明治维新以后的情况。从《日本新政考》所引用资料来看，基本都是明治维新以后的各种数据资料，这与顾厚焜在日本考察的内容密切相关。当时顾厚焜在日本内地主要考察"学校、商务、军制、制造工作诸新政"②，在沿海各地又"复观学校、船坞工作诸新政"③，考察所得都编纂进《日本新政考》。

顾厚焜在日本的考察是非常仔细认真的，他特别关注明治维新所采取的新政措施，及其实施效果。将这些内容汇集到《日本新政考》中，然后提交总理衙门。顾厚焜几乎把精力都放在观察日本的现实变化上，所以他与傅云龙进行了分工，使得他有更多的时间观察和思考日本的新政。顾厚焜认为日本新政取得了很大成功，"是邦天时地利风土人情本与中国不甚相远，无如维新以来，易藩属为府县，而政一新；易宽永天保钱为金银铜币楮币，而政一新；易额兵为征兵，而政一新；易旧历为西历，而政又一新"④。日本的维新改革，使得国家在行政区划、金融改革、征兵制度、历法制度等方面都

---

① 顾厚焜：《日本新政考·例言》，载刘雨珍、孙雪梅编：《日本政法考察记》，上海：上海古籍出版社，2002 年，第 2 页。

② 顾厚焜：《日本新政考·自叙》，载刘雨珍、孙雪梅编：《日本政法考察记》，上海：上海古籍出版社，2002 年，第 2 页。

③ 顾厚焜：《日本新政考·自叙》，载刘雨珍、孙雪梅编：《日本政法考察记》，上海：上海古籍出版社，2002 年，第 2 页。

④ 顾厚焜：《日本新政考·自叙》，载刘雨珍、孙雪梅编：《日本政法考察记》，上海：上海古籍出版社，2002 年，第 2 页。

有了新的变化和进步，对于经济和社会发展起到推动作用。但是顾厚焜对于日本全盘西化的做法也不完全认同，他说："国债积而国库匮，汉文轻而洋文重，旧都废而新都兴。有志者抚今思昔，谢职归田，往往于种瓜艺菜之余唏嘘不已。……抑亦思一姓相传历世已一百二十二，历年已二千五百四十八，一旦举法度典章——弃若弁髦，是得谓是邦之福哉？"①很显然他不赞成根本变革政治制度，也不能接受丢弃传统的做法。显然顾厚焜的这种思想与洋务派的主张是相符合的，他们更加关心的是学习西方的先进科学技术，但根本的还是要维持清朝统治，守住传统。

2. 编纂体例上突出"考"与"表"

为了更好地展现日本明治维新的成效，顾厚焜在编纂《日本新政考》时采取了"考"与"表"相结合的体例，即通过将全书分成洋务、财用等9个部类，其下又分成73个小目，即73个"考"的编纂形式，来清晰地展现本书所要记载的内容。而在这73个"考"之下，顾厚焜又列了诸多个表来补充完善"考"的内容。通过这些"考"串联起了全书的内容，并且起到纲举目张的作用，使得诸多内容得以有序的记载。并且配合使用的各种表格，非常便于记载各种数据，这与傅云龙的《游历日本图经》有异曲同工之妙。如为了清楚地展现日本的财政收入和财政支出的数据，顾厚焜就在该书的《财用部》中列出一个子目《岁入岁出考》，然后其下再列两个表格，分别记录财政收入和支出，这样就可以使读者一目了然的知晓日本的财政支出状况。正如黎庶昌所言该书："不繁言费辞，使全国维新治迹，灿若列眉，简约能赅，真大辂之椎轮也。"②这是对《日本新政考》编纂水平的一种充分肯定，也使该书在明清日本研究史籍的编纂方法方面具有了重要价值。

顾厚焜编纂《日本新政考》比傅云龙的《游历日本图经》用时要短，除了因为篇幅较少之外，他还得益于许多当时使日的友人的帮助。"是编考订字义则赖同理王茂才肇鋐摒挡其事，辨正文法则藉翻译沈生忠铭、金生城山

---

① 顾厚焜：《日本新政考·自叙》，载刘雨珍、孙雪梅编：《日本政法考察记》，上海：上海古籍出版社，2002年，第2页。

② 黎庶昌：《日本新政考序》，载刘雨珍、孙雪梅编：《日本政法考察记》，上海：上海古籍出版社，2002年，第1页。

之力居多。"①当然最主要的原因还是在于顾厚焜勤于观察、善于搜集资料，再加上编纂之用功，最终完成这部游历考察之作。虽然该书在内容上还存在着一定的疏漏，但该书是在实地考察基础上完成的作品，对于当时日本的研究还是比较符合客观实际的。

总之，1877年清朝派出的游历使进行了较为认真的考察，他们的考察报告也成为洋务派改革的重要参考，对于当时的清朝来说，这无疑是"中国人走向世界的一次盛举"。②这批游历使中，傅云龙和顾厚焜取得重要成果，他们在日本期间考察了日本的各个方面，而且分工明确，"少逸措意新政，懋元则兼及古事轶闻。"③最终将他们的考察成果编纂成了《游历日本图经》和《日本新政考》，不仅为清政府的统治决策提供了参考，对于中国的日本研究也做出了贡献。

第三节　黄遵宪的《日本国志》

在明清时期的日本研究史籍中，最具影响力的著作无疑是黄遵宪的《日本国志》。《日本国志》不仅涵盖内容十分广泛，而且对明治维新的研究达到较高水平，甲午战争失败后对清朝有识之士刺激较大，多方面的因素促成了这部日本研究史籍的独特地位和影响。

一、黄遵宪与《日本国志》的编纂

黄遵宪（1848—1905），字公度，广东嘉应人，是清末著名的外交家和诗人。黄遵宪自小即表现出过人的天分，据说3岁时就能熟记《千家诗》，上

---

① 顾厚焜：《日本新政考·例言》，载刘雨珍、孙雪梅编：《日本政法考察记》，上海：上海古籍出版社，2002年，第2页。

② 王晓秋：《晚清中国人走向世界的一次盛举——1887年海外游历使初探》，《北京大学学报》2001年第3期，第78-86页。

③ 黎庶昌：《游历日本图经叙》，载傅云龙著、王宝平整理：《游历日本图经》，上海：上海古籍出版社，2003年，第5页。

私塾后便开始学习作诗。黄遵宪十几岁时就已经在乡里间小有名气，其非凡的诗才和器识更是被乡人所推重。[①]1876 年，黄遵宪考中举人之后，便逐渐走上仕途，1877 年跟随何如璋出使日本，开始其外交生涯。黄遵宪出使过欧美多个国家，回国后还参与过维新变法活动，晚年定居故里。

1. 黄遵宪的主要成就

诗歌创作是黄遵宪最主要的学术成就，他从十几岁起开始作诗，一生共写有一千余首诗歌。黄遵宪被认为是近代文学史上"诗界革命"的旗手，他的名句"我手写我口，古岂能拘牵"[②]吹响了清末诗歌变革的号角，也被誉为资产阶级改良派在近代思想启蒙运动中的思想解放的口号。[③]纪实性与史诗性是黄遵宪诗歌创作的另一个重要特点，他在日本出使期间写成的《日本杂事诗》就是通过诗歌来记载日本历史与现实的作品。日本学者曾评论："公度来日本未及二年，而三千年之史、八大洲之事详确如此，自非读书十行俱下，能如此乎？……即今所遣使，与之论日本事，既非吾当世浅见寡闻之士所能及，英是以知大国之人之不可与也！"[④]《人境庐诗草》是黄遵宪另外一部重要的诗歌集，其中提出了诗歌要成为时代之镜的主张，并鼓励诗人要有自己的风格特点，为近代诗歌的发展提供了启迪。正如钱仲联所云："黄遵宪的成就，不仅高出于同时旧派诗的作家，而且也超越了同时新派的作家；不仅在创作上是这样，就是诗歌改革主张的提出，也远远地早于康、梁、夏、谭诸人。"[⑤]这是对黄遵宪诗歌成就的中肯评价。

外交活动在黄遵宪一生中占据着重要的位置。在清朝派出的首任驻日公使团中，黄遵宪就担任参赞的职务，临行前曾作自题诗："如此头颅如此腹，此行万里亦奇哉！诸公未见靴尖趯，待我扶桑濯足来。"[⑥]从中可以看出

---

① 参见钱仲联：《黄公度先生年谱》，载黄遵宪著，钱仲联笺注：《人境庐诗草笺注》，上海：上海古籍出版社，1981 年，第 1169 页。

② 黄遵宪著，钱仲联笺注：《人境庐诗草笺注》卷 1《杂感》，上海：上海古籍出版社，1981 年，第 42 页。

③ 郑海麟：《黄遵宪传》，北京：中华书局，2006 年，第 12 页。

④ 石川英：《日本杂事诗·跋》，载黄遵宪著，钟书河辑校：《日本杂事诗广注》，长沙：湖南人民出版社，1981 年，第 242 页。

⑤ 钱仲联：《人境庐诗草笺注·前言》，上海：上海古籍出版社，1981 年，第 5 页。

⑥ 黄遵宪：《人境庐诗草》卷 3《将之日本题半身写真寄诸友》，收入陈铮编：《黄遵宪全集》，北京：中华书局，2005 年，第 91 页。

黄遵宪作为诗人的豪迈之情，以及初次踏上外交之旅的内心期待。黄遵宪出使之时，正值中日围绕琉球问题展开较量之际，因此他通过在日本的细致调查和冷静分析，帮助驻日公使何如璋上书清政府提出解决问题的良策。在朝鲜问题上，黄遵宪写成《朝鲜策略》，为朝鲜提出了亲华、结日、联美以拒俄的外交策略，对朝鲜政局产生了深远影响。[①]黄遵宪还曾出使美国，并担任旧金山总领事官，在维护华侨利益方面做出很大贡献。此后黄遵宪又转而出使欧洲，作为驻英公使薛福成的参赞，后又转任新加坡总领事，为南洋华侨争取了不少利益。黄遵宪在外交事务中虽然未曾担任高官，但在维护当地华人华侨利益方面做出许多贡献，对于清政府的外交政策和处理中外关系都提供过很多有价值的建议。

编纂《日本国志》则是黄遵宪在史学方面的最大成就。日本学者狄葆贤曾称《日本国志》："海内奉为瑰宝。由是诵说之士，抵掌而道域外之观，不致如堕五里雾中，厥功洵伟矣哉！"[②]《日本国志》编纂完成之后也经历了一番坎坷，但在清朝甲午战败以后，却突然名气大增，成为享誉海内外的名著，一直到今天对其的研究热情仍然不减。

2. 《日本国志》的编纂动机

关于黄遵宪编纂《日本国志》的动机，学术界已有一定的研究，本文将在此基础上再做补充。目前主流的观点以王晓秋为代表，认为黄遵宪编纂《日本国志》的动机主要有："一是作为一个外交官的责任，为开展对日外交与加强中日友好的需要。二是不满以往中国对日研究状况，要提供日本真实详细情况，以改变中国人对日本的模糊认识和错误观点。三是他亲眼见到日本明治维新的成效以及国内外对明治维新的分歧看法，促使他下决心重点考察日本维新后的制度及其利弊得失，提供借鉴，以推动中国的维新变法。"[③]

---

① 参见信夫清三郎编，天津社会科学院日本问题研究所译：《日本外交史》，北京：商务印书馆，1980年，第210页。

② 狄葆贤：《平等阁诗话》，收入《人境庐诗草笺注·附录三》，上海：上海古籍出版社，1981年，第1274页。

③ 王晓秋：《黄遵宪研究与近代中外文化交流》，收入王晓秋：《近代中国与世界：互动与比较》，北京：紫禁城出版社，2003年，第373页。按：郑海麟总结为基本相同的三点："外交官的使命感、澄清封建士大夫对日本的糊涂观念、政治观的转变。"（郑海麟：《黄遵宪传》，北京：中华书局，2006年，第159-161页）刘雨珍除了赞同以上三点外，认为还有对日本扩张的高度警惕的动机。（参见刘雨珍：《日本国志·前言》，载黄遵宪：《日本国志》，上海：上海古籍出版社，2001年）

这种主流观点基本抓住了问题的实质，但仍有待完善。

首先，借鉴日本明治维新的经验并不是黄遵宪的最初动机。黄遵宪在《日本国志》的序言中曾写道："窃伏自念今之参赞官即古之小行人、外史氏之职也。使者捧龙节，乘驷马，驰驱鞅掌，王事靡盬，盖有所不暇于文字之末。若为之僚属者，又不从事于采风问俗，何以副朝廷谘诹询谋之意。既居东二年，稍稍习其文，读其书，与其士大夫交游，遂发凡起例，创为《日本国志》一书。"①这里交代了黄遵宪编纂《日本国志》的第一个缘由，是因为参赞官的职责所在，他出使的任务就像古代史官要完成"采问风俗"的任务一样，所以编纂《日本国志》是使臣的应有任务。另外，黄遵宪还称："以余观日本士夫，类能读中国之书，考中国之事；而中国士夫，好谈古义，足已自封，于外事不屑措意。无论泰西，即日本与我，仅隔一衣带水，击柝相闻，朝发可以夕至，亦视之若海外三神山，可望而不可即。若邹衍之谈九州，一似六合之外荒诞不足论议也者，可不谓狭隘欤？"②这是黄遵宪编纂《日本国志》的第二重考虑，他认为中日两国虽为邻国，但两国间的了解程度很不对等，日本的学者往往能读得懂中国之书，而且对中国的事情非常了解，但是中国的学者往往都不屑于了解外国事情。在有着海外视野的黄遵宪看来，如果故步自封、自我封闭，不愿意了解世界，最终就会被世界所抛弃，所以他编纂《日本国志》就是希望国人了解日本，进而学会放眼世界，而不是总停留在天朝上国的骄傲自大中。因此，从《日本国志》最开始的编纂动机来说并没有要用明治维新经验来为清政府提供决策，只是黄遵宪在编纂该书的过程中，并且伴随着海外经历的不断丰富，他才逐渐萌生出这种想法，并形成了自己的政治改良观。

据《日本杂事诗》自序："既居东二年，稍与其士大夫游，读其书，习其事。拟草《日本国志》一书，网罗旧闻，参考新政。辄取其杂事，衍为小注，串之以诗，即今所行《杂事诗》是也。"③黄遵宪曾经打算编纂《日本国志》而先行完成了《日本杂事诗》，二者的搜集资料和编纂有着时间上的交

---

① 黄遵宪：《日本国志叙》，收入陈铮编：《黄遵宪全集》，北京：中华书局，2005 年，第 819 页。

② 黄遵宪：《日本国志叙》，收入陈铮编：《黄遵宪全集》，北京：中华书局，2005 年，第 819 页。

③ 黄遵宪：《日本杂事诗·自序》，收入陈铮编：《黄遵宪全集》，北京：中华书局，2005 年，第 6 页。

又，《日本杂事诗》于1879年即告完成，旋即由总理衙门刊行。《日本杂事诗》的小注中记载了很多日本明治维新的情况，但是此时的黄遵宪并没有鲜明的改良思想，而是新旧思想杂陈，所以容易被总理衙门接受，而且帮助其刊印发行。而当具有明确改良思想的《日本国志》编纂成书后，总理衙门的态度却发生了转变，不能不说此时黄遵宪的思想或许已经发生了很大转变。近年来学术界发现的新的档案资料也已经证明了这点，是由于皇权官僚士大夫体制，使得黄遵宪借鉴日本、变法求强的思想遭到压制，也使得《日本国志》迟迟得不到刊行。①正如黄遵宪在完成《日本国志》之后所作的诗中所写："湖海归来气未除，忧天热血几时摅。《千秋鉴》借《吾妻镜》，四壁图悬人境庐。改制世方尊白统，《罪言》我窃比《黄书》。频年风雨鸡鸣夕，洒泪挑灯自卷舒。"②黄遵宪是以中外历史作为借鉴，认为国家必须变革，以此来挽救民族危机。黄遵宪的这种改良思想是随着他在日本考察的日益深入，以及编纂《日本国志》的过程中对明治维新认识愈加深入的基础上逐渐形成的。而且《日本国志》的完成"符合当时中国历史前进的要求，反映了时代的脉搏，因而这部史书在戊戌运动中直接产生了引人注目的社会效果"③。但是，我们不能拿后来《日本国志》产生的影响和黄遵宪比较成熟的改良思想来推导其编纂动机。

其次，黄遵宪受传统文化影响的史家修史情怀也是其编纂动因之一。中国的传统文化在黄遵宪身上打下了深厚的烙印，他在文史方面的成就就是一种体现。在学术渊源上，明末清初的思想家顾炎武对黄遵宪有较深的影响。④顾炎武治学注重实学，强调经世致用，特别是其编纂的《天下郡国利病书》，是一部反映各地政治经济状况的历史地理名著，这对于黄遵宪编纂域外史地之书有很大的启发。"余从前亦欲作此书，自草条例，凡为列国传三十卷。为志十二，……为表十七，……。顾以其书浩博，既非一朝一夕所

---

① 参见李长莉：《黄遵宪〈日本国志〉延迟行世原因解析》，《近代史研究》2006年第2期。

② 黄遵宪：《人境庐诗草》卷6《〈日本国志〉书成志感》，收入陈铮编：《黄遵宪全集》，北京：中华书局，2005年，第116页。

③ 陈其泰：《〈日本国志〉的时代价值》，收入陈其泰：《史学与中国文化传统》，北京：学苑出版社，1999年，第442页。

④ 郑海麟：《黄遵宪传》，北京：中华书局，2006年，第15页。

能竟，又非一手一足所能成。积稿压架，东西驰驱，卒未成书。今观冈本氏所著，益滋愧也。"①这说明黄遵宪早就有创作世界各国史地之书的宏伟写作计划，但欲完成这样的史学巨著又何谈容易，不过黄遵宪却有这样强烈的修史情怀。他曾说："文章家之足自立者，其惟史乎！吾今日目之所接，耳之所遇，身之所遭，皆吾之所独，古之人莫得僭越之。文章家之史之大者，为古所绝无，其惟今日五大部洲之史乎！⋯⋯昔人论史迁文，谓非独史才，亦网络者博，有以资之。今五洲万国二千年之事，岂啻倍此。吾意数十年后，必有一学兼中西者，取列国之事著之于史，以成古今未有之奇书。"②从中可以看出，黄遵宪是有着强烈的史家修史责任感的，他也希望能效仿大史家司马迁那样，真正"成一家之言"，以"立言"而不朽于世。而黄遵宪写这段话的时间也正是其准备着手编纂《日本国志》之时，所以他也将编纂该书作为其效仿司马迁成就其"名山事业"的壮举。黄遵宪出使日本时，还从日本友人处了解到了日本的史学名著《大日本史》，但是却对当时只编修了纪、传而无志、表的现状很遗憾。③因此，他决定按照纪传体史书中"志"的体例来编纂一部日本史，以补此缺憾。正如其诗中所写："纪事编年体各存，黄门自立一家言。兵刑志外征文献，深恨人无褚少孙。"④黄遵宪显然是想用一种新的修史体例来完成著述，但是作为传统史学的惯例来讲，为外国修史又是没有先例的。正如俞樾所谓"史各有职，余中朝旧史官不能越竟〔境〕而谋也。"⑤因此黄遵宪在《日本国志》序言中也一再强调其使臣身份，是模仿周官中的"外史氏"来纂修日本通史。因此说，黄遵宪的这种史家的修史情怀也是其纂修《日本国志》的重要动机。

---

① 黄遵宪：《评〈万国史记序〉》，收入陈铮编：《黄遵宪全集》，北京：中华书局，2005 年，第 246 页。

② 黄遵宪：《〈藏名山房集〉序》，收入陈铮编：《黄遵宪全集》，北京：中华书局，2005 年，第 250 页。

③ 参见陈铮编：《黄遵宪全集》第五编《与日本友人大河内辉声等笔谈》十八《戊寅笔话》第十五卷第一〇一话（光绪四年五月十六日，1878 年 6 月 16 日），第 635 页。按：《大日本史》的编纂是分成几步完成的，《志》和《表》的原稿全部完成在明治三十年（1897），此前虽然编成一部分印刷一部分，但是黄遵宪赴日是在 1877—1881 年，所以没有看到《志》、《表》的全稿，因此他才会在与日本友人的笔谈中说出《大日本史》无《表》、《志》的话。

④ 黄遵宪：《日本杂事诗》卷 1 "七四"，收入陈铮编：《黄遵宪全集》，北京：中华书局，2005 年，第 30 页。

⑤ 俞樾：《傅懋元日本图经序》，载傅云龙著、王宝平整理：《游历日本图经》，上海：上海古籍出版社，2003 年，第 3 页。

二、《日本国志》与其他日本研究史籍的比较

学术界对黄遵宪《日本国志》的研究成果如今已是汗牛充栋,笔者无意再重复以往的论述,此处仅以《日本国志》与同时期完成的几部日本研究史籍之间进行比较,以期深化对《日本国志》的研究。[①]

1. 明治维新观的差异

与黄遵宪《日本国志》同时期编纂的几部日本研究史籍,如陈家麟的《东槎闻见录》、傅云龙的《游历日本图经》和顾厚焜的《日本新政考》等书中几乎都关注了日本明治维新的问题,记载日本维新变革的各种措施和取得的成效。但是这些史籍中所体现的明治维新观与《日本国志》有所不同,他们往往都只关注和高度赞扬明治维新在学习西方技术方面的进步,肯定其在经济和军事等方面所带来的变化,但是对于根本制度的变革,以及在文化传统方面的改革,他们持否定态度。这与他们的传统士大夫心态和维护清政府根本统治的立场是密切相关的。但是黄遵宪在《日本国志》中所体现的明治维新观却与其他几部日本研究史籍不同。

黄遵宪编纂《日本国志》的最终目的是总结明治维新的成功经验,来推动清政府的全方位改革。黄遵宪在《日本国志》中详细地记载了明治维新的全部过程,详尽罗列日本的各项改革措施,向国人介绍一个全面、彻底和深刻的维新变革。他认为日本当时之所以会进行这样的变革,是因为:"霸政久窃,民心积厌,外侮纷乘,内讧交作"[②],这跟当时清政府的处境是非常相似的。而日本自救的方式是:"始仆幕府,终立国会,固天时人事,相生相激,相摩相荡,而后成此局也。然而二三豪杰遭时之变,因势利导,奋勉

---

① 按:郑海麟曾将《日本国志》与同时代的几部日本研究著作进行过对比,如姚文栋的《日本地理兵要》、陈家麟的《东槎闻见录》、顾厚焜的《日本新政考》和傅云龙的《游历日本图经》等。郑海麟的研究方法主要是在介绍其他几部书的基础上,将《日本国志》与他们分别进行比较,并且肯定《日本国志》的独特之处。郑海麟的研究对笔者启发很大,但是这种比较略显零碎,且对于此时期日本研究的总体状况分析不清。参见郑海麟:《黄遵宪传》,北京:中华书局,2006年,第168-177页。笔者此处的比较是站在清代日本研究史学的角度,对《日本国志》与其他几部日本研究史籍进行的整体比较研究。

② 黄遵宪:《日本国志》卷1《国统志一》,收入陈铮编:《黄遵宪全集》,北京:中华书局,2005年,第892页。

图功，卒能定国是而固国本，其贤智有足多矣。"①显然是通过一种剧烈的政治变革，来进行脱胎换骨的革新，才最终走上民族振兴的。所以清政府要想像日本那样走上富强之路，也必须来一场痛痛快快的改良运动。特别是当黄遵宪出使欧美之后，这种世界游历和见闻让其更加坚信，清政府必须坚决的贯彻改革才有出路。而《日本国志》中所记录的日本明治维新的各项改革措施，就是要为清政府的改良提供借鉴。正如《日本国志》凡例所言，"凡牵涉西法，尤加详备，期适用也"②。发挥用处才是编纂此书的最主要目的。而黄遵宪结束各国出使任务，回到国内就积极参加了戊戌维新，不能不说他从《日本国志》的编纂开始就具有了彻底的维新变法观，而这也是《日本国志》与其他同时期几部日本研究史籍的最大区别。

2. 编纂方面的差异

首先，黄遵宪的《日本国志》比其他同时期几部日本研究史籍耗时更长、在资料准备上更加充分、在编纂质量上也更加上乘。黄遵宪从出使日本伊始，开始着手《日本国志》的编纂准备，他先行完成的《日本杂事诗》就是该书的姊妹篇，也被称为日本研究的"双璧"。③《日本杂事诗》其实是《日本国志》的前期铺垫，而两书又是相互补充的关系，在《日本国志》编纂的过程中，黄遵宪还对《日本杂事诗》进行了修订工作。可以说，黄遵宪的日本研究几乎就是"诗"与"史"两种形式进行的，这与他书明显不同。《日本国志》的编纂时间较长，从搜集资料（1878 年）到完成初稿（1881 年）花费了近 4 年时间，再到完稿成书（1887 年）又差不多花了 6 年多时间，然后最终出版发行（1895 年）又过去了 8 年，前前后后差不多经历了 17 年的时间。与其他经过考察完成的日本研究报告或者编译的日本研究史籍来讲，黄遵宪的《日本国志》的确是经过漫长的时间编纂完成的著作。

其次，黄遵宪的《日本国志》在编纂体例上坚持"名从主人"的原则，

① 黄遵宪：《日本国志》卷 2《国统志三》，收入陈铮编：《黄遵宪全集》，北京：中华书局，2005 年，第 926 页。

② 黄遵宪：《日本国志·凡例》，收入陈铮编：《黄遵宪全集》，北京：中华书局，2005 年，第 821-822 页。

③ 参见石原道博：《黄遵憲の日本国志と日本雑事詩（下）：清代の日本研究·第五部》，《茨城大学人文学部》文学科論集，通号 9，1976 年 3 月。

在编纂态度上坚持实事求是的准则。"自儒者以笔削说《春秋》，谓降杞为子，贬荆为人，所以示书法，是谬悠之谭也。自史臣以内辞尊本国，谓北称索虏，南号岛夷，所以崇国体，是狭陋之见也。夫史家纪述，务从实录，无端取前古之人、他国之君而易其名号，求之人情，奚当于理？矧《会典》所载，本非朝贡之班，国书往来，待以邻交之礼者乎？此编所书，采摭诸史，曰皇曰帝，概从旧称。"①《日本国志》放弃了传统史学的华夷观念，而是坚持"名从主人"的原则，秉持实事求是的态度，客观地去记录日本政权的历史。不仅在史料的取材上十分严谨，在《日本国志》中的行文叙述上，黄遵宪也坚持平实和客观的准则。另外，黄遵宪还坚持史论结合的编纂原则，在书中加以"外史氏曰"来发表评论，这和同时期的其他日本研究史籍也有很大不同。而且《日本国志》没有体现着意搜集日本军事类信息的特征，这与当时一些清朝驻日使馆随员所编译的史籍也是有着明显区别的。

3. 若干相同点

首先，在编纂体裁的选定上，这个时期的日本研究史籍普遍采用"志"的体例，通过专门分类的方式来记载日本的政治、经济、军事和文化等诸多方面，其下又会细分很多小条目来分别叙述。其次，在记载重点上都围绕着明治维新而展开，在日本历史的叙述上一般都遵循"详近略远"的原则，正如黄遵宪所言："仆之此书，期于有用，故详近而略古，详大而略小，所据多布告之书，及各官省年报也。"②一是因为他们的考察对象和材料来源大部分都是与当代有关，另一方面也是记载明治维新的情况以为清政府参考借鉴，时间愈近愈有价值。另外，在编纂方式上，这一时期的日本研究史籍普遍重视图表的作用，如《游历日本图经》《日本环海险要图志》《日本新政考》等等，不是大量收录地图，就是列有很多表格。黄遵宪编纂《日本国志》时也编制了不少表格，特别是有关明治维新的一些统计数据都是用表格来展现。稍有遗憾的是，《日本国志》中没有绘制地图。实际上黄遵宪最初编纂《日本国志》是考虑要绘制地图的，但最终却付之阙如，主要原因是：

① 黄遵宪：《日本国志·凡例》，收入陈铮编：《黄遵宪全集》，北京：中华书局，2005 年，第 819-820 页。

② 陈铮编：《黄遵宪全集》第五编《与日本友人大河内辉声等笔谈》三十六《己卯笔话》第十五卷第八十八话（光绪五年十一月六日，1879 年 12 月 18 日），第 692 页。

"既定体制、拟草稿，遂托陆军参谋部木村某以精铜刻板，与之订约，并交去百金。木村者，陆军绘图素出其手，忽为人告讦，谓其卖国，以险要形胜输之中国使署，遽锒铛下狱，扃禁甚严。数日后，其妻子始闻其实，来署哭诉。其时大山岩方官陆军卿，与弟素好，弟译言著书之故，并以约底送阅，乃邀释放，然其事遂作罢论矣。去岁托楢原陈政，（即井上陈政。）购通行地图，欲附《志》以行，而久无复音。"①可以说，出了这样的一些意外状况之后，黄遵宪也很难找到合适的地图附录到《日本国志》中了。

总之，黄遵宪的《日本国志》是对日本进行全面研究的百科全书式的著作，而其最突出的特色是体现了作者彻底的维新变革观，是希望清朝能够从日本明治维新中借鉴经验教训，最终通过变革实现国家的振兴。特别是在甲午战争中清朝战败，国人开始反省之时，《日本国志》的出版无疑是提供了一种觉悟和警醒的作用。

需要说明的是，在这个时期清朝的日本研究中还出现了一些赴日考察的日记或者游记类的著作，如罗森《日本日记》、何如璋《使东述略》、王之春《谈瀛录》、王韬《扶桑游记》等，都是比较有名的作品，他们对清朝的日本研究也发挥了一定的影响。另外，随着清朝报刊业的发展，一些报纸和杂志也开始报道日本，如《上海新报》《申报》《西国近事汇编》《万国公报》等，就经常报道日本的情况，他们也对清朝的日本研究产生了影响。但是从日本研究史籍的角度来讲，难以称为史学作品，因此在本编的史学分析中暂不述及，在下编的日本观研究中将再加探讨。

---

① 黄遵宪：《致汪康年函》（光绪二十三年三月二十一日，1897 年 4 月 22 日），收入陈铮编：《黄遵宪全集》，北京：中华书局，2005 年，第 405 页。

第六章
甲午战争后清朝的日本研究史籍

在甲午战争之前，清朝方面已经开始注意了解日本，但仅限于一些私人游记和官方出使人员的考察报告及少量研究著述，并未掀起全民关注日本的热潮。而当甲午战败后，清朝则上上下下开始关注起这个曾经的"蕞尔小国"。可以说，国人"天朝上国"的迷梦在此时才真正惊醒，所谓"唤起吾国四千年之大梦，实自甲午一役始也"。①在政治上，清政府开始重视明治维新的经验，积极谋求政权的改良。并且从中央到地方都派出了大量的考察团，赴日考察其政治、经济、教育等各个方面的情况，据统计从1898年到1911年"清朝中央派遣考察人数为424人，地方派遣人数为957人"②，真正形成了一股考察日本和研究日本的热潮。而且还有大量的留学生赴日求学，通过日本学习西方的先进科学知识。为了更好地了解日本，此时开始还不断地翻译日本

---

① 梁启超：《戊戌政变记》卷7《改革起源》，收入中国史学会主编：《戊戌变法》（一），上海：上海人民出版社，1957年，第296页。

② 熊达云：《近代中国官民の日本视察》，東京：成文堂，1998年，第100页。

的各种书籍，既有中央和地方设立的翻译机构，也有留学生在日本自发的翻译活动，据统计"从1896—1911年中译日文书共有958种"①，大量介绍日本明治维新的书籍在这时被翻译介绍到中国。在这个阶段的日本研究中，最典型的日本研究史籍就是康有为的《日本变政考》和王先谦的《日本源流考》。他们使用传统史学的编纂方法完成的日本研究史书，与其他的考察游记、报告和书籍有着很大不同，因此本章以此二部史籍为主展开研究。

第一节　康有为编纂《日本变政考》

康有为（1858—1927）是中国近代史上广为人知的风云人物，他在思想史和政治史上都产生过重要的影响。"若夫他日有著二十世纪新中国史者，吾知其开卷第一叶，必称述先生之精神事业，以为社会原动力之所自始。"②这是梁启超为康有为所写传记中的评价，虽然康有为称不上20世纪开创新中国史者，但他的思想启蒙和政治改良的确影响了中国历史的发展。康有为的改良思想与其对日本的研究是有紧密联系的，《日本变政考》就是一部影响较大的日本研究史籍。

一、康有为对日本认识和研究的过程

1. 初步接触西学

和传统的士大夫一样，康有为也是自小从四书五经开始其传统教育的启蒙和学习，但是他的科举之路并不平坦。康有为多次参加乡试，却屡试不中，直至36岁时才中举，1895年康有为考中进士。伴随着科举之路，康有为也开始了逐渐接触西学的过程。16岁时，康有为就阅读了徐继畬编纂的介绍世界地理情况的专书《瀛寰志略》，并且见到了地球图，"知万国之故，地

① 谭汝谦主编：《中国译日本书综合目录》，香港：香港中文大学出版社，1980年，第46页。
② 梁启超：《南海康先生传》，收入夏晓虹编：《追忆康有为》，北京：生活·读书·新知三联书店，2009年，第2页。

球之理"，^①形成了他对世界的初步认识。此后，康有为不断阅读相关的西学类书籍，如李圭记载其环游地球见闻的《环游地球新录》，以及当时经常登载国际时事信息的期刊《西国近事汇编》，这些都大大开阔了康有为的世界视野。康有为还游历了香港等地，感受到了一种国际化的氛围，"乃始知西人治国有法度，不得以古旧之夷狄视之"^②。结合亲身见闻，再重新阅读《海国图志》《瀛寰志略》等世界地理类书籍，让康有为加深了对世界的认识，也激发了他学习西学的兴趣。1882 年康有为途经上海，再次感受到了国际化城市的先进和发达，其思想再一次受到冲击。由此开始，康有为完全放弃了不重视西学的念头，转而开始积极搜求西学书籍进行阅读，并认真补习西方的先进科技知识。通过学习，康有为不仅在物理等科技知识方面大有长进，而且对西方的历史、地理和制度等方面也有了较为全面的了解，并萌生了编纂万国文献通考的念头，这些西学知识和认识都为康有为的维新思想注入了"血液"^③，成为培植其思想转变的土壤。

2. 对日本形成初步认识

康有为对日本的认识是随着他对外部世界的了解而逐渐加深的，特别是他比较关心中日关系和清朝的外交局势。康有为在 1888 年 12 月的《上清帝第一书》中首次提出了他对日本的看法，他在分析清朝的外部关系时写道："日本虽小，然其君臣自改纪后，日夜谋我，内治兵饷，外购铁舰，大小已三十艘，将翳朝鲜而窥我边。"^④这说明康有为已经认识到明治维新后的日本军事实力大增，觊觎中国的野心也日益膨胀。怀着忧国忧民之心，康有为提出了对策："日本崎岖小岛，近者君臣变法兴治，十余年间，百废具举，南灭琉球，北辟虾夷，欧洲大国，睨而莫敢伺，况以中国地方之大，物产之盛，人民之众，二帝三王所传，礼治之美，列圣所缔构，人心之固，加以皇太后皇上仁明之德，何弱不振哉？臣谓变法则治可立待也。"^⑤这说明康有为

---

① 康有为著，楼宇烈整理：《康南海自编年谱》，北京：中华书局，1992 年，第 6 页。

② 康有为著，楼宇烈整理：《康南海自编年谱》，北京：中华书局，1992 年，第 9-10 页。

③ 林克光：《革新派巨人康有为》，北京：中国人民大学出版社，1990 年，第 37 页。

④ 康有为：《上清帝第一书》，收入汤志钧编：《康有为政论集》（上册），北京：中华书局，1981 年，第53-54 页。

⑤ 康有为：《上清帝第一书》，收入汤志钧编：《康有为政论集》（上册），北京：中华书局，1981 年，第 59 页。

很清楚日本现在的变化，并且知道其强盛的原因在于大胆地进行变法改良。因此，他也提出了希望清政府借鉴日本明治维新的经验，积极进行国家的变法改革，这样才能使清朝变得强大起来。从中我们也可以看到，在康有为日本认识初步形成的时候，他维新改良的思想也在逐渐形成。

3. 承袭前期日本研究史籍中的日本认识

康有为在对日本了解和研究的过程中，受到当时一些日本研究史籍的影响较大，如当时传回国内的清朝驻日使馆人员编纂的日本研究史籍，以及清朝派出的游历使考察日本形成的报告和研究史籍。因为从当时康有为对日本的描述，以及做出判断的依据等方面都可以看出这种影响。比如1890年康有为在《保朝鲜策》中写道："日本虽三岛，然地处温带，其水逆而人机智，近者通知地球之势，不变法则不能自强，而必为人弱，故步武东西以振其国。日地仅十四万方里，而民数三千余万，方里之内人二百余，地小不足以自养，非辟地无术矣。故南取琉球，北开虾夷，自此以外，不攻朝鲜，将何辟也？"①这里除了称日本为三岛不太准确外，其他所描述的日本国土面积、人口数量和人口密度的数据几乎是完全来自清朝游历使傅云龙所编纂的日本研究史籍《游历日本图经》，这也说明康有为的日本认识是直接承袭于此的。当中日甲午战争一触即发之际，康有为发表《攻日策》提出了对日本要采取先发制人的策略，他为清政府支招称："若有铁船至彼，多方以误，屡扰以疲，彼国水师即不畏，士女能不畏乎？海口即能固守，风声能无震乎？巨舰不能入彼海口，练渔船，求间谍，独不能扰彼海岸乎？彼既严警海防，劳师费财，日夜震动，市易摇动，工贾失业，饷源亦艰，其酋日虑有失，亦将分谋我之心以自保，若能有所得，则彼尚安暇窥人哉？故策必在攻之。"②康有为所持的这种"攻日论"与清朝驻日使馆随员姚文栋的态度基本一致，而且康有为在此文中对日本沿海地形的分析以及针对日本防御制定的进军路线，基本全部来源于姚文栋《日本地理兵要》的前言部分。

---

① 康有为：《保朝鲜策》，收入上海文物保管委员会编：《康有为遗稿·戊戌变法前后》，上海：上海人民出版社，1986年，第34页。

② 康有为：《攻日策》，收入上海文物保管委员会编：《康有为遗稿·戊戌变法前后》，上海：上海人民出版社，1986年，第38页。

4. 对日本深入研究后的变法观

康有为在对日本了解和认识的过程中，已经逐渐形成了维新思想。而当清朝甲午战败的消息传来时，康有为觉得应该痛下决心认真研究日本，而他的变法观也在对日本明治维新的深入研究后最终形成。中日《马关条约》签订后，康有为即发动"公车上书"，之后他又接连上书清政府，要求变法图强。他在《上清帝第四书》中写道："日本蕞尔三岛，土地人民不能当中国之十一，近者其皇睦仁与其相三条实美改纪其政，国日富强，乃能灭我琉球，割我辽台。以土之大，不更化则削弱如此；以日之小，能更化则骤强如彼。岂非明效大验哉？"①这里已经很明确提出了变法改良的主张，并且借明治天皇与大臣三条实美共同协力完成维新的例子，来启发光绪帝要依靠得力的大臣合力推行变法。从这个阶段康有为的日本认识和研究可以看出，他已经明显形成了要借鉴日本明治维新的经验来鼓动光绪帝变法的思想，而他的日本研究就是为实现其维新思想和变法实践而服务的。

二、康有为编纂《日本变政考》

关于康有为编纂的日本研究史籍《日本变政考》，学术界还存在一些争议性问题。如关于该书的书名，就存在着《日本变政考》和《日本变政记》两种名称，有学者认为这其实是一书两名②，但也有学者认为这实际是两部书，《日本变政考》是在《日本变政记》的基础上修订而成的③。另外，在《日本变政考》的写作时间上也存在着争议看法。④最新的研究表明，"实际情形是康有为最初设想此书名为《日本变政记》，书成之后定名为《日本变

---

① 康有为：《上清帝第四书》，收入汤志钧编：《康有为政论集》（上册），北京：中华书局，1981年，第153页。

② 彭泽周：《中国の近代化と明治維新》，京都：同朋舍出版部，1976年，第91-94頁。

③ 王晓秋：《康有为的一部未刊印的重要著作——〈日本变政考〉评介》，《历史研究》1980年第3期；陈华新：《康有为与〈日本变政考〉的几个问题》，《近代史研究》1984年第2期。

④ 按：王晓秋、陈华新等人均认为始于1886年，完成于1896年。王魁星则认为是在1895—1896年期间完成。参见王魁星：《关于康有为写〈日本变政考〉的两个问题》，《近代史研究》1985年第4期。

政考》"。①受此启发，笔者再次梳理康有为编纂《日本变政考》的历史过程。

根据史料记载，康有为一共两次进呈过《日本变政考》。之所以会两次进呈，是因为光绪皇帝对于初次进呈本不甚满意，于是退回修改。第二次进呈本的题记中交代了光绪帝不满意的原因以及修改的内容，"原本所译日文太奥，顷加润色，令文从字顺，并附表注，以便阅看"②。表面上看是因为康有为的初次进呈本的翻译质量较差，但这应该只是康有为的掩饰之词，真正的重点应该是所附的"表注"。光绪帝不满意的地方肯定是该书指导性不足，无法使人抓住重点进行借鉴，因此康有为的二次进呈本中就添加了大量案语，特别是针对戊戌变法的改革措施提出了很多建议，借叙述日本维新历史来添加案语为光绪帝支招，这才是二次进呈本的重点所在。所以说，康有为两次编纂《日本变政考》的最大区别也就在此案语的不同上，二次进呈本是在初次进呈本基础上完成的修订补充本。

那么康有为何时开始编纂《日本变政考》的呢？康有为自称："自丙戌年（1886）编《日本变政记》，披罗事迹，至今十年。至是年所得日本书甚多，乃令长女同薇译之，稿乃具。"③似乎康有为早在1886年就开始编纂此书了，但当时康有为应该还不具备编纂日本研究史籍的条件。茅海建也认为康有为此说"似为张扬"④。但这也透露出康有为最开始考虑的日本研究史籍的书名应该是《日本变政记》，而在此年（1896）他所得日本书非常多，并且还开始编纂《日本书目志》，说明他已经系统展开日本研究了。到1898年康有为已经基本编成此书，他说："近来编辑有《日本变政考》，及《俄大彼得变政记》，可以采鉴焉。"⑤可见当时康有为已经基本编纂完成《日本变政考》，并且书名也基本确定，可以拿出来作为参考和借鉴了。并且此书编成的消息经由翁同龢而上达至光绪帝，引起后者的兴趣，遂下旨进呈御览。康

---

① 张利锁、时培磊、金久红：《康有为〈日本变政考〉刍议》，《廊坊师范学院学报》2014年第3期，第68页。

② 康有为：《日本变政考·题记》，故宫博物院藏本，参见朱家溍：《〈康有为日本变政考〉出版说明》，《紫禁城》1998年第4期，第42页。

③ 康有为著，楼宇烈整理：《康南海自编年谱》，北京：中华书局，1992年，第33页。

④ 茅海建：《从甲午到戊戌：康有为〈我史〉鉴注》，北京：生活·读书·新知三联书店，2009年，第182页。

⑤ 康有为著，楼宇烈整理：《康南海自编年谱》，北京：中华书局，1992年，第37页。

有为于是"昼夜缮写《日本变政考》,《俄彼得变政记》二书,忙甚。"①经过一段时间的缮写后,康有为将两书进呈光绪帝。当时还恭呈慈禧太后,据翁同龢记载:"总署代康有为条陈折(原注:变法片一件,岁科试改去八股),并书三部(原注:《日本变政记》、《泰西新政摘要》、《各国振兴记》,命将康折……)。并书及前两次折,并《俄彼得变政记》皆呈慈览。"②有人据此认为此书呈上就是《日本变政记》而非《日本变政考》。③但是不应忽视的是,翁同龢对书名的记载未必完全准确,比如此处的《泰西新政摘要》其书名应该是《泰西新史览要》,所以将《日本变政考》误记为《日本变政记》也是完全可能的。

如前所述,康有为还进行过二次进呈本的修订,当时的情况是:"时上频命枢臣催所著各国变政书,乃昼夜将《日本变政考》加案语于其上。凡日本事自明治元年至二十四年共十二卷,更为撮要一卷,政表一卷附之,每日本一新政,皆借发一议于案语中。凡中国变法之曲折条理,无不借此书发之,兼赅详尽,网罗宏大。一卷甫成,即进上,上复催,又进一卷。上以皆日本施行有效者,阅之甚喜,自官制财政宪法海陆军,经营新疆,合满汉教男女,改元迁都,农工商矿各事,上皆深然之。新政之旨,有自上特出者,每一旨下,多出奏折之外,枢臣及朝士皆茫然不知所自来,于是疑上谕皆我所议拟,然本朝安有是事?惟间日进书,上采案语,以为谕旨。"④康有为此处的叙述也有夸张的地方,如光绪帝的谕旨都是采用《日本变政考》的案语,茅海建教授曾仔细查看过康有为的案语,"尚未发现将案语直接变为新政谕旨的现象"。⑤但其中所说的分卷完成上呈是可信的,据此可知该书有十二卷,外加撮要一卷和政表一卷。但是康有为在此书的序言中却写道:"乙未和议成,大搜日本群书,臣女同薇,粗通东文,译而集成,阅今三年,乃

---

① 康有为著,楼宇烈整理:《康南海自编年谱》,北京:中华书局,1992年,第37页。

② 翁同龢:《翁文恭公日记》,收入中国史学会主编:《戊戌变法》(一),上海:上海人民出版社,1957年,第521页。

③ 陈华新:《康有为与〈日本变政考〉的几个问题》,《近代史研究》1984年第2期,第176页。

④ 康有为著,楼宇烈整理:《康南海自编年谱》,北京:中华书局,1992年,第47页。

⑤ 茅海建:《从甲午到戊戌:康有为〈我史〉鉴注》,北京:生活·读书·新知三联书店,2009年,第501页。

得见日本变法曲折次第，因为删要十卷，以表注附焉。"①这就出现了十二卷和十卷两种版本的不同。应该注意的是序言中所说十卷是"删要"之后的，那应该不会是后来二次进呈本，因为后来的版本是经过修订并且添加了180余条案语的，不可能从十二卷变成了十卷。所以序言中所说的十卷应该是初稿时的情况，而到了二次进呈本时，就变成了十二卷本。我们现在所见的故宫博物院藏本，应该是二次进呈本分卷进呈之后的一个合订本，实际上是经过了清宫修书处的装订成册配函处理②，所以将初次进呈本的序言加进去也是有可能的。

此外，康有为还有一篇《进呈〈日本明治变政考〉序》的序言，并且收录在经康有为作伪的《戊戌奏稿》中。在此文中，康有为主要在标榜"众人皆醉我独醒"，但作伪痕迹也暴露出来，"昔在圣明御极之时，琉球被灭之际，臣有乡人，商于日本，携示书目，臣托购求，且读且骇，知其变政之勇猛，而成效之已著也"。③"圣明御极"是指光绪继位的1875年，"琉球被灭"是在1874年，此时的康有为只有十几岁，才刚刚读到《瀛寰志略》等书籍，哪有可能对日本明治维新有这样深刻的了解？并且该序言与第二次进呈本的序言相比，"文字与主旨有着较大的差别"。④此处提到进呈的书名《日本明治变政考》与第二次进呈本也有差异，所衍出的"明治"二字正说明是康有为后来作伪的追忆之作，真正的书名应该就是《日本变政考》。

总之，康有为编纂《日本变政考》的过程应该就是从1886年大量搜集日本书籍开始，然后在1898年进呈光绪帝，其后又经过了一段时间的修订，并且加入了大量案语，最终分卷进呈光绪帝。

---

① 康有为：《日本变政考·序》，收入蒋贵麟主编：《康南海先生遗著汇刊》（十），台北：宏业书局，1987年，第2页。

② 参见张书才：《康有为纂〈日本变政考〉》，《故宫博物院院刊》1980年第3期，第26-29页。

③ 康有为：《进呈日本明治变政考序》，收入汤志钧编：《康有为政论集》（上册），北京：中华书局，1981年，第223页。

④ 茅海建：《从甲午到戊戌：康有为〈我史〉鉴注》，北京：生活·读书·新知三联书店，2009年，第502页。

三、康有为的历史思想和史学观

康有为的《日本变政考》在戊戌维新变法中发挥了一定的借鉴作用，也是被康有为期许很高的著述，该书的编纂以及其所加的案语都蕴含着康有为的历史思想和史学观。从日本研究史籍的角度来看，《日本变政考》所反映的康有为思想特点有以下几个方面。

1. 历史是不断向前进化的思想

历史是不断变化向前发展的，这是古往今来的历史学家总结出的历史发展规律。中国古代史家很早就提出了变易史观，近代史家又提出了历史进化论，总体上都认为历史应该不断地向前发展，而不是向后倒退。在康有为的思想中，他是认可历史是不断向前进化的。《日本变政考》的编纂正体现了康有为的这种思想。

在《日本变政考》中，康有为强调日本通过维新改革，破除了旧势力的束缚，最终推动了国家的进步和历史的前进，这体现出康的历史进化思想。例如，书中记载日本迁都奏议时，康有为就在案语中写道："夫当蔽〔闭〕关之世，蔽隔已不可，况大地骤通，万国竞长，政事学艺，日新月异，稍有退败，国不能立，而公卿老旧，政事殷迫，无暇讲求新学，其所见闻，积于心思者，皆前数十年之学俗。人主所见者惟此，何从扩域外之观，闻新政之义哉？"①明治天皇迁都东京就是一种向过去告别的举动，康有为意在说明历史不是一成不变的，总是在这种新旧交替中求得发展和进步。而且日本当时的情况是面临着内外部双重危机，西方已经通过工业革命强盛起来，如果日本再不寻求变革只知闭关固守，那么结局只能是被西方所欺凌。所以面对着日新月异的世界局势，日本也只有通过变革来寻求发展，而明治维新就是顺应这一时代潮流的举动，既是顺应历史发展的规律，也是在推动历史的前进。康有为在案语里所表达的观点，也就是对其历史是不断向前进化思想的一种体现。

① 康有为：《日本变政考》卷1，收入蒋贵麟主编：《康南海先生遗著汇刊》（十），台北：宏业书局，1987年，第10页。

为了适应历史前进发展的规律，统治者就应该不断寻求变革来推动发展，观念的更新也是势在必行。康有为在《日本变政考》中对此进一步分析道："夫祖宗之法，行之久矣。何为而尽变之？以万国既通，则我旧日闭关自大，但为孤立一隅之见，其政治学识亦为一隅之见，而自以为天下一统，无与比较，必致偷安怠惰，国威衰微也。既如〔知〕万国并立，则不得谓人为夷，而交际宜讲，当用彼此通流之法。既知比较宇内大势，则国体宜变，而旧法全除，宜用一刀两断之法。否则新旧并存，骑墙不下，其终法必不变，而国亦不能自强也。"①这里的论述更多是讲给清朝统治者听的，祖宗之法不可能一成不变，要随着时代的变化做出相应调整。特别是在思维观念上，当时的形势是万国林立，清朝不应该死守天朝上国的传统思维，应该看到世界其他国家的新变化，不能再以夷狄视之，而且不能因为是"夷狄"的长技就不去"师之"。康有为在分析明治维新时，时刻意识到清朝自身的未来，必须与过去做彻底诀别，通过变法来实现清朝的自强。在康有为看来，这才是历史发展的潮流，通过国家变法自强，来顺应和推动历史的前进。

2. 以史资政的史学思想

传统史学以史资政、以史辅政、以史教化的经世致用思想非常鲜明。康有为编纂《日本变政考》就体现了他很明确的以史资政的史学思想，就是要用该书来发挥其经世价值，为政治服务。在《日本变政考》之前的日本研究史籍中，很少有专门记载和研究日本明治维新变革者。康有为《日本变政考》采用编年体的编纂方式，几乎是将日本明治维新的每一条措施都详细而具体地记载下来。而康有为如此编纂的最重要的目的就是来为光绪帝的戊戌维新变法服务，是一种重要的参考样本。

对于其他人编纂的日本研究史籍康有为并不满意，所以他说："恨旧日书日本事者，不详其次第变革之理，无以窥其先后更化之宜。"②因此康有为就要用编年纪事的方式，详细地将明治维新的措施记载下来，而且他还以案

---

① 康有为：《日本变政考》卷 1，收入蒋贵麟主编：《康南海先生遗著汇刊》（十），台北：宏业书局，1987年，第 12 页。

② 康有为：《日本变政考·序》，收入蒋贵麟主编：《康南海先生遗著汇刊》（十），台北：宏业书局，1987年，第 2 页。

语的形式表达自己对这些问题的看法。并且在全书最后的跋语中，康有为还写道："右日本变政，备于此矣。其变法之次第，条理之详明，皆在此书。其由弱变强者，即在此矣。"①很显然康有为认为此书的编纂宗旨已经实现，就是将明治维新变法的具体过程详细地展现出来，再用自己的案语表达日本如此做法的原因，以及对成功经验的总结评价，最终的目的就是为光绪帝的变法提供借鉴。所以说，《日本变政考》体现了康有为非常明显的以史资政的思想。

康有为对《日本变政考》所起到的资政作用是有着高度自信的，他曾说："新政之旨，有自上特出者，每一旨下，多出奏折之外，枢臣及朝士皆茫然不知所自来，于是疑上谕皆我所议拟，然本朝安有是事？惟间日进书，上采案语，以为谕旨。"②前文已述，此不过是康有为的张扬之语，《日本变政考》根本没有起到这么大的政治作用。但是康有为既然敢如此自夸此书，说明在编纂《日本变政考》时他有着强烈的经世致用目的，就是要为他的政治主张和变法思想与实践服务的，而该书也很好地体现了康有为以史资政的史学思想。

3. 以日为师的思想

康有为编纂《日本变政考》并不局限于编纂一部日本的明治维新史，而是怀着强烈的致用目的，就是要以日本的变法经验为师，来服务于中国的变法改良的现实实践。从清代日本研究史籍的编纂史来看，大部分都是着眼于编纂日本历史本身，主要是来记载和观察日本的历史，是通过编纂史籍来使得国人了解日本。但是基本不会涉及中国问题，也即只是就日本来谈日本，而不会涉及清朝，更不会触及时政。如清朝前期的日本研究中，翁广平所编纂的《吾妻镜补》就是一部专门的日本通史，没有涉及中国问题。再如后来的一些驻日使馆人员编纂的史籍和游历使们完成的考察报告类史籍，几乎都是将日本的情况如实的记载下来，提供给清政府作为决策的依据，而不是直接针对中国问题提出看法。只有黄遵宪的《日本国志》与以往稍有不同，该书中所加的"外史氏曰"的评论中涉及对明治维新的一些评论，但

---

① 康有为：《日本变政考·跋》，收入蒋贵麟主编：《康南海先生遗著汇刊》（十），台北：宏业书局，1987年，第335页。

② 康有为著，楼宇烈整理：《康南海自编年谱》，北京：中华书局，1992年，第47页。

也仅限于对日本改革的评论，而希望中国的有关人士能够从中得到启发，而不是他直接点明中国问题所在。康有为《日本变政考》与其他日本研究史籍的区别之处就在于，他通过一系列的案语，直接提出了如何借鉴日本经验进行改革的观点。这正体现了康有为编纂《日本变政考》以日为师服务中国的思想。

康有为在《日本变政考》中是以日本明治维新的历史叙述为表象，而内里的核心观点就是他所加的诸多案语，这些案语很多都是直接为光绪帝的维新变法提供针对性的决策，是为了服务中国而发表的议论。他在该书的跋语中还写道："吾国甘于弱亡，不愿改制则已。如欲保全，不能不变法。欲变法，又恐其错误，则日本为吾之前驱矣。……然切于中国之变法自强，尽在此书。臣愚所考万国书，无及此书之备者。虽使管葛复生，为今日计，无以易此。我皇上阅之，采鉴而自强在此。若弃之而不采，亦更无自强之法矣。"①这里康有为明确提出了以日本为师的思想，而且他认为中国与日本的情况非常相似，既有相同的风俗，又面临共同的问题，所以日本的经验适合中国充分借鉴。他对《日本变政考》有着强烈自信，只要光绪帝按照他书里所提供的建议去实施变法，清朝就一定能够强大起来。

总之，康有为编纂《日本变政考》就是要通过借鉴日本明治维新的经验，集中表达他的变法改良观。我们从中既能看到他相信历史是不断进化发展的历史观念，也能体会到他以史资政的史学思想。当然，从清代日本研究史籍的角度来看，《日本变政考》中所体现的叙述日本历史的同时直接为中国问题提出见解的作法比较特殊，这也是史籍编纂与政治人物的活动相互影响的一个例证。

第二节　王先谦编纂《日本源流考》

王先谦，字益吾，号葵园，人称葵园先生，湖南长沙人，生于 1842 年，

---

① 康有为：《日本变政考·跋》，收入蒋贵麟主编：《康南海先生遗著汇刊》（十），台北：宏业书局，1987年，第335-356页。

卒于 1918 年。^①王先谦曾任国子监祭酒、江苏学政等职，晚年曾主讲岳麓书院。《日本源流考》是王先谦编纂的一部日本研究史籍，也是我国最早的一部编年体日本通史。学术界目前对王先谦的史学思想以及《日本源流考》一书都有不少的研究成果^②，本文将在前人研究的基础上，从清朝日本研究史籍的角度探讨该书的编纂情况及其日本研究的特点。

一、王先谦的主要史学成就

王先谦一生涉足政治和学术两途，但真正的成就还在学术方面。王先谦读书治学十分用功，"数年以来，梦中常至一室读书，语句多不可解，读时却甚通畅，醒不能记一句，或一连三五夜如此。想因迩年读书用心过度，精

---

① 按：以前学者多认为王先谦卒于 1917 年，今据孙玉敏等人考证知其卒于中华民国六年（丁巳年）农历十一月二十六日，转换为公历即为 1918 年 1 月 8 日。参见孙玉敏：《王先谦生卒年考辨》，《船山学刊》，2005 年第 4 期，第 38-39 页。

② 按：最早对王先谦史学进行研究的是吴泽主编的《中国近代史学史》，其中认为《日本源流考》是"一部宣扬封建君主专制统治、反对维新变法的著作"，并且评价说："《日本源流考》不仅贯串着封建地主阶级顽固派的封建正统主义政治观点和历史观点，而且在史料上也是东拼西凑而成，在史料上亦无多大参考价值。"（吴泽主编，袁英光、桂遵义著：《中国近代史学史》下册，南京：江苏古籍出版社，1989 年，第 2 页、第 4 页。）陈鹏鸣在《中国史学思想通史·近代前卷》中专门研究了王先谦的史学思想，指出王先谦在《日本源流考》中对日本成功原因的错误认识，并且认为此书的编写目的是为反对康梁变法的理论依据，但是也反映出王先谦对于当时社会现实的关注。（吴怀祺主编，陈鹏鸣著：《中国史学思想通史·近代前卷》，合肥：黄山书社，2002 年，第 171 页。）近年来关于王先谦的研究逐渐增多，其中有三篇博士学位论文值得关注。其一是北京师范大学孙玉敏博士撰写的《王先谦学术思想研究》，文中辟专章研究了王先谦的史学思想，作者认为王先谦写作《日本源流考》的动机是"从国家安全角度，申明和日本处理好关系的重要性"和"不满于维新派对日本历史的研究结论尤其是维新派对日本明治维新经验的总结"，并且归纳了《日本源流考》的四个主要思想：宣扬了日本万世一系的天皇体制、赞美了中日之间源远流长的文化交流、颂扬了明代军民的抗倭斗争、对明治维新进行了较全面客观的介绍。（孙玉敏：《王先谦学术思想研究》，北京师范大学博士学位论文，2005。该论文已经整理出版，参见孙玉敏：《王先谦学术思想研究》，哈尔滨：黑龙江人民出版社，2008 年。）其二是中国人民大学王青芝博士撰写的《中西文化视野下的王先谦研究——以史学为中心》，文中详细介绍了《日本源流考》的内容，并且得出二点认识：《日本源流考》是中国编撰的第一部编年体日本史、《日本源流考》反映了王先谦深厚的治学功底。（王青芝：《中西文化视野下的王先谦研究——以史学为中心》，中国人民大学博士学位论文，2007 年。）其三是复旦大学程天芹博士撰写的《王先谦的外国史地著作述论》，文章对王先谦晚年完成的三部外国史地著作（《日本源流考》《五洲地理志略》《外国通鉴》）进行了研究，分析其史料来源、成熟过程、研究特点等问题，认为王先谦外国史地著作的撰写是一个视域逐步开阔的过程，其研究具有历时长、形成系列研究、多以某一种或几种书为"底本"擅长作注、史地结合、以"通"为主、领域逐步扩展等特点。（程天芹：《王先谦的外国史地著作述论》，复旦大学博士学位论文，2009 年。）

神亏耗，致兹梦幻也。"①正是到了这种痴迷的状态，才使得王先谦的学术功底十分深厚。而且王先谦治学兼及经史子集各个领域，其代表性著述有《尚书孔传参正》《汉书补注》《荀子集解》《虚受堂诗集》等数十种，经其编校和刻印的书籍也有几千卷，对于中国传统学术的贡献可见一斑。可以说，王先谦治学"门庭广大，博洽多通，根柢雄厚，实非泛泛涉猎者比"②。而在史学方面的成就最为突出。

1. 对正史的注释和校勘

清代学者大多关注对历代正史的研究，王先谦的《汉书补注》和《后汉书集解》就是其中的两部重要著作。清代学者的工作往往都是在前人研究的基础上进行的修订，王先谦也是如此，他整理了历代关于两汉书的研究成果，订正讹误，汇集各说，足资后来研究者参阅。王先谦这两部书的优点是不埋没前人研究的闪光点，并且为后人提供便利，而且又考订错误，让后人研究少走弯路。"他能把各家的优点表达出来，而同时又能注意到为原书服务的精神，使新校注既完备，又扼要。"③清代学者在中国学术上的总结性特点，在王先谦身上有很好的体现。

2. 对民族史和地方史的深入研究

王先谦在民族史和地方史方面也有突出的成绩，主要是编纂了蒙古族的编年史《蒙古通鉴长编》和河北中部的地方史《鲜虞中山国事表疆域图说》。清代学者在蒙元史方面有比较突出的成绩，如钱大昕补《元史》的艺文志和氏族表，洪钧编纂《元史译文证补》等等，而且像《元史译文证补》都使用西方的蒙元史资料。王先谦则根据这些新发现的资料，再加上《元朝秘史》等传统史籍，将蒙古入主中原前的历史编订为《蒙古通鉴长编》一书，不仅补充完整了大蒙古国时期的历史，而且还订正了不少明朝所修《元史》中的讹误。《鲜虞中山国事表疆域图说》则是研究春秋战国时期河北中部的一个小国——中山国的历史。中山国虽然面积不大，但也存在了200余

---

① 王先谦：《王先谦自定年谱》（卷上）"光绪五年己卯"条，收入王先谦著，梅季标点：《葵园四种》，长沙：岳麓书社，1986年，第698页。

② 张舜徽：《清儒学记》，武汉：华中师范大学出版社，2005年，第247页。

③ 刘节：《中国史学史稿》，郑州：中州书画社，1982年，第348页。

年，也算是比较有影响力的小国，而以往的史书都对此语焉不详，王先谦编纂此书"在中山历史的考订上，真可谓空谷足音"①。这对于推进燕赵地方史的研究是有学术价值的。

3. 对外国史地研究的新突破

王先谦不仅对传统学术有深入的研究，而且也非常关注世界局势的变化，并在外国史地研究上有新的突破。1905 年，湖南巡抚端方积极谋求地方改革，并希望请王先谦参与其中，但王先谦并没有答应，而是"允为编纂新学书数部，以塞其意。于是有编辑《外国通鉴》、《五洲地理图志略》二书之举。造端宏大，年力已颓，未卜果能竣事否也"②。这也是王先谦晚年编纂外国史地之书的一个重要缘起，是希望通过介绍和研究世界局势来支持地方的新学变革。王先谦约用时 5 年将《五洲地理志略》编纂完成并刊印出版，该书详细介绍了世界各大洲的地理和政治、文化等情况，为清末国人开阔视野发挥了重要作用。当然，该书在介绍外国史地知识的基础上，"将忧国意识与传统的史学方法融入撰写内容之中"③，在清末史学史上是有独特价值的。王先谦另外一部外国史地之书《外国通鉴》并未刊刻，根据目前所见稿本获得的信息是："在《日本源流考》的基础上，著者王先谦除将书名改变为《外国通鉴》外，还将纪年改为只以甲子及中国年号为纲，小字增写其他各国的条目内容，其中一些国家如暹罗、缅甸等条目，经考证大部分来自王氏的另一部外国研究专著《五洲地理志略》。王氏在书眉及书缝中，还注'朝鲜一条'、'安南一条'等等，当为他以待定稿时拟增补其具体内容的提示语。从王氏手写的文字来看，这部待定稿本的内容除日本外，还包括了朝鲜、琉球、土耳其、印度、暹罗、真腊、骠国、越南、马来亚、吕宋、爪哇等等国家或地区。"④所以此书应该未为完稿，至少最终王先谦没有来得及认

---

① 参见王先谦撰，吕苏生补释：《鲜虞中山国事表疆域图说补释·序言》，上海：上海古籍出版社，1993年，第 1 页。

② 王先谦：《王先谦自定年谱》（卷中）"光绪三十一年乙巳"条，收入《葵园四种》，长沙：岳麓书社，1986 年，第 762 页。

③ 刘芹：《论王先谦的〈五洲地理志略〉》，《史学史研究》2006 年第 4 期，第 41 页。

④ 全国公共图书馆古籍文献编委会：《外国通鉴稿》，北京：中华全国图书馆文献缩微复制中心，1997年，第 3-4 页。

真而全面的加以修订，其自序也称："当此图书大集之时，不为之存其厓略，亦考古者缺憾事矣。于是辑而录之，成三十三卷。"①或许当时只是进行了资料辑录的工作，但王先谦已近晚年，无力进行更大规模的修订和撰述。

王先谦的史学成就比较突出，治学范围也是兼通中西，不仅对传统史学的继承和发扬做出了贡献，而且对于外国史地研究的推动也是发挥了重要作用。

二、《日本源流考》的编纂

《日本源流考》是王先谦晚年编纂的一部重要的域外史地研究著作。从日本研究史学发展史来看，该书是我国最早的一部编年体日本通史。目前该书常见的版本是光绪二十八年（1902）思贤书舍刻印本，王先谦差不多于此前一年九月就已经编纂完成此书，但他何时开始编纂此书仍然还是个问题，目前学界已经推知的编纂开始时间应该是在"戊戌维新时期"。②其实王先谦从萌发编纂《日本源流考》的动机到搜集资料开始写作应该是经过一个准备过程的。

从写作动机来看，有学者根据王先谦光绪六年（1880）上奏朝廷提出"联日抵俄"奏折就开始准备撰写《日本源流考》。③但我们梳理历史发展脉络就会发现，此时王先谦的言论并非个人独见，当时很多朝野人士针对俄国的威胁都提出了联合日本来共同抵御俄国的策略。王先谦此时也只是跟随其他人的说法来附和应该联合日本，他此时对日本还谈不上有什么研究。他此时接触到的日本信息甚少，也缺乏必要资料。王先谦真正开始关注日本应该跟当时大部分人士一样，是在甲午战争之后。甲午一役，给清朝朝野造成了很大震动，不得不关注起这个曾经的东瀛"学生"。特别是像黄遵宪《日本国志》这样的日本研究史籍在国内洛阳纸贵之时，王先谦也受到激励。所以说，王先谦在甲午战争之后开始编纂《日本源流考》符合历史实际状况。

① 王先谦：《虚受堂文集》卷6《〈外国通鉴〉序》，收入《葵园四种》，长沙：岳麓书社，1986年，第126页。

② 时培磊、金久红：《王先谦〈日本源流考〉略论》，《史学史研究》2014年第3期，第40页。

③ 按：孙玉敏《王先谦学术思想研究》中总结《日本源流考》的写作动机第一条为："从国家安全角度，申明和日本处理好关系的重要性。"（哈尔滨：黑龙江人民出版社，2008年，第217页）。

1898 年，戊戌变法开始，当时王先谦所在的湖南是响应变法活动较为热烈的地区之一。上有湖南巡抚陈宝箴的大力支持，下有黄遵宪、谭嗣同、唐才常等人的积极推动，湖南的维新运动异常迅速。①此时身在湖南的王先谦不得不引发对国家变革和发展问题的思考，最终他还是决定支持变法活动，并且在主持的岳麓书院中进行课程改革，并参与《时务报》和时务学堂的活动。②但随着变法活动的日益深入，已经开始突破王先谦"中学为体，西学为用"底线的时候，他开始不再支持维新变法活动。并且认为："所谓西学者，今日地球大通，各国往来，朝廷不能不讲译学。西人以工商立国，用其货物，朘我脂膏。我不能禁彼物使不来，又不能禁吾民使不购，则必讲求工艺以抵制之，中国机庶可转。故声、光、化、电及一切制造、矿学，皆当开通风气，力造精能。国家以西学导中人，亦是于万难之中，求自全之策。督抚承而行之，未为过也；绅士和之，未为过也。故从前火柴、机器各公司，先谦与闻其事，确系中心之诚，以为应办，至今并无他说。"③所以他只赞成在技术层面的革新，但是对于触及传统底线的变革王先谦是持反对立场的。

转变观念之后的王先谦开始站出来反抗康梁的变法学说，并且认为："然朝廷之所采者，西学也，非命人从西教也。西教流行，势不能禁，奸顽无赖从之，犹有说也；学士大夫靡然归美，此不可说也。至康、梁今日所以惑人，自为一教，并非西教。其言平等，则西国并不平等；言民权，则西主实自持权。康、梁谬托西教，以行其邪说，真中国之巨蠹，不意光天化日之中，有此鬼蜮！今若谓趋重西学，则其势必至有康梁之学，似觉远于事情。"④显然他是觉得康梁等人不过打着西学的幌子来实现政治的企图，而且康梁所宣扬的西学根本不是真正的西学。所以王先谦立志亲自探寻西学，而当时康梁等人维新变法的主要参考样本就是日本，因此王先谦的研究也要从日本开始。正是在这样的时代背景下，以及王先谦个人思想的演变过程中，他的日本研究热情才调动起来，《日本源流考》的编纂也就是顺理成章

① 参见汤志钧：《戊戌变法史》，北京：人民出版社，1984 年，第 249 页。

② 参见梅季：《葵园四事辨》，《文史》第三十三辑（1990 年），第 299-308 页。

③ 王先谦：《虚受堂书札》卷 1《复学生吴兢》，收入《葵园四种》，长沙：岳麓书社，1986 年，第 863-864 页。

④ 王先谦：《虚受堂书札》卷 1《复学生吴兢》，收入《葵园四种》，长沙：岳麓书社，1986 年，第 864 页。

之事。

另外，1899 年，王先谦在写给日本人宗方北平的信中也谈到了《日本源流考》的编纂问题，其文曰："曾为贵国《源流考》一书，根据中国史志，参稽贵邦图籍，颇有斐然之观。惟明治以来，搜讨不悉，迟未付梓。"[①]这证明王先谦已经进行了该书的编纂工作，"颇有斐然之观"说明已经完成了大部分的工作，但是对于明治维新以来的情况，仍然"搜讨不悉"，所以他需要再做进一步的工作。从最后的出版时间来看，王先谦至少又进行了一年多的补充修订工作。但基本可以确定的是王先谦编纂《日本源流考》的开始时间肯定是写作此信之前，应该就是在戊戌变法期间。

三、《日本源流考》的特点

1908 年，《日本源流考》与王先谦编纂的其他三部书籍经由湖南巡抚奏献朝廷，获得嘉奖，其对《日本源流考》的评价是："于彼国治乱得失、政事学术，皆能窥见本原，而以编年之体，旁搜官私记载，用能择精语详。"[②]基本抓住了该书编年记事详备的特点，但仍未为周全。《日本源流考》作为清末编纂的一部编年体日本通史，体现了王先谦治学严谨的特点，并且在日本研究史籍的发展史上也有独特的价值。

1. 开创编年体日本通史的写作方法

从中国传统史书的编纂形式来看，既有纪传体和编年体两大史书体裁，又有时间段限上的通史和断代史之分。从明清日本研究史籍发展史上来看，在此之前既有编年体的史籍如《日本变政考》等，又有通史类的史籍如《吾妻镜补》等，而唯独缺少一部编年体的通史著作，《日本源流考》的问世正好弥补了这种缺憾。

在《日本源流考》中，王先谦采用编年纪事的方式，记载了日本从神武天皇到明治天皇的两千余年历史。基本按照传统编年体史书的方法，上书天

---

① 王先谦：《虚受堂书札》卷 1《复日本宗方北平》，收入《葵园四种》，长沙：岳麓书社，1986 年，第 885 页。

② 王先谦：《王先谦自定年谱》（卷中）"光绪三十四年戊申"条，收入《葵园四种》，长沙：岳麓书社，1986 年，第 767 页。

皇年份，下记国内朝政大事，按照天皇的在位时间先后串联起日本历史发展的全过程。王先谦编纂日本研究史籍采用编年体的体裁，跟他所编纂史书的经历有一定的联系，纵观王先谦所编纂的各类史书以编年体居多，如前述地方史、民族史类和外国史地类的史书大部分都是编年体。编年体史书在按年纪事方面有独特的优势，而且能够很清晰地把握历史发展的大势和脉络。另外，王先谦当时所接触的一些日本历史资料也都有利于采用编年体体裁来编写，如他所搜集的各种日本年表资料都为其采用编年体提供了很大方便。而其采用通史的编纂方式，也是中国史家的优良传统，因为通史的编纂方式可以更好地"通古今之变"，比断代史更容易把握历史的发展大势，从而有助于探索历史发展的规律。王先谦的《日本源流考》开创了编年体日本通史的作法，对日本研究史籍的发展具有独特的价值。

2. 广泛征引资料、审慎考辨史实

在明清时期的日本研究中，很多史籍都是广征博引之作，并且在具体史实的记载上也都重视考证，王先谦编纂的《日本源流考》也很好地诠释了这一研究特点。

从王先谦的学术知识背景来看，他的治学兼及经史子集四部，有着深厚的学术功底，所以他有广泛搜集各种资料的学术基础。《日本源流考》中就能体现出王先谦对中国传统学术资料的熟稔，其中既有征引官方编纂的政史、类书，也有参阅私家编纂的地方史志以及域外史地之书。另外，王先谦还能广泛搜集各种日本史料，特别是他在《日本源流考》编纂的后期，主要围绕明治维新变法以来的历史进行资料搜集，并且得到了一些日本友人的各种帮助。如当时与王先谦有过频繁书信往来的日本人宗方北平，就为王先谦提供了一些日本方面的资料。另外，还需注意的一点是，王先谦征引资料时并未考虑政治立场的问题，如与他在维新态度上相左的黄遵宪编纂的《日本国志》也成为王先谦征引资料的对象。可以说，王先谦编纂《日本源流考》征引资料的范围遍及中外古今各种资料，体现了详尽占有资料的编纂史书原则。

在对日本具体史实的记载上，王先谦遵循基本的考据原则，只要经过审慎考辨的内容才会编纂进《日本源流考》中。王先谦对待搜集来的资料的态度是不完全信从一种，而且进行多种资料的互相校正，最终采信比较可靠的说法。而且在写进《日本源流考》时，也采取传统史学的考异之法，将不同的说法列出，并且加以案语的形式来厘清历史真相。且看他所加的一条案语：

> 案：日本初通中国自称吴太伯后，亦相传为徐福后。源光国作《大日本史》去太伯后语。赖襄《日本政纪》并徐福亦屏不书。《日本国志》云，太伯之后本无所据，殆以日本断发文身俗类句吴，故有此伪传。……先谦案：史志皆谓澶州为徐福遗人，而澶州未闻立国，疑即纪伊、熊野之地。徐福未往日本以前，彼土非必虚无人民，是否中国苗裔，无所用其争执。或国制得华人而益明，《志》言较合事理。日本《神皇正统记》云，秦始皇好仙，求长生不死之药于日本，日本求三皇五帝书，始皇赠之，则邻于荒诞矣。①

从中我们可以很明显地看到，王先谦首先是要罗列各种说法，而且采信其中比较可靠的说法，并且加以案语表明自己的态度。徐福东渡本身就是无法找到历史真实铁证的事件，日本一些史书的记载自然可以进行证伪。王先谦这里采用的考异求证的史籍编纂方法还是值得肯定的。当然对于一些没有什么资料可资参证的问题，王先谦也只能采取在书中存疑的办法，如他的一条案语："案：《史》十一月，《图编》六月，互异。"②就是在《明史》和《筹海图编》两处记载抵牾的情况下，又没有更多资料可资证明，只能采取暂时存疑的态度，这也是一种比较客观的修史方式。

3. 经世致用的特点

经世致用是中国传统史学的重要思想，也是传统史家在编纂史籍中要渗透的理念。在明清时期编纂的日本研究史籍中，经世致用是最明显的一种编纂思想，王先谦的《日本源流考》就很好地体现了这一特点。王先谦自身的治学中也有经世致用的特点，如岑春煊就曾评价王先谦的学术著作"大都皆

---

① 王先谦：《日本源流考》卷1，光绪二十八年（1902）思贤书舍刻本，页26A—B。
② 王先谦：《日本源流考》卷15，光绪二十八年（1902）思贤书舍刻本，页23A。

务实之学，有用之书"①。

《日本源流考》中体现王先谦经世致用思想的就是对日本明治维新的记载，这不仅是他反对康有为《日本变政考》的变法观，也是希望自己能从历史的研究中得出真实的经验借鉴。王先谦采用编年纪事的方式详细记载了日本在明治维新期间所采取的一系列改革措施，并且还从自己的角度进行了经验总结："居今而言变法，不必事事慕效，惟务开广地利，毋俾他人我先。兼审外商所以歆动吾民而攫取其财，何者最甚？亟劝导斯人率作兴事。行是二者，必以放勋之劳来辅翼为心，匪特不争其利，亦并不预其事，鼓天下之智力，以求保我君民共有之元气。国家灵长之祚，或在兹乎！"②这也是暗指不应该像康有为那样事事效法日本，而应该坚持他的"中学为体、西学为用"的根本主张，必须保住原有的封建传统，而只需学习日本的先进技术。并且他还说："日本得志之后，所刊《维新史》《法规大全》诸书，扬翊过情，观之徒乱人意，不可概执为兴邦之要道也。是书成，因附述鄙见，以质当世如此。"③也就是让人们相信他对日本明治维新的记载，以及从中总结的经验教训，而不是去相信康有为等人为了政治改良目的而进行的歪曲。王先谦在《日本源流考》中为清政府指出的借鉴之道是："考其内政所施，惟力课农桑，广兴工艺，为得利之实。而以官金资助商会，知保商即以裕国，从而维持附益之，斯得西法之精者也。"④站在今天的角度看，王先谦的认识显然是落后于时代发展步伐的，清朝已经在这条道路上走了很久，但已经证明行不通，真正要实现国家的强盛，必须进行根本的改革，仅是学习西方技术是无法改变清朝衰亡的命运的。当然王先谦提出这样的认识，也是站在务实发展的角度来谈，他是希望他的总结是对清朝有用的。

总之，王先谦编纂的《日本源流考》是清末编纂的一部重要的日本研究

---

① 王先谦：《王先谦自定年谱》（卷中）"光绪三十四年戊申"条，收入《葵园四种》，长沙：岳麓书社，1986年，第766页。

② 王先谦：《虚受堂文集》卷6《〈日本源流考〉序》，收入《葵园四种》，长沙：岳麓书社，1986年，第114页。

③ 王先谦：《虚受堂文集》卷6《〈日本源流考〉序》，收入《葵园四种》，长沙：岳麓书社，1986年，第114页。

④ 王先谦：《虚受堂文集》卷6《〈日本源流考〉序》，收入《葵园四种》，长沙：岳麓书社，1986年，第113-114页。

史籍，他所采用的编年体通史的编纂方式，也丰富了明清时期日本研究史籍的编纂方式。其中所体现的广泛征引资料并且审慎考证史实以及经世致用的特点，都是值得注意的。

本章主要围绕甲午战争之后的两部最具代表性的日本研究史籍《日本变政考》和《日本源流考》进行分析，虽然两书作者的主要观点几乎完全相反，但却以不同的编纂形式记载了日本的历史，特别是将明治维新的历史传入了国内。不管康有为和王先谦对于明治维新的经验总结有何差异，都为当时国内的发展提供了一家之言，为民众了解日本提供了渠道。另外，还需补充的是，在清末组织的五大臣出洋考察中，载泽一行对于日本的考察附带成果是回国后陆续编译出版了若干有关日本的书籍。如《日本宪政说明书》《日本宪政疏证》《日本自治理由》《日本宪政略论》《日本行政官制》等等，这些书籍主要"以介绍日本宪政制度为主"，"对清末宪政改革产生了直接影响"。[①]但这些书籍主要是官方组织的编译资料，作为清政府宪政改革参考之用，不具有史籍基本特点，所以本书暂不做深入探讨。总之，甲午战争之后的日本研究史籍更主要关注日本明治维新的历史作用，并且具有明显的经世致用特点。

---

① 潘崇：《载泽出洋考察团编译书籍与清末宪政——兼论清末宪政思想的日本来源》，《近代史学刊》2014年第 2 期，第 184-206 页。

下编

明清时期涉日史籍中的日本观研究

明清时期的日本观是对以前日本观的继承
和发展，许多认识的方法和观念的产生
都有相似之处。因此，在对明清时期涉日史籍中
的日本观展开论述之前，有必要先回顾明清以前
中国史籍中反映的对日认识。

一、先秦时期的日本观

从公元前 12000 年到公元前 300 年的这段时
间，日本大致处于以绳纹式陶器及磨制石器为主
要标志的新石器时代。而在此之前的旧石器时
代，由于与大陆之间有"陆桥"相连，所以日本
列岛与大陆之间联系不断，这从考古发现的石器
技法等都可以得到证实。随着日本列岛与大陆的
分离，日本也逐渐形成独特风格的文化。

先秦时期的中国大陆经历了传说时代到夏商
周的历史演变，这段时期大陆与日本的交往日渐
密切。差不多在殷商时代，中国大陆沿海一些靠
海为生的人开始少量流入日本。他们进入日本之

后，分散而居，很快被当地所同化。因此这个阶段，日本的存在并未在大陆一侧社会生活中形成影响。殷周之际，中国大陆的战乱不断，所以一些沿海居民冒死逃亡海上，无意中流入日本者的人数开始增多。《孟子》中记载："周公相武王诛纣，伐奄三年而讨其君，驱飞廉海隅而戮之，灭国者五十。驱虎、豹、犀、象而远之，天下大悦。"①意思是说，周公讨伐殷商的旧属奄国，并把其国君飞廉赶到海边杀戮。又灭亡其他数个小国，也就是与其合作的夷族。那些被赶到海边的夷人，只有一线希望那就是浮海而逃。所以这批人不少就漂流到了日本列岛。②

进入春秋战国，大陆流入日本列岛居民的范围已从齐鲁沿海地区扩展到燕赵地区。据《史记·封禅书》记载，齐威王、齐宣王和燕昭王在位时期，经常派人入海求蓬莱、方丈、瀛洲所谓的"三神山"，这种活动大多受阴阳学说影响。阴阳家邹衍最早在理论和思想上将世界范围进行扩展，并批评儒家将九州限定在华夏版图内的观点："……儒者所谓中国者，于天下乃八十一分居其一耳。中国名曰赤县神州。赤县神州内自有九州，禹之序九州是也，不得为州数。中国外如赤县神州者九，乃所谓九州也。于是有神海环之，人民禽兽莫能相通者，如一区中者，乃为一州。如此者九，乃有大瀛海环其外，天地之际焉。"③这种学说在齐、燕等处于华夏边缘区域的流布，对当时统治者向华夏外部世界开疆拓土及人们的探索精神有一定的刺激作用。

随着越来越多的沿海居民迁移海外，在当时的中国人心目中已经产生了对海外世界的基本印象。甚至像孔子也曾说过："道不行，乘桴浮于海。"④《山海经·海内北经》有一段疑似涉及日本方位等相关情况的记载。"盖国在钜燕南，倭北。倭属燕。"⑤当然这里所提到的"倭"是否就是《汉书》《后汉书》中所描述的"倭人""倭国"，学术界尚存在争议。"倭属燕"的说法

---

① 杨伯峻：《孟子译注》卷6《滕文公章句下》，北京：中华书局，2003年，第155页。

② 按：根据考古学家对日本海及其周边水文特征的调查，"左旋回流"现象是存在的，上古时期中日航路交通也是可能的。另外，通过考古实物层面的遗迹也证明铜铎技术是顺着日本海左旋回流路线从中国传入的。参见韩东育：《关于日本"古道"之夏商来源说》，《社会科学战线》2013年第9期，第70—76页。

③ 司马迁：《史记》卷74《孟子荀卿列传》，北京：中华书局，1959年，第2344页。

④ 杨伯峻译注：《论语译注·公冶长篇第五》，北京：中华书局，1980年，第43页。

⑤ 袁珂：《山海经校注》，成都：巴蜀书社，1992年，第374页。

可能也不符合历史事实。不过就以先秦时期的日本观来讲，基本反映出对于日本方位有了一些基本认识，只是由于文献的缺载，目前尚无法完全还原。当然随着历史的发展，对于日本的记载逐渐丰富起来。

二、秦汉魏晋南北朝时期的日本观

进入秦汉以后，关于日本的记载开始增多。继《山海经》之后，东汉王充的《论衡》中有"倭人贡鬯草"的记载，就是对日本与中国关系的一种看法，以及对日本物产的了解。

秦汉时期的日本观资料更多的是关于移民问题的。秦统一六国以后，随着统治区域的扩大，对于人们的控制也就越来越严格。刚刚经历过战乱的人们，尚未得到喘息就又受到虐政的残害，因此反抗和逃难就是必然的选择。当时的朝鲜半岛因为僻居远陬，成为逃避中原苛政和兵乱的世外桃源。其中一批人就是通过朝鲜半岛进入了日本列岛的。当然更值得一提的是徐福东渡。徐福一行是否到达日本，目前学术界尚存争议。但是中日两国留存至今的徐福遗址至少说明对当时中日交流的一种认同。也表明当时确实有不少中国人到过日本，而且对日本列岛应该有了基本的认知。汉代秦兴以后，开始先实行休养生息的政策，等到国力强盛之时就开始将荒远之地收入版图。其中包括在朝鲜半岛设立的乐浪、真番、玄菟和临屯四郡，直接归中央管辖并大量移民屯边。对边疆地区的开发，加快了与域外族群的交往进程。通过朝鲜半岛，汉与日本列岛开始建立直接联系。《汉书》记载："乐浪海中有倭人，分为百余国，以岁时来献见云。"[①]这说明当时汉朝一方通过朝鲜半岛来定位日本列岛，并了解其基本政治状况，并且列岛上部分族群和汉朝之间建立了朝贡关系。

东汉时期，中日之间的交流更加频繁，对日本的了解也进一步加深。根据《后汉书·倭传》的记载，可知当时已经知道日本的大体方位和风俗习惯。当然《后汉书》的作者范晔可能是从《三国志·魏书·倭人传》（以下按惯例简称《魏志·倭人传》）中径直抄来，但是也大体符合当时的历史事

---

① 班固：《汉书》卷28《地理志》，北京：中华书局，1962年，第1658页。

实。并且其中记载称："建武中元二年，倭奴国奉贡朝贺，使人自称大夫，倭国之极南界也。光武赐以印绶"①这段记载已经被出土实物所证实。1784年，日本筑前国志贺岛（今福冈县）一位农民在挖水沟时掘到一个石室，上覆巨石，下以小石为柱，中藏一印。此印为金质蛇纽，阴文篆字，上书"汉委奴国王"。经测量，此印重 108.729 克，高 2.236 厘米，纽高 1.312 厘米，印面约 2.35 厘米见方，厚约 0.91 厘米。根据尺寸，可以发现此印基本符合汉印的规制，印文前冠以朝代之名和蛇纽印制也符合当时赐给蛮夷君长印绶之制。学术界已经基本认定此印就是《后汉书》中所记汉光武帝赐予倭奴国之印。三宅米吉曾经考证印中所称的"奴"应该位于福冈县博多附近。木宫泰彦也指出，倭奴国的位置与海神国地望相合。②这段资料也说明当时东汉和日本之间已经有官方往来，而且进行了朝贡和册封。

魏晋南北朝时期，中国对日本认识程度愈加深入，较为成型的日本观开始形成。曹魏代汉后，邪马台国女王卑弥呼，开始主动与魏国建立联系。这一阶段最重要的历史记载是《魏志·倭人传》。其对当时倭国进行了如下记载："倭人在带方东南大海之中，依山岛为国邑。旧百余国，汉时有朝见者，今使译所通三十国。"③带方郡在乐浪郡以南，带方东南大海之中的倭人大致指的是日本列岛西南部，如九州、本州西南部一带的列岛先民。其上分为百余国。当然文中所称的"今"应该不是魏朝，因为陈寿《魏志》的内容很多是根据已佚的鱼豢的《魏略》而写成。《魏略》约成书于晋太康年间（280—289 年），所以"今"应该是指魏晋之际。这里的三十国也不是指日本列岛全部，而是邪马台国及其周边的一些小国，大致与现今日本近畿地区以西的区域重合。

通过《魏志·倭人传》还可以了解此时中国对日本的政治、经济、物产等已有相当了解。比如介绍对马国的情况时就称："其大官曰卑狗，副曰卑奴母离。所居绝岛，方可四百余里，土地山险，多深林，道路如禽鹿径。有

---

① 范晔：《后汉书》卷 85《东夷列传·倭》，北京：中华书局，1965 年，第 2821 页。

② 木宫泰彦著，《日中文化交流史》，胡锡年译，北京：商务印书馆，1980 年，第 12 页。

③ 陈寿：《三国志》卷 30《魏书·倭》，北京：中华书局，1959 年，第 854 页。

千余户，无良田，食海物自活，乘船南北市籴。"①这段材料中反映了当时对马国的首领，以及所处的地理方位，并且其国的基本风貌是山林较多，道路曲折。人口在千余户，因为没有良田，所以基本的生活方式就是依靠捕鱼，并与其他地区进行商品交换。

在这篇传记中，还对日本人和日本风俗有不少的记载，也是日本观的基本内容。对于日本人风俗的记载称：

> 男子无大小，皆黥面文身。自古以来，其使诣中国，皆自称大夫。夏后少康之子封于会稽，断发文身，以避蛟龙之害。今倭水人好沈没捕鱼蛤，文身亦以厌大鱼水禽，后稍以为饰。诸国文身各异，或左或右，或大或小，尊卑有差。……其风俗不淫，男子皆露（纟介），以木棉招头。其衣横幅，但结束相连，略无缝。妇人被发屈（纟介），作衣如单被，穿其中央，贯头衣之。②

这段记载反映出当时中国对日本人风俗习惯和衣着形象的基本看法，男子文身，原为潜水捕鱼的"保护色"，后成为习惯性装束。社会风俗较淳朴。此时日本列岛的男女衣饰简约，与当时中国发达的衣饰文化差距较大。此外，文中还记当时日本主要种植禾稻、苎麻和桑蚕，并进行纺织，但无牛、马、虎、豹、羊、鹊等动物。兵器主要用矛、楯和木弓，木弓为下短上长，用竹箭、铁镞或骨镞。

对于日本的生活习俗的认识在这部传记中也有反映。由于日本比较温暖，所以冬夏都以生菜为食，赤脚跣足。对其生活习俗还记到："有屋室，父母兄弟卧息异处，以朱丹涂其身体，如中国用粉也。食饮用笾豆，手食。其死，有棺无椁，封土作冢。始死，停丧十余日，当时不食肉，丧主哭泣，他人就歌舞饮酒。已葬，举家诣水中澡浴，以如练沐。"③由此可知，当时日本的习俗是居住于屋室之内，但不同居，并以朱丹涂身。饮食习惯于手抓。他们的丧葬习俗是，死后有棺无椁，不崇尚奢华的丧葬礼仪，只是起坟冢而

① 陈寿：《三国志》卷30《魏书·倭》，北京：中华书局，1959年，第854页。
② 陈寿：《三国志》卷30《魏书·倭》，北京：中华书局，1959年，第855页。
③ 陈寿：《三国志》卷30《魏书·倭》，北京：中华书局，1959年，第855页。

已。人死后一般要进行停丧十余日，在此期间不能食肉，家属要哭丧，而其他人则可以唱歌跳舞和饮酒。等下葬以后，全家都要进行沐浴，作为正式的丧葬礼仪的结束。另外对于日本乘船到中国的特殊习俗的记载也很有价值。他们渡海来华时都要在船上随行一个称之为"持衰"的人，此人要保持不梳头、不去虮虱、衣服污垢、不吃肉、不近夫人，作为基本的行为准备。如果此行顺利，那么船上的其他人员都要给这位"持衰"之人以生口和财物，以作为酬谢。如果此行遭遇疾病或者灾难，则认为是"持衰"之人没有坚持基本修行原则，有可能就会杀之以示惩罚。这种习俗是日本社会早期对神道的一种信仰的反映，也是海洋国家对航行中要经历修行以祈求海神保佑平安的反映。这种信仰和习俗也体现在占卜之术的盛行上。当时凡是要进行重大活动或者行事都要先进行占卜，方法是将兽骨放到火上烘烤，根据其裂纹来判定吉凶，再决定具体的行动计划。这种习俗和中国的占卜习俗比较相似，都是一种在认识自然和社会尚处于初级阶段的一种反映，或者说原始信仰的一种体现。

另外在这部传记中还对当时中日两国的外交关系进行了记载，也反映出魏人对日本政治地位的基本看法。魏明帝景初三年时①，倭王遣大夫难升米来华求见，随后魏国赐给日本的诏书中这样写道：

制诏亲魏倭王卑弥呼：带方太守刘夏遣使送汝大夫难升米、次使都市牛利，奉汝所献男生口四人，女生口六人，班布二匹二丈，以到。汝所在踰远，乃遣使贡献，是汝之忠孝，我甚哀汝。今以汝为亲魏倭王，假金印紫绶，装封付带方太守假授汝。其绥抚种人，勉为孝顺。汝来使难升米、牛利涉远，道路勤劳，今以难升米为率善中郎将，牛利为率善校尉，假银印青绶，引见劳赐遣还。今以绛地交龙锦五匹、绛地绉粟罽十张、蒨绛五十匹、绀青五十匹，答汝所献贡直。又特赐汝绀地句文锦三匹、细班华罽五张、白绢五十匹、金八两、五尺刀二口、铜镜百枚、真珠、铅丹各五十斤，皆装封付难升米、牛利，还到录受。悉可以示汝

---

① 按：《魏志·倭人传》中作"景初二年"，据《梁书》、《日本书纪》等记载均为"景初三年"。汪向荣经过考证认为，"二年"因为传抄之误。参见汪向荣、夏应元编：《中日关系史资料汇编》，北京：中华书局，1984年，第19页。

国中人，使知国家哀汝，故郑重赐汝好物也。[①]

这封诏书反映了宗主国对藩属国的册封和答赐。这也是在东亚国家中存在的朝贡体系的体现，日本通过遣使朝贡称臣来求见，中国则赐印封号及物品来答复。这样，当时的日本在两国关系中的藩属国地位基本得以确定。也即是讲，在当时中国人的日本观中，日本是作为两国关系中的藩属国的角色存在的，或者说中国人的日本地位观就是朝贡之国、封臣之国。

两晋时期，中国先后经历了统一和分裂，特别是北方长期在各民族各政权割据的五胡十六国的统治之下。而此时的日本列岛上的倭国也忙于征讨统一并插手朝鲜半岛的事务。当时朝鲜半岛上的百济、新罗和高句丽三国鼎立，而高句丽又占据古代中日交通要道并与倭国交恶。在史书中仅见晋武帝泰始年间，倭国女王有两次遣使进献方物的记载，此后的一百多年间，中国史书中已经不见中日邦交的踪影。虽然中日交往肯定会有一些时断时续地进行着，但是两国之间的直接交往是较少的。这种情况影响两晋时期中日关系的正常发展，而对于日本观的发展来讲，也没有实质性的进步。

南北朝时期，南朝与日本的交往密切起来。其中刘宋政权与倭国的交往最为密切。在《南史·倭国传》中记载道："晋安帝时，有倭王讚遣使朝贡。及宋武帝永初二年，诏曰：'倭讚远诚宜甄，可赐除授。'"[②]另外，根据《南史》中本纪的记载，永初二年时倭国遣使朝贡，宋武帝下诏书除授倭王官爵，这样宋倭之间的邦交关系也正式建立。根据中国史书的记载，自刘宋武帝开国至顺帝亡国这段时间之内，倭国的赞、珍、济、兴、武五王先后于公元 421、425、430、438、443、451、460、462、477、478 年共 10 次遣使于宋，差不多平均不到六年就遣使一次，显示了刘宋政权与倭国之间通交活动的频繁和关系的密切。其后的齐、梁和陈三朝也与倭国之间存在着册封和交往关系。两国的频繁交往，一方面为中国文化在日本的传播提供了便利，另一方面也为加深中国人的日本认识程度提供了方便，有利于中国人日本观的发展。

---

① 陈寿：《三国志》卷 30《魏书·倭》，北京：中华书局，1959 年，第 857 页。

② 李延寿：《南史》卷 79《东夷·倭国》，北京：中华书局，1975 年，第 1974 页。

通观这个时期的日本观，主要还是站在传统华夷观的基本立场之上，认为日本为四夷之邦，这在正史的传记中体现的比较明显。当然两国之间的邦交关系也是朝贡与册封的关系，中国人的日本观自然也就是以朝贡之国为主要特征。特别是对日本的认识上，往往就以中国的标准来进行判断，得出的观点自然是以先进来观察落后的角度。

三、隋唐时期的日本观

隋唐时期的中日文化交流获得了较大发展，两国关系更加密切。在对日本的国名观上，已经由"倭"转变为"日本"，对日本的方位观、地理观、风俗观和两国关系观等方面都发生了不小的变化。

589 年，隋文帝杨坚完成统一，结束了此前数百年的分裂局面。隋朝在内部确立三省制，加强中央集权，同时推行均田制，恢复和发展经济，国力有了很大提高。在外部，隋朝不仅发展对外贸易，而且加强与西域、南海、朝鲜和倭国等周边国家的关系，致力于恢复华夷秩序。隋文帝还在南朝音乐的基础上制定了包括倭国在内的各族音乐，诏行于世，作为各国使臣前来朝贺的准备。这个时期的日本处在推古天皇的统治下，后来又有圣德太子的政治改革，制定冠位制，颁布《十七条宪法》，加强了中央集权并促进了封建化的进程。在这样的背景下，中日关系开创了新的局面。公元 600 年，倭国在时隔一百余年后，首次向隋朝派出了使节。此后直到 614 年，双方使节往来共 7 次[①]，中日往来之频繁超过了以往历代。这种密切的交往关系，对于隋代的日本观产生了很重要的影响，在继承前代一些认识的基础上，在某些方面又取得了很大进展。

首先是在日本的方位观方面。《隋书·倭国传》中记载：

> 倭国，在百济、新罗东南，水陆三千里，于大海之中，依山岛而居。魏时，译通中国。三十余国，皆自称王。夷人不知里数，但计以日。其国境东西五月行，南北三月行，各至于海。其地势东高西下。都

---

① 参见石晓军：《日本遣隋使来华年次考略》，《文史知识》1989 年第 8 期。

于邪靡堆，则《魏志》所谓邪马台者也。古云，去乐浪郡境及带方郡并一万二千里，在会稽之东，与儋耳相近。[①]

此处所记的部分内容沿袭《魏志·倭人传》，但仍出现了新认识。比如文中所提到的以日计其国境范围的内容，就反映出当时中国人对日本地理方位的观点是东西长于南北，其地势情况是东高西下。这是中国人首次提出关于日本方位的东西长于南北的说法，也说明中国人的日本方位观有了很大进步，正逐渐接近于日本的实际。

其次是在日本的政治观方面。《隋书·倭国传》中记载：

> 开皇二十年，倭王姓阿每，字多利思比孤，号阿辈鸡弥，遣使诣阙。上令所司访其风俗。使者言倭王以天为兄，以日为弟，天未明时出听政，跏趺坐，日出便停理务，云委我弟。高祖曰："此太无义理。"于是训令改之。王妻号鸡弥，后宫有女六七百人，名太子为利歌弥多弗利。无城郭。内官有十二等：一曰大德，次小德，次大仁，次小仁，次大义，次小义，次大礼，次小礼，次大智，次小智，次大信，次小信，员无定数。有军尼一百二十人，犹中国牧宰。八十户置一伊尼翼，如今里长也。十伊尼翼属一军尼。[②]

这段材料对日本的政治情况进行了详细的介绍，这些信息来源于日本使者。据汪向荣等人研究，这些字号和名称很多都可以在日语中找到对音。[③]"阿每"就是日语中"天"（アメ）的音译。"多利思比孤"是"足彦"、"带彦"（タリスヒコ）的音译，为一般日本古代男性的名字。但是根据《日本书纪》的记载，当时没有带这两个字的日本天皇的名字，所以很可能此处的"阿每·多利思比孤（天足彦）"是泛指的日本天皇。"阿辈鸡弥"是"大君"（オホキミ）或"天君"（アメキミ）的译音。"利歌弥多弗利"在日语中没有直接的对音，"利"字可能为"和"字之误，如果属实，那么他就是"稚足"（ワカミタヒラ）的音译。其后的"军尼"当是"国"（クニ）的音译，

---

① 魏征等：《隋书》卷 81《东夷传·倭国》，北京：中华书局，1973 年，第 1825 页。
② 魏征等：《隋书》卷 81《东夷传·倭国》，北京：中华书局，1973 年，第 1826 页。
③ 参见汪向荣、夏应元编：《中日关系史资料汇编》，北京：中华书局，1984 年，第 44-45 页。

指日本当时的地方官吏国造，相当于当时中国的牧宰，也即郡长、县长一类的地方官员。"伊尼翼"应该是"伊尼冀"之误，是"稻置"（ィナギ）的音译。"稻置"在当时的日本是次于国造的地方官，主要掌管征收粮赋和稻谷，相当于当时中国的里长。关于这些音译的名字，当时的隋朝并不清楚其在日本的确切意思，只是根据日本使者的口述了解其基本的情况，这也就影响了隋朝时中国人的日本观。另外，此段中所记的"无城郭"确实符合当时的日本实际，这从对日本古代城市遗址的发掘情况中可以得到证实。内官十二等是指日本推古十一年（603）圣德太子制定的十二阶冠位，《日本书纪》中记载推古天皇十一年十二月，"壬申始行冠位：大德、小德、大仁、小仁、大礼、小礼、大信、小信、大义、小义、大智、小智并十二阶"①。除了前后顺序稍有误差外，二者的情况基本吻合。但是开皇二十年为推古八年，入隋的使节不可能知道日本国内三年后发生的事情，这与常理不合。极有可能是唐朝纂修《隋书》的史官将后来的官方记载加到此年之上，虽然和历史事实不完全相符，但却至少可以证明当时的隋朝人应该是了解到了日本制定的十二阶冠位。通过这段记载，可以说明隋朝人的日本政治观中已经知道了他们的国王名号、以及中央和地方的官制结构，比以前前进了一大步。

再次是在日本的风俗和地理观方面。其衣饰方面的情况是："男子衣裙襦，其袖微小，履如屦形，漆其上，系之于脚。人庶多跣足。不得用金银为饰。故时衣横幅，结束相连而无缝。头亦无冠，但垂发于两耳上。至隋，其王始制冠，以锦彩为之，以金银镂花为饰。妇人束发于后，亦衣裙襦，裳皆有襈。"②这段文字有些是因袭《魏志·倭人传》而来，但是更加详细和形象。让人读了之后，一副栩栩如生的倭人形象跃然纸上。这也反映出当时隋朝人对日本人的形象观的一种基本看法，对于男女的服饰、样貌和生活习俗都有了基本的印象。并且对隋朝时日本国王开始制冠，还有金银镂花的装饰都有了解。这和当时两国之间的密切交往关系是息息相关的。另外，在《隋书·倭国传》中还记载了其他一些习俗。比如日本的音乐有五弦琴和笛子

① 舍人亲王奉敕撰：《日本书纪》，收入黑板勝美、國史大係編修會編：《新訂增補國史大係》，卷22，"（推古天皇）十一年十二月戊辰朔"條，《後篇》，東京：吉川弘文館，1988年，第141頁。

② 魏征等：《隋书》卷81《东夷传·倭国》，北京：中华书局，1973年，第1826页。

等。男女一般都有文身。日本最初没有文字，只是以结绳记事，后来因为敬事佛法，所以去百济求得佛经才有了文字。日本的卜筮之风也比较盛行，每年正月初一都要射戏饮酒，其他的节日跟中国相同。还有关于鸬鹚捕鱼的情况，跟中国也非常相像。另外关于日常饮食习惯、婚姻习俗和丧葬礼节都与《魏志·倭人传》的记载大同小异。

关于日本的地理方面，这个时期认识到日本气候比较温暖，草木比较茂盛、土地肥沃，水多陆少。比以前认识更进一步的是，这个时期的中国人已经了解到日本列岛火山的情况。比如其中记载："有阿苏山，其石无故火起接天者，俗以为异，因行祷祭。"①对于火山的特性，日本人当时并不是很清楚，只是和神灵相联系，进行告祭。另外，还有对当时日本的一些特产的了解，比如日本盛产一种"如意宝珠"，其色青，大小如鸡蛋一般，夜晚能够发光，人称之为"鱼眼睛"。这有点类似于中国的"夜明珠"。

此外，还有关于日本的法律方面的记载。根据《隋书·倭国传》的记载，当时日本的法律规定杀人、强盗及奸者皆死罪，盗窃者要依据赃物赔偿，如果赔不起就要没身为奴。其他的犯罪情节要根据轻重，分别处以流刑或杖责。在刑讯时，如果犯罪者拒不认罪，则会以木压其膝盖，或者用强弓的弓弦来锯其脖颈。还有另外的方法，比如将小石子放到沸水中，令嫌疑者用手取石子，如果确实有罪那么手就会烫伤。或者将石子放到装有毒蛇的瓮中，令嫌疑者取之，如果有罪也会被蛇所伤。这其实就是一种交给神灵来判断是否冤屈或有罪的办法，还是较原始的断狱方式。当然这些刑罚和治狱方式也都是摧残人的肢体的比较残酷的方法，这也是对人的一种威慑。所以造成当时日本的社会情况是，很少有争讼现象发生，盗贼也很少。

最后是关于中日关系的看法。关于日本在当时的东亚社会处于一个什么样的政治地位，在此以前并没有明确的认识。而在《隋书·倭国传》中则记载道："新罗、百济皆以倭为大国，多珍物，并敬仰之，恒通使往来。"②这是非常重要的一种看法，它反映了当时中国人的日本观是认为日本是朝鲜半岛所尊奉的大国，并且相互之间建立了通使往来关系。这种日本观也影响了

---

① 魏征等：《隋书》卷81《东夷传·倭国》，北京：中华书局，1973年，第1827页。
② 魏征等：《隋书》卷81《东夷传·倭国》，北京：中华书局，1973年，第1827页。

后来唐朝以及其后很长时间的中国人的日本认识，比如唐代产生的在后代很有影响的"海东之国日本为大"的观点就是来源于此。

隋朝虽然国祚较短，但是在中日关系上却是一个重要发展的时期。其中小野妹子来华和裴世清使日两件事情在历史上非常重要，对于中国人日本观的影响也最大。大业三年（607），倭国派遣小野妹子使隋，其国书称"日出处天子致书日没处天子无恙"。这自然引起隋炀帝的不满，"蛮夷书有无礼者，勿复以闻"[①]。这在当时正欲重建华夷秩序的隋朝来说，夷狄之邦在国书中要平起平坐的态度自然不能令人满意。藩属国要比宗主国低一等级，但是却以天子自称，是无论如何都不能接受的。当然隋炀帝也并没有就此而跟倭国绝交，而是后来又派裴世清等人使倭。考其原因不外乎三个方面，一是小野妹子尽量解释日本僻在远域，不谙礼节，又无擅长文辞之人，所以会得到隋朝的谅解；二是当时百济、赤土等远方之国都来朝贡，隋炀帝正在兴头上，可以暂时消解怒气，当然也是展示一种气量给其他蛮夷之邦；三是隋炀帝正要征讨四方，特别是跟倭国关系不睦的高句丽，所以没有必要因小失大。[②]大业四年（608），裴世清一行使日，在难波城受到热情招待。而陪同裴世清返日的小野妹子居然将国书丢失，因此大多数学者认为可能是其故意丢失，因为国书中必然有天皇不能接受之言辞。但是通过裴世清所携带的国书，可以看出当时隋朝的态度。其书中称："皇帝问倭皇"。[③]《日本书纪》中也收录了这封国书的全文。可以看出隋炀帝是自称为皇帝，而日本也称为皇，当然不能称帝，已经将其地位降了一格。当时日本国书中两天子并称引起隋炀帝不满的事情，小野妹子一定向日本天皇汇报过。所以大业五年（609）小野妹子再次跟随裴世清使华时，国书中就变成了"东天皇敬白西皇帝"。[④]其语气和称呼已经根据隋朝的态度发生了改变。通过这种国书的往来，也可以看出隋朝人当时的日本观，从中日关系的角度认为日本就是隋朝

① 魏征等：《隋书》卷 81《东夷传·倭国》，北京：中华书局，1973 年，第 1827 页。

② 参见田久川：《古代中日关系史》，大连：大连工学院出版社，1987 年，第 83-84 页。

③ 《日本書紀》，收入黑板勝美、國史大係編修會編：《新訂增補國史大係》，卷 22，"（推古天皇）十六年秋八月辛丑朔"條，《後篇》，東京：吉川弘文館，1988 年，第 150 頁。

④ 《日本書紀》，收入黑板勝美、國史大係編修會編：《新訂增補國史大係》，卷 22，"（推古天皇）十六年九月辛未朔"條，《後篇》，東京：吉川弘文館，1988 年，第 151 頁。

的藩属国，在往来关系中仍将要纳入朝贡体系的藩属国地位之中。

公元 618 年，唐朝建立。在唐朝前期，先后出现了"贞观之治"和"开元盛世"的繁荣局面，唐帝国成为当时世界上最强大的国家。唐朝全盛时期疆域极为辽阔，在唐太宗对华夷"爱之如一"的政策下，四夷来服。而且还开辟了陆上丝绸之路和海上丝绸之路，长安、洛阳等城市成为各国商人频繁往来的国际大都会，扬州、泉州等也成为海外商人聚集之地，唐朝的声威远播域外。直到后期政治腐败，特别是"安史之乱"的破坏使得唐朝由盛转衰，渐趋没落。这个时期的日本也经过大化革新，并且仿从唐制进行政治改革，确立了古代日本的天皇制。其后封建中央集权体制不断加强，经济和文化也都得到进一步发展。710 年，政权迁至平城京（奈良）之后，社会出现了繁荣景象，与外部世界的联系也不断加强。这一时期的中日关系在继承隋代的基础上，进一步向前发展。最主要的事件就是日本奈良和平安两朝向中国派遣的十九次遣唐使，数千名的日本使节、留学生、请益僧来到中国，并积极吸取唐朝文化，回国之后对日本文化的发展产生了重要影响。

唐人的日本观在继承隋朝的基础上，并没有显现出多大的进步，很多的认识都是停留在以前的基础之上。最值得注意的是，唐代认识到了倭国改名的情况，这从《旧唐书》中既有《倭国传》又有《日本传》可见一斑。这说明依据唐朝官方资料编纂的《旧唐书》中反映出唐人已经认识到日本改名的事实。本书上编已对此问题进行了详论，此不赘述。

唐朝时，由于中日之间往来频繁，出现中日关系史上的黄金时期。很多唐朝文人在作品中都留下了与日人的交往的描述。当时来到中国的很多日本使者、留学生、留学僧都成为中国文人的朋友，并且建立了真挚的情感。比如韦庄在《送日本国僧敬龙归》中写道："扶桑已在渺茫中，家在扶桑东更东。此去与师谁共到，一船明月一帆风。"[①]这就表达出唐朝诗人对日本友人的惜别之情，以及他对日本方位的认识。另外，对于日本国内情况的了解也在悄然改变着唐人的日本观。比如王维在《送秘书晁监还日本国》的诗序中写道："海东国日本为大，服圣人之训，有君子之风，正朔本乎夏时，衣裳

---

① 《全唐诗》卷 695，北京：中华书局，1960 年。

同乎汉制。历岁方达，继旧好于行人。滔天无涯，贡方物于天子。同仪加等，位在王侯之先；掌次改观，不居蛮夷之邸。"[①]这就反映出在唐朝诗人的笔下，日本已经是一个服膺中华文化教化的礼仪之邦，和蛮夷有本质区别。这说明唐朝文人的日本观已经发生了与前代很大的转变，这也跟当时两国文人的密切交往和友好关系有关，当然也跟来华的日本人所表现出的谦卑有礼相关。上引王维诗序中所提到的日本的地位已经发生了很大改观，在其他周边国家中，日本在朝见时的位置位于东侧首位已经排在新罗之前，并且日本使节也不需住在接待周边民族的鸿胪馆中。这一切都反映出在唐人的日本观中，其地位有了很大提升，符合"海东国日本为大"的形象。

四、宋元时期的日本观

唐朝灭亡以后，先后经过了五代十国的混乱时期，后来又有宋与辽金的对峙，直到元朝统一全国。在宋元时期，中日之间的关系时松时紧，已经没有盛唐时期的繁荣景象，但是在日本观方面却也出现了不少进步之处。

宋代实行守内虚外的政策，边疆的危机和冲突一直伴随着两宋的始终。而此三四百年间的日本政局也渐趋混乱，平安中期以后藤原氏外戚专权，出现摄关政治二百余年的状况。其后随着武士的兴起，源赖朝打败各派势力，最终建立起镰仓幕府（1192—1333），开始武家专政的历史。在中日两国混乱纷争的形势下，宋朝和日本之间几乎没有建立正式的官方关系。当然在《宋史·礼志》和《宋朝事实》等文献中，也有零星的记载日本朝贡的情况，但是仍然不能改变这个时期中日交往的大趋势。在此情况下，僧人和商人就代替使节成为两国交往的中间人。而改变中国人日本观的主要因素来源于此。

宋代的日本观中重要的变化是了解了日本天皇的世系和年代顺序，并使中国人的日本政治观不断丰富。这主要得益于 983 年入宋的日本东大寺僧人奝然，他搭乘宋朝商人的船只来到宋都。当时宋太宗接见了奝然，并向其询问日本各方面的情况。奝然则呈献铜器，以及本国《职员令》《王年代纪》各一卷。由于奝然不能说汉语，但是善于隶书，因此他又通过书写向宋人告

---

① 《全唐诗》卷 127，北京：中华书局，1960 年，1288 页。

知了许多日本的情况。而使宋朝统治者最为感慨的是，奝然所写："国王以王为姓，传袭至今王六十四世，文武僚吏皆世官。"①宋太宗听后深有感触，并叹息而对宰相说：

> 此岛夷耳，乃世祚遐久，其臣亦继袭不绝，此盖古之道也。中国自唐季之乱，宇县分裂，梁、周、五代，享历尤促，大臣世胄，鲜能嗣续。朕虽德惭往圣，常夙夜寅畏，讲求治本，不敢暇逸。建无穷之业，垂可久之范，亦以为子孙之计，使大臣之后，世袭禄位，此朕之心焉。②

从宋朝统治者的日本观来讲，四夷之岛国的形象没有改变，但是对于日本万世一系、世祚遐久的政治传统却称赞不已。表面上看起来比较复杂的日本观，其实也说明这个时期日本在宋朝人的观念中其文明形象在逐渐上升。特别是后面宋太宗对宰相所言的这段话中，体现出对中国战乱和朝代频繁更迭的忧虑，给平民带来的灾害是不言而喻的。宋太宗也希望自己的统治能像日本那样一直延续下去，虽然没有明言，但是不能不说是有一种内心想模仿日本的观念。

除对于日本政治观的改变以外，对于日本的文化观也有了新变化。经过五代战乱以后，宋朝在竭力搜寻佚书，而这时日本却保存了很多中国的古书，这很让宋人吃惊。前引奝然的对答中，已称日本国中有《五经》书及佛经，还有《白居易集》七十卷，这些都是得自中国。而奝然之来也使中国复得郑康成所注的《孝经》一卷，还有唐太宗子越王贞的《孝经新义》第十五一卷。其后日本僧人寂照来华时，宋朝知银台通进司杨忆曾与其进行过笔谈。寂照在回答杨忆关于日本流行书籍的问题时云："书有《史记》《汉书》《文选》《五经》《论语》《孝经》《尔雅》《醉兮日月御览》《玉篇》《蒋鲂歌》《老列子》《神仙传》《朝野金载》《白集六帖》《初学记》。本国有《国史》《秘府略》《日本纪》《文观词林》《混元录》等书。释氏论及疏钞传集之类多

---

① 脱脱等：《宋史》卷 491《外国传·日本》，北京：中华书局，1977 年，第 14131 页。
② 脱脱等：《宋史》卷 491《外国传·日本》，北京：中华书局，1977 年，第 14134 页。

有，不可悉数。"①被看作岛夷之国的日本居然保留有这么多的中国典籍，这让宋朝人吃惊不小，也悄然改变着宋朝人的日本文化观。并且日本还修有自己的国史，进行文化方面的建设，这也使宋朝人的日本文化观发生改变，日本的文化形象和地位都比以前大为提高。

除上层人日本观发生变化之外，一些下层人士由于与日本之间有着广泛的贸易往来，其日本观也在改变。特别是与日本接触密切的宋朝商人，他们的日本观主要集中在对工艺品和土特产方面的认识上。在北宋建国之初，日本曾规定宋船每三年可至其国一次，可是宋商往往不遵守这一规定，他们有的谎报遭风漂入日本。根据木宫泰彦的统计，从 978 年至 1116 年的百余年间，宋商船入日就多达 70 次左右。②当时交易的日本货物主要有砂金、硫磺、水银、木材、绢布和日本刀，还有工艺品如折扇、屏风、金银时绘、螺钿器皿、念珠和珠玉水晶等等。当时的日本物品在中国非常受欢迎，价格也愈加昂贵，一把上好的日本刀就价值"百金"。许多宋朝人士也都有对日本工艺品的称赞，比如欧阳修就有一首《日本刀歌》，其中写道："宝刀近出日本国，越贾得之沧海东。鱼皮装帖香木鞘，黄白闲杂俞与铜。百金传入好事手，佩服可以禳妖凶。"③对于日本刀之精美称赞不已。还有曾任吉州太守的江少虞在谈到日本折扇时写道：

> 熙宁末，余游相国寺，见卖日本国扇者，琴漆柄，以鸦青纸厚如饼，折为旋风扇，淡粉画平山远水，薄傅以五彩，近岸为寒庐衰蓼，鸥鹭伫立，景物如八九月间，舣小舟，渔人批蓑钓其上。天末隐隐有微云飞鸟之状，意思深远，笔势精妙，中国之善画者，或不能也。索价绝高，余时苦贫，无以置之，每以为恨。④

这是江少虞在东京汴梁相国寺市场上见到待价而沽的日本折扇时的一段

---

① 成寻：《参天台山五台山记》第五，熙宁五年十二月二十九日条。又载江少虞：《宋朝事实类苑》卷 43 《日本僧》，上海：上海古籍出版社，1981 年，第 569 页。

② 木宫泰彦著：《日中文化交流史》，胡锡年译，北京：商务印书馆，1980 年，第 238—243 页。

③ 欧阳修：《日本刀歌》，收入李逸安点校本《欧阳修全集·居士外集》，北京：中华书局，2001 年，第 766 页。按：最新的研究表明，《日本刀歌》的作者应为司马光，可能由王乐道父子将其编入欧阳修《别集》。参见金程宇：《东亚汉文化圈中的〈日本刀歌〉》，《学术月刊》2014 年第 1 期。

④ 江少虞：《宋朝事实类苑》卷 60《风俗杂志·日本扇》，上海：上海古籍出版社，1981 年，第 799 页。

感想，欣赏其精美，却又因囊中羞涩而无力购买。同时其发出的感叹"中国之善画者，或不能也"，则是对日本工艺的一种佩服，这也反映出当时士人的日本观中对日本精湛工艺的一种称赞。这也表明在宋朝人的日本观里，日本的工艺制作技术在某些方面已经超过了中国。甚至还把一些原来产自中国的工艺品误认为是日本的，比如螺钿原本在唐朝时大量向日本出口，宋朝时又从日本传回中国，而宋人方勺却认为："螺填器本出倭国，物象百态，颇极工巧，非若今市人所售者。"①这也说明，当时日本的工艺制作技术确在中国之上，才致使方勺产生这样的认识，不过也确实反映出宋人日本观的一种转变。日本在宋朝人的眼中已经不仅仅是落后的蛮夷岛国，在某些工艺技术方面已经超过了中国。除了工艺品之外，当时还有一些日本的土特产传入中国，也对改变宋朝人的日本观影响很大。例如日本木材向中国的出口使宋朝人认识到日本盛产优质木材，对日本的木结构建筑也有了了解。由日本流入的黄金，也使宋朝人觉得日本就是一个遍地黄金的国度。②这样就使宋朝时中国人的日本观的内容更加丰富。

宋代的日本观中还有关于日本人形象和特点的内容。这个时期接触的主要是僧人和商人，所以关于日本人的印象也主要得自于此。宋人的日本观中，对于倭僧的印象较为正面，主要是儒雅诚挚和信守诺言的形象。比如宋人楼钥曾作有《天童山千佛阁记》，专门记述日僧荣西及其入宋事迹。当时天童山准备重修佛阁，但缺少木材和资金，荣西主动表示愿意回归日本发来木材，完成修阁之事。在《宝庆四明志》中就记载了这件事情："十六年，僧怀敞来主寺，欲改建千佛阁，摹画甚广。先是日本国僧荣西从敞游，辄辞归，致百围之木泛鲸波以至。经始于绍熙四年之季秋，历三载，始就梵宇，宏丽遂甲东南。"③这种虔诚于佛，信守诺言的日僧形象对宋朝人的日本认识影响很大。但是也有一些奸商的形象在冲击着中国人的日本观。宋代曾明确立法禁止私贩铜钱，但是日本商人却经常从事走私交易。比如宋人包恢在《禁铜钱申省状》中写道：

---

① 方勺：《泊宅编》卷3，北京：中华书局，1983年，第16页。
② 赵汝适著，杨博文校释：《诸蕃志校释》卷上《倭国》，北京：中华书局，1996年，第156页。
③ 罗浚：《宝庆四明志》卷12《鄞县志卷二·叙赋》，《四库全书》本。

盖倭船自离其国，渡海而来，或未到庆元之前，预先过温、台之境，摆泊海涯，富豪之民公然与之交易。倭所酷好者铜钱而止，海上民户所贪嗜者，倭船多有珍奇。凡值一百贯文者，止可十贯文得之。凡值千贯文者，止可百贯文得之。似此之类奸民得而不乐与之。为市及倭船离四明之后，又或未即归其本国。博易尚有余货，又复回旋于温台之境，低价贱卖交易如故。①

当时倭商疯狂交易铜钱的形象跃然纸上。而这些作为奸商的倭人，也被宋朝文人描写为"丑徒恶类"的形象。另外还有关于倭商投机钻营，到中国谋取暴利的内容。使得作为奸商的倭人形象影响了很大一部分宋朝人。所以，宋代的中国人的日本形象观就是两种观念的交杂，当然对日本人的认识也是区分看待的，对于僧人和商人的两种形象也是截然不同的。这跟以前日本观中仅仅认识日本的部分民众的形象是一种进步。

元朝统一全国，并建立起横跨欧亚大陆的帝国。向海外扩张也是元朝的战略目标，日本就成为其欲征服的对象。忽必烈先后发动了两次征日战争，但最后都以失败而告终。当然战争也没能阻隔中日之间的民间贸易往来，大量的商人穿梭于中日之间，促进了两国间的文化交流，对于增进中国人的日本认识也有帮助。元朝时期的日本观，在官方主要表现为两国围绕建立外交关系和战争而往来的文书中，民间则是文人对日本僧人、商人和倭寇的形象认知。

元朝官方与日本并没有建立正式的外交关系，其日本观主要体现在忽必烈在位期间的往来诏书中。元世祖征服高丽以后，便把日本作为其下一个目标。通过这个时期向日本宣谕的诏书可以看到元朝统治者对日本的认识。至元三年（1266）忽必烈遣兵部侍郎黑的等人使日的诏书中称：

大蒙古国皇帝奉书日本国王。朕惟自古小国之君，境土相接，尚务讲信修睦。况我祖宗，受天明命，奄有区夏，遐方异域畏威怀德者，不可悉数。朕即位之初，以高丽无辜之民久瘁锋镝，即令罢兵还其疆域，

---

① 包恢：《敝帚稿略》卷 1《札子》。

反其旄倪。高丽君臣感戴来朝，义虽君臣，欢若父子。计王之君臣亦已知之。高丽，朕之东藩也。日本密迩高丽，开国以来亦时通中国，至于朕躬，而无一乘之使以通和好。尚恐王国知之未审，故特遣使持书，布告朕志，冀自今以往，通问结好，以相亲睦。且圣人以四海为家，不相通好，岂一家之理哉。以至用兵，夫孰所好，王其图之。[①]

从称呼上来看，忽必烈自称为皇帝，而称日本天皇为国王，自然是认为日本只能和高丽等藩国是一个级别。当然后来元朝在高丽设征东行省，又在日本设日本行省，虽然没有控制日本，而且日本也不在其统治范围，只是元朝的一厢情愿，但也说明元朝对于日本的地位的观念是当成一个地方行政区划的。并且在诏书中认为日本国王只是小国之君，应该向其他周边小国一样主动来称臣纳贡。高丽就是一个很好的例子，而与高丽邻近的日本也应该积极效仿。在历史上，日本也曾与中国通好，现在元朝建立，日本自应前来修睦讲好。从这封诏书中，基本看出元朝官方的日本观就是一种上对下或者是中央王朝对藩属的口吻和态度，而且已经将日本定位为小国，这和后来民间文人中所塑造的"蕞尔"日本的形象密切相关。

由于通使建交未成，所以后来忽必烈发动了两次征日战争（文永、弘安之役）。两次都以元朝的失败而告终。在《元史》中还留下了"十万之众得还者三人耳"的记载。当然这里的说法并不准确，但却对民间和后来明清之人影响很大，很多人在提及元朝征日战争时都以此作为后果，也影响到他们对日本的认识和两国关系的看法。

元朝民间人士的日本观和官方的看法不完全相同。由于元军征日属于元朝对外关系中的大事，所以也成为一些史书中记载的重要内容。而作为文人重要代表的王恽就曾作有送赵良弼使日的赠别诗，其对日本也是有所关注和了解的。王恽的日本观也颇能代表元代士大夫的看法，主要体现在《汎海小录》一文中。兹摘录如下：

> 日本盖倭之别种，恶其名不雅，乃改今号。其国在洋海之东，所属

---

① 宋濂等：《元史》卷 208《外夷传·日本》，北京：中华书局，1976 年，第 4625-4626 页。

州六十有八，居近日出，故曰日本。国王一姓。宋雍熙初，已传六十四世，中多女主。今所立某氏云，大元至元九年，上遣秘监赵良弼通好其国，次对马岛，拒而不纳。十七年己卯冬十一月，我师东伐。明年夏四月，次合浦县西岸，入海东行约二百里，过拒济岛，又千三三里至吐剌忽苦，倭呼呼岛为苦。又二千七里抵对马岛，又六百里蹄一岐岛，又四百里入容甫口西，又二百七十里至三神山。其山峻削峰，环绕海心，望之郁然为碧芙蓉也。上无杂木，惟梅竹、灵药、松桧、杪罗等树。其俗多徐姓者，自云皆君房之后。海中诸屿，此最秀丽方广。《十洲记》所谓海东北岸扶桑、蓬丘、瀛洲周方千里者也。又说洋中之物，莫钜于鱼，其背鬒矗然山立，弥亘不尽，所经海波，两坼不合者数日。又东行二百里，叙志贺岛下，与日本兵遇。彼大势结阵不动，旋出千人逆战数十合者，凡两月，我师既捷，转战而前，呼声勇气，海山震荡。所杀获十余万人，擒太宰滕原少卿弟宗资，盖全宋时期献僧齑然后也。兵仗有弓刀甲，而无戈矛骑兵，结束殊精甲，往往以黄金为之，络珠非者甚众。刀制长，极犀锐，洞物而过。但弓以木为之，矢虽长不能远，人则勇敢视死不畏。自志贺东岸前去太宰府三百里，捷则一舍而近。自此皆陆地，无事舟楫。若大兵长驱，足成破竹之举，惜哉。志贺西岸不百里，有岛曰毗兰，俗呼为髑髅，即我大军连泊遇风处也。时大小船舰，多为波浪揣触而碎。惟勾丽船坚得全，遂班师西还。是年八月五日也，往返几十月，省大帅实都副察呼次、李都帅牢山、次宋降将范殿帅文虎，总二十三，南一十三。隋唐以来出使之盛，未之有也。①

王恽的这段文字中，表达了其日本观的基本内容。关于日本国号以及地理方位的认识基本来源于宋代所修的唐史的内容。值得注意的是，他关于日本国王一姓和所传六十四世的情况的认识应该早于元末所修的《宋史》，可能他已经见到齑然入宋所奉献的《王年代记》等书，或者可以说这个时期关于日本王朝世系的情况已经被下层民众所了解。其后关于日本国内的一些情况的描述，应该是来源于使臣赵良弼或者征日归来的将士之口。由于王恽与

---

① 王恽：《秋涧先生大全集》卷 40，《四部丛刊》本。

他们之间的密切关系，以及这些亲历日本之人的见闻，所以这段认识基本符合当时日本的情况。当然后面关于两国之间战争情况的描述则失于事实，因为王恽是站在元朝的立场来看问题，自然不会记录元军惨败，只能从威武常胜之师的角度去写。从这里既可以看出当时民间人士的日本观中已经从亲历日本者的口中得到不少新的认识，另一方面对待两国关系的看法上还是坚持日本为小国不可能战胜元朝大国，退兵只是因为遇到飓风而已。

元朝和日本的关系除了战争的影响很大之外，倭寇的侵扰也是重要事件。当时的倭商到宁波互市，可是却经常焚掠烧杀，造成东南沿海的不宁。所以在这个时期的日本观中，就有倭寇的因素在起作用。一些元朝文人曾经亲历倭寇带来的灾难，也留下了这方面的记载。比如在苏天爵为杨子宜所作的墓志铭中写道："又值倭人作乱，火城市，杀吏民。帅府命君供储峙，事集而民不扰，贼平，众皆推公才大可用，而君老矣。"① 苏天爵在墓志铭里描述了倭寇作乱的情形，给沿海人民带来了巨大的灾难，毁坏城镇，杀戮烧掠。所以杨子宜被委以抗倭的重任，担任前线指挥官，其间母亲病重都没能探望服侍。因为国事在身，杨子宜最后连母亲的最后一面都没有见到，所以作为孝子的他非常自责，这都是因为倭寇作乱所引起的。苏天爵的墓志铭中对此深表同情，对于倭寇之乱也是深恶痛绝。这样的倭寇认识，自然会对日本观和日本人观产生影响。由此也就在元代产生了"蕞尔小日本"的形象认识，是日本观中的一种故意丑化性的认识。"蕞尔"也就是渺小的意思。据张哲俊考证，白朴的《木兰花慢·题阙》是最早用"蕞尔倭奴"描述日本的作品，其中云："伏波勋业照青编，薏苡又何怨。笑蕞尔倭奴，抗衡上国，挑祸中原。分明一盘棋势，漫教人著眼看师言。为问鹍鹏碧海，何如鸡犬桃源。"② 这里是将与元朝对抗的日本描述成蕞尔倭奴的形象，因为忽必烈所建元朝定国号为"大元"，系从《周易》中"大哉乾元"而来，所以与之相对的反面形象只能是"小日本"。这是一种从自身国家的强大和光明的形象来强加一种弱小的形象在其对手之上的做法。当然这反映出元朝时，"小日

① 苏天爵：《滋溪文稿》卷 20《元故两浙运司浦东场盐司丞杨君墓志铭》，《四库全书》本。
② 白朴：《天籁集》卷下。参见张哲俊：《中国古代文学中的日本形象研究》，北京：北京大学出版社，2004 年，第 175-176 页。

本"和"蕞尔"的日本观已经形成。

另外，关于元朝时中国和日本之间的关系，也是这个时期日本观的重要内容。元人吴莱的《论倭》是一篇重要的文章。他先是在文中论述了日本只不过是海东"蕞尔之区"，已经跟唐代时"海东之国日本为大"的日本观发生了根本改变。吴莱接着分析道："无城郭以自固，无米粟以为资，徒居山林，捕海，错以为活。汉魏之际，已通中国。其人弱而易制，慕容廆曾掠其男女数千捕鱼，以给军食。其后种类繁殖，稍知用兵。"①日本已经成了一个国弱民贫的形象。因此，吴莱又从两国关系的角度来谈："为今之计，果出兵以击小小之倭奴，犹无益也。……丧士气亏国体，莫大于此。然取其地，不能以益国，掠其人不可以强兵，徒以中国之大，而使见侮于小夷，则四方何所观仰哉。"②因此，对于日本这样的弹丸小国，不值得大国加兵，也就是反对中日之间的战争。当时还有一些元朝文人也反对用兵日本，比如浙江金华学派的黄溍就认为"以日本蕞尔岛夷不足烦"③。所以在元朝文人的日本观中，日本只是一个不堪一击的岛国，自然也就反对征日战争。

综上所述，明清以前的日本观共经历了先秦时期、魏晋南北朝时期、隋唐时期和宋元时期四个发展阶段。在每个时期，其日本观中的内容各有不同。主要体现在日本政治观、日本人观、日本风俗社会观和中日关系观等几个方面。通过以上的论述也可以看出，中国的日本观总趋势是随着历史的前进而不断向前发展，但这种发展并非直线上升，而是随着两国亲疏关系的变化而呈现出曲折性。值得注意的是，并非历史越往后发展，对日本的认识就更加正确或清楚，而是受到两国关系亲疏的重要影响。特别是像元末出现的倭寇问题，就改变了唐宋时期所形成的日本观，其某些内容发生了相反方向的变化。这在后文所要论述的明代的日本观中体现得更为明显。总之，明清以前的日本观对于后世影响很大，不仅初步奠定了中国人对于日本认识的深度和程度，而且日本观的某些方面都是后来明清日本观的重要来源。

---

① 吴莱：《渊颖集》卷2《论倭》，《四库全书》本。

② 吴莱：《渊颖集》卷2《论倭》，《四库全书》本。

③ 黄溍：《文献集》卷10上《故参知政事行中书省事国信使赠荣禄大夫平章政事上柱国追封闽国公谥忠愍王公祠堂碑》，《四库全书》本。

明清时期的日本观较之前代，出现了很多
的变化。从日本观的自身来讲，它包含
着很丰富的内容，涉及中国人日本认识的方方面
面。包括对于日本国家地位和整体形象的看法、
对于日本人的性格和形象的看法、对于日本政治
及其制度的看法、对于日本经济和社会发展的看
法、对于日本文化和传统的看法，以及中日两国
关系的看法等等。因此，从本章开始将分角度解
析明清时期有关日本的史籍中的日本观的各个方
面。对于日本的国家地位和整体形象的看法，关
乎日本观的整体内容，是其中最核心的部分，因
此本章主要分析这个问题。

第一节　明代的日本地位与整体形象观

明代的中日关系错综复杂，朱元璋建立政权
以后就积极谋求建立华夷秩序，因此经过几次使
臣往来建立了中日之间的外交关系。日本也被纳

入以明朝为宗主国的东亚朝贡体系之内。其后的两国关系又经历了几次反复和恶化，直到嘉靖时期出现大倭乱的局面，致使双方的朝贡贸易一度停止。而在万历时期更是出现了抗倭援朝的战争，中日之间直接兵戎相见。由于明代的中日关系的复杂化，也导致出现了中国古代第一次日本研究的热潮，大量日本研究史籍问世，深化了对日本的认识。

一、明初的日本地位与整体形象观的确立

明朝结束了元末的混乱局面，很快恢复生产建立了稳固的统治秩序，也使明朝逐渐成为当时世界上的一大强国。明初不仅与亚洲各国建立了密切联系，而且郑和七次下西洋更是将中国的影响传播到亚非 30 多个国家。此时的日本正经历了南北朝后期到战国前期，国家也经历了分裂、统一到再分裂的过程，室町幕府的统治也从相对稳定走向衰乱。

1. 明太祖时期的日本地位观

朱元璋建国之初，就开始着手筹划与周边国家建交的问题，并且很快就对日本下达诏谕希望建交。洪武二年（1369）正月，朱元璋派出使臣赴日本示好，但在此时却发生"倭人入寇山东海滨郡县，掠民男女而去"[①]的事情，显然日本方面并无积极建交态度。两月之后，朱元璋再派杨载等人赴日宣谕，《明实录》中记载了其国书：

> 上帝好生恶不仁者。向者我中国，自赵宋失驭，北夷入而据之，播胡俗以腥膻中土，华风不竞，凡百有心孰不兴愤。自辛卯以来，中原扰扰，彼倭来寇山东，不过乘胡元之衰耳。朕本中国之旧家，耻前王之辱，兴师振旅，扫荡胡番，宵衣旰食垂二十年。自去岁以来，殄绝北夷，以主中国，惟四夷未报。间者山东来奏，倭兵数寇海边，生离人妻子，损伤物命。故修书特报正统之事，兼谕倭兵越海之由。诏书到日，如臣奉表来庭，不臣则修兵自固，永安境土以应天休。如必为寇盗，朕

---

① 《明太祖实录》卷 38 "洪武二年正月乙卯"条、"是月"条，台北："中研院"历史语言研究所校印本，第 775 页、第 781 页。

当命舟师，扬帆诸岛，捕绝其徒，直抵其国，缚其王，岂不代天伐不仁者哉。惟王图之。①

这封国书显然是站在中华正统的角度训斥日本作为东夷根本不懂礼仪。既然明朝已经主动示好，日本居然还敢有倭寇来骚扰大明，这是朱元璋不能接受的。因此，朱元璋也发出警告，明朝完全有能力征伐日本。但是日本怀良亲王再次以斩杀明使来表明态度。朱元璋虽然恼怒，但并未放弃，于洪武三年（1370）又派赵秩赴日。此次宣谕的内容仍然与前几次相同，但是却因为赵秩的出色外交才能而取得不一样的结果。在面对日本怀良亲王的质问时，赵秩回击称："我大明天子神圣文武，非蒙古比，我亦非蒙古使者后。能兵，兵我。"②怀良或许是被赵秩的气势所吓倒，也或许是因为国内形势的变化，最终还是接受了明朝的诏书，称臣纳贡开始了与明朝交往的历史。

从《明实录》和《明史》对这段交往的记载来看，朱元璋的日本观中，认为日本的地位只是一个朝贡之国。明朝对其进行宣谕的姿态也是一种上对下的口气，所以在整体上日本只是明朝的附属国。虽然开始时，日本并没有接受明朝册封，甚至还搞不太清楚明朝和元朝之间的关系，但还是接受了明朝的条件，建立朝贡关系。那么此时的日本地位观就是一个附属国和朝贡国的形象，和安南、占城等其他国家地位相当。

但在此后不久，发生了胡惟庸谋反事件。当时丞相胡惟庸意欲谋反，遂安排宁波卫指挥林贤谪居日本，秘密交结日本君臣以借助日本力量。其后日本怀良亲王遣僧如瑶率兵 400 余人诈称入贡，并献巨烛以藏其火药和兵器。但其刚至，胡惟庸谋反事就已暴露。但朱元璋对此并不知情，只是以没有国书为理由将其遣回。到洪武二十年（1387）胡惟庸借兵日本之事被揭露，因此朱元璋深恶痛绝日本，不仅决计断交，而且写入《祖训》列日本为"不庭之国"。因此，日本也就不再来明廷朝贡。

从明太祖时期的日本地位观来看，基本经历了一个从四夷之邦到来贡之

---

① 《明太祖实录》卷 39 "洪武二年二月辛未"条，台北："中研院"历史语言研究所校印本，第 787 页。

② 张廷玉：《明史》卷 322《日本传》，北京：中华书局，1974 年，第 8342 页。按：《明实录》中记载了赵秩此行的诏书，但是怀良与其问答之辞却没有记载。赵秩此番应答未必能使怀良心服口服，但后来两国关系的建立确由此始。明人所成之《明实录》不记，却录入清人所修之《明史》，值得进一步探讨。

国再到不庭之国的转变过程。虽然由于胡惟庸之乱，朱元璋与日本绝交，但是对于日本的整体形象不至于太差。因为在绝交之时，被称为日本王子的滕佑寿来入国学，"帝犹善待之"①。

2. 明成祖时期的日本地位观

朱元璋去世后，其孙朱允炆即位，随后便开始了与日本的官方往来。日本室町幕府将军足利义满遣使者至南京，献国书和贡礼于明惠帝。建文四年（1402），明惠帝也派使臣赴日，并放大统历和正朔，两国外交关系正式确立。明成祖朱棣争得皇位后，也开始宣谕四方，寻求与日本继续交往，而这一要求也符合日本足利幕府对外交往的利益所求。朱棣的使臣还未出发，日本的使臣已到。永乐元年（1403）十月日本坚中圭密使团到达南京，并且携来国书，签订贸易合作意向。此后为了加强贸易监管，由明朝制定"日"字和"本"字勘合各一百道，由两方各自保存其中之一，待朝贡贸易之时互相勘验，没有勘合即为非法。②通过勘合的约定，明朝可以了解日本来贡的贸易情况，是明代控制对外贸易的一种严密制度。③永乐二年（1404），明成祖派遣赵居仁等使臣赴日本京都宣谕日本国王。其国书中称：

> 咨尔日本国王源道义，知天之道，达理之义。朕登大宝，即来朝贡，归向之速，有足褒嘉。用锡印章，世守尔服，眷兹海甸，密迩东郊，素称文物，慕尚诗书。朕今命尔，惟谦勤可以进学，惟戒惧可以治心，惟诚敬可以立身，惟仁可以抚众，惟信可以睦邻，惟忠顺可以事上，惟德可以动天地、感鬼神。于戏！朕守帝王之道，仰承天地之仁，坚事大之心，亦有无穷之福，永惟念哉，毋替朕命。④

从这封国书中可以看出，明成祖的日本观中对于日本地位和整体形象的内容。明成祖认为，在自己即位之时日本就能遣使称贡，显示其事大之心的

---

① 张廷玉等：《明史》卷322《日本传》，北京：中华书局，1974年，第8344页。
② 牧田谛亮：《策彦入明記の研究》上卷"行在礼部为关防事该"，京都：法藏館，1955年，第354-355页。
③ 参见郑樑生：《再论明代勘合》，收入氏著《中日关系史研究论集》第十卷，台北：文史哲出版社，2000年，第9-36页。
④ 《善鄰國寶記》，收入近藤瓶城编：《改定史籍集覽》第廿一册（新加通記類一四），東京：臨川書店，1984年，第36頁。

诚意，因此值得褒嘉。并且封赐日本国王印章，允许日本来华朝贡贸易。这样不仅打破了明太祖制定的海禁政策，而且也显示出明成祖对日交往的积极态度。在明成祖看来，日本的地位就是朝贡之国，两国关系也是一种上对下或者是宗主国对藩国的关系，所以在国书中也有谆谆教导的口吻。在日本的整体形象观上，明成祖认为日本是素称文物和慕尚诗书之国。

随着两国朝贡关系的不断发展，特别是足利义满的积极剿灭海寇的政策，让明成祖的日本观日益向好的方面转化，日本的地位和形象也呈现出一种向上的态势。永乐四年（1406），明成祖再次遣使赴日，并赐日本阿苏山为"寿安镇国之山"，御制碑文于其上。其碑文中写道：

> ……惟尔日本国王源道义，上天绥靖，锡以贤智，世守兹土，冠于海东，允为守礼义之国。是故朝聘职贡无阙也，庆谢之礼无阙也。是犹四方之所同也。至其恭敬栗栗如也，纯诚恳恳如也，信义旦旦如也。畏天事上之意，爱身保国之心，扬善遏恶之念，始终无间。愈至，而犹若未至；愈尽，而犹若未尽。油油如也，源源如也。迩者，对马、壹歧暨诸小岛，有盗潜伏，时出寇掠。尔源道义能服朕命，咸殄灭之，屹为保障，誓心朝廷。海东之国，未有贤于日本者也。朕尝稽古唐虞之世，五长迪功，渠搜即叙；成周之隆，髳微卢濮，率遏乱略；光华简册，传诵至今。以尔源道义方之，是大有光于前哲者。日本王之有源道义，又自古以来，未之有也。朕惟继唐虞之治，举封山之典，特命日本之镇，号为寿安镇国之山。锡以铭诗，勒之贞石，荣示于千万世。[①]

《明太宗实录》中的这段记载较为完整的表达了明成祖的日本地位和整体形象观。"海东守礼义之国"是明成祖对日本整体形象的一种观点，在他看来日本能够遵守基本的礼仪道德规范，对待明朝也是信守礼仪和诚信事大，所以才得出这样的整体形象。对于日本的地位观是："海东之国，未有贤于日本者也"，这是对日本剿灭对马、壹歧等小岛的海寇而言的，和唐朝文人眼中的"海东之国，日本为大"还是略有区别的。不过在明成祖的日本

---

① 《明太宗实录》卷50"永乐四年正月己酉"条，台北："中研院"历史语言研究所校印本，第752-753页。

地位观中，日本在四夷朝贡之国中的显要地位已经确立，所以才会有向日本赐山名之举。这也是对日本之地位高于其他朝贡之国的一种肯定，是日本地位观上的突出表现。

当日本室町幕府将军足利义满去世以后，明成祖还特下诏书对其进行褒奖。从明成祖时确立的这种良好的日本地位和形象观，一直影响了两国关系很长时间。从宣德初年至嘉靖初年，日本室町幕府一共派出了 12 次遣明船[①]，两国之间一直维持着朝贡贸易。直到嘉靖中后期倭乱大爆发后，两国关系才开始恶化，并且对于日本的地位和形象观发生了急转直下的变化。

二、明朝中后期日本地位和整体形象观的转换

明代中后期的日本观很大程度上受两个历史事件影响，一是嘉靖时期发生的大规模倭乱及明朝的平乱活动，二是万历时期的抗倭援朝战争。这是中日两国关系上的重要问题，左右了当时两国关系史上的走向和日本观的诸多内容。此时中国人的日本地位和整体形象观也随之发生转变，与明初的日本观有了很大的不同。

1. 嘉靖大倭乱与日本地位和整体形象观

从嘉靖时期开始，倭寇问题日益严重，当然根据学术界的研究，所谓的后期倭寇并非是日本倭寇而是由海禁引起的东南走私商人，诸如汪直等人。但是倭寇发端于日本海盗，并且此时出现了大量日本研究的专门性史籍，其主要对象还是指向日本。所以从这些有关日本的史籍中也可以一窥当时人的日本地位和整体形象观。

嘉靖大倭乱的爆发与嘉靖二年（1523）的宁波争贡事件密切相关。[②]是年五月，由日本大内义兴和由细川高国派遣的两个贸易使团先后抵达宁波。但是后者却通过行贿等手段先行通关，引起前者不满，于是发生械斗。很快冲突升级，直接引发沿海的战乱。"凶党还宁波，所过焚掠，执指挥袁琏，夺

---

① 参见佐久间重男：《日明関係史の研究》，東京：吉川弘文館，1992 年，第 154-155 页。

② 关于宁波争贡事件的详情，可参见汪向荣、汪皓：《中世纪的中日关系》，北京：中国青年出版社，2001年，第 217-237 页；郑樑生：《宁波事件始末——一五二三》，收入氏著《中日关系史研究论集》第十二卷，台北：文史哲出版社，2003 年，第 9-70 页。

船出海。都指挥刘锦追至海上，战没。"[1]此事件直接导致明朝和日本之间停止朝贡贸易，而部分倭寇则开始加剧对沿海地区的侵扰，最终演变成嘉靖大倭乱时代。[2]倭寇危害巨大，《明史》记载"终明之世，通倭之禁甚严，闾巷小民，至指倭相詈骂，甚以噤其小儿女云。"[3]倭寇问题给明朝东南沿海地区造成了巨大损失。[4]

倭乱直接催生了明代日本研究的热潮，涌现出一大批对日研究专著，如《日本考略》、《日本图纂》、《日本考》、《日本风土记》、《日本一鉴》等，此外，采九德《倭变事略》、郑茂《靖海记略》、茅坤《纪剿除徐海本末》、赵士桢《倭情屯田议》、殷都《日本犯华考》、谢杰《虔台倭纂》等专门针对御倭抗倭的著述也层出不穷。这些资料成为我们了解明代日本观整体风貌的重要线索。

薛俊《日本考略》是嘉靖时期最早的对日研究专书，其序叙述"日本乃东夷一种，遐隔大海，其习俗妍丑，固不足为轩轾，第叛服不常，巧于用诡。"[5]薛俊认为日本只是东夷诸国之一，从整体形象来讲，是一个叛服无常、巧于用诡的国家。薛俊对于日本和倭寇的看法是："其性多狙诈狼贪，往往窥伺得间则肆为寇略，故边海复以倭寇目之，苦其来而防之密也。"[6]并且在此书的《寇边略》中进一步称日本是狼子野心，剽掠为其本性。这主要是跟当时薛俊所处的定海遭遇倭寇的侵扰有关，而且所搜集资料中大部分都是这样的看法，基本是沿袭前代成说。对于日本在当时东夷之国中的地位，薛俊的看法是："凡百有余国，小者百余里，大不过五百里，皆为大倭王所

---

① 张廷玉等：《明史》卷 322《日本传》，北京：中华书局，1974 年，第 8349 页。此次事件明代史书多有记载，如《明世宗实录》卷 28 "嘉靖二年六月庚子朔甲寅"条、《筹海图编》卷 2《王官使倭事略》之"嘉靖二年入贡"条，等等。

② 参见郑樑生：《明嘉靖间浙江巡抚朱纨执行海禁始末》，收入氏著《中日关系史研究论集》第五卷，台北：文史哲出版社，1995 年，第 1-34 页。

③ 张廷玉等：《明史》卷 322《日本》，北京：中华书局，1974 年，第 8358 页。

④ 参见陈懋恒：《明代倭寇考略》，北平：哈佛燕京学社，1934 年；田中健夫著，《倭寇——海上历史》，杨翰球译，武汉：武汉大学出版社，1987 年，第 113-115 页。

⑤ 薛俊：《日本国考略》，收入邓士龙辑，许大龄、王天有主点校《国朝典故》卷 103，北京：北京大学出版社，1993 年，第 2034 页。

⑥ 薛俊：《日本国考略》，收入邓士龙辑，许大龄、王天有主点校《国朝典故》卷 103，北京：北京大学出版社，1993 年，第 2035 页。

属。其新罗、百济等国，虽非所属，皆以倭为大国，多珍物，并仰之，恒通使往来。"①这是薛俊对倭国在日本列岛诸小国中的地位以及与朝鲜半岛之间的关系的观点。显然，薛俊的观点来源于明代以前的相关记载，而薛俊并未觉察日本国内形势已经发生较大变化。由于《日本考略》在沿海传播较广，该书观点对后来者影响较大。在其后的定海知县王文光"日本即倭奴也，其狙诈不情尤甚"②之说，很明显受到了薛俊的影响。

署名为李言恭、郝杰考梓的《日本考》其实与侯继高的《日本风土记》为一书二刻。此书中的"沿革"、"疆域"、"属国"等部分的内容皆沿袭自薛俊的《日本考略》及其它史书，主要观点基本相似。郑舜功《日本一鉴》也称日本为夷狄，属于东夷之一种，但是他提倡用夏变夷之法，促使日本归化。这与当时明人对日本普遍持排斥厌恶的观念有一定区别。《日本一鉴》中称："夷俗也，深以盗贼为戒，人骂以贼，仇恨不忘。今彼之夷来寇疆场非其初心，皆由中国奸宄捕构使然，夷国君长不知之。"③这是对日本整体形象观的基本看法，和倭寇盛行之世的明朝时人的看法完全不同。并且郑舜功对于时人所认识的日本形象进行批评，他写道："重诈轻生为倭旧俗，今抑此夷惟文可化。夫当事者不明要领。"④所以他对当时盛行的沿袭传统的日本观的问题抓住了本质，但是如郑舜功这样亲自去过日本的毕竟是少数，又加之倭寇影响之剧，其日本整体形象观并不占主流。

这一时期，朝廷官方对日本地位和整体形象的观点是冥顽不化、不可轻信的东夷之国。由于嘉靖二年的争贡事件使得嘉靖朝廷上下对日本极为愤恨，所以停止勘合贸易长达十七年作为惩戒。嘉靖十八年（1539），日本遣使来贡，希望恢复朝贡贸易。当时嘉靖皇帝给地方的答复是："夷性多谲，不可轻信。所在巡按御史督同三司官，严加译审，果系效顺，如例起送。仍严禁所在居民，无私与交通，以滋祸乱。"⑤很显然受过宁波争贡事件打击的明

① 薛俊：《日本国考略》，收入邓士龙辑，许大龄、王天有主点校：《国朝典故》卷103，北京：北京大学出版社，1993年，第2036页。

② 王文光：《日本考略序》，收入《丛书集成新编》第98册，台北：新文丰出版，1985年，第163页。

③ 郑舜功：《日本一鉴·绝岛新编》卷1，民国二十八年据旧抄本影印，页十五下。

④ 郑舜功：《日本一鉴·穷河话海》卷1，民国二十八年据旧抄本影印，页四下。

⑤ 《明世宗实录》卷227"嘉靖十八年闰七月甲辰"条，台北："中研院"历史语言研究所校印本，第4708页。

朝廷念念不忘倭寇之害，因此对于朝贡之事十分小心。通过嘉靖皇帝的答复也能看出，饱受倭寇侵扰的明王朝对于日本的看法明显大不如前。此时明朝官方的日本地位和整体形象观是奸诈不可相信的，这等于是把倭寇的印象强加到日本身上。而且其地位只是一个东夷朝贡之国，所以只要让其孝顺朝贡，给予满足他们的朝贡贸易之后，就不可与之往来。根据明廷的规定，日本可以十年来贡一次，但是由于利益的驱使，日本往往不到贡期就来朝贡。《明实录》中记载嘉靖二十三年和二十四年，日本两次请求进贡，但都被明廷回绝，并且治罪沿海备倭官员。这主要还是受明朝官方的日本地位和整体形象观的制约，在他们看来日本只是贪嗜中国的财物所以才屡屡来贡，并非真心实意的臣服。

2. 抗倭援朝战争与日本地位和整体形象观

1592 年至 1598 年的壬辰倭乱（日本史籍称"元禄"、"庆长"之役）对明代的日本研究产生了重要影响，对这个时期明人的日本观也有重要影响。具体对于明代的日本地位和整体形象观来讲，由于两国战争相加，地位观已经不似以前，但是仍然没有实质性的变化，而整体形象观变得更差，敌方之国的整体形象特征更加明显。

这一时期明朝官方的日本地位和整体形象观是认为日本是侵略朝鲜的倭国，但是又希望能够使其臣服。比如在万历二十年（1592）兵部的题奏中，就有宣示擒拿丰臣秀吉的通告，类似于悬赏缉拿贼首的布告。并称："若海外各岛头目，有能擒斩各来贼献，许即封为日本国王，仍加厚赉。"[①]很显然明朝官方认为日本只是海外番邦，所以任何其他海外诸国若能擒获其首，便可以封他做日本国王。而在与日本交往的过程中，朝廷和地方的官员逐渐认识到倭寇的凶残及其危害之大，所以在奏文或者往来函件中均以"倭奴"称之，这是明朝上下的日本整体形象观。而且由于不久之前的"倭寇记忆"，"倭夷变诈叵测"的观点非常盛行。因此，不少官员以"倭夷逐利，如犬之逐臭，小利则小入，大利则大入。方其未议封贡之前，则志在朝鲜，及既议封贡之后，则志在中国"[②]为由，坚决反对与之议和。

---

① 《明神宗实录》卷 255 "万历二十年十二月庚子"条，台北："中研院"历史语言研究所校印本。
② 《明神宗实录》卷 266 "万历二十一年十一月己巳"条，台北："中研院"历史语言研究所校印本。

在和谈过程中，明朝政府曾赐给日本丰臣秀吉国王称号和印章，反映出万历朝廷对于日本地位的基本看法。《明实录》中记载："先是，小西飞称，日本已无国王，以秀吉上请本部，拟封为顺化王。奉旨：平秀吉准封日本国王。故事外夷袭封例，赐皮弁冠服及诰敕等项，惟始封例有印章。日本自永乐初，锡封赐有龟钮金印，时小西飞供称，旧印已无。似宜另行铸给，故兼有是请。诏从之。"①这是明朝按照旧有的册封藩国的成例来处理日本问题，并且追溯永乐初年两国关系的历史，意图恢复原有的朝贡体系秩序。明朝还依据小西飞的陈词，准备再铸龟钮金印赐与日本。明朝仍然沿用足利义满时代的政策来对待丰臣秀吉，是一种停滞的日本观的反映。而在本月，万历皇帝还根据兵部尚书石星的建议，沿用隆庆年间册封顺义王的旧例，不仅册封日本国王，还准备授以龙虎将军等职，对于日本朝臣也都各有爵号封赏。这些称号和条件自然不能得到丰臣秀吉的满意，当沈惟敬一行到达日本时，真相大明，丰臣秀吉勃然大怒，再次发兵来攻。丰臣秀吉不满意的自然是明朝对其的态度和封赐，显然也反映出明朝这种居高临下的册封不能使其接受。这也是丰臣秀吉自身的定位和明朝的日本地位观之间的一种矛盾冲突。

作为明朝抗倭前线的一些将领来讲，对于日本的地位和整体形象也是以属国来看待，而且在称呼上基本都是采用"倭奴"而极少用"日本"，也是他们日本观的一种体现。例如作为抗倭前线指挥官的宋应昌就完成了《经略复国要编》一书，专门收集当时抗倭援朝战场上的往来文札和章疏。其中一篇文札中写道：

> 朝鲜为东海属国，辽左外藩，历世奉行正朔，朝贡以时，惟是蠢尔倭奴敢行摧陷，遂致国王屡遣陪臣乞求援救。……本官出使外国，勉竭谋猷，务彰天朝字小之仁，且使属国益坚事大之志。②

这封书札中很明显反映出当时的日本地位就是属国，认为日本只能是明朝的属国，应该像朝鲜那样谨守事大主义，而明朝对其施以字小之仁。但是

---

① 《明神宗实录》卷281"万历二十三年正月庚辰"条，台北："中研院"历史语言研究所校印本。
② 宋应昌：《经略复国要编》卷2《檄原任潞安府同知郑文彬》，台北：华文书局，1968年，第187-188页。

必须看到，这是明朝的日本地位观的一厢情愿，日本的丰臣秀吉根本就没有接受明朝的册封。在对日本的整体形象观上，仍然是以"蠢尔倭奴"目之。这和嘉靖大倭乱时期的观点相类似，既是一种延续，也对明朝人的日本观产生深远影响。

三、乞师语境中日本形象的逆转

有明一代的日本地位和整体形象观基本不出嘉万时期的认识范畴，直到明清鼎革之际，乞师日本之议渐起的情形下才开始出现转折。

1644 年，清军入关。朱明宗室建立的南明政权，时刻面临清兵南下的压力，因此想到了向日本求援。主要途径是通过沿海的武装走私商人集团向日本幕府乞师。1645 年，南明唐王都督崔芝曾派参将赴日乞师三千，其水军都督周鹤芝也曾派人至萨摩乞师三万。1646 年，郑芝龙也曾遣使赴日乞师，当时日本幕府对此谈论甚久，终因反对声音太高而作罢。另外，还有南明安昌王、冯京第、黄宗羲、朱舜水等人纷纷派人奉命赴日乞师，前后达十余次，但最终日本未派一兵一卒。当然，关于向日本乞师的情况，当时引起南明内部的很大争议，一些人认为可能会导致引狼入室的后果，还有人认为日本是夷狄和满族政权无异，又加之嘉靖倭寇危害中国的影响仍在。但最终乞师派占了上风，先后几次赴日求援。虽然在当时南明人士的历史叙事中尽量在回避倭寇的问题，但是华夷之辨的心理还是存在。不过从另一个角度来看，这对当时南明士人以及清初人士的日本地位和整体形象观的改变作用很大。例如在当时主张乞师日本的黄宗羲看来：

> 然日本自宽永享国三十余年，母后承之，其子复辟，改元义明，承平久矣。其人多好诗书、法帖、名画、古奇器、二十一史、十三经，异日价千金者，捆载既多，不过一、二百金。故老不见兵革之事，本国多忘备，岂能渡海为人复仇乎？即无西洋之事，亦未必能行也。[1]

---

[1] 黄宗羲：《行朝录·日本乞师纪》，《四库禁毁书丛刊·史部》第 44 册，北京：北京出版社，1998 年，第 617 页。

这基本可以看作黄宗羲在乞师日本失败之后的自宽之词，在他看来日本之所以没有出兵，是因为日本已经偃武修文多年，人人都在舞文弄墨，鲜见兵革之事，因此不可能渡海为明朝复仇。虽然这不完全符合当时日本的实际情况，但是黄宗羲既然主动乞师日本，并且事后做出这样的言论，就说明在黄宗羲的日本观中，其地位和整体形象观都是良好仁义的。这与倭寇之乱时的认识完全不同。而另外一位向日本乞师的南明人士朱舜水，后来则干脆定居日本，对于日本的水户学派的形成和思想变革产生了很大影响。对于朱舜水本身来讲，他对于日本的印象也逐渐发生了重要的变化，并萌生出"夷狄进位"的理念。如他在给友人的信中写道：

> 若以贵国为褊小，为东夷，谦让不遑，则大不然。贵国今日之力，为之尚有余裕。昔者滕壤褊小，不能五十里，一旦举行学校，犹且未能究其功用，而学士大夫至今犹啧啧称之。今贵国幅员广大，千倍于滕，而百倍于丰镐，而物产又甚饶富，失今不为，后必有任其咎者矣。至若以风物礼义为歉者，则建学立师，乃所以习长幼上下之礼，申孝悌之义，忠君爱国而移风易俗也，何歉焉。惟期锐志举行之。[①]

朱舜水的这种理念也是跟他乞师日本直到后来留居日本的活动紧密相关的，只有将日本和满清之夷狄区分开来，才能为自己的行为找到合理的解释。于是，日本作为中华之外的一个小国，只要能够建学立师，倡导风物礼义，一样可以成为中华之一部分。朱舜水的这种理念和当时日本的"民族国家"意识相结合，就在明清鼎革之际成为日本建立以自我为中心的"新型华夷秩序"的一个思想动力。[②]对于当时的日本观来讲，也有重要的影响，原来由嘉靖倭乱和抗倭援朝战争形成的残忍狡诈形象已经发生了转化，至少在南明乞师人士的影响下，已经向海东礼仪之邦和仁义大国的形象转化。

通过明末乞师的活动，可以发现此时的日本地位和整体形象观发生了改变。日本已经从狡诈残忍的蛮夷之国的形象向文化渐盛的礼仪之邦形象转

① 稻叶君山编：《朱舜水先生全集·朱舜水先生文集》卷3《与加藤明友书二首·一》，东京：文会堂书店，1912年，第43-44页。
② 参见韩东育：《朱舜水在日活动新考》，《历史研究》2008年第3期，第94-108页。

变。值得注意的是，为了乞师日本，在当时的士人中表面上表现出对倭寇问题的集体失忆，这跟士人在华夷观念和历史现实面前所作出的刻意回避的历史叙述相关。[①]作为南明士人，他们遭受清朝的进攻，在理念上自然助长"华夷之辨"的情绪，但是面对日本人时同样的理论又不能过于鲜明。因此，他们就用传统华夷思想中"夷狄入中国，则中国之"的理念来进行论证，这种思想变革在宋元之际时也经历过一次激烈的斗争，最后还是郝经等儒士提出的"行中国之道，用中国之士，则为中国之主"而暂时性的解决此问题。南明士人也是用变通的华夷观来看待日本和处理乞师日本的问题。欲达到此目的，就必须改变日本观中的理念，于是在当时的南明士人圈子里就日本的地位和整体形象观来讲，已经不是传统的属国关系和蛮夷之邦了，而是经过"文"化的礼仪之邦和能够帮助明朝复国的仁义之国。

有明一代，从官方到民间的日本地位和整体形象观都经历了一个曲折变化的过程。这种变化是跟中日之间关系的演变和民间往来活动的演变紧密相关，当然在某些时刻也会牵扯进第三者的因素，比如万历时期的朝鲜抗倭战争和明末的抗清斗争，都导致日本观的某些内容发生迅速的掾转。考察明代日本观的发展和演变过程时，这都是应该加以关注的重要内容。

第二节　清代的日本地位与整体形象观

1644 年清军入关。在康熙、雍正和乾隆三朝 100 多年的经营下，清朝国力在 18 世纪中叶达到鼎盛，并成为当时东亚世界最强大的国家。其后随着内部矛盾的增长和资本主义的萌芽，清朝的统治危机逐渐加重，由盛转衰的趋势日益明显。1840 年鸦片战争爆发，西方列强的坚船利炮打开了中国的大门。在经历了太平天国革命、中法战争、中日甲午战争、戊戌变法、义和团运动之后，1911 年的辛亥革命彻底结束了清王朝的统治和中国的封建帝制。

---

① 参见刘晓东：《南明士人"日本乞师"叙事中的"倭寇"记忆》，《历史研究》2010 年第 5 期，第 157-165 页。

在对外关系上，从清初到鸦片战争前的 200 年间基本采取了闭关锁国的政策，对外贸易上也施行限制措施。1641 年，日本在完成幕藩体制后也迅速建立起了锁国体制，只留长崎一口通商。差不多同时进行闭关锁国的中日两国，不仅没有建立起正式的邦交关系，对于经济文化的交流也是一种局限。直到 1871 年，《清日修好条规》的签订，两国才在被纷纷打开国门后建立起正式的外交关系。此后的双方又经历互派使节的交往期，而随后的甲午战争和《马关条约》的签订又使两国的关系发生了变化。在这长达二三百年的历史中，中前期两国关系平淡，而在末期却关系错综复杂。中日两国这种关系的复杂性和曲折性，对于清朝时期中国人的日本观影响也非常大。本节中将主要根据时间的先后和两国关系的变化来阐述有关日本的史籍中的日本地位和整体形象观。

一、清朝前期的日本地位和整体形象观

清初为了巩固统治和打击台湾的郑氏集团，对东南沿海地区的海外贸易进行了严格的限制，并颁布了"禁海令"和"迁海令"。平定台湾后，康熙二十四年（1685）开放广东澳门等四处榷关，尝试同外国进行开市贸易。[①]日本也只开放长崎一港，允许中国和荷兰船只到此贸易。清朝前期的中日两国交流大致以民间贸易为主要内容。

1. 清朝官方的日本认识

清朝在入关之前，已经与朝鲜建立起宗藩体系，这为后来制定对日政策奠定了基础。清与朝鲜的丁丙和约中规定朝鲜"日本贸易，听尔如旧，但当导其使者来朝"，并声称，"朕亦将遣使与彼往来也。"[②]希望朝鲜能够引导日本遣使赴清，建立宗藩关系。顺治二年（1645），通过朝鲜送还日本漂流民的诏书中称：

> 今中外一统，四海为家，各国人民，皆朕赤子，务令所得，以广同

---

① 夏燮：《中西纪事》卷 3《互市档案》，长沙：岳麓书社，1988 年，第 40 页。
② 《朝鲜仁祖大王实录》，"十五年正月戊辰"条。

仁。前有日本国民人一十三名，泛舟海中，漂泊至此。已敕所司周给衣粮，但念其父母妻子远隔天涯，深用悯恻。兹命随使臣前往朝鲜，至日，尔可备船只，转送还乡。仍移文宣示，俾该国君民，共知朕意。①

显然清朝希望通过这样的手段来加强与日本的关系，并使其能像朝鲜一样，接受清朝的宗主国地位。但是清朝企图与日本建立藩属关系的努力没有得到回应，因为日本认为此时是"崇祯登天，弘光陷虏，唐鲁才保南隅，而鞑虏横行中原。是华变于夷之态也"。②所以对清朝送还漂流民之事，日本并不领情。并且日本还意图在行动上对抗清朝，幕府中就有人提议借道朝鲜对中国进行直接的军事干预。朝鲜译官李亨南从对马岛带回的日本对清国的调查报告中称："岛主言：关白执政辈，以朝鲜与鞑靼合，莫不骇愤，将欲兴师而来，先使人占视泊船处而去。不但贵国受害，本岛先受其弊，故欲弥缝，而恐难周旋云。"③日本对清朝的敌意虽然没有转化为直接的攻击，但是却从军事装备等方面积极支持南明政权和台湾的郑氏集团。"郑成功军中有令清军望而生谓的'铁人''倭铳'……不用说是得诸于日本的。"④日本的对抗政策引起了清朝的不满，但是却又无力对日本采取直接的行动。这当然也是受多方面条件限制的：首先，由于日本的国力和海岛位置使得清朝无法像对付朝鲜那样，通过战争发挥其骑射方面的特长来征服日本。其次，由于南明政权和台湾郑氏集团的牵制使得清朝要把更多的精力放在处理国内问题上。因此清政权的战略重点只能放在国内和对自身最有影响的周边国家上。⑤在这些因素的影响下，清朝治理外藩的理念也发生了变化。康熙在一次对大学士的谕旨中称："至外藩朝贡，虽属盛事，恐传至后世，未必不因此反生事端。总之，中国安宁，则外衅不作，故当以培养元气为根本要务耳。"⑥这样在日本拒绝加入清朝的宗藩关系之后，清朝的对日政治、外交和经济贸易政策也就随之确立。清朝对日本基本采取的是一种被动防御的政

① 《清世祖实录》卷21"顺治二年十一月己酉朔"条，北京：中华书局，1985年。
② 林春胜、林信笃编：《華夷變態》上册，东京：東方書店，1981年，第1頁。
③ 《朝鲜仁祖大王实录》"二十五年二月丁丑"条。
④ 汪向荣、汪皓：《中世纪的中日关系》，北京：中国青年出版社，2001年，第355-356页。
⑤ 参见柳岳武：《清初中日关系研究》，《人文杂志》2006年第1期，第111页。
⑥ 王之春：《清朝柔远记》，北京：中华书局，2000年，第43页。

策，当然清朝的外交视域也随之而变得愈加狭小。在对外贸易上，中国和日本之间也只能保留民间和半官方的贸易行为。

清初中日关系也带来了一些消极的影响。日本由于长期被置于清朝宗藩关系的政治、经济和文化圈之外，无法从清朝直接吸收文化交流的益处，而只能寻求朝鲜和琉球的中转。对于清朝来讲，造成的不良后果就是日本观的长期停滞，以及对日本的漠不关心。在乾隆年间官方所修的《大清一统志》和《皇清职贡图》中，对日本涉及的内容非常少，而且基本都是抄自前史，没有更新的认识。官方的日本地位和整体形象观还是将日本视为和其他朝贡国一样的藩属之邦。因为没有建立官方的交往关系，所以在这个时期的《清实录》中很难看到对日本的记载和看法，只是有零星的关于漂流民遣返的记录。但对于海东诸国的认识，清朝官员还是有所观察的。如在康熙年间地方官的上奏中云："臣详察海上日本、暹罗、葛啰吧、吕宋诸国形势，东海惟日本为大，其次则琉球，西则暹罗为最，东南番族最多。"①后面还有很多关于如何对付红毛（即葡萄牙）的火炮，以及处理贸易问题的办法。其中涉及了对葡萄牙和荷兰等外族的评价和观点，但是没有对日本有所说明。在这份奏章中体现了当时官员的日本观之一方面，就是认识到日本的国力和幅员在东海为最大，但是由于接触无多，也就没有更多详细的认识了。

从总体上看，清朝前期的日本地位和整体形象观已经跟明朝完全不同，在官方文献中基本见不到"倭奴"或者"蠢尔倭奴"的字样，涉及之处大多以日本称之。由于两国关系并未正式建立，日本也没有纳入清朝的宗藩关系之内，所以清朝的日本地位观只是看成东夷之一，而非和朝鲜、琉球一样的藩属国。中日双方没有正式的往来，但也没有针锋相对，所以清朝的日本整体形象观中也就没有明显的友好或者仇恨的表现。但是清朝在处理和日本有关的问题上，态度应该表现还算友善，比如这个时期有很多日本的遇难漂流民流落中国，清朝都要将他们妥善安置后送还日本。

2. "长崎三书"中的日本地位和整体形象观

清朝中前期，中日两国同时实行了闭关锁国政策，只有长崎成为两国交

---

① 《清圣祖实录》卷 277 "康熙五七年二月丁亥" 条，北京：中华书局，1985 年。

往的唯一窗口。所以研究这个时期的日本观，主要依据的是围绕长崎贸易为中心的三部史籍：陈伦炯的《海国闻见录》、童华的《长崎纪闻》和汪鹏的《袖海编》。为论述方便，姑且将之概称为"长崎三书"。关于这三部史籍的作者及其编纂情况，本研究上编已有详论，此不赘述。

"长崎三书"在日本地位和整体形象观上跟以前有了很大的不同，由于三位作者或者亲自到过日本或者由亲到者转述，所以内容方面比较客观真实。而且此时期的中日关系比较平稳，既没有频繁的往来，也没有兵戈相见，所以对于日本的地位和整体形象的认识较能反映出他们的真实感受。《海国闻见录》中的日本整体形象观是较为文明开化的，其中记云："至于男女眉目肌理，不敢比胜中华，亦非诸番所能比拟，实东方精华之气所萃。"[①]显然日本的整体形象虽然不如中华，但却远胜于其他诸藩。这也透漏出陈伦炯对日本在海东诸国中的地位的基本看法。另外，还对当时各国之间的关系描述道："所统属国二：北对马岛，与朝鲜为界，朝鲜贡于对马，而对马贡于日本。南萨峒马，与琉球为界，琉球贡于萨峒马，而萨峒马贡于日本。二岛之王，俱听指挥。"[②]这是对当时海东诸国朝贡关系的记载，显然朝鲜和琉球通过对马、萨摩二岛与日本之间存在着一种间接的朝贡关系。这也是和前述清朝官方"海东诸国中日本为大"的日本地位观基本相同的看法。

童华《长崎纪闻》主要记载长崎贸易及清朝商人在长崎的状况。其中追述了中日两国关系的发展，以及日本称中国为唐人的缘故。由于当时大批的清朝商人到长崎购铜，久之造成日本硬通货大量外流。于是德川幕府在正德五年（1715）推出"正德新商法"，严格限定商船数量和贸易额度，并且发给信牌作为合法凭证。[③]由此开始了信牌贸易的时代，但也增加了清商在长崎交易的难度。《长崎纪闻》中曾记："倭人以中国为大唐，初通洋时见客商甚

① 陈伦炯撰，李长傅校注，陈代光整理：《〈海国闻见录〉校注》，郑州：中州古籍出版社，1985 年，第 36 页。
② 陈伦炯撰，李长傅校注，陈代光整理：《〈海国闻见录〉校注》，郑州：中州古籍出版社，1985 年，第 36-37 页。
③ 参见木宫泰彦著：《日中文化交流史》，胡锡年译，北京：商务印书馆，1980 年，第 649-657 页。

敬畏，遇唐人于途，皆匍匐候过远，然后敢起。"①后情况发生逆转。"新商无照者，租一照约输铜一百二十箱，仍须旧商同去，供验明白，方准收货。其照三年一换，逾期而往则销毁不给。各商求如期而出，以奉倭法，始有鑽谋求托之弊。岛中给照、毁照之权，俱在通事，于是通事至唐馆，踞首座，颐指气使，直呼商名，少不如意，辄骂詈而去。商人蠖行鼠伏，媚词泉涌，自同奴隶，积威约之渐也。"②信牌贸易的施行使得双方地位发生了改变，这也反映出童华所记录的清朝商人的日本形象观，当然也能看出童华的日本地位观已经随着经济贸易政策的改变而发生改变。日本的地位已经不是汲汲以求朝贡贸易的藩属国，而是可以在商业上对清商颐指气使的商品贸易国。

汪鹏由于经常往来于中国和长崎之间，并且在长崎居住过较长时间，对日本有较仔细的观察。他在《袖海编》中写道："长崎一名琼浦，风土甚佳，山辉川媚，人之聪慧灵敏，不亚中华。男女无废时旷职，其教颇有方，斯民也三代之所以直道而行也。向使明周官之礼，习孔氏之书，大体以明彝伦增秩，事举政修，何多让焉。"③这是通过长崎，对日本整体形象进行推测。在他看来，日本是文化礼仪之邦不亚中华。而且在汪鹏的眼中，"日本为海东富强之国。长崎孤鸾海隅，素称穷岛，然贫窭者绝少。"④这也是他日本地位观的一种体现，日本已经不是普通的东夷藩国，而是富足强大的邻国。老百姓安居乐业，户户家资殷实，又习于礼乐文化，整体形象上已经接近于中华。

"长崎三书"中所反映出来的日本地位和整体形象观都是较为积极的。日本的地位已经不完全是海东藩属国，而是一个海东富强之国。日本的整体形象也不是凶残的蛮夷，而是文化昌明、贸易兴盛的礼仪之邦。"长崎三

---

① 童华：《长崎纪闻》，《北京图书馆古籍珍本丛刊》卷 79，据乾隆刻本影印，北京：书目文献出版社，1998 年，第 796 页。

② 童华：《长崎纪闻》，《北京图书馆古籍珍本丛刊》卷 79，据乾隆刻本影印，北京：书目文献出版社，1998 年，第 797 页。

③ 汪鹏：《袖海编》，收入涨潮、杨复吉、沈楙悳等编纂：《昭代丛书》戊集续编，卷 29，上海：上海古籍出版社，第 1081 页。

④ 汪鹏：《袖海编》，收入涨潮、杨复吉、沈楙悳等编纂：《昭代丛书》戊集续编，卷 29，上海：上海古籍出版社，第 1081 页。

书”中所体现的日本观的这些内容，对于后来清末的日本认识也产生了不小的影响。

3. 《吾妻镜补》中的日本地位和整体形象观

翁广平编纂的《吾妻镜补》作为锁国时代清人完成的第一部日本通史，其中所体现的日本地位和整体形象观具有重要的意义。虽然此时两国处于封锁状态，翁广平资料来源主要是国内的资料，但是却也得到了日本的史书《吾妻镜》。当然更重要的是翁广平还积极通过各种途径寻求资料，比如他就经由清商于日本购得的《年号笺》等书，扩大资料的搜索范围。这样翁广平就能在研究前人日本观的基础上，进一步借助从日本搜求的资料，得出锁国时代最具代表性的日本观。关于日本地位和整体形象观的问题，翁广平在《吾妻镜补》的序言中写道：

> 海东诸国日本为大，汉初始通中国，嗣是历朝皆献方物，且购求典籍释藏以归，而文明之象渐启矣。刘宋时国王武进表，辞颇雄健。唐时诸使臣都有工辞翰者。赵宋初僧奝然入贡，其表文周骈体并献其国《年代纪》、《职官表》□□卷，故史传中不特记其山川风土而君长之授受□□焉。……凡七阅岁五易稿而成，□□《吾妻镜补》，亦可备海东一方之掌故也。余尝谓诸史外国传不过附见于正史耳，未有专为一书者。惟宋叶隆礼有《契丹国志》，□国朝徐澄斋有《中山传信录》，余友洪北江（亮吉）、严铁桥（可均）俱有《西夏志》。在属国者，高丽有《通鉴》有《史略》，安南有《志略》，朝鲜申叔舟有《海东诸国记》。而日本素有著述，所纂《七经孟子考文补遗》收入《钦定四库全书》，苟非渐被于圣朝文命之敷，而能若是乎！余之补此也，盖仿《契丹国志》、《西夏志》之例，而其世系之相承，未尝有更姓革命之变，是岂契丹诸国所可比乎！又况人文炳蔚、著作斐然，直超高丽、中山而上之，则此邦之文献洵足备辄轩之采访也。若其附庸之世系、风俗、山川、疆域一时未能博采，仅载其略。[①]

---

① 翁广平：《吾妻镜补·序》，载王宝平编著：《吾妻鏡補：中国人による最初の日本通史》，京都：朋友书店，1997年，第1-4頁。

这段材料中，一方面体现出翁广平的日本地位观是"海东诸国日本为大"，日本在海东诸岛国中的面积和势力都是最强大的，所以《吾妻镜补》中也会专有《附庸国志》的篇章，来记载日本的一些朝贡国。这显然说明，日本不在清朝的藩属国之列，也是翁广平对当时日本地位的一种准确定位。并且翁广平叙述作《吾妻镜补》的目的是"备海东一方之掌故"，和正史中的列国传已经不同，也是对日本地位的一种认可。另一方面也体现出翁广平的日本整体形象观，在他看来日本"素有著述"，是一个渐被文教的国家。甚至有些著述如《七经孟子考文补遗》，都会被收入到清朝官方纂修的四库全书中，这也是对日本文化之邦形象的肯定。

另外，在《吾妻镜补》中涉及日本的风土和贸易情况的时候，也有体现翁广平日本地位和整体形象观的内容。比如在《风土志》中，翁广平写道："日本于海岛为莫强之国，坐受诸国朝贡，夜郎自大由来久矣。其国事一听将军主之，国君如赘疣，垂拱而已。……国治尚酷刑，故其民皆畏法，有道不拾遗风。"[①]这仍然是对日本在海东诸国中的地位的认识，日本周边的诸小岛国都是日本的藩属国，并维系一种朝贡关系。而对于日本的整体形象是，由于这种朝贡地位的存在，造成其夜郎自大的心理。但是国中主要由将军主政，因为严刑峻法，也使得国中的民风较为淳朴，属于一种民风纯正的日本形象观。对于日本与中国的关系，《吾妻镜补》中记载称："海外诸国日本为近，隔海道近三十六更。故自秦汉以来即朝贡中国，或通商贾，史册载之详矣。"[②]翁广平的日本观中，中日两国地缘相近，自古以来就关系密切，当然主要是日本向中国朝贡和通商。在后面翁广平还记载了从明朝开始的两国铜贸易，一直记载清朝的情况。也反映出当时中日两国关系的实态，整体形象上日本主要是产铜之国，跟清朝的交往也主要体现这方面。

总之，在闭关锁国时代诞生的这部日本通史中所反映出的日本地位和整体形象观比较符合当时的事实。

---

① 翁广平：《吾妻镜补》卷15《风土志》，《吾妻鏡補：中国人による最初の日本通史》，第285页。

② 翁广平：《吾妻镜补》卷17《通商条规》，《吾妻鏡補：中国人による最初の日本通史》，第330-331页。

二、明治维新与清朝的日本地位和整体形象观

清朝在经受两次鸦片战争的打击后，开始走上向西方学习的道路，但是进行的洋务运动只是在学习科学技术，并没有触动政治制度和深层次的落后因素，所以甲午一战彻底宣告失败。而日本却通过明治维新，迅速完成了近代化历程，并通过打败清朝，实现了"脱亚入欧"。①这样的强烈反差，自然引起当时清朝内部有识之士的关注，他们开始了解和研究日本实现近代化的道路及原因，并由此冲击和改变着他们的日本观。这个时期的日本观主要体现于早期的赴日者完成的游记中，以及赴日外交官编译的日本研究史籍中和清朝派遣的游历使完成的报告和编纂的日本研究史籍中。他们带回的信息影响了清朝人的日本观，比如当时官方的对日决策，以及民间文学作品和书刊报纸中的日本记载和报道。本部分将分析这些史籍中的日本地位和整体形象观。

1. 早期赴日游记中的日本地位和整体形象观

鸦片战争以后，清朝的一些人士开始睁眼看世界，扩大他们的海外视野和对世界的认识。近代最早到达日本并且完成见闻记录的是罗森，他将跟随美国舰队逼迫日本签约的过程，以及在日本的见闻分三次发表在香港发行的中文月刊《遐迩贯珍》。②《日本日记》是现知近代中国人所写的第一部日本见闻录，被学者称为"中国第一部有较高价值的日本游记"。③在罗森的日本地位观中，日本仍然为东夷一小邦国，对于中国文化充满景仰之情。比如他在与日本之官村五八郎笔谈时，就着重记载对方所言之"景仰中国文物之邦云"④。而且还留意日本多读孔孟之书，以及很多日本人都来向其索诗，一月竟写扇五百余柄。这些都是从侧面反映他对日本之地位和仰慕中华的看法。另外，罗森对日本的整体印象观还包含制度落后和文明向化的双重内容。他在《日本日记》中记载日本器物和技术的落后，见到当时美国舰船上

① 诺曼著：《日本维新史》，姚曾廙译，北京：商务印书馆，1962 年，第 207-208 页。

② 分别是 1854 年 11 月号、12 月号和 1855 年 1 月号。

③ 参见王晓秋：《近代中日文化交流史》，北京：中华书局，2000 年，第 103 页。

④ 罗森：《日本日记》，收入钟书河主编，王晓秋点，史鹏校：《走向世界丛书》之《早期日本游记五种》，长沙：湖南人民出版社，1983 年，第 31 页。

的先进工艺制品的惊叹之情。另外，也对日本的民风进行称赞，如他写道："夫一方斯有一方之善政，日本虽国小于中华，然而抢掠暴劫之风，亦未尝见。破其屋，门虽以纸糊，亦无有鼠窃狗偷之弊。此见致治之略，各有其能矣。"①

在罗森之后的一些日本游记中则有不少对明治维新后新状况的记载内容，这对他们的日本地位和整体形象观有很大的改变。例如曾作为清政府的代表参加1876年在美国费城举行的万国博览会的李圭，就在归国后完成《环游地球新录》一书，其中有一卷为《东行日记》，记载了他途径日本时游览各地的见闻。李圭按照长崎、神户、大阪、横滨、东京的旅行路线，记载了其看到日本经过明治维新以后的变化。其中记录他在东京时的所见道："窃谓日本一国，当咸丰初年仍是大将军柄政，君位几同虚设，国势极不振。近年来崇尚西学，效用西法有益之举，毅然而改者极多。故能强本弱干，雄视东海，而大将军遂不专其国政。惜乎变朔望、易冠服诸端，未免不思之甚也。"②这是李圭在日本观察到的景象，其宫阙、衙署、武营、兵制都仿造于西式、职官、兵士、巡捕及一应办公之人，其服装也都是西式。李圭已经觉察到经过明治维新的日本与以前大不相同，在他的日本地位和整体形象观中，日本已经是"雄视东海"的强大邻邦。除此之外，这个时期还有不少赴日人士，完成了诸多的日本游记，其中较著名者还有如王韬的《扶桑游记》、李筱圃的《日本纪游》、黄庆澄的《东游日记》等等。这些早期的游记中，都对于日本明治维新后的状况进行了描述，也使得他们的日本地位和整体形象观发生改变，特别是对日本学习西方的印象较为深刻。

2. 清朝驻日外交官编译史籍中的日本地位和整体形象观

1871年日本政府与清朝签订《中日修好条规》，之后连续发生日本侵台事件、朝鲜江华岛事件和日本企图吞并琉球事件。在此情势影响下，清政府和日本之间的外交关系日趋紧张。因此形势和清日条规的约定，清政府于1877年派出以何如璋为首的第一届驻日使团。随着中日两国正式外交关系的确立，赴日的外交官不断增多，也完成了诸多的研究日本的著述。在这些史

① 罗森：《日本日记》，收入《早期日本游记五种》，长沙：湖南人民出版社，1983年，第38页。
② 李圭著，谷及世校点：《环游地球新录》，长沙：湖南人民出版社，1980年，第126-127页。

籍中体现了外交官们的日本地位和整体形象观。

何如璋是清政府首任驻日公使，他将自己在日本的见闻编为《使东述略》一书，另外他还著有由 65 首七言绝句构成的《使东杂咏》。何如璋对于日本明治维新以来的官制、兵制、学校、国计和疆域等情况的记载都极为重要。何如璋在动身前往日本之前，已经对日本有所了解，且看其此时的日本观："日本以同文之邦，毗邻东海，亦复慕义寻盟。"[1]这说明何如璋还是站在传统中华与外邦的立场上看待日本。在途经渤海口时，何如璋观察海上形势云："日本界处东瀛，孤悬四岛，自北都视之，犹几案耳。轮舟径指，旬日可达，尚何险远足云乎？"[2]何如璋对日本地理形势的认识符合实际情况，认为路途不远其实也是在为自己的远行打气。日本对何如璋使团的到来比较重视，特别是在神户举行了隆重的欢迎仪式。何如璋见此盛景，感慨称："汉官威仪，见所未见，日人间有从西京、大阪百十里来观者。"[3]在见到日本天皇呈递国书之后，何如璋认为日本维新以后仪式从简，进退皆三鞠躬，这跟清朝的三跪九叩完全不同。另外，何如璋还详细观察了东京的形势，在追述日本二千年历史的基础上又对明治维新以后的政治、军制、学校和国计等方面进行了详细介绍。他对日本的人民风俗记载道："居民三千余万，渔水耕山，差足自给。其种类传自中国，流寓日久，风气迥殊。"[4]综合以上何如璋对日本的认识来讲，他的日本地位观仍然是站在传统士大夫的角度看待东夷日本，但是又由于其外交官的身份，所以承认两国的国交现状。何如璋的日本整体形象观是"同文同种"，只不过后来经过历史的变迁，特别是明治维新的冲击，日本的变化非常大，与中华传统的很多风俗习惯都有不同。由于何如璋首任驻日公使的身份，所以他的日本地位和整体形象观对于清人的日本认识是有不小影响的。

在清朝的使日外交官中，姚文栋和黄遵宪是最有著述成就的两位。姚文栋于 1882 年跟随清朝第二任驻日公使黎庶昌出使日本，以随员的身份在日本

---

① 何如璋：《使东述略》，收入《早期日本游记五种》，长沙：湖南人民出版社，1983 年，第 45 页。
② 何如璋：《使东述略》，收入《早期日本游记五种》，长沙：湖南人民出版社，1983 年，第 47 页。
③ 何如璋：《使东述略》，收入《早期日本游记五种》，长沙：湖南人民出版社，1983 年，第 54 页。
④ 何如璋：《使东述略》，收入《早期日本游记五种》，长沙：湖南人民出版社，1983 年，第 67 页。

工作六年，这使得他对日本有比较深刻的了解，其日本观的内容也比较丰富。就其日本地位和整体形象观来讲，姚文栋认为日本并非友好邻邦，而是对中国充满野心，所以他才会仔细地研究日本以为清朝防备之用。姚文栋编译的《日本地理兵要》中就很明显地体现了对日本的防备之心，甚至还为清政府设计了进攻日本的线路。姚文栋在《琉球地理小志》中撰有一篇跋文，专门考证琉球与日本关系：

> 夫宽文中作《日本通鉴》，不尝自称为吴太伯后乎！而《善邻国宝记》及《通鉴提要》等书皆云垂仁天皇时遣使大夫聘汉，汉帝赐以印绶。然则我以一旅之师灭日本而县之，告于万国曰："日本为我中华吴太伯之裔，且自汉以来聘贡于我，今改建郡县，诸国不劳过问。"试问日本臣庶之心服乎？否乎？今之琉球何以异是！至于文为制度琉日间有相同，乃皆是沿袭中华古制，此尤不足置辩者矣。①

这里也能够看出姚文栋的日本地位观，在历史上日本属于中国的藩属国和朝贡国，如果中国也采取日本对琉球的策略，似乎也是符合历史法则的。但是姚文栋忽略了一个重要的事实，那就是日本此时的实力优势和势力扩张野心，而清朝既没有对外征服的欲望，更没有进攻的实力。但是这种现实也影响了姚文栋的日本整体形象观，以日本的侵略扩张来认识和形成印象。当然姚文栋和日本文人墨客，特别是一些仰慕华风的人士关系颇佳，不少日本学者都曾为姚文栋的著作撰序，对于姚文栋的日本研究成就也是给予了高度评价。

黄遵宪的日本观主要体现于《日本杂事诗》和《日本国志》，这也是在日本研究学术史上的光辉杰作。《日本国志》被时人高度称赞道："海内奉为瑰宝。由是诵说之士，抵掌而道域外之观，不致如堕五里雾中，厥功洵伟矣哉！"②虽然此书出版于甲午战争之后，但是全书早在此8年前即以完成，并且反映的内容皆是黄遵宪出使日本时的所见所闻，因此其日本观仍不出此时期范围。黄遵宪之所以要编纂《日本国志》，其重要的目的"就是要提供日

---

① 姚文栋：《琉球地理小志·跋》，清光绪九年刻本。
② 狄葆贤：《平等阁诗话》，收入《人境庐诗草笺注·附录三》，上海：上海古籍出版社，1981年，第1274页。

本真实详细情况，以改变中国人对日本的模糊认识和错误观点"。①当然他的日本观对于清朝人士的日本观影响也很大。在《日本杂事诗》和《日本国志》中最有价值的就是对日本明治维新的介绍和研究。在这两部著作中体现出黄遵宪的日本地位和整体形象观是，日本经过明治维新已是强国，在器物和精神层面都已经发生了深刻变化，值得清朝效仿和学习。在《日本国志》中，黄遵宪对日本明治维新非常关注，举凡政治制度、经济政策、军事改革、文化变革等方面都进行了详细的记载，这也是他的日本形象观中各个方面内容的体现。不过在日本地位观上，黄遵宪仍然残留传统的华夷观念。在《日本国志·邻交志》中，黄遵宪首列《华夏》篇来记载与中国的交往情况，他的解释是中国经籍中凡对他族，皆称华夏。并且还讲：

> 近世对外人称，每曰中华。东西人颇讥弹之，谓环球万国，各自居中，且华我夷人，不无自尊卑人之意。余则谓天下万国，声名文物，莫中国先。欧人名为亚细亚，译义为朝，谓如朝日之始升也。其时环中国而居者，多蛮夷戎狄，未足以称邻国。……余考我国古来一统，故无国名。国名者，对邻国之言也。然征之经籍，凡对他族，则曰华夏。②

黄遵宪的日本地位观中仍然视日本为华夏之外的邻国，这也是符合当时清朝人士的普遍看法。虽然黄遵宪周游过世界许多国家，也接受了维新变法的新思想，但是在传统的华夷观上还是比较保守的。中华之声名文物的优越性还是根深蒂固的，所以在看待日本的地位上仍然是要次于华夏一等的。

清政府前后派遣了七届驻日使团，其中不乏清末的著名外交官，包括黎庶昌、李经方、郑孝胥这样的风云人物。使日的经历，改变了他们的日本观，而且对于未出国门的清人的日本观也有不小的影响。从他们当中一些完成研究日本著述的外交官中，也可以一窥其日本地位和整体形象观。陈家麟是清朝第三届驻日使团中的随员，他的所见所闻都收入《东槎闻见录》中。他在此书的《总论》中写道："日本西界我国，东对美利坚，北连俄罗斯，

---

① 王晓秋：《黄遵宪研究与近代中外文化交流》，收入王晓秋：《近代中国与世界：互动与比较》，北京：紫禁城出版社，2003年，第373页。

② 黄遵宪：《日本国志》卷4《邻交志》，收入陈铮编：《黄遵宪全集》，北京：中华书局，2005年，第931页。

介居三大国间，修睦邻封，知非易易。"①接着他又追述日本朝贡中国的历史和两国交往的情况，然后笔锋一转叙述日本的明治维新，"又廿余年矣，所更革者若干事，所讲求者若干条，立学校、整矿务、开铁道、设银行，以及机器、电线、桥梁、水道、农务、商务各事，此利政也。易服色、废汉学、改刑罚、造纸币、加赋税，以及用人、宫室、饮食、跳舞之属，此弊政也。"②这是陈家麟对日本明治维新的总体看法，既认为改革经济诸事是有利之举，但又否定对传统的变革。并且后面还讲到因为革新造成的国内叛乱之事，反映了陈家麟反对根本变革的观点。在对日本地位观上，陈家麟主张中日联合。他认为，"旷览亚洲大局，总以中日联络为宜。"③并且对台湾问题、琉球问题和朝鲜问题进行解释，既为日本开脱责任，又为清朝置之不理寻找借口，当然其目的还是宣扬中日联合的重要性，这样才能共同抵御欧美强国。这些看法不同于姚文栋等人，不管是进攻日本还是联合日本，在当时的情况下都是不可能实现的。这也反映出他们的日本观仍然是处于个人角度的考量，对中日两国的大势尚未把握清楚。与陈家麟同门的王肇鋐也曾于光绪十一年（1885）东渡日本，他主要研究日本的沿海地理形势，并用两年的时间完成《日本环海险要图志》。在书中体现出他对日本的整体形象观，书中写道："余自乙酉岁东游日本，览其地孤立苍瀛之中，依山为城，临海为池，洵足恃险要以自固。虽沿海之地港湾极多，无处不可为攻守门户，然全地成自山脉，礁滩蔓延，问津者稍不加意，鲜不遭厄。"④这是王肇鋐对日本的最直接的印象，当然在书中他还介绍了日本环海的总体形势和各地的具体情况。因为其主要目的是编纂一部军事情报类的著作，所以对于日本沿海的险要形势比较关注。

3. 清朝海外游历使编纂史籍中的日本地位和整体形象观

光绪十三年（1887）清政府派出 5 组共 12 人的海外游历使，其中傅云龙和顾厚焜分在一组，派往日本、美国、加拿大、秘鲁、古巴、巴西六国游

---

① 陈家麟：《东槎闻见录·总论》，清光绪十三年（1887）铅印本，第 1 页。

② 陈家麟：《东槎闻见录·总论》，清光绪十三年（1887）铅印本，第 2 页。

③ 陈家麟：《东槎闻见录·总论》，清光绪十三年（1887）铅印本，第 2 页。

④ 王肇鋐：《日本全国海岸图·附识》，载王肇鋐：《日本环海险要图志》，国家图书馆藏清抄本。

历。在日本期间，傅云龙和顾厚焜先后游历了静冈、爱知、滋贺、西京、大阪、兵库等地，并在东京停留很长时间，对上述地区进行了细致的考察。游历结束后，傅云龙和顾厚焜分别完成了《游历日本图经》和《日本新政考》，主要反映了他们在日本考察的所见所闻和对日本的总体认识。

傅云龙的日本地位和整体形象观以日本经历明治维新后的新变化为主，但是与其他考察者不同，在《游历日本图经》中类似于通史的作法，很多内容都是贯通古今的。例如他在此书的《世系表》中就从神武天皇开始一直记到明治天皇为止。但是对于日本政治、风俗等大部分内容，傅云龙都是以明治前后为重要分野，也可以看出他对日本的整体形象观以明治维新为界。比如他在分析日本党目时写道："日本明治以前，武臣柄政，其公卿与陪臣非一党矣，然党目未著。至是曰守旧、曰改进、曰渐进、曰大同团结、曰顺政、曰自由。"①在后面分析日本的服饰、饮食等问题上，都是以明治维新为界。

顾厚焜主要关心日本明治维新后的一系列新变化，特别是新政，所以在其所著《日本新政考》中大部分是这方面的内容。在其日本地位和整体形象观中，主要是以日本经历变法后的欣欣向荣新景象为主。在自序中，顾厚焜认为："日本与中国世通朝聘，宫室、衣服概遵唐制。明治维新以来，迁都江户，改名东京，诸藩纳土，西法盛行。"②顾厚焜已经观察到，原本跟中国有相似性的日本经历明治维新后，发生了脱胎换骨式的变化。顾厚焜此时的日本整体形象观中主要以"西法盛行"概而观之。对于日本明治维新后发生的种种变化，顾厚焜在表面上认真的记载以备清政府参考，但是在内心中对于日本彻底性的变革并非完全赞同。

总之，清朝光绪年间所派遣的海外游历使对世界进行了全面的考察，傅云龙和顾厚焜等人对日本的观察也有自己的特点。他们二人完成的著述中对于日本明治维新的情况有较为详细的记录，作为出使日本的游历使，他们所撰写的两部史籍《游历日本图经》和《日本新政考》对于清政府的日本观势必会产生一定的影响。

---

① 傅云龙：《游历日本图经》卷 10《日本风俗》，上海：上海古籍出版社，2003 年，第 216 页。
② 顾厚焜：《日本新政考·自序》，载《日本政法考察记》，上海：上海古籍出版社，2002 年，第 2 页。

4. 报刊杂志与官方人士的日本地位和整体形象观

报刊杂志虽然不是史籍，但却对有关史籍中的日本观有一定的影响。在晚清报刊业逐渐兴起，由于其传播快捷、阅读方便等特点，使得其在影响民众方面发挥的作用越来越大。对于中国的近邻日本，当时晚清报刊中已经屡有报道，特别是对于日本的明治维新给予了很多关注。当时留日人士提供的信息，是这些报道的资料来源。

1872 年由英国人美查创办发行的《申报》，是近代中国影响最大的中文报刊，它对日本的报道涉及了政法、经济、文教、军事、对外关系等各个方面。可以说，《申报》对日本的报道在数量上已经初具规模，并且在中体西用观的影响下肯定日本求强求富的做法。但是甲午战争以前的《申报》仍然无法摆脱夜郎自大的心态，视日本为东夷小国，对日本维新事态的发展缺乏正确的把握。①1886 年的《申报》中称："日本虽不及泰西，然亦足以称雄于海外，日本拟设议院后，上下相通，君臣为一，能自图强崛起而与诸大国为伍，亦云能也。在亚洲，善变者推日本为首。"②在 1887 年的《申报》中又称："日本国虽小，其留心于国家之事，意思勤勤恳恳，不少懈怠，任职趋公，类皆实事求是。"③称赞日本文明开化和富国强兵取得的成效。在这里基本可以看出，《申报》的日本地位观基本还是以清朝为中心来看待与日本的关系，但是在日本整体形象观上有很大改进，认为日本虽小，但善于学习和改变，已经能够跟诸大国并驾齐驱了，并且形成了日本勤恳、敬业和实事求是的形象观。

由洋务派委派上海江南制造局创办的《西国近事汇编》则体现出较为积极的日本形象，该刊一直对明治政府的近代化举措和效果给予褒扬，不仅积极肯定日本实行宪政、改正朔、易服色、普及西学、改信西教、兴办报刊等措施，而且从思想上已经提升到效法明治维新进行自强的高度。④这是《西国近事汇编》在日本整体形象观方面的先进之处。不过在日本地位观上还显

① 参见郑翔贵：《晚清传媒视野中的日本》，上海：上海古籍出版社，2003 年，第 109-110 页。
② 《论日本预备军装》，《申报》1886 年，第 4623 号。
③ 《论日人能勤于其职》，《申报》1887 年，第 5264 号。
④ 参见郑翔贵：《晚清传媒视野中的日本》，上海：上海古籍出版社，2003 年，第 157 页。

得比较传统，比如在有关文字中经常还能看到其视中国为"堂堂中华"、日本为"蕞尔小国"，[1]这是《西国近事汇编》对于清朝和日本地位的基本看法，也是日本地位观的反映。

《万国公报》由《中国新会新报》发展而来，逐渐成为较为著名的综合性时事刊物。《万国公报》的国外报道主要译编自西文报刊，而对于日本的报道则有一些是由清朝驻日使馆随员和游客如姚文栋、李圭等人提供的信息。《万国公报》的日本报道主要还是围绕明治维新内政和中日关系来进行，基本上以平等的态度来对待日本，绝少天朝上国的优越感。该刊还以近代西方的价值观念评价日本明治维新，积极肯定日本殖产兴业、富国强兵、文明开化、民主立宪等维新措施及其取得的显著成效。[2]由此可见，《万国公报》的日本地位和整体形象观是平等看待日本，并且认为日本已经是经过明治维新变革后的文明富强之国。

当时，清朝官方人士仍然以保守和传统的观点看待日本。在清朝的保守派看来，日本只是中国的藩属国，其维新变法也是不可取的。即使在较为开明的洋务派人士中，其日本地位观也是传统的华夷观念占据主流。清朝统治者的日本地位和整体形象观在此时仍然沿袭旧例，仅就1871年的《中日修好条规》的签订来讲，清朝处理此事也与西方诸国不同。在《清实录》中有如下记载：

> 日本与中土最近，又自诧于同文之国。现在议立《修好条规通商章程》，自不必沿袭泰西各国旧套。该督督饬应宝时陈钦，与该使臣反复辩论，大致均已允服遵照。惟章程内请添凡两国准予别国优恩，及有裁革事件，无不酌照施准一条，仍是一体均沾之意。亟宜相机开导，使之就我范围。应宝时等覆该使臣信函，颇足折服其心，即着李鸿章饬令应宝时等，力持定见，悉心开导。总期妥为酌定，以示区别而杜弊端。并将办理情形随时具奏，将此谕令知之。[3]

① 《西国近事汇编》，庚辰春季卷，1880年，第36页。
② 参见郑翔贵：《晚清传媒视野中的日本》，上海：上海古籍出版社，2003年，第196-197页。
③ 《清穆宗实录》卷313，"同治一〇年七月丁酉"条，北京：中华书局，1985年。

从清政府与日本签订条约一项事务中，可以看出清朝仍将日本与欧美等国区分开来，在思想深处仍然摆脱不掉日本为蛮夷小国的形象观，所以在处理两国关系上，还是持地位高低之论。

其后随着台湾事件和琉球问题的发生，清朝官方对日本的戒备心理加强，而日本观也随之发生变化。如光绪帝在谕旨中称："日本近在东隅，竟敢袭灭琉球，毫无顾忌，尤为叵测。台湾、朝鲜均距东洋较近，骎骎窥伺，亦在意中。未雨绸缪，今日尤为急务。"[①]这也反映出当时清朝官方的日本整体形象观中已经视日本为潜在敌人，他们的侵略扩张野心必须引起清朝的重视和防备。黎庶昌就曾向光绪帝上奏曰："日本近年事事讲求，海陆两军扩张整饬，工商技艺日异月新。中国与之唇齿相依，宜将琉球一案，彼此说明，别定一亲密往来互助之约，用备缓急。"[②]这是黎庶昌根据其在日本的观察所得进行的总结，意在让清政府密切关注日本，而解决办法也就是暂定条约，以为缓兵之计。这其实也反映出当时清朝官员的日本地位和整体形象观中已经认识到日本在东亚的政治和军事地位日益突出，日本国家实力渐强，清政府不能再以东夷小国视之，而应该进行积极的重视和防备，并妥善处理中日两国之间的关系。

三、甲午战争后清朝的日本地位和整体形象观

甲午战争是中日近代关系史上的重要事件，对于中国的近代化也产生了很大影响，"天朝上国"却被"蕞尔日本"所击败，所以中国人从迷梦中警醒"实自甲午一役始也"[③]。由此，甲午之战也改变了中国人的日本观和对日本的态度。

1. 戊戌变法前后的日本地位和整体形象观

甲午战败的惨痛教训使得清朝人士开始重视东邻日本，当时最直接的反应是黄遵宪《日本国志》影响力大增。袁昶在《马关条约》签订后将《日本

---

① 《清德宗实录》卷100，"光绪五年九月庚子"条，北京：中华书局，1985年。

② 《清德宗实录》卷294，"光绪十七年二月庚子"条，北京：中华书局，1985年。

③ 梁启超：《戊戌政变记》卷7《改革起源》，收入中国史学会主编：《戊戌变法》（一），上海：上海人民出版社，1957年，第296页。

国志》呈交两江总督张之洞称，若此书早于战前流布或许就可以使清朝节省二亿两赔款。[①]梁启超也曾为此书作序称："乃今知日本，乃今知日本之所以强，赖黄子也；又憯愤责黄子曰：乃今知中国，知中国之所以弱，在黄子成书十年，久谦让，不流通，令中国人寡知日本，不鉴不备，不患不悚，以至今日也。"[②]梁启超批评中国人寡知日本才造成甲午之战的屈辱，当然黄遵宪不出版此书并非"谦让"，而是因为没有得到总理衙门的支持。虽然黄遵宪《日本国志》的价值可能没有袁、梁等人说得那么大，但也确实反映出当时清朝上下对日本认识的重视程度，急欲荡涤传统的日本观。光绪帝领导的戊戌变法就是当时政治上变革的重要举措，而效法的主要对象就是日本。这自然是当时日本地位和整体形象观的彻底转变，已经从不屑一顾的东夷之国转变为值得学习的榜样。这也与甲午之后的舆论宣传以及康有为等维新派的鼓动密切相关。

康有为的日本观在变法过程中对光绪帝有极大的引导作用。《马关条约》的签订给了康有为很大震动，他在北京发动"公车上书"。随后又递交《上清帝第三书》和《上清帝第四书》，阐述其变法自强的主张，援引日本明治维新的例子称："日本蕞尔三岛，土地人民不能当中国之十一，近者其皇睦仁与其相三条实美改纪其政，国日富强，乃能灭我琉球，割我辽台。以土之大，不更化则削弱如此；以日之小，能更化则骤强如彼。岂非明效大验哉？"[③]虽然康有为对日本的地理情况认识并不准确，但是他却认识到了日本明治维新带来的巨大成功。在后来的戊戌变法中，康有为编纂了《日本变政考》，其中完整体现了他的日本观。在《日本变政考》中，加有许多的按语，集中表达了他的维新变法观，从中也能看出他的日本地位和整体形象观。康有为在《日本变政考序》中写道："自弱而强者，日本是也。是皆变法开新君主能与民通之国也。其效最速，其文最备，与我最近者，莫如日

① 黄遵宪：《人境庐诗草》卷10《三哀诗·袁爽秋京卿》，收入陈铮编：《黄遵宪全集》，北京：中华书局，2005年，第177页。

② 梁启超：《日本国志后序》，收入陈铮编：《黄遵宪全集》，北京：中华书局，2005年，第1565页。

③ 康有为：《上清帝第四书》，收入汤志钧编：《康有为政论集》（上册），北京：中华书局，1981年，第153页。

本。"①随后又写到日本变法之初所遇到的种种困难，但是最后通过一系列的变法举措，灿然更新，实现了由弱变强的转变。其后又接着称：

> 治效之速，盖地球所未有也。然后北遣吏以开蝦夷，南驰使以灭琉球，东出师以抚高丽，西耀兵以取台湾，于是日本遂为盛国，与欧洲德法大国颉颃焉。然论其地，不过区区三岛，论其民不过三千余万，皆当吾十之一。然遂以威振亚东，名施大地。跡其致此之由，岂非尽革旧俗，大政维新之故哉？恨旧日言日本事者，不详其次第变革之理，无以窥其先后更化之宜。②

康有为为了给光绪帝塑造一个变法图强的样板，所以盛赞日本的明治维新。在他的日本地位观中，此时的日本已经经由变法而成为海东之盛国，并且要开始四面出击，显示其实力和武力。由此所塑造的日本整体形象观就是尽革旧俗，勇于开拓创新的日本。

这一时期清朝官方日本观的改变，主要体现为以下两个事件的出现。一是派出留日学生。光绪二十四年（1898），上谕称："现在讲求新学，风气大开，惟百闻不如一见，自以派人出洋游学为要。至游学之国，西洋不如东洋，诚以路近费省，文字相近，易于通晓。且一切西书，均经日本择要翻译，刊有定本，何患不事半功倍。或由日本再赴西洋游学，以期考证精确，益臻美备。"③选派同文馆和各地学生赴日留学活动正式开始。这不仅是近代中日教育史上的重大事件，而且也标志着中日两国地位观中的一种转变。从隋唐时期开始，日本派遣大批的留学生来到中国学习，是完全把中国作为自己的老师来学习，这种观念在很长的一段时间内得以延续。由此也使中国人的日本观中长期存在着一种日本为学生之国的印象，直到1895年的甲午战争中清朝的惨败才扭转这一趋势。而真正发生日本观的实质性改变，则要始于戊戌维新中清朝官方派遣的留学生。这已经表明，此时的老师之国已经变成

---

① 康有为：《日本变政考·序》，收入蒋贵麟主编：《康南海先生遗著汇刊》（十），台北：宏业书局，1987年，第1页。

② 康有为：《日本变政考·序》，收入蒋贵麟主编：《康南海先生遗著汇刊》（十），台北：宏业书局，1987年，第2页。

③ 《清德宗实录》卷421，"光绪二四年六月丁酉"条，北京：中华书局，1985年。

学生之国，开始寻求向日本学习。当然清朝的这段上谕其来源是张之洞的《劝学篇》，但是清朝已经把他变成了官方的文件，并转化成官方的认识，这对当时中国人的日本观产生了重要的影响。

第二个事件是清朝给日本天皇颁发宝星。光绪二十四年，清政府谕令驻日本公使李盛铎："日本与中国唇齿之邦，交谊日密。兹特制就头等第一宝星，寄赠大日本国大皇帝，以表敦睦邦交之意。着代理出使大臣李盛铎，俟宝星寄到，亲诣日廷，详述朕意，恭齐呈递。"[①]从这里的称呼"大日本国大皇帝"可以看出，清政府对于日本的态度发生了明显转变。就中日两国相互之间的称呼来讲，在隋唐时期就曾引起很大争议，当时日本的"日出处天子致书日没处天子无恙"引起隋炀帝的极大反感，后来又有"东天皇敬白西皇帝"的称呼，但是在后来的国书中，很少见到称呼日本为"皇帝"。在中国的传统中，但凡称"大"者均带有一定的褒扬或崇敬的色彩。在国号上，中国的王朝都喜欢自称为"大"，比如"大元"、"大明"、"大清"，但是对于藩属国和周边小国很少称"大"。并且前文已述，在元明时期就形成了"小日本"、"蕞尔日本"的称呼，更是经常称日本为"倭国"和"倭王"，在日本观上反映的是轻视、藐视或者敌视的态度。但是在 1898 年的赏赐宝星事件中，却破天荒的连用了两个"大"字。这只能说当时清政府在变法维新中确实有一种羡慕或者尊敬日本明治维新的心态，当然这里还用到的语气是寄赠。虽然在《清实录》中还记录其后清朝很多次的赏赐日本官员宝星的事情，但是这次对日本国用的语言却是"寄赠"。这只能说明，在两国的地位上，对日本国家不再是藩属国的赏赐，而是赠送。这也是戊戌维新中清朝的日本地位和整体形象观中日本值得效法、模仿的东方强盛之国的真实反映。

2. 清朝留日学生的日本地位和整体形象观

促使清末形成留日热潮的客观因素主要有两个方面，一是甲午战争中清朝的惨败和日俄战争中日本的胜利，这两件事情对中国人刺激很深，因此大批青年学生东渡日本求学。二是清朝废除科举，这使得很多青年学子无法再走科举取士的老路，因此留学日本就成了不错的选择。主观方面就是清政府

---

① 《清德宗实录》卷 427，"光绪二四年八月庚子"条，北京：中华书局，1985 年。

的大力提倡，以及地方政府的积极支持。当然其中最主要的影响因素就是中国人日本观的转变。而这些留学生在日本的求学和生活经历，也对其日本观的转变有很大影响。

清末留日学生的日本地位和整体形象观中，主要以日本为东亚强国，必须认真向其学习，但是也看到日本的扩张野心，以及对日本的不友好的一种反感。在对日本的地位观上，留日学生普遍认识到了日本的强大，以及在经济等方面发生的巨大变化，因此觉得中国向日本学习非常必要。当然向日本学习的主要是数理化和工业技术以及军事等专业，目的还是为了国内的富强发展之需要。当时留学生对日本的认识是：

> 今日之日本，其与吾国之关系，则犹桥耳。数十年以后，吾国之程
> 度，积渐增高，则欧美各国，固吾之外府也。为今之计，则莫如首就日
> 本。文字同，其便一；地近，其便二；费省，其便三；有此三便，而又
> 有当时维新之历史，足为东洋未来国之前鉴。故资本一而利十者，莫游
> 学日本若也。况数年以来，东游之效，已有实验可征。吾国有志之士，
> 大之为国，小之为己，其有奋然而起者与。①

可以看出，当时留学生将日本看作中国通向西方文化的一座桥梁。所以他们的主要目的并没有放在认识和研究日本上，而是想通过日本学习西方的科学技术。这种日本观的形成一方面是在出国之前就已经形成雏形，另一方面是与他们在日本受到的待遇密切相关。这些留学生在出国之前已经确立了学习的目标，主要就是瞄准了西方的科学技术，认为这些才是促使国家迅速走上富强的捷径。还有一些留学生是去了日本后面临现实情况而改变的，特别是受到很多日本人的不友好对待的刺激而发生思想变化。当时日本的崛起和中国的落后的现实反差，使得日本人普遍对中国持有藐视和轻蔑的态度。留日学生在日本遭受了很多的冷嘲热讽和白眼相加。这些现象在当时的留学生的日记中屡见不鲜。从 1902 年到 1909 年在日本度过七年留学生涯的鲁迅就遭受过这种状况，他在仙台学医时，日本学生认为中国是弱国，所以中国

---

① 章宗祥：《日本游学指南》总论，广州：岭南报馆，1901 年。

人当然是低能儿，分数在六十分以上，便不是自己的能力了。①遭受到这样的侮辱和蔑视，也激发了鲁迅的爱国心和民族意识。特别是后来看到放映日俄战争的影片中中国人的麻木状态，使其领会到拯救中国不在物质而在灵魂，要唤起中国大众的觉醒，最终促成鲁迅弃医从文。这也对鲁迅的日本观产生了很大的影响。鲁迅在最开始踏上日本留学之路时，其日本观是对其钦佩的态度。当时日本通过明治维新后迅速崛起，在经济、军事等方面取得的成就令鲁迅敬佩不已。这也使鲁迅对日本文化抱有一定的好感，他在留学期间就经常身着和服，并且在逛书店和夜市的时候也常常穿着日本式的木屐。但是后来随着日本侵略中国的野心不断膨胀，鲁迅对日本的态度也开始发生改变。他的日本观变成了警惕性的态度，在日俄战争前后中国国内盛行抑俄扬日的思想倾向，鲁迅为此写信给蔡元培等人主办的《俄事警闻》，提出他的看法。第一，持论不能袒日；第二，不可以同文同种，口是心非的论调欺骗国人；第三，要劝国人对国际时事认真研究。②这说明鲁迅警惕日本军国主义，希望国人不要对日本政府抱有幻想。鲁迅也曾经乐观的期望，现在他们留学向日本学习，将来中国强大起来，日本还是得向中国请教。

总之，对于留学生的日本地位和整体形象观来讲，他们更多的是一种感性的认识。他们能够走上留日之路，自然是认为日本比中国先进，但更多是借助日本之桥梁向西方学习。对于日本的研究他们并不十分关注，只是将其崛起的原因归结为向西方学习。由于中国落后的现实，又使得这些留学生在日本遭受侮辱和蔑视，所以又助长了他们憎恶日本的一面。

3. 清末官民赴日考察的日本地位和整体形象观

《辛丑条约》签订后，清政府面对内忧外患的局面开始实施新政，选派官绅出洋游历。清政府为了弥补官费派遣的不足，采纳张之洞、刘坤一等人的建议，规定凡自备斧资出洋留学者，回国后按进士举贡。并且还规定，凡是开缺送御史、升京师、放道员者，必须具备一年或三年的出洋经历。这样一来，大批官员对海外游历趋之若鹜。清政府还根据张之洞等人的建议，将日本定为游学的主要对象国，因为路程较近，经费相对充裕。当时一些地方

---

① 参见鲁迅：《朝花夕拾·藤野先生》，《鲁迅全集》第二卷，北京：人民文学出版社，2005 年。
② 参见沈瓞民：《鲁迅早年的活动点滴》，《上海文学》1961 年第 10 期。

官员也非常支持这样的举动，直隶总督兼北洋大臣袁世凯就是积极的倡导者，还制定了具体的派遣办法。并且指出："方今时局更新，惟有上下一心，博采邻邦之良法，此项官绅游历为目前行政改良之渐，即将来地方自治之基。"①因此出现了一个东游考察的热潮。当时比较有名的如 1902 年袁世凯派北洋农务局总办黄璟赴日购办农学器具，并考察日本的农务新法。在日本期间，黄璟不仅考察了日本的农业发展状况，还游览了日本各地，写下了《游历日本考察农务日记》。1903 年 6 月到 1904 年 9 月期间，袁世凯派遣的胡景桂、严修等人赴日考察学务，纷纷撰写了相关的考察记录或日记。如严修《壬寅东游日记》、黄璟《游历日本考查农务日记》、周学熙《东游日记》、刘潜《东游旅人琐记》、王景禧《日游笔记》等等。在这些官民的日本考察中，其直接目的并非全面研究日本，而是就国内新政改革中的某些方面进行考察，通过他们的这些考察记录，也可以从中认识到这些人的日本观的基本内容。

对于清末赴日考察者的日本地位和整体形象观来讲，主要是日本比中国先进，应该向其学习。例如曾在 1908 年作为直隶第三期赴日考察地方自治士绅中的一员，王三让留日考察三月，他的日本地位观就认为日本强于中国。王三让在《游东日记》的序言中就认为中国已经落后于西方各国，而很多国人仍然在半梦半醒之间，所以他作为少数稍有知识的士绅"若复不取人之长，补己之短，咎将奚辞"。因此，王三让才"为东洋之游，听讲暇择要参观，藉实地考验，以吸其精神，至形势则从略"②。在王三让看来，日本确实有很多长处，而正好可以弥补中国的短处。对于日本的学习，重要的是学习其精神，也就是如何迅速崛起的道理。再如在 1908 年赴日考察的刘枃也著有《蛉洲游记》，他的日本观中更多的是与中国进行对比。他在书中写道："我国与日本隔一衣带水耳，强弱乃大殊。所以强弱之故，稍谙时事者大抵耳熟能详。然不身履其地两两较量，犹未知弱者之日即颓败，强者之益进而

---

① 天津图书馆、天津社科院历史研究所编，廖一中、罗真容整理：《袁世凯奏议》（下），天津：天津古籍出版社，1987 年，第 1162 页。

② 王三让：《游东日记·自序》，载刘雨珍、孙雪梅编：《日本政法考察记》，上海：上海古籍出版社，2002年，第 383 页。

不已也。我国患才少，彼国患才多。"①刘枟认为日本为强国，清朝为弱国，显然中国应该向日本学习。而且两相比较，日本是在蒸蒸日上，清朝与其的差距却是越拉越远。他指出其中的原因是清朝人才匮乏，而日本人才济济，所以应该大力兴办教育，为中国的富强储备人才。刘枟还提到了一个重要的观点，就是要更好的认识日本必须身履其地，才能体察到这种差距，也才会产生奋起直追的想法。

通过本章的分析可以看出，明清时期有关日本的史籍中体现的日本地位和整体形象观较之以前发生了很大的转变，而在明清时期的不同阶段也都有不同的内容。这与当时中日关系的演变紧密相关。对于明代的日本地位观来讲，很长时间是明朝人的一厢情愿，比如在对待丰臣秀吉的问题上，常常将足利义满时期的印象强加其上，这显然是一种落后的、停滞的日本观。由于某个阶段造成的日本整体形象观特别深刻，比如明朝嘉靖倭乱时期出现的"蠢尔倭奴"的称呼，就影响到清初很多文学作品中的日本观。并且对于倭寇的整体印象往往会强加到个人头上，形成以偏概全的日本整体形象观。还应值得注意的是，中日两国关系的亲疏直接影响到日本地位观。明朝嘉靖倭乱时期，对于日本的认识完全是倭国的印象，而到了明末日本乞师时又变成礼仪教化之国了。清朝在未建交以前，到明治维新和甲午战争后，经历了几次变化。对于日本地位和整体形象观的认识，必须从当时中日两国的交往情况和社会背景的分析中才能够把握准确。

---

① 刘枟：《蛉洲游记》，载刘雨珍、孙雪梅编：《日本政法考察记》，上海：上海古籍出版社，2002 年，第 377 页。

第九章 明清时期的日本人形象观

明清以前，中国史籍中对于日本人形象的描述并不多，只能从仅有的几副职贡图中窥豹一斑。随着中日往来的日益密切，特别是明清时期，中国关于日本人个体的形象认识及相关描述，逐渐见诸于各类史籍。

第一节　明代的日本人形象观

在明代以前，中国人已经对日本人的形象有了初步的认识。在现存文献资料中，最早对日本人的形象进行描述要算《魏志·倭人传》。此书中写道："男子无大小，皆黥面文身。……其风俗不淫，男子皆露紒，以木棉招头。其衣横幅，但结束相连，略无缝。妇人被发屈紒，作衣如单被，穿其中央，贯头衣之。"①从西晋陈寿的这段记载中可以看出，当时的日本人形象观中认为日本人尚处于早期社会的阶段，男子都是黥面文身，并

---

① 陈寿：《三国志》卷30《魏书·倭》，北京：中华书局，1959年，第855页。

有木棉招头，用整块的布料来做衣服，妇女也是穿着和服一样的衣服。在后来的一些文字记载中，也都沿用这样的描述，形成了基本的日本人形象观。

在文字描写的记录以外，还有图像资料可以反映当时中国人眼中的日本人形象。南京博物院藏有一组《职贡图》，其中绘有包括倭国使者在内的十二国来使的肖像画。据学者考证，认为此画乃南朝梁元帝萧绎所绘。[1]因为梁时，中日两国交往较少，梁元帝更没有机会亲睹倭人，所以这幅图中的倭人形象应该是萧绎根据以前的有关文献，并参考他们所作的同类图，再结合自己的想象绘制而成。[2]虽然从历史考证的角度来讲，此图不符合历史事实，但是从日本观的研究角度来讲，它却反映了南朝时的日本人形象观的真实图景。此图附有文字题款，从内容来看基本

梁《职贡图》倭国使残卷（南京博物院藏）
转引自王勇《中國史のなかの日本像》

转自《魏志·倭人传》。从这幅图中也能直观看到，倭人使者衣着简陋，缠头蓄须，赤足合掌，这跟《魏志·倭人传》中描述的倭人形象十分相像。这种魏晋南北朝时期的日本人形象观仍然停留在三百年前的旧知识上。

隋唐时期中日文化交流频繁，大量遣唐使（僧）来华，可以使中国人真实的观察日本人。在《隋书·倭国传》记载，日本国王始以锦彩制冠，妇人都束发于后，但对其黥面纹身的描述仍是沿袭以前看法。到《旧唐书·倭国传》中记载更为详细，"并皆跣足，以幅布蔽其前后。贵人戴锦帽，百姓皆椎髻，无冠带。妇人衣纯色裙，长腰襦，束发于后，佩银花，长八寸，左右各数枝，以明贵贱等级。衣服之制，颇类新罗。"[3]这是反映日本已经进入阶级社会的状况，国内已经出现贵贱等级。由于唐朝有大批的来华使者，所以

① 参见金维诺：《〈职贡图〉的时代与作者》，《文物》1960 年第 7 期。
② 参见石晓军：《中日两国相互认识的变迁》，台北：商务印书馆，1992 年，第 46 页。
③ 刘昫等：《旧唐书》卷 199 上《倭国传》，北京：中华书局，1975 年，第 5340 页。

当时的中国人日本人形象观的内容更加贴近日本的实际，很多都是直接观察所得。根据从陕西乾县所发掘的唐代章怀太子墓中的壁画《礼宾图》，可以看到当时人对于日本使者的形象观。这幅图可以对照《旧唐书·日本传》中记载朝臣真人来贡的情况，"冠进德冠，其顶为花，分而四散，身服紫袍，以帛为腰带。真人好读经史，解属文，容止温雅。"[1]完全是衣冠楚楚、文质彬彬。在下面的这幅《礼宾图》中，描绘的是日本使者和高丽使者朝贡的景象，二人站在三位鸿胪寺役人的身后，貌似商议着什么事情或者等待唐皇接见。

五代时期，南唐的周文炬还绘有一幅《明皇会棋图》，其中也包括一位日本人的肖像图。两宋时期，中日之间主要是进行一些民间贸易，中国对日本人形象的认识并没有太多改变。到了元代，倭寇的形象开始进入中国人的日本人形象观视野中。这对后来明代的日本人形象观也产生了较为重要的影响。明代的日本人形象观可以分为两种不同的类型，一类是来华的使臣和僧侣，以及亲自赴日接触到日本人所产生的直观描绘，另一类是倭寇形象。后一种对于明代的日本人形象观影响最大。

一、以使臣和僧侣为中心的日本人形象观

在中日两国的长期交往过程中，使臣和僧侣对于中日文化交流发挥了重

---

① 刘昫等：《旧唐书》卷199上《日本传》，北京：中华书局，1975年，第5340页。

要作用。而且在交往的过程中，由于使臣和僧侣的涵养和修为，也使得他们比较容易受到接触到他们的中国人的欢迎。在明代，虽然倭寇肆虐使得日本人形象观遭到极度地贬低，但是对于使臣和僧侣一类人士的形象观则是比较友好和正面的。

明初即有日本使臣来华，对于当时形成日本人形象观有先导作用。钱宰是由元入明的文人，他在洪武年间曾承制送日本使臣回国诗，其文曰："日本扶桑接大瀛，进来画扇妙丹青。欲穷沧海归王会，先溯南风入帝京。玉帛喜瞻周礼乐，衣冠已识汉仪刑。九重垂拱开皇极，天下同文万国宁。"①这是钱宰奉明太祖之命所作，当然为了歌颂天下太平和朱元璋的功绩，夸赞"天下同文万国宁"的盛世景象。钱宰已经塑造出了一个礼仪制度和衣冠形制都类似于中华人物的形象。

明朝和日本的交往中，还有很多僧侣担任来华使臣。明朝文人也创作了大量送别日本僧人的诗歌，这也是从唐宋以来两国文化交流传统的延续。这些文人在与日本僧侣的接触中，形成了对日本人的一些基本印象和看法。如在祝允明送别日本相国寺僧人橘省佐的诗中写道："日边来处几何时，闻说占申复到寅。遥仰北辰趋帝座，却经南甸驻行麾。诗名愧动鸡林客，禅谛欣参鹫岭师。回首山川浑渺邈，只看明月慰相思。"②橘省佐是日本幕府派出的使节，来到中国除了完成使节任务之外，还参拜中国的禅师。因此，祝允明认为橘省佐回到日本之后一定会震动文坛。值得注意的是，此时中国受到倭寇的侵扰，来华僧侣使者的出使目的并非完全友好，但是从这些送别诗中却看不到战争的紧张气氛和不友好的态度。这也反映出以僧侣为中心的日本人形象观中是以友好、亲善、有才华和追求佛教真谛为主导的观点。

另外，还有很多的来华僧侣跟明朝文人进行了文化交流，特别是诗画切磋甚多，这也对明代的日本人形象观有不小的影响。如日本僧人雪舟等扬就是颇有诗文造诣者，当时明朝文人纷纷有诗文相赠。曾任袁州知府的徐琏就在《送别雪舟》的诗中盛赞其绘画称："家住蓬莱弱水湾，丰姿潇洒出尘寰。久闻词赋超方外，剩有丹青落世间。鹫岭千层飞锡去，鲸波万里踏杯

---

① 钱宰：《临安集》卷 2《承制送日本使臣还国》，《钦定四库全书》本。
② 祝允明：《怀星堂集》卷 6《答日本使》，《钦定四库全书》本。

还。悬知别后相思处，月在中天云在山。"对其形象的描述毫不吝啬赞美之词，"疯子潇洒"是对雪舟的优雅气质的欣赏。雪舟的诗画也被徐琏称作是超越方外的作品，大有仙界丹青落入凡间之境地。由对其诗画的赞美，转而也将雪舟描述成了仙风道骨的超凡形象。雪舟是在日本美术史上举足轻重的人物，他在明朝的游历，也为当时日本人形象观的塑造发挥了重要作用。

倪谦曾官至礼部尚书，并出使过朝鲜。他在为日本僧人所作田庐图题诗称："在昔寻仙闻祖龙，欲度弱水求瀛蓬。徐生楼船载男女，沧溟远泛将焉穷。海洲驻节不复返，至今有国扶桑东。君民举国奉夷教，诗书亦沾邹鲁风。圣人在御重柔远，梯航万里车书通。来宾重译贡方物，授馆致饩思优隆。史臣笔底晓词翰，丹青绘事兼能工。始知文化洽殊俗，意匠仿佛荆关踪。……"[1]在这首诗中，倪瓒从祖龙和徐福的故事开始写起，描绘了日本仙境般的想象景色。其中还盛赞了日本的诗书礼乐文化，类似于中国孔孟之乡的邹鲁之风。并且绘画水平高超，文学方面也很有底蕴。这都是通过与日本僧人的接触得出的印象和想象，也间接反映出当时的日本人形象观中的兼通书画、文明向上的形象。

对于这一时期的日本僧人形象，也有图像资料可以作为参照。左图即是从《三才图会》中摘出的日本人肖像画。《三才图会》作者顾秉谦，曾担任翰林院编修和记起居注官。此书上自天文，下及地理，中间涉及人事变化，包罗甚广。下面左边这幅图中刻画了四个人物，最上面的两位是大琉球国和小琉球国之人的形象，可以看出他们都是着装简陋，头部秃顶，蓄有胡须，赤脚抱拳，体股多毛，有点类似于蛮夷之人的形象。当然这也可能是出于跟左下方的君子国之人的对比效果，图中是以谦谦长者的形象，并且配以文字说明称："其人衣冠带，□食兽，有二大虎常在其旁。其人好让不争，故使虎豹

---

① 倪瓒：《倪文僖集》卷5《为易太守题日本僧所作田庐图》，《钦定四库全书》本。

亦知廉让。"很明显，这里的君子国
的形象比较高尚，符合谦谦君子的形
象，当然其描述略有夸张成分。右下
方的这幅肖像图为日本人形象。旁边
所附文字云："日本国即倭国，在新
罗东南大海中，依山岛居九百余里，
专一沿海寇盗为生，中国呼为倭
寇。"这里的地理方位描述基本是沿
袭传统史书的说法，对于倭寇的看法
也是受当时御倭类史籍的影响。但是
从这幅图中可以发现，分明描绘的是
一个日本僧人的形象，此人之气度绝
非寇盗之类。该人物身着宽袍长衣，
足蹬布鞋，眉目间透漏着慈祥仁爱的
表情。这完全不同于以前记载中的赤

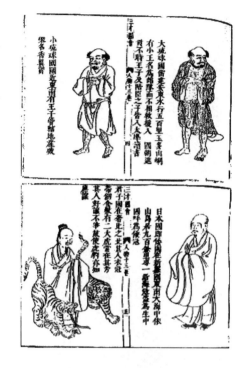

脚跣足、蓬头垢面的形象，也不同于凶狠残暴的倭寇形象，能够符合的只能
是僧侣的形象。因为当时来华的僧侣造成的深远影响，也使得这时在部分明
代人的日本人形象观中以文明、慈祥的僧侣形象为主。

当时入明的日本僧人非常多，据石原道博统计，"从洪武朝至嘉靖朝有
案可查的入明日本僧人就达 120 人之多，而明末赴日的中国僧人也高达 45
名。"①两国的僧侣往来非常频繁，对于佛教等文化交流事业的发展起到了很
大作用。这其中也出现一些非常有名的高僧，比如曾经来华的策彦周良就是
重要的日本僧人。策彦周良是日本嵯峨天龙寺塔头妙智院的和尚，曾作为大
内义隆的对明贸易使节两次来华。他曾经完成了《初渡集》和《再渡集》，
记录其在明朝的所见所闻，这对于研究当时中国的经济、社会、交通和文化
具有重要的价值。策彦在华期间，除了完成他的使团副使的责任以外，还积
极跟明朝的文人和僧侣进行交流，并有不少笔谈的记载。他在首次入明时，

---

① 參見石原道博：《明代日本観の一側面》，載茨城大學人文學部編：《茨城大學人文學部紀要·文學科論
集》，第 1 號，1968 年 1 月，第 1-40 頁。

就记录他的一次交流情况："（嘉靖十八年六月）二十六日，斋后。谢国经、赵一夔、舍弟赵元元携二童来访。余待以倭酒并昆布。酒阑，笔谈。国经自袖出扇，并汗巾惠予。一夔携汉隽二册、宝墨一丸。弟元惠以金墨一丸、青帕一方。午后，携三英、宗桂扣国经之门。盖谢先客来访也。报以扇一柄。陈嘉肴，点佳茗，将侑酒，予固辞。"①从中可以看出，当时策彦周良在明朝接触到了很多文人，相互之间建立了很好的关系。而且通过笔谈，双方联系的程度更加深入。当然除了策彦周良记录他在明朝的见闻以外，这种密切接触也使得明朝文人对策彦周良有很深刻的认识和了解。特别是当时专门有关于策彦周良的肖像画留传至今，这为我们了解当时的日本人形象观提供了条件。左图即是当时策彦周良的肖像画，并且上方有明朝文人柯雨窗的题跋。其文摘录如下：

治斋策彦禅师像讚：师，日本高僧也。奉使中华，寓于明州，有威仪文学。予幸辱知于师。其徒三英藏主，偶出师小影视予。予为之赞曰：姿温如璋，额珠内藏。儒巾释裳，跏趺肃庄。琅玚时张，道心清凉。容止可望，蕴蓄难量。笔翰琳琅，诗风曰唐。奉表天王，跱趾宾堂。明声震扬，宸宠辉炎。壮览胜方，倦休扶桑。身升顺康，寿曰无疆。大明嘉靖二十年，岁次赤奋若，端月望后，四明南遁柯雨窗书。

柯雨窗的这段画像赞作于嘉靖二十年，正值策彦周良一行离华不久，应

---

① 策彦周良：《初渡集·中》，收入牧田谛亮：《策彦入明记の研究》，京都：法藏馆，1955年，第64页。

该是对其行较为熟悉的。而且出示此画之人三英藏主，正是前文所引策彦周良《初渡集》中的一位随侍弟子。所以这幅肖像画应该正是当年策彦周良来华或其前后时的真实写照，柯雨窗的跋文也反映出当时明朝人对策彦周良的形象观的内容。这幅肖像画中，策彦周良头戴儒巾，身着释裳，跏趺而坐，并且手不释卷，一副仙风道骨的样态。从中可以看出，策彦周良已然得道高僧的形象，所以也受到很多明朝人的追捧。当然更重要的是，策彦周良的形象影响到了当时明朝人的日本人形象观。在此之前的嘉靖二年曾发生了"宁波争贡事件"，倭寇给沿海居民造成了巨大损失，倭寇的残忍凶暴的形象影响甚远。策彦周良的这次来华朝贡，也是中日双方停贡十几年后的第一次恢复，自然双方都比较重视。策彦周良的仁者形象也为重塑日本人在明朝人心中的形象起到了重要作用。

二、以倭寇为中心的日本人形象观

倭寇问题对于明代日本观的形成影响甚大，很多史籍和图像资料中对日本人形象的刻画往往体现出"残忍""凶狠""好战"等等特征。

1. "盗寇"的日本人形象观

明朝中后期，倭寇问题日益严重，所以对于日本人的形象也自然主要是以"盗寇"目之。明朝最早研究日本的专书《日本考略》就对日本人的形象作这样的描述："其性多狙诈狼贪，往往窥伺得间则肆为寇略，故边海复以倭寇目之，苦其来而防之密也。"①所以在遭受过"宁波争贡事件"之乱以后的沿海居民，往往对日本人以盗寇目之。在当时的图像资料中，也能看到日本人的寇盗形象。万历三十五年刊刻的《万用正宗不求人全编》中绘有一副日本人的形象图，后来收入《学府全编》之中，此图现有日本内阁文库藏本。②可以参看下图：

---

① 薛俊：《日本国考略》，收入邓士龙辑，许大龄、王天有主点校：《国朝典故》卷 103，北京大学出版社，1993 年，第 2035 页。

② 参见田中健夫：《倭寇図雑考——明代中国人の日本人像》，《東洋大學文學部紀要》第 41 集《史學科篇》，1987 年。

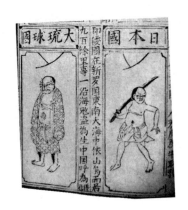

在这幅日本人肖像图中，可以明显看到一个活脱脱的盗寇形象：赤裸上身，坦胸露乳，肩扛倭刀，赤足无鞋，完全描绘成了到处杀人越货的盗寇形象。在此图旁加注文称："即倭国，在新罗国东南大海中，依山岛而居九百余里，专一沿海寇盗为生，中国呼为倭寇。"这也是根据当时的倭寇形象描绘出来的肖像。对于当时倭寇来华侵扰的群体形象，明代仍有相关的图像为证。

这幅图画中描绘倭寇的群体形象。此图是明代所绘的《倭寇图卷》中一部分，主要表达的是两艘明军官船和两艘倭寇船进行海战的情况。从图中可以看出，左边的明朝正规军着装整齐，军威凛然，兵器有长矛和弓箭。右边为倭寇武装，他们的穿着打扮完全是流寇的形象，上身仅着短衣，类似于裙兜，下身几近赤裸，正持长矛与明军对峙，而已经有几名倭寇中箭受伤或毙命。值得注意的是，在此画的右上方，也就是山的背面正有许多老人、妇女和小孩在躲避战乱，显然是在躲避倭寇的骚扰。

2. "狡黠"的日本人形象观

在明代有关倭寇记载的史籍中，很多都记录了他们的寇术。而从倭寇的较为成熟和狡猾的寇术中，也可以看出日本人形象观中的狡黠的形象。嘉靖年间由郑若曾编纂完成的《筹海图编》是明代最重要的海防图籍之一。郑若曾曾为明朝抗倭前线指挥官胡宗宪的幕僚，所以对倭寇接触较多，并熟稔其战术。郑若曾在书中指出，倭寇之所以能够战胜明军，主要赖其灵活的战术。《筹海图编》专门记载了倭寇的这些战术，比如其中所描述的两种阵法："倭寇惯为蝴蝶阵，临阵以挥扇为号，一人挥扇，众皆舞刀而起，向空挥霍。我兵仓皇仰首，则从下砍来。又为长蛇阵，前耀百脚旗，以次鱼贯而行。最强为锋，最强为殿，中皆勇怯相参。"[1]当然此书中记载更多的还是关于倭寇狡黠的战术习惯，比如当倭寇到民间劫掠遇有酒食往往先让当地百姓尝之，然后才会食用，主要是防备被人下毒。而且行军中从不入市井委巷，防止明军设伏。在行军中倭寇也不会沿城而行，防止城上有人抛砖石袭击。并且还会用一些让明军防不胜防的招数，比如"每用怪术，若结羊驱妇之类，当先以骇观，故令吾目眩，而彼械乘之。惯用双刀，上诳而下反掠，故难格。钯枪不露竿，突忽而掷，故不测。弓长矢巨，近人则发之，故射命中。"[2]倭寇常用玉帛、金银和妇女为饵，或将明军诱入陷阱，或使之阻碍明军追击。倭寇还善于利用沿海居民中的工匠为其制造器械，或用作奸细前导，以此迷惑明军。一旦倭寇被明军包围，他们也能使用伪装之法逃脱。郑若曾描述这种方法道："间常一被重围矣，饵以伪藏而逸之；或披蓑顶笠，沮溺于田亩；或云巾纻履，荡游于都市，故使我军士或愚而投贼，或疑而杀良。"[3]《筹海图编》中对寇术的记载被后来很多明代的御倭史籍所转载收录，比如《日本考》(《日本风土记》)等书中都列有"寇术"的专目，说明当时对倭寇战术的重视。当然这也反映出明代在倭寇之乱下的一种日本观，战术的狙诈也投射出当时日本人形象观中"狡黠之人"的内容。

---

① 郑若曾：《筹海图编》，北京：中华书局，2007年，第204页。
② 郑若曾：《筹海图编》，北京：中华书局，2007年，第205页。
③ 郑若曾：《筹海图编》，北京：中华书局，2007年，第206页。

从当时的图像资料中也能找到对倭寇狡黠形象的描绘，在前引《倭寇图卷》中还有一部分是对倭寇平时战术内容的反映。参见下图：

这幅图中主要描绘的是一伙倭寇正在侦察形势。从外表形象上看，与前图大致相同：上身短衣、下身赤裸、手握倭刀。主要表现的内容是这伙倭寇正欲骚扰某地，故到高处瞭望地形。前有观察者，中有左右警卫保护者，队后还有持弓和刀戒备者。倭寇队伍形式上散乱，实则各有分工，密切配合。在《筹海图编》中也曾记载倭寇侦察的情形："宿食必破壁而处，乘高而瞭，故袭取无机。"[①]所以对于倭寇来讲，他们侦察时一般都会选择高处来瞭望，而在上面这幅图中非常有意思的现象是，其中一人站在另一人的肩上，站在高处尚显不够，再要借助一人的高度来观察。这也反映出倭寇在侦察时所用技巧，当然从这幅画中也能反映出作者的日本人形象观中的"狡黠倭寇"的印象。

3. "残忍"的日本人形象观

由于倭寇之乱给沿海居民带来的巨大伤害，所以明朝人心目中自然构建起了"残忍"的日本人形象观。在《明史·日本传》中就曾经讲到，明人常常以倭寇来吓唬小孩子，就说明倭寇是非常让人恐惧的残忍之人的形象。这种日本人形象观与倭寇的野蛮行径紧密相关。当时的很多资料中都描述了倭寇的残忍形象，比如明代的大文豪和史学家王世贞就曾记倭寇洗劫苏州时

① 郑若曾：《筹海图编》，北京：中华书局，2007年，第206页。

道："倭贼勇而戆，不甚别生死。每战辄赤体，提三尺刀舞而前，无能捍
者。其魁则皆闽浙人，善设伏，能以寡击众，反客主劳逸而用之，此所以恒
胜也。大群数千人，小群数百人，比比猥起。"①倭寇往往会跟闽浙的奸商和
刁民相勾结侵扰沿海地区，这其中倭寇的残忍形象更加突出。在王世贞的笔
下，倭寇是一群亡命之徒的形象，战斗中赤体上阵，挥舞三尺大刀，凶猛异
常。他们对待敌人和沿海居民往往是手段残忍而凶暴，烧杀抢掠之事几乎无
恶不作。下面这两幅图也是从《倭寇图卷》中摘出的部分，描绘的就是倭寇
侵扰时的场景。

---

① 王世贞：《弇州四部稿》卷 80《倭志》，《钦定四库全书》本。

第一幅图描绘的是倭寇正在追杀逃难百姓，一伙正在捡拾丢落的包裹，另一伙正在组织追击，残忍的侵略者形象昭然若揭。第二幅图是倭寇刚刚攻占了一个地区，进行大肆掠夺。画面左边的一些倭寇正在手抬、肩扛地搬运，正是一番抢劫战利品的繁忙景象。右边的倭寇似乎正在振臂欢呼胜利，欣赏他们的战利品。其实还有一些更加残忍的倭寇者的形象没有在画面中展现出来，但是在明代的一些史籍中却有很多的记载。比如叶向高在《四夷考》中就有这么一段文字："倭益肆无忌，至焚官庐民舍，缚婴儿竿上，沃以沸汤，卜孕妇男女，剖视赌胜为乐，惨毒不忍言。"①这段惨痛的记忆也会留存在明人心中，所以叶向高在书中也称屡有大臣上奏希望断绝与日本的朝贡关系，以消除倭寇现象。从历史事实看，断绝朝贡贸易并不能根除倭寇现象，反而会助长走私行为进而引发倭乱问题。但对当事人来说，惨痛的经历和对倭寇仇恨，自然会将全体日本人与倭寇作一体观瞻。

4. "丑化"的日本人形象观

倭寇的侵扰给沿海居民带来了巨大伤害，引起明朝人的仇视。往往带有感情，特别是敌视的情绪，就会引发对对方形象的丑化。就明朝的日本人形象观来讲，也有很多丑化的内容。丑化的目的或许是为了消解心中忿恨，也或者是以此来警示民众的防范心理。在明代的很多文献记载中，都将日本人称之为"倭奴"或者"蠢尔东夷"，就是将其描述成愚蠢的奴才的丑陋形象，并且进一步延伸将日本人塑造为小丑的形象。明代有一些图像资料可以看到对日本人形象的丑化的样态，比如像蔡汝贤的《东夷图像》，参见左图。

这幅日本人的肖像画比前面所列的图

---

① 叶向高：《四夷考》，收入《丛书集成新编》，第 98 册，台北：新文丰出版，1985 年，第 88 页。

像中的人物都要丑陋，存在故意丑化的倾向。图像中的人物眼斜嘴歪，右手撸袖，左手持刀，仅着一件蓑衣式的上衣，秃顶脑门后面梳有一个小辫。在此书中，作者还将日本人的形象用文字描绘为："其人嗜酒信巫、轻生好杀、性贪且谲，惟以劫掠为生，刀剑弓矢极其犀利，裸身赴阘，惯舞双刀，轻儇跳跃，能以寡胜众，至劫营设伏，华人每堕其术中。"[①]这段描述有些是沿袭以前史书中对日本人的看法，比如像"轻生好杀"之类。还有的则是根据当时对倭寇的观察和了解而得出的，比如对于倭寇劫掠情形的描写。其中既表现出了倭寇的狡诈，也能看出对其形象的丑化。

三、明代日本人形象观的其他内容

明代的日本人形象观中包含很多方面的内容，有以使臣和僧侣为中心的比较正面的认识，也有以倭寇为中心的盗寇形象。应该看到，后一种日本人形象观中的图像内容是跟中日两国形势恶化密切相关的。比如其中的《学府类编》等史籍都是明朝的抗倭援朝战争以后刊刻的，所以受到两国战争的影响，自然会对日本产生一种敌视情绪，也就难免在日本人形象观方面要有所表现了。

从明代的整体来讲，日本人形象观的内容不可能完全一致。就算是在倭寇横行的时代，一方面出现了以残忍、狡黠为主的寇盗的日本人形象观，但是也有一些密切接触日本使臣、僧侣的文人产生的善良、有修为的日本人形象观。那么在此之外，还有一些值得关注的日本人形象观。比如曾作为"国客"身份亲自赴日调查的郑舜功，就有自己观察所得的日本人形象观。

郑舜功曾在日本考察半年有余，与日本人有过密切的接触，所以他的日本人形象观比较客观和符合实际。他在《日本一鉴》中专门撰写了"人物"一目，介绍日本人的情况。其文如下：

> 备按：《汉书》本岛之夷，不淫不妒，俗不窃盗，少诤讼。《隋志》质直有风雅。夫夷之善如此。及按《嬴虫录》、《异域志》、《考略》诸

---

① 蔡汝贤：《东夷图说·日本》，《四库全书存目丛书》史部第 255 册，第 429 页。

书，皆曰倭夷狙诈狼贪，目为寇盗，憎若禽兽。今去古虽云世远，种类不易，何相反之如是哉？自奉宣谕，暑往寒来，履其山川。按其人物，知土产夷身间多毛，肋半腥膻，足皆短小，本性慕义，善与不善，身由地气之感生教，本自师之好恶。至接僧俗知书者，笔谈之间谕以善道，其果慕义，岂非天理所在耶！及按《国书》人物，夷复笔谈，皆昔夷中好人，向入书编，不忘于世。今夫好人愿被文化，图从编续，莫不哀矜，救世观音可为编首，百工诸艺为夷好人，原附录者仍不遗录。我后使人知其善者，可为续编。凡笔谈明其好恶，亦是启劝之道也。①

通过这段记载可以看出，郑舜功对于日本人的观察和认识是下了一番功夫的。他先从《汉书》和《隋书》等有关日本人的记载的内容中总结出一种善者的形象，但是又在明代的《嬴虫录》《异域志》《日本考略》等书中发现完全是寇盗和禽兽的形象。所以郑舜功才感叹，为何日本人的形象观在古今中国人的认识中会有如此大的反差？他要通过自己的实地调查得出真实的看法，经过郑舜功半年多的考察，他得出了与国内的明朝人士不同的日本人形象观。在郑舜功看来，日本人形象上很多都是身间多毛，肋间多腥膻之气，脚很短小，崇尚信义。而且郑舜功通过与一些日本僧侣和文人进行笔谈，发现这些人皆为知善慕义者，绝非寇盗凶残之徒。这使得郑舜功的日本人形象观中以慕信尚义为主，更多了一份了解日本人的真实性。而且在郑舜功回国之时，还与日本僧侣清授同时返华。"功以白手空谈，仰伏圣德，用竭愚忠，获其听信，自谓一奇。遂不顾非时之险，与报使清授俱来。"②郑舜功日本之行的收获是巨大的，能与日本使者清授一同回国，既是他出使的成果，也反映了他对日本认识的改变。当然更重要的是丰富了明朝的日本人形象观的内容。

明代的日本研究史籍中还有一些日本人形象观的内容，比如在署名为李言恭和郝杰考梓的《日本考》中就对日本人有很多的描述。当然此书是对《日本风土记》的同书翻刻，只是对署名和书名剜改而已。所以此书的资料

---

① 郑舜功：《日本一鉴·穷河话海》卷2《人物》，民国二十八年据旧抄本影印。

② 郑舜功：《日本一鉴·穷河话海》卷9《接使》，民国二十八年据旧抄本影印。

大部分是东南抗倭前线所得，较为接近于当时日本人的真实情况。书中对于日本男子的记载是："男子断发魁头，黥面文身，以左右大小为尊卑之列。衣伊襦，横幅结束，皆拖缝缀。上古，足多跣，首无冠；中古及今，皆设其履，名曰法吉木那，形如屦，漆其上，面系其足；寒置短奥皮，袜名曰单皮。一身以纸表成，上平天，下横阔，夹青纸一幅，掩其毂道。以布或绸缝成小袋，囊其玉茎，名曰法檀那和皮，上穿其裤，微露夹纸。但遇时节、会亲友、赴宴，穿方袖长大厂衣，袖下以彩线为襦。"①这是对日本男子外表装饰的一种描写，基本上已把一个活脱脱的日本男子形象给勾勒出来。并且对于古代男子的形象和现在的还有一个比较，大约相当于明朝的时候日本男子改变了跣足的形象，而是穿着形如屦的履，跟前面所列日本僧侣的肖像画中类似。但是跟倭寇的图像不同，因为倭寇作战时都是赤脚上阵。《日本考》中还有关于日本女子形象的描述："女子富贵者批发屈紛，贫常以发束髻，以便工用。……首不用金银为饰，耳无环，梳妆面粉唇脂。……衣如单被穿其中，贯头而着之。段绢衣名曰骨舁地，布曰吉而木那。下身亦衣裙襦，名曰加福。寻常内不着裈，凡出入，庶人之妇无轿，乘马始穿其裤，以备露形。其足不裹，任其生成，亦无脚带缠之。鞋以皮染彩裁条，结如凉鞋，底用皮包席，名曰恭蛾，又曰十吉利。……但妇取水以桶顶首而行，所置桶底造头顶之穴，以其便也。"②在关于明代日本人形象观的文字论述和图像资料中基本以男性的形象为主，鲜见女性的描述，所以《日本考》中关于日本女子形象的描述就显得弥足珍贵。这段材料中关于日本女子的装束描写较多，基本上可以还原出当时日本女子的外在形象。关于日本女子没有缠足的习惯的描述，也是让明朝人吃惊的事情。因为明朝女子多缠足，所以在日本人形象观中才对日本女子任足生长比较奇怪。但是对于日本女子以头顶桶的习惯在其他材料中并不多见，这种习俗常见于朝鲜妇女之中，或许也是当时的一种听闻所得，而变成了日本人形象观的内容。

在明代文人的作品中也能看到一些不同内容的日本人形象观，与当时主流的残忍的倭寇形象有所不同。抗倭援朝战争之后，明朝和日本的关系进入

---

① 李言恭、郝杰：《日本考》卷 2《风俗男子》，北京：中华书局，2000 年，第 75 页。
② 李言恭、郝杰：《日本考》卷 2《妇人》，北京：中华书局，2000 年，第 77-78 页。

一段略微沉寂的时期。到了明朝末年，尤其是南明政权中出现了日本乞师的议论，所以这时期对于日本人形象观的描绘就更多了诚信好义的内容。总之，在明代的日本人形象观中，出现了各种不同的表现形态，占主流的还是残忍、狡黠的寇盗形象，这跟明朝和日本两国之间的关系密切相关。

第二节　清代的日本人形象观

明清交替，中国历史发生了很大的转变，中国人的日本观也随之不同。明代的日本人形象观中主要以倭寇造成的残忍、狡黠的寇盗形象为主，并且多是由于海上走私的假倭造成的恶劣影响而导致，类似郑舜功这种通过亲自考察得出的较为接近真实的日本人形象观并不多见。清代的日本人形象观也经历了一个发展变化的过程，清初之时两国交往不多，主要是围绕长崎贸易为主的日本认识。清末两国交往密切，很多人通过亲自观察得出较为接近日本真实情况的形象认识。当然其中也包括很复杂的内容，这将在下文中具体论述。

一、沿袭前代的日本人形象观

清朝建立之初，也曾积极尝试与日本建立宗藩关系，但是日本却认为清代明兴是华夷变态，所以采取抵制政策。在清朝前中期，中日两国基本处于相互封闭的状态。因此，清朝的日本人形象观中很多还是沿袭前朝的情况。前文曾述，清初的小说等文学作品中，所涉日本，多以倭寇为主要内容。日本人形象观中也有不少倭寇的痕迹蕴含其中，特别是一些图像资料中表现最为明显。根据乾隆十一年（1746）重刻的《增补万宝全书》可以看出，所描绘的仍然是倭寇的形象，这种形象的来源是一百多年前刊刻的《万宝全书》，《万宝全书》的刊刻时间大约在崇祯元年（1628）。[①]《万宝全书》中描述的是

---

① 参见田中健夫：《倭寇圖追考——清代中國人的日本人像》，《東洋大學文學部紀要》第 46 集《史學科篇》，1992 年。

半裸上身、肩扛倭刀的日本人形象，这符合受倭寇侵扰多年的明代日本人形象观的实态。不过清朝进行增补的此书基本还是沿袭前书，只是让其上身着衣而已，原形基本未变。这反映出清初的日本人形象观并没有太多的进步。下面摘引的两幅图（左图来自《万宝全书》，右图来自《增补万宝全书》）就可以进行比较。

两图中的文字内容完全一致，与前文所引明朝万历时期的《学府全编》等书籍中的内容相同，都是从受倭寇之乱影响下的资料中摘抄出来的。左边的这幅明末的日本人肖像图完全是跟明代的倭寇图相同，赤裸上身，坦胸露乳，赤脚跣足，肩扛倭刀，面露狰狞。右边的这幅清初的肖像图是以明末的图为依据，只是给其着上了外衣，但是倭刀仍然不离手，动作和表情基本相似。这就是清初日本人形象观中对明代倭寇形象的一种延续。另外，在清代《绘图万宝全书》等图版书籍中，所收录的日本人肖像基本是从《增补万宝全书》延伸而来，并且进行了抽象化处理。但是从根本上并没有完全摆脱明代倭寇形象的影响。

二、锁国时代的日本人形象观

为了防范郑成功等海外势力，清朝实行严格的海禁政策。锁国时代的清朝人直接接触日本人的机会是长崎贸易。而从事贸易的商人将其见闻传回国内，使得清代前期的日本人形象观发生了某些变化。

水师将领家庭出身的陈伦炯曾随其父亲自到过日本，所著《海国闻见录》对于清初的海外认识发挥了重要作用。此书中记载他观察到的日本人形象是：

> 男束带以插刀，髭须而薙顶；额留鬂发至后枕，阔寸余，向后一挽而系结。发长者修之。女不施脂而傅粉，不带鲜花，剪彩簪珥，而插玳瑁。绿发如云，日加涤洗，薰灼楠沉，髻挽前后，爪甲无痕，惟恐纳垢。至于男女眉目肌理，不敢比胜中华，亦非诸番所能比拟，实东方精华之气所萃。①

陈伦炯的日本人形象观体现了尚武、尚洁的特征。在他看来，日本男子平时都喜束带以插刀；女子崇尚简洁，日常妆饰中不施脂而傅粉，不带鲜花，并且勤于洗涤头发，时刻注意保持干净。由此，陈伦炯也不禁感叹日本人的形象之佳实在超越东洋诸国之上，乃是吸取东方之精华所致。

由于陈伦炯父子在康熙和雍正朝均得重用，为清政府的海外政策提供了信息来源，所以他的日本人形象观对清朝影响很大。清朝乾隆年间刊刻的《皇清职贡图》中将日本列为朝贡国，并用 139 个字的篇幅来叙述其国事情。其中的语言仍然透露出倭寇的影响，"夷性狡猾"等负面的评价和印象仍然存在。②下图即是《皇清职贡图》中的"日本国夷人像"和"日本国夷妇像"。

---

① 陈伦炯撰，李长傅校注，陈代光整理：《〈海国闻见录〉校注》，郑州：中州古籍出版社，1985 年，第 36 页。
② 参见武安隆、熊达云：《中国人の日本研究史》，東京：六興出版，1989 年，第 94-95 頁。

上图反映的日本男女形象几乎与陈伦炯《海国闻见录》的描述如出一辙，可以认为《皇清职贡图》的作者应该就是采取前者资料，加以自己的想象绘制而成。汪鹏曾作为商船的船主亲自到长崎进行贸易，所见闻大多记入《袖海编》。汪鹏的日本人形象观都体现在这部《袖海编》中，应该看到他的观点主要是以长崎人为主来以偏概全日本人的，因为系其亲眼所见，所以史料价值很高。他在书中对长崎人描述较多的是妓女的形象，可能也是跟其在长崎的生活内容密切相关，但是对于日本人形象观的研究并不具有代表性。汪鹏对于一般的长崎人的记载是："女子悦其所私用针刺手指，背以墨黥之为纪念，若阅人多者则十指黧然矣。男女俱不薙胎发，男至长成将顶发削去，只留两鬓及脑后者，总梳一角，泽以蜡油，用白纸撚扎之。惟医人、瞽者净发如阇黎。"①这里的描述跟陈伦炯《海国闻见录》中的观察较为接近，都是将头发扎于脑后，类似于《皇清职贡图》中所见日本男子的形象。另外，汪鹏的记载中还提供了关于女子以墨黥指的习惯，以及医生和瞽者净发的习惯。

以长崎贸易为中心的日本研究史籍还有童华的《长崎纪闻》，不过作者并未到过日本，而是利用其任苏州知府的便利，咨询往来长崎货铜的商人所得。此书中所记内容，基本反映出清朝商船主的真实见闻。其中关于日本人形象的描述是："男子拔鬓剃顶，留边发束诸脑后，而剪齐之。冬夏不冠长衣，平袖佩刀，佩两刀者为兵。妇女曳长衣，不裙不袴，施脂粉，不穿耳，以药染齿，黑如漆，无金银珠翠之饰，玳瑁为梳，刻云物着顶上，垂发成鬟，发长委地，光可以鉴，性好洁，杂诸香为汤，间日一浴。"②这段记载跟前文所列几种资料基本相似，而且还补充了一些更加详细的内容。例如对男子的形象而言，平时皆短衣佩刀，而佩双刀者则为兵士。对女子形象的描述中则增加了不穿耳洞、以药染齿如黑漆色。关于日本女子染齿的习俗，在明代的有关日本的史籍中如《日本考》中已有记述，此处又补充了其他内容。日本女子喜欢将香料投入热水中，作为洗澡之用，并且还隔日一浴。进一步

① 汪鹏：《袖海编》，《小方壶斋舆地丛钞》第十帙，台北：台湾学生书局，1975年，第271页。

② 童华：《长崎纪闻》，收入北京图书馆古籍出版编辑组：《北京图书馆古籍珍本丛刊》卷79《子部·丛书类》，据乾隆刻本影印，北京：书目文献出版社，1998年，第799页。

形成了清代日本人形象观中"好洁"的形象。

　　总之，在清朝和日本都实行闭关锁国的这段时间内，清朝的日本人形象观主要有两种来源，一是沿袭前代的印象而加以演绎和放大，二是借助长崎贸易中清朝商人的观察所得。前者主要是通过清初的小说等文学作品以及官修史籍等表现出来，后者主要是通过以长崎贸易为中心编纂的史籍如《海国闻见录》《袖海编》和《长崎纪闻》等表现出来。相对来讲，前者的日本人形象观多是通过想象而获得，并加以文学性的演绎和放大，所以经过一段时间的洗礼以后自然会被逐渐的淘汰。而后者的日本人形象观是经过亲自到日本的考察所得，因此更加具有真实性和可信度，也容易被接受和传播。并且历史事实也证明，后者形成的日本人形象观影响了清朝的日本观很长时间，到清末很多赴日游历者还在通过自身的考察来验证受此影响形成的日本人形象观。

三、1840 年以后的日本人形象观

　　1840 年，中英鸦片战争使得中国的国门被打开，清朝地主阶级中的一批有识之士被迫开始寻求自强和富国之道。于是在国门被打开的背景下，一些先进的知识分子和士大夫开始睁眼看世界，积极了解国外情势。其中著名者如林则徐在 1841 年组织人员翻译了英国人所著的《世界地理大全》，并且亲自加以修改和编辑而成《四洲志》一书，成为近代中国最早系统介绍世界地理和现状的书籍。继林则徐之后，又有魏源《海国图志》、徐继畬《瀛环志略》等系统介绍世界地理知识的著述问世。另外还有单独介绍某个国家的书籍，如陈逢衡专门介绍英国情况的《英吉利纪略》、梁廷枏专门介绍英国史地的《兰仑偶说》和有关美国史地的《合省图说》等。在这样的形势下，认识近邻日本也成为国人关注的内容。并且由此一步步走上扩展和深化认识日本之路，其间也经历了起伏，但是清代的日本人形象观也因此而愈加丰满起来。

1. 早期赴日游记中的日本人形象观

　　广东人罗森跟随美国培理舰队使日，目睹了日本开国的全过程。而罗森

也通过自己的观察，开启了近代中国人的日本人形象观。他在初次踏上日本国境后，就记录下了他对于日本人的观察。"予见其官妆饰，则阔衣大袖，腰佩双刀，束发，剃去脑信一方，足穿草履，以锦裤外套至腰。不同言语，与其笔谈，其亦叙邂逅相遇，景仰中国文物之邦云。"[①]这是罗森尚未登岸，遇见登船交涉的日本军官山本文之助等人时的情景。通过罗森的描述基本可以看出他初次与日本人接触时所形成的形象观，这种束发佩刀的军官形象与前文所引童华《长崎纪闻》中的描述基本一致，也相互印证了这种观察的可信性。当然罗森通过笔谈，还得出了日本人仰慕中华文物之邦的印象。当罗森登上日本国土以后，又见识到了日本人的勇力。"林大学头馈以粟米数百包，每包约二百余斤重。遣肥人九十余名，俱裸体，一夫获举二三包，不一时而数百包之粟米尽迁于海畔。再后，复使肥人清服赤体，以武力角于公馆之墀，胜者赏酒三卮。予在公馆阅视数刻，亦足见日本之多勇力人也。"[②]在严寒的天气里，赤身裸体搬运重物，确实让罗森赞叹不已。又看到他们的武力角逐，更加显示出日本人孔武有力的一面。通过进一步的了解，又使罗森不禁疑惑，"予问其国取士之方，称说文、武、艺、身、言皆取，而诗不以举官。所读者亦以孔孟之书，而诸子百家亦复不少。所谓读书而称士者，皆佩双剑，殆尚文而兼尚武与？"[③]罗森不解的是日本人既尚文又尚武，其实这也是当时日本人欲向外界展示其文武双全的一种努力。罗森的《日本日记》中所体现的是一种尚文兼尚武的日本人形象观，除了他刚踏上日本时所见勇士们角力外，他还在日本大量的写扇以满足日本人对中国诗文素求的热情，这两方面的因素都促使他形成这样的日本人形象观。

在罗森之后，又有不少中国人的赴日游记问世，并且对于日本人形象观也有各自不同的内容。比如曾在1879年赴日的王之春就有自己的观察，他在《东游日记》的基础上，又完成了《东洋琐记》一卷，其中谈到日本人的形象时写道："日人均短小精悍，见中国人则惊为纳矣，使朵译即高长，或曰

---

① 罗森：《日本日记》，收入钟书河主编：《走向世界丛书》之《早期日本游记五种》，王晓秋点，史鹏校，长沙：湖南人民出版社，1983年，第31页。

② 罗森：《日本日记》，收入《早期日本游记五种》，长沙：湖南人民出版社，1983年，第34页。

③ 罗森：《日本日记》，收入《早期日本游记五种》，长沙：湖南人民出版社，1983年，第34页。

阿干，即大也。"^①这是较早见到的关于日本人身材短小的记载，也是长久以来将日本称之为"小日本"的看法的缩影。王之春日本人形象观的得出也是将日本人和中国人进行比较的结果，他用中国人的高大来对比日本人的矮小。王之春的这种短小精悍的日本人形象观自然是跟其自身阅历有关，类似广东人的罗森自然不会得出这样的形象观，而且看到日本的大力士还会赞叹其勇力。

迫至 1893 年，浙江平阳人黄庆澄得到安徽巡抚的资助到日本游历，在其所著《东游日记》中对日本有较为详尽的观察，并且其日本人形象观也较为成熟。他也特别观察到了日本人尚洁的性格，以及其他特点。其文写道：

> 东俗尚洁，入户必脱屦徒跣而行，房内悬书画，窗几户壁纤尘不染。客至席地围坐。初至时必叩首甚恭，或有至再者；亦有叩首时喃喃道殷勤片晌始起者。……妇女服单衣，长必如其体，腰围蔽广带，虽盛夏不释，惟下体不着裤。其已嫁者，则必涅其齿。行者多着屐，屐下如元字。^②

黄庆澄的这段记载他的"尚洁"和"知礼"的日本人形象观，直至如今日本人仍然保持着进入室内要脱鞋的习惯，而且对待客人都要进行叩首以示礼貌和尊敬。另外还包括对于日本妇女形象的描述，单衣广带，涅齿着屐等外貌特征都是黄庆澄的观察所得，也是其日本人形象观的组成内容。除了这些外在形象之外，黄庆澄还深入到内在的心态之中，深刻剖析了中日两国人的不同之处。他认为：

> 夫予之东游，虽为时未久，然尝细察其人情，微勘其风俗，大致较中国为朴古；而喜动不喜静，喜新不喜故，有振作之象，无坚忍之气。日人之短处在此，而彼君若相得以奏其维新之功者亦在此。若夫中国之人，除闽粤及通商各口岸外，其缙绅先生则喜谈经史而厌闻外事，其百姓则各务本业而不出里间。窃尝综而论之，中国之士之识则太狭，中国

---

① 王之春：《东洋琐记》，《小方壶斋舆地丛钞》第十帙，台北：台湾学生书局，1975 年，第 340 页。

② 黄庆澄：《东游日记》，收入《早期日本游记五种》，长沙：湖南人民出版社，1983 年，第 231-232 页。

之官之力则太单，中国之民之气如湖南一带坚如铁桶、遇事阻挠者虽可嫌实可取。①

在这段记载中，黄庆澄是从对比日本人与中国人的不同来体现他的日本人形象观，当然更重要的价值还在于他发现了中国人的问题所在，而且提出中国无法大改大革，应当取彼之长补己之短，但只能师彼之法不能师彼之意。黄庆澄是从对比两国的人情角度出发，认为日本人是喜动、喜新，所以有维新之功。但是这却与中国人不同，应该学其所长，完成中国的发展和进步。黄庆澄认为理想的办法是走渐变的路子，实现不动声色的变革。黄庆澄又是性情中人，深为中国的落后而着急，所以"手记至此，掷笔而起"。黄庆澄还在游览东京十二层楼时提到了北海道人的形象："北海道人，即所谓'虾夷'也，面目狰恶，两手平垂，十指如兽爪，望而知为蠢类。"②这是黄庆澄根据他所看到的影照而得出的印象，并非亲眼所见北海道人。虽然照片显示的北海道人形图不一定完全符合事实，但是黄庆澄所记毕竟是中国较早得出的北海道人形象观，也使得清代的日本人形象观的内容更加丰富和完整。当然前文所述罗森的《日本日记》中也有关于琉球人的形象描述，但当时琉球尚未属于日本，所以还不能算作日本观的内容。

2. 清代驻日使馆人员的日本人形象观

清朝驻日使馆人员是清朝认识和研究日本的主力军，他们通过在日本直接的观察和了解，比国内的本土人士有不可比拟的优越性。使馆人员的日本人形象观反映出他们从国内的闻知日本人到亲密接触日本人之后的转变。

何如璋是清代首任驻日公使，他于1877年踏上东行旅程，并将在日所见编为《使东述略》，从中也可以发现其日本人形象观。何如璋在书中曾描述他初次踏上日本国土后的所见为："俗好洁，街衢均砌以石，时时扫涤。……男女均宽衣博袖，足蹑木屐。倾改西制，在上者毡服革履，民不尽从也。其女子已嫁，必薙眉黑齿以示别，近驰其禁矣。"③这里体现出了何如璋日本人形象观中"好洁"的一面，日本人的勤俭尚洁给他留下了很深的印

---

① 黄庆澄：《东游日记》，收入《早期日本游记五种》，长沙：湖南人民出版社，1983年，第240页。
② 黄庆澄：《东游日记》，收入《早期日本游记五种》，长沙：湖南人民出版社，1983年，第247页。
③ 何如璋：《使东述略》，收入《早期日本游记五种》，长沙：湖南人民出版社，1983年，第50页。

象，对于日本人的外表装束他也进行了细致的观察，并了解到虽然日本推行西制服饰，但是仍有很多民众并未改从。日本女子婚嫁后染齿的习俗，在这时仍然存在，并为何如璋所了解，只不过随着日本改革的深入开始禁止这种风俗。何如璋作为公使的身份得以一见日本天皇，这是其他赴日考察者所不能做到的，所以他的日本人形象观就包括了天皇的形象在内。何如璋到达东京后，向天皇进献国书，他记述到："日主西服免冠，拱立殿中。余前趋，副使后随，参赞赍国书旁立。使臣口宣诵词毕，参赞捧授国书，使臣捧递日主。日主挟冠，引两手敬受，即转授宫内卿。宫内卿自怀中取答词一纸读之，音琅琅而不可了。出入皆三鞠躬，王答如礼。"①如此简单的递交国书仪式，让何如璋不禁感叹日本仿从泰西之制的简略。其中他对日本明治天皇的形象也进行了自己的描述，所着西服已经是改穿西方的服饰了，而且接受国书的仪式也比较简略，但也不失威严。何如璋对日本天皇外在形象的了解和记载，对于清代的日本人形象观研究比较重要，也是珍贵的资料。

在《使东述略》中，何如璋还对日本的人种和秉性等形象观中的深层次内容有所论述。他认为：

> 其种类传自中国，流寓日久，风气迥殊。大抵男侗而女慧，形细而质柔。以材武称者，萨摩州外，唯石见、长门，其他不及也。务农桑，拙商贾。手技尚巧，雕漆瓷铜之作，小而益工。居处结构，喜曲折奇零，乏宏整者，殆地势使之然乎？近趋欧俗，上自官府，下及学校，凡制度、器物、语言、文字，靡然以泰西为式。而遗老逸民、不得志之士，尚有敦故习、谈汉学、硁硁以旧俗自守者，足矜已！②

何如璋的日本人形象观中认为日本人种源自中国，只是历史久远，所以与中国人已经有了很大差异。大抵日本男子皆幼稚愚笨一些，而日本女子则聪慧灵秀。日本人有部分尚武者，而大多以农桑为务，很少经商。何如璋又认为日本人心灵手巧，善于制作各种手工艺品。他对日本明治维新以后一切趋从于西方的做法也有敏锐的把握，但是另外还有一些日本人在坚守传统的

---

① 何如璋：《使东述略》，收入《早期日本游记五种》，长沙：湖南人民出版社，1983年，第60页。

② 何如璋：《使东述略》，收入《早期日本游记五种》，长沙：湖南人民出版社，1983年，第67页。

汉学传统和旧俗。总之，何如璋对于日本人的观察是比较仔细的，通过自己的考察所得，形成了他的勤劳工巧的日本人形象观。

日本人形象观中的同文同种观念在很多清人的脑海里留存，与何如璋同为首届驻日使团参赞官的黄遵宪也持有此种看法。黄遵宪在使日期间完成的《日本杂事诗》是一部亦诗亦史的著作，其中曾有诗注云："总之，今日本人实于我同种。彼土相传本如此。宽文中作《日本通鉴》，以谓周吴泰伯后。源光国驳之曰：'谓泰伯后，是以我为附庸国也。'遂削之。至赖襄作《日本政纪》，并秦人徐福来，亦屏而不书。是皆儒者拘墟之见，非史家纪实之词、阙疑之例也。"①这是黄遵宪通过批评日本史家赖山阳不秉笔直书的做法，而强调其中日同文同种的看法，这也是他日本人形象观的基本观点。黄遵宪在日本期间，跟日本友人进行过多场笔谈，特别是与大河内辉声等人过从甚密，双方的情谊也很深厚。在交往的过程中，黄遵宪对日本人的了解也更加透彻，对于日本的景物也愈加喜欢。这些内容很多都写进了他的《日本国志》中，其中对于日本风俗、礼乐等志的记载都是基于其日本人形象观观察之上的。比如《日本国志》的《礼俗志》中就有关于日本人的服饰的描述，是通过对于日本人外在衣着形象的观察而得出的认识。还有关于朝会、饮食、居处、丧葬、乐舞、游宴等内容的记载，都是从日本人形象的考察中总结而来的。黄遵宪在书中还以"外史氏曰"的方式加按语来表达自己的看法，其《礼俗志》的史论中写道：

> 《后汉书》言倭人嗜饮食、喜歌舞，至今犹然。余闻之东人，大抵弦酒之资，过于饭蔬游宴之费，多于居室云。自桓武、嵯峨好游，赏花钓鱼，调鹰戏马，月或数举，上行下效，因袭成风。德氏承战争扰攘之余，思以觞酒之欢，销兵戈之气，武将健卒，皆赏花品茗，自命风流，游冶之事，无一不具。二百余载，优游太平，可谓乐矣。然当其丸泥封关，谢绝外客，如秦人之桃花源，与人世旷隔。虽曰过于逸乐，而一国之人自成风气，要亦无害。及欧美劫盟，西客杂处，见其善居，积能劳苦，当路者始惊叹弗及。朝廷屡下诏书，兢兢焉以勤俭为务、佚荡为

① 黄遵宪：《日本杂事诗》卷1，收入陈铮编：《黄遵宪全集》，北京：中华书局，2005年，第9页。

戒。族长以勉其子弟，官长以教其人民，虽风气渐积，难于骤挽，然可不谓知所先务乎！①

黄遵宪的这段评论反映了日本人"嗜酒好乐"的形象特征。日本人从很早开始就喜欢饮酒作乐，并进行丰富多彩的娱乐活动，这跟天皇等贵族所开风气密切相关。但是这种逸于享乐的风气并非有害，它也会促使日本人去付出更多的劳动来换回生活的所需。所以黄遵宪也看到，自从西方人士进入日本以后很快就被当地人的吃苦耐劳所折服。不仅跟日本人本身的习性有关，也跟日本政府的循循善诱分不开。这些史论也体现出黄遵宪的"勤俭、耐劳"的日本人形象观。

清朝的驻日外交使团中的外交官们还在日本开展了文化外交，比如第四届使团的公使黎庶昌就经常组织中日之间的诗文交流活动，增进双方的互信和了解。在这一过程中，外交官们的日本人形象观必将受到很大的影响，特别是一些有文化修养的汉学家们更是让他们对日本人刮目相看。还有一些外交官通过自己的观察完成了日本研究的著述，其中就有很多关于日本人形象观的内容。比如陈家麟在《东槎闻见录》中就称赞了日本人的精进精神，是因为看到明治维新后的改革成就而得出的结论。他还对日本人进行了分类，形成了各自不同的印象，他在书中写道："东海道人情疏通慧敏，就中甲斐人强而险，东京府人侠而浮，二总人温和，长陆人武而固。畿内人心匠精密，就中京都府人约而雅，大阪府人达而俗。东山道人朴厚，就中信浓上野人武而顽，岩代以北朴直骁果，所谓北方之强也，惜懒惰性成，不求治产。北陆道人实直，就中加贺以北人少固志，越后人甚纯良。山阴道人温顺而狭固。山阳道人異顺而文雅。南海道人敦厚，就中土佐人稍武健，阿波讚岐人稍宽裕，所谓南方之强也。西海道人刚毅，就中萨摩大隅人稍鸷悍，肥后人稍悄直，肥前人稍矜严。人情各异，由往昔各大藩教养士民者不同也，废藩置县而后，渐有均一之势。北海道人在箱馆者笃厚爱人，迤北生土之人强健而愚鲁，殆教化未普及耳。"②这是陈家麟根据其在日本的所见所闻加上查阅

---

① 黄遵宪：《日本国志》卷 36《礼俗志三·外史氏曰》，收入陈铮编：《黄遵宪全集》，北京：中华书局，2005 年，第 1476 页。

② 陈家麟：《东槎闻见录》卷 4《人情》，清光绪十三年（1887）铅印本，第 3-4 页。

相关资料后得出的认识，他将日本人分成畿内和七道，另外还加上北海道人。每个地区人都是各自不同的特征，而即使属于同一道的人也是各有区别。并且陈家麟还分析这种不同的原因，是由于封建各大藩教养士民的结果，等到废藩置县以后，各地的人情差异就逐渐有趋同之势。不过陈家麟能够敏锐的抓住日本各地人之特点，也反映他的日本人形象观的全面之处。

总之，清朝的驻日使馆人员是与日本人接触最直接和时间较为持久的一个群体，他们的日本人形象观对于清朝上下影响很大。其中一些使馆人员还作为国内报刊特约的信息提供员，更加促使他们加深对日本人的观察和了解。当然最具代表性的还是那些完成日本研究著述的使臣们，他们详细考察了日本，特别是对日本人有比较深的了解，所以其日本人形象观也更加值得注意。

3. 《点石斋画报》与清代报刊中的日本人形象观

由于报刊具有传播信息快、发行量大、读者群广泛的特点，所以清末出现的大批报刊对当时国人的思想变化具有重要意义。其中，《西国近事汇编》《申报》《万国公报》中都有大量关于日本信息的报道，对于清人的日本认识和日本观的形成发挥了重要作用。同属于《申报》馆且有美查创办的《点石斋画报》影响较大，共出版 528 期，绘图四千余幅，每期就能销售三四千份，所以鲁迅也讲："这画报的势力，当时是很大的，流行各省。"①《点石斋画报》不仅流布范围大，而且读者受众群也非常广泛，因为画报这种图画的形式使得读书和不读书的阶层都可以看懂。《点石斋画报》中还有大量的有关日本的图像，据有关学者统计，共计 165 幅，并且每年都有，未曾间断。②《点石斋画报》中关于日本的内容包括奇文逸谈、明治社会风俗和中日交流等几个方面，其中关于日本人的形象观可以从画报中描述的一些事件中体现出来。

《点石斋画报》中体现最为明显的日本人形象观是日本人的西化形象，不管是在服饰装扮还是饮食生活方面，都表露出日本人经过明治维新后的一

---

① 鲁迅：《上海文艺之一瞥——八月十二日在社会科学研究会讲》，《鲁迅全集》第 4 卷，北京：人民文学出版社，2005 年，第 300 页。

② 参见彭雷霆：《近代中国人的日本认识（1871—1915）》，华中师范大学博士学位论文，2008 年，第 106 页。

种西化倾向。比如在李焕垚所画的《日人送葬》图中，就描绘日本人在租界举行军官送葬礼仪的情形，从图画中就可以看出日本士兵的形象基本都是西化式的。此图的上方有文字解释，其中写道："本月初有日本兵头去世。其柩行经法马路、送丧兵勇约百名左右，柩后随马车二辆，中坐水师头目及领事等。迤西转北往英租界至墓所掩埋。饰终之典无甚奇异，惟兵弁之装束则皆从西派云。"①这种从外在妆饰上看日本人的西化反映了当时的日本人形象观，特别是对读者群体来讲，从画像中就能直观的感受到日本人的西化样貌。在《日后巡行》图画中，作者所描绘的日本皇后形象也是"御浅鼠洋服"②，这都是对清人耳目一新的形象，《点石斋画报》也影响到了清末许多人的日本人形象观。除了服饰西化之外，在饮食上也能看出日本人的变化。包括《日使宴宾》等图画中都能看到日本饮食中已经出现很多的西餐，这也是他们西化的一种表现。另外，在《点石斋画报》中还有如《日本阿传》、《日妓歌舞》等图画，都是表现日本妓女风流的一面，甚至有和尚寻欢也被日本妓女正常接待。

《点石斋画报》中所反映出的日本人形象，主要体现的是清人对于日本人西化和趋从欧俗的认识，这和清初日本人尚未开化的形象观完全不同。值得注意的是，《点石斋画报》由于通俗易懂和流播范围广泛的特点，使得其在清人的日本人形象观的塑造方面发挥很重要的作用，虽然罗森的《日本日记》等论述的问世要早很多，但是一般中国人很难接触的到，所以更加显示出前者的价值。

4. 清末赴日考察者和留学生的日本人形象观

除了驻日使馆人员可以密切接触日本人以外，清末还有大批的赴日考察游历者，以及犹如过江之鲫的留日学生，他们或者通过在日本的详细考察，或者通过在日本的长期学习生活，形成了自己的日本人形象观。

赴日考察者的日本人形象观多以明治维新后日本人的西化形象和观念的变化为主。例如曾在光绪三十一年（1905）以直隶盐山县知县身份赴日考察的段献增曾著有《三岛雪鸿》，里面记录了其考察日本行政机关和学校制度

---

① 《点石斋画报·日人送葬》，乙一·五，光绪十年（1884）。

② 《点石斋画报·日后巡行》，行六·四十三。

的情况。段献增到达日本后，首先是参观东京的植物园，在此遇见几位学生，书中写道："遥见士女两三人、四五人或挟书卷考实，或揣图案写生，盖皆理化学、美术校中师若弟也。"①这是对日本年轻学生的一段描述，说明日本的教育开始采用西式化的教学方法，进行实地的考察和教学实践，从而对段献增的日本人形象观产生最直观的感受。其后段献增又频繁接触各级行政长官，而在他的形象观中普遍产生了日本官员的形象。比如他见到日本内务省地方局长吉原三郎的观感是："年约近六旬，气象平和。"②又见到警保局长仲小路廉的情形是："该长年四十余岁，英姿飒爽。"③尔后又见到卫生局长洼田静太郎，记其人曰："年四十余岁，情意亦恳挚，谓民为邦本，人口总求繁盛，生所以不可无卫也。……该长本医学博士，自日本毕业，游学泰西，贯通其术，并曾到中国，因言卫生第一要洁净。"④后面接论中国处理卫生问题上的落后现状，以及应该采取的措施。从段献增对其所接触的三位日本官员的描述来看，均显示出了较佳的形象，无论是在外在的气质形象方面还是内在的素质和修养方面。由此也影响到段献增的日本人形象观中认为其官员的高素质，这也是日本明治维新能够取得成功的原因之一。另外，段献增在考察日本银行情形时，深为他们分工细密和工作效率极高而折服，其文记曰："惟对号用女工，一老妇正坐督率，诸女生百数十人，一色白衣，皑皑如雪，列坐执票，对簿核销，眼明手快。该秘书云，较男人精细可靠。观此及电话交换局，弥觉我中国人材果然坐废一半，然缠足之风，结习未改，女学不易猝兴，亦既难言。况天下事往往矫枉过正，诚恐未取人之所长，先袭人之所短，则荡检逾闲，女祸又岂敢作俑耶。"⑤这是段献增对于日本银行雇佣的一种看法，并对此作了较高的评价。由此段献增也深刻反思中国的弊端，因为缠足守旧使得中国的人才失去了半边天，这在当时应该是非常先进的。不过他并不赞成激烈的变革，而是希望逐步的改变现状，当然他对于日本女性率先解放则是持肯定态度的。由此也能看出他的日本人形象观

① 段献增：《三岛雪鸿》，收入《日本政法考察记》，上海：上海古籍出版社，2002年，第84页。
② 段献增：《三岛雪鸿》，收入《日本政法考察记》，上海：上海古籍出版社，2002年，第85页。
③ 段献增：《三岛雪鸿》，收入《日本政法考察记》，上海：上海古籍出版社，2002年，第86页。
④ 段献增：《三岛雪鸿》，收入《日本政法考察记》，上海：上海古籍出版社，2002年，第86页。
⑤ 段献增：《三岛雪鸿》，收入《日本政法考察记》，上海：上海古籍出版社，2002年，第96-97页。

中是将日本人看作西化和文明开放的先进群体。

在 1908 年赴日考察的刘枏著有《蛉洲游记》，书中主要考察日本的新政情况并与中国进行对比。他对于日本的人才培养尤为称道，书中介绍了日本的学士和博士的学位授予情况，并指出日本"现时全国博士四百余人，学士五千余人，此五千四百余人皆学综东西，才擅专长，无幸而获选者。大学以下各学堂造就之材堪备国用者，则益车载斗量，莫稽其数。区区岛国，人才众多如此，以此行政，何政不举！以此兴学，何学不昌！欲其国之贫弱，岂可得哉！中国人口十倍日本，应有博士四千余人，学士五万余人，而偻指朝野上下，其程度实能与彼博学士颉颃者曾有几人？吾安得不内愧，且为吾国媿也。"①刘枏是将中日两国的人才进行了比较，日本岛国人少却有大批人才，而中国人口众多却缺少高层次人才，因此应该产生一种危机感。对于刘枏的日本人形象观来讲，其内容更多的是日本人才济济，是善于学习的形象。

除了这些赴日考察者之外，大批的留学生负笈东瀛，对日本人的观察也形成了较有影响的日本人形象观。留学生之所以赴日求学，主要是因为感于日本明治维新取得的巨大成功，因此要向日本人学习。日本人也就从中国人的学生角色转换为老师角色，这也是中国人前往求学的动力之一。那么留学生最开始的日本人形象观就是充满了先进的师者形象，处处要以日本为师，并以此为桥梁学习西方的先进科学技术。但是在日本的长期学习和生活，又使留学生对日本人的形象观变得越来越差。因为近代日本一直将中国作为落后的象征，所以对于中国留学生也充满着蔑视和侮辱。例如鲁迅在仙台学医时所遭受的待遇就是这样，自然就会对日本人产生反感。在他们的日本人形象观中就充斥了不友好和骄傲、轻蔑的内容，也使得原本"师者"的形象和地位逐步下降。并且由于近代日本霸占中国的野心不断增强，留学生也最早敏锐的感触到这一点，其日本人形象观中也就增加了与西方帝国主义列强相类似的对中国充满扩张野心的内容。

在清末打开国门以后，除了出现以上四种阶层类型的日本人形象观之

---

① 刘枏：《蛉洲游记》，载《日本政法考察记》，上海：上海古籍出版社，2002 年，第 377 页。

外，还有一些较有历史影响的日本人形象观。例如在 1874 年由陈其元所撰的《日本近事记》曾如此评价道："其人狙诈多端，素无信义。近者一切效法西人，妄思自强，潜图开辟。盖其意狡焉，思逞久矣。"①显然陈其元认为日本人狡诈多端和充满扩张野心。这种观点的背景是，日本当时借口生番被杀问题，强行占领台湾，所以使得陈其元认为日本是背信弃义之举，赤裸裸的对中国领土进行侵略，因此引起他的强烈不满。表现在陈其元的日本人形象观中就是和明代的"倭寇"形象较为类似。陈其元在书中还提出反击策略，所以也常被人称之为"攻日论"者。但应该看到，陈其元与日本人没有直接接触，而是根据以往史书的记载和对时局的判断而做出上述判断的。

综上所述，明清时期的日本人形象观与中日两国关系的演变密切相关。而明代和清代的日本人形象观呈现出不同的阶段性，在每个时期的各个不同阶层人士群体中又体现出明显的差异。明代最显著的特点是受倭寇问题的影响，而充满着残忍和好战的日本人形象观。清代最显著的特点是受到日本明治维新成功的刺激，而出现文明开化和西化的日本人形象观。从形成途径上看，明代是以被动的接触日本人为主，甚至是没有直接接触而从他书中寻找依据。清代则以主动的接触日本人为主，特别是在清末国门打开以后，日本人形象观的形成与赴日人数和与日本直接交往大幅增加密切相关。

---

① 陈其元：《日本近事记》，《小方壶斋舆地丛钞》第十帙，台北：台湾学生书局，1975 年，第 265 页。

第十章
明清时期的日本政治观

明清时期涉日史籍反映的日本政治观经历了一个复杂变化的过程，对于日本政治的认识充满了模糊曲解与深化了解的交织。政治观包括对日本政治制度、行政区划、君臣关系、年号世系、政权变革等方面的认识和看法。明代以前，中国对日本政治的认知已有基础。《魏志·倭人传》记载了日本诸小国的大官和副官官制，以及邪马台国和倭女王卑弥呼等有关的政治情况，魏晋南北朝时期还有对倭国的赞、珍、济、兴、武五王政权交替的情况有所掌握。隋唐时期，已经了解到日本圣德太子改革后的十二阶冠位的情况，并在《隋书》中做了记载。这一时期更重要的是认识到日本国号的变化，所以在《旧唐书》中出现了"倭国"和"日本"两传并行的情况。宋代对日本政治的认识又前进了一大步，因为奝然来华时携带了《职员令》《王年代纪》各一卷，所以使得宋人形成了日本"万世一系"的政治观，并对天皇名号、即位次序以及行政区划等内容都有了初步了解。这些日本政治观的内容对于明清时期的日本政治观产生了一定的影响，当然随着中日关系的演变，各个阶段也呈现出不同的特征。

第一节　明代的日本政治观

明代涉日史籍中的日本政治观既对前代有所继承，又有新突破。影响明代日本政治观的最主要因素是倭寇问题，在倭患初期为了了解日本只能从前代史书中转录资料，随着对日本研究的加深，对日本政治的了解也不断发展。由于受中日关系特殊状况的影响，对于明代的日本政治观的内容往往有很多主观因素蕴含其中。但是从总的趋势来看，日本政治观的内容还是逐渐朝着接近日本实际和正确看待其状况的方向发展。由于日本政治观的内容包含多个方面，所以在具体认识的发展过程上也有不同。

一、明初的日本政治观

1368 年，明朝建立，时值日本室町幕府年仅 11 岁的第三代将军足利义满主政。当时日本正处于南北朝时期，双方征战不已，无主武士沦为浪人，最终沦为倭寇，作乱中国东南沿海。1392 年足利义满促成南北朝统一后，才与明朝建立正式关系，其后几代将军与明朝的关系经历了友好和疏离的反复变化。明初统治者的日本政治观主要就是在与日本统治层交往的过程中建立起来的。

明初，为了宣示代元而立的正统性和恢复传统的华夷秩序，朱元璋建立政权之后即着手诏谕周边各国朝贡。当时朱元璋派遣赴日使臣，却向怀良亲王呈递国书。而怀良亲王只是日本南朝的征西将军，为后醍醐天皇之子，雄踞九州一带，并非天皇。明朝的建交要求开始并没有被怀良亲王所接受，直到后来莱州府同知赵秩的赴日，进行一番唇枪舌剑的较量，又加之杨载奉命送去被俘倭寇和可疑僧侣，才使得双方关系改善。洪武四年（1371），日本亲王怀良遣使者僧人祖来等至南京，"奉表称臣，贡马及方物，且送还明、台二郡被掠人口七十余。"①朱元璋对于日本的遣使非常满意，并厚赐其使。不过朱元璋通过此次日本使者之行，收获最大的还是日本政治观的转变。他从日本使者的口中得知，怀良亲王并非日本国王，京都所住之天皇（当时为北朝后光严院天皇）乃为日本国王。洪武五年（1372），朱元璋派遣使臣祖阐等人赴日，嘱其会见在京都的日本天皇。祖阐一行到达日本时，正值南北混战，被北军将领误以为是明朝派来援助怀良的，所以遭到软禁。后祖阐求助于京都僧人，得到将军足利义满的帮助得以重获自由。祖阐在京都讲解佛法，见到足利义满，并得到后者承诺时局稳定即与明朝建交。回国途中，祖阐等人又被怀良拘留，直到两年后才回到南京。此次前来的还有日本南北两方的代表，朱元璋根据祖阐的建议，接受了僧人格庭海寿奉将军之命的奉表进马，而拒绝南方代表僧闻溪宣等贡方物及马。这也表明，朱元璋通过对日本的了解，从政治观上认可北朝天皇，也认识到室町幕府将军足利义满的执政地位和实际掌控权力。其后，日本有多次来贡的举动，但很多都是无表或是贪商之徒冒名，所以均被朱元璋所拒。洪武二十年（1387）胡惟庸借兵日本之事被揭露，遂使朱元璋对日本深恶痛绝，将之列为不征之国，决计与其绝交。

建文帝即位后，明朝的日本政治观发生变化，开始与足利义满建立双方的外交关系。朱棣通过"靖难之役"取得政权以后，移都北京，并宣谕诸国。日本此时完成南北统一，也要积极恢复与明朝的朝贡贸易关系。足利义满在永乐元年（1403）向明成祖所上的表中自称"日本国王臣源"，这是日本幕府将军与明永乐朝交往的开始。永乐二年（1404），明成祖派遣赵居仁等使臣赴日本京都，意在宣谕足利义满为日本国王，并在诏书中称："咨尔日本国王源道义，知天之道，达理之义。朕登大宝，即来朝贡，归向之速，有足褒嘉。用锡印章，世守尔服。"②因为足利义满此时已将将军之位传于其子足利义持，而自任太政大臣，并且隐发为僧，法名为道义，但是仍然实权在握，所以明成祖的诏书称之为源道义。而且加以发挥为"知天之道，达理之

---

① 张廷玉等：《明史》卷 322《日本传》，北京：中华书局，1974 年，第 8342 页。

② 《善邻国宝记》，收入近藤瓶城编：《改定史籍集览》第廿一册（新加通记类一四），东京：临川书店，1984 年，第 36 页。

义"，这顺应了当时日本人好请学者解释其名字之义的"字说"风气，自然使得足利义满欣然接受，并且接受了明朝所赐的金印、冠服。并且由此确立了中日两国间的勘合贸易关系，以朝贡为名实现两国间的正常贸易往来，规定为日本十年一贡。其后，明成祖又有封日本阿苏山为"寿安镇国之山"之举，并高度称赞日本国王源道义。通过这些政治举动，可以看出明成祖的日本政治观中是以室町幕府将军足利义满为日本国王，认为他是日本最高统治者，并与之进行两国间的交往。足利义满死后，其子足利义持不满于称臣于明朝，遂断绝两国交往。1428 年足利义持去世，其弟足利义教继任将军，又重新坚持其父与明建交的政策。此时明宣宗也开始积极与日本建立外交关系，并在国书中称足利义教为"日本国王源义教"。这与明成祖时的日本政治观基本相似。

总之，在明朝初期的日本政治观中，开始是以日本怀良亲王为日本国王，后来随着认识的深化，又以封赐日本室町幕府将军的"日本国王"称号为主，这也是明朝初期对日本政治的基本认识。

二、倭寇之乱与明朝中后期的日本政治观

明朝中后期，倭乱问题日益严重，也催生出了一大批的日本研究史籍，并且有直接赴日考察情况者，这些都使日本政治观的内容更加丰富，也愈加接近日本的实际情形。

嘉靖二年（1523）发生了宁波争贡事件，随后薛俊的《日本考略》问世。虽然其中大部分内容因袭传抄前代史书，但毕竟这是明代最早的系统表达日本政治观内容的文字。在此书的《州郡略》中，薛俊描述了畿内五州和七道各郡的情况，将日本的行政区划进行了基本归类介绍。在《世纪略》中，薛俊详细列举了日本历代天皇的名号和传袭顺序，并称："国王以王为姓，一姓传袭，历世不易。"[1]在《制度略》中，薛俊又详述日本的政治情况是：

① 薛俊：《日本国考略》，收入邓士龙辑，许大龄、王天有主点校：《国朝典故》卷 103，北京：北京大学出版社，1993 年，第 2037 页。

上下之分，大较做中国，但服用政令与中国殊。王居室无城郭，村兵守卫。冠至隋时始制，以锦彩为之，而饰以金玉。以天为兄，以日为弟。自任以天，于天明时听政，趺坐，日出辄停，云："委我弟"。隋文帝曰："此大无义。"训令改之，今复如故。[①]

从薛俊的描述中，基本可以看出其史料来源为《隋书·倭国传》，并没有新的内容补充。但是其后却写道"今复如故"，即在薛俊看来，日本仍然坚持以前的政治制度和习惯做法，这也是其日本政治观的主要内容。

嘉靖后期，倭患问题日益严重，御倭前线的指挥官也几度易人。其中在胡宗宪任总督御倭期间，专门组织幕僚编写了御倭类的史籍以供前线将士之用。郑若曾就是他的幕宾之一，为其组织编纂完成了《筹海图编》等重要著作。书中所体现出的日本政治观影响较大，不仅传播范围广泛，而且被其后的诸多御倭类史籍所沿袭。《筹海图编》中的日本政治观是由郑若曾查阅前史资料和询问接触倭寇的人士而得出，并非其直接考察而来。所以在书中，郑若曾也自言："山城居中，乃彼国之都也。山城以东，地方广邈，虽倭之远服贾者不能阅历而知，况华人乎！故其岛之数可考，而其间广狭至到有不能考者。今姑据若曾之所闻者而述之。"[②]书中关于日本的行政区划的记载很多都是郑若曾据所闻知而写出，其中包括畿内部五州、畿外部七道和海曲部三岛。在对日本政治制度的看法上，《筹海图编》中写道："山城君号令不行，徒寄空名于上，非若中国礼乐征伐自天子出，大一统之治也。山口、丰后、出云开三军门，各以大权相吞噬。今惟丰后尚存，亦不过兼并肥前等六岛而已。山口、出云以贪灭亡。欲望彼国之约束诸倭，断断乎不能也。"[③]这说明郑若曾认为，日本天皇徒有其名，并没有实权。这是符合当时日本政治状况的。通过这种认识，郑若曾也得出结论认为在日本国内分权割据的情况下，指望日本官方禁绝倭寇是根本不可能的。虽然郑若曾没有到过日本，但是他的日本政治观比较符合当时的日本实情。

而真正到过日本进行实地考察，并对日本政治状况进行详细描述的是郑

---

① 薛俊：《日本国考略》，收入《国朝典故》卷103，北京：北京大学出版社，1993年，第2038页。

② 郑若曾：《筹海图编》卷2《日本纪略》，北京：中华书局，2007年，第176页。

③ 郑若曾：《筹海图编》卷2《日本纪略》，北京：中华书局，2007年，第179页。

舜功的《日本一鉴》。这是明代唯一通过作者亲自赴日考察而完成的著述，在明代的日本认识和日本研究方面都极具价值。郑舜功关于日本行政区划中五畿、七道的记载较为详细，包括地理形势和疆土四至等信息，因为他的资料来源途径不像郑若曾那样依靠间接的闻知，而是直接从日本实地调查所得，还参考了日本的诸多书籍。《日本一鉴》中对于日本国君的记载称：

> 备按：日本王姓源氏，世王其国。自其初王天御至王守平，当宋雍熙时，凡八十八世。已前世次已载唐宋史书，不复宣言，守平以后，虽曰入朝，宋史不载。北胡闰位于中国，本夷不朝，亦无可考。国初来贡，其王良怀，永乐之世，其王源道义，次源义持，以后来贡，我少详记。自宋雍熙算至于今六百七十余年，且以世次而论之，凡三十年为一世算，该二十二世矣。国有世谱及有文夹系，图繁未及录，已得录者姑依本录，尚欠详悉，以俟知者详说也。①

从这段记载中可以看出，郑舜功对日本天皇和幕府将军的关系并不清楚，他将二者混为一谈。他这里是将室町幕府的足利氏即源氏作为日本天皇来看待，中国传统史书中认为的"万世一系"是指日本天皇，而非幕府将军。郑舜功赴日期间，正值室町幕府时期，足利将军一家执政。文中所称的源道义和源义持，就是指幕府将军足利义满和足利义持，因为在明朝赐封日本国王的诏书中均如此称呼。而文中的"其王良怀"应该是指怀良亲王，明代的史书和资料中多记为"良怀"。但其并非日本国王，郑舜功也是沿用明初的传统看法，并未做深究。而造成这样的原因主要是郑舜功还未来得及详细参阅日本图籍，正如其文中所言，有关世谱图籍因为过繁，未能详录。不过从《日本一鉴》中所载录的天皇名号来看，补充了不少的内容，并且把幕府将军记录到了嘉靖时期的源知仁，为明朝人的日本政治观提供了重要信息来源。

在《日本一鉴》中，郑舜功还对日本的官员组成和组织结构进行了记载。他根据《魏志》和《隋书》的相关记载，梳理日本官位构成和十二阶冠

---

① 郑舜功：《日本一鉴·穷河话海》卷1《国君》，民国二十八年据旧抄本影印，第9-10页。

位的情况，并且与日本书籍记载进行对照。关于日本朝政的情况，郑舜功先是追述《隋书》中的记载，然后对照薛俊《日本考略》中"今复如故"的话，进行了补充说明称：

> 此语未穷与。按：夷宪法乃夷王子号称圣德者，作于隋开皇间。法曰：早朝迟退，公事靡监，终日难尽。是以迟朝不逮于忽，早退必事不尽。故今夷王日中听政于紫宸或清凉阁，乃作乐而文武毕集。其法云曰：大事不可独断，必与众宜论。小事是轻，不必与众。唯逮论大事。若疑有失，故与众相辩，事则得理矣。列国亦然，抑夫此者，岂非隋文之化乎！自奉宣谕至丰后，丰后君臣皆是日中摄政以集众议，每行开谕于其间，彼则依论禁行矣。①

这是郑舜功通过自己的考察得出对日本朝政的看法，与以前《隋书》和《日本考略》的记载已有不同。郑舜功认为圣德太子的改革使得日本朝政井井有条，而且事务繁多，往往要整日处理。他考察到当时日本处理朝政的方法是日中听政，文武毕集，然后集体讨论国家大事。郑舜功认为，日本的政治制度和朝政方式受中国传统影响较大，特别是隋代的制度对其开化有功。郑舜功所至的丰后国，也是君臣采用日中集体议政的方式，对于他宣谕禁绝倭寇也是有帮助的。郑舜功的日本政治观中认为日本朝政井然有序，而且受中国政治影响较大，对于日本处理政务和治理国家大有裨益。

万历时期，比较有代表性的著述是署名为李言恭和郝杰考梓的《日本考》，此书主要是剜补《日本风土记》而来，但后者在传布过程中在中国大陆消失。该书对于日本的政治沿革、疆域和畿州郡岛都有很详细的描述。当然《日本考》中的很多关于政治的内容，如"属国"、"国王世传"等都是直接抄自《魏志》或者《隋书》。但是也有一些补充的内容。如"君臣礼节"："随朝近侍文有三公，皆世其子；武有三公，亦世袭也。文三公各候王政，辄宣入琴棋诗赋以为消遣，兼议国政。武三公各分提督在畿、山、海等项政务。"②这里的文三公、武三公是日本中世时的官制，后面还有关于十二阶冠

---

① 郑舜功：《日本一鉴·穷河话海》卷3《集议》，民国二十八年据旧抄本影印，第1页。
② 李言恭、郝杰：《日本考》卷2《君臣礼节》，北京：中华书局，2000年，第70页。

位的记载。除了记载这些官职内容外，《日本考》还对皇室内部制度进行介绍。其文曰："王无内使太监，止立一后，妃嫔不过三五，多用女使生子，亦呼太子，长亦分居，遇时节大设朝贺。畿外所部者皆武臣也，例定一年一进朝见，并贡谷属银粮。有王好游猎者，或三五年一次，出畿游玩所属州郡。设若王无出嗣，遂立女为主，次立女之世子即位，虽至亲宗族不敢僭其位矣。"①这是对日本皇宫的内部人员状况的描述，书中认为日本没有宦官，而且后宫嫔妃极少。在礼节上，畿外各部的武臣都要一年一贡，天皇也有三五年外出游猎一次的惯例。因为后宫精简，所以会出现没有子嗣继位的情况，一般这时会有女王的出现。这种情况并非幕府时期的实际情形，但是反映出了《日本考》中所认识的日本皇室制度，以及编纂者的日本政治观。在"设官分职"中，又写道："在京文武品从，以坐蓆分其大小。如一品官之座设蓆九层，二品八层，每官下品减坐蓆一层，如九品杂职座止一层也。在外七道，额设七员大将军。各道分镇所治之地，竖以旗号，上书"大将军"三字，彼音呼为耶革答。"②其后又记述了州郡和大将军以及天皇之间的进贡情况，以及地方长官的任职和世袭等内容。此段记载中主要是描述了日本官员的品级情况，以及在朝政中如何体现的。这是朝廷内官的情况，而在外官方面主要是设立大将军镇摄七道。这段记载中还对"大将军"的寄音进行了说明，"耶革答"就是"馆"（ャカタ）的音译，用来指代当时大将军的官邸。在《日本考》中还专门设立了"寄语"的部分，就是对于日语的音译，以便于与日本人打交道，而其资料也来源于对日本熟悉的人士。所以这里对于"大将军"的音译的记载，也说明此书编纂者对于日本政治情况是有所熟悉的。《日本考》中还对官员的出巡情况进行了记载：

> 凡官出巡地方，大官以轿，次官以马，再次下官步行，俱选长大勇卒一员，披发手执偃月刀引导，途有下民见之，则知回避。轿马之前，多令卒徒摆列刀枪棍仗，亦有前呼后拥之势。官住不行，众卒皆蹲踞；官行，众起。官至所部州郡乡村，属民皆蹲踞而迎，设席请坐，众卒皆

---

① 李言恭、郝杰：《日本考》卷2《君臣礼节》，北京：中华书局，2000年，第70页。

② 李言恭、郝杰：《日本考》卷2《设官分职》，北京：中华书局，2000年，第70-71页。

跪膝，候官理政令或茶饭毕，官起，众卒方起行。但整点人马等项，俱以海螺吹声为令，无鼓进金退之则。①

这段文字的描述极为形象，反映出当时官员出巡的制度规定，各级官吏均有不同的仪式以显示其高下等级。官员行至地方视察，接待规格和内容都有严格的规定。巡行的次序和方式都要严格按照规定进行安排。这也反映出政治制度中的等级次序和尊卑有别的观念，这点与中国传统社会的官僚体制比较相似。《日本考》的编纂者也将两国的一些做法进行了比较，例如在巡行前进集合时，日本采用的是以吹海螺的方式，这可能跟日本是海洋国家有关，而中国则是采用"击鼓进军、鸣金收兵"的传统做法。《日本考》还记载了日本的行政文书情况，其公文中多采用假名，而较少用汉字。《日本考》的编纂者当时了解的情况是："近来亦用朱笔批判，不用印信，止以花押为记，照验封固。缓则着铺递送，速则以州递州，以郡递郡，在途亦有夫马应付之类。文书曰饶，铺递曰对。铺不计程远近，但遇乡村人烟多处即设铺舍，传递公文。值铺之役，皆于户口内取用。铺兵名曰飞驾古。"②这种文书传递方式类似于中国设立的驿站，可以进行接力传递，方便及时的将公文传递到目的地。铺社的设立一般都是依据是否人烟稠密，所需要的费用则从户口内纳付，为驿站传递公文制度提供了经济保证。进行文书传递的是铺兵，日文称"飞驾古"（"飞脚"），即指信传递人员。这段记载体现出《日本考》的编纂者已对日本有较为系统的公文传输制度有所了解。总之，在万历时期刊刻的《日本考》一书中对于日本的政治制度进行了较详细的记载。另外值得注意的是，《日本考》中的日本政治观并没有歪曲和丑化的内容，较为客观具体，对于其宫室、朝政、官僚体系、行政方式和公文传递等具体内容都有记载和认识。

张燮《东西洋考》专门有"日本"一门，关注的是明代倭寇问题和中日关系。但对日本历史和政治制度的记载大多袭自前代史书，行政区划的内容也基本未变，不过关于抗倭援朝战争前的丰臣秀吉的记载乃属创新。"倭自

① 李言恭、郝杰：《日本考》卷 2《官出巡》，北京：中华书局，2000 年，第 74-75 页。
② 李言恭、郝杰：《日本考》卷 2《官出巡》，北京：中华书局，2000 年，第 90 页。

平清盛秉政，一门并据要路，为淫暴于国。万历十四年，平信长为关白，其义子平秀吉者，先是母为人婢，得娠，欲勿举，念有异征，育之。秀吉幼微贱，贩鱼为业，醉卧树下。信长出猎，吉惊起冲突。将杀之，见其锋颖异常，因留养马，名木下人。嗣从征伐，有功为大将。已而信长为明智所杀，秀吉与行长诛明智，废信长子自立为关白。"①这是对丰臣秀吉事迹的记载，也是万历时期进行抗倭援朝战争所面对的主要对手，所以对丰臣秀吉的了解对于明朝来说较为重要。张燮改变以前史书中详古略今的做法，主要考察和明代相关的外夷情况，书中曾言："间采于邸报所抄传，与故老所诵述，下及估客舟人，亦多借资，庶见大全，要归传信。"②张燮大量采用了当时政府的邸报、档案文件和从航海商人那里采访得来的第一手资料，这也是书中记载内容的价值所在。《东西洋考》中所记内容，都是商船所至之处，对于特殊的日本和荷兰等国家，他自己解释称："或曰日本、红夷，何以特书？书其梗贾舶者也。"③但是对于日本记载的内容较为重要，特别是以上关于丰臣秀吉的部分，后来也被收入《明史·日本传》中，足见其影响力。张燮也认识到当时天皇政令不行的情况，所以对明代的倭寇问题认为仅靠日本难以禁绝，而且沿海奸民的诱导也是重要原因。另外一些史书中涉及日本政治观的内容多是从前书或者当时其他研究日本的史籍中抄袭，如叶向高《四夷考》中的《日本考》主要关注的内容是明代的东南平倭之事，涉及日本政治的内容也多是从《筹海图编》等书籍中转抄而来，价值不大，但却也反映了嘉靖和万历时期一些日本研究史籍中的日本政治观的影响力。还有如殷都无美所辑《日本考略》也主要是叙述东南防倭之策，附带论及日本的政治情势，基本内容也是抄自他书，并无创见。

总之，明代涉日史籍中的日本政治观，呈现出从模糊到清晰的过程。明初对天皇、亲王和将军的了解处于混淆状态，随着接触的增多这种认识逐渐得以廓清。从嘉靖时期开始，明朝人对于日本的研究愈加重视，特别是随着倭寇问题的日益严重，编纂并出版了大量的御倭资料。其中对日本政治内容

---

① 张燮：《东西洋考》卷6《外纪考·日本》，北京：中华书局，1981年，第116-117页。
② 张燮：《东西洋考·凡例》，北京：中华书局，1981年，第20页。
③ 张燮：《东西洋考·凡例》，北京：中华书局，1981年，第20页。

的记载越来越详细并逼近实际情况；亲自赴日考察者及在抗倭战争中被俘获的日本人成为信息的主要来源。

第二节　清代的日本政治观

清代的日本政治观也在认识上也经历了一个变化过程，与明代相比，清代对日本政治的认识前后变化更为剧烈。这一方面因为开港之后，近代西方国际关系取代东亚传统的以中国为中心的朝贡体系，成为支配东亚地区的新国际秩序，在这个体系中，中国在国际政治活动中已成为普通成员，所以中日交往的密切程度已达新的高度；另一方面，日本的明治维新和全盘西化，使得日本自身的政治体制脱胎换骨，加之甲午战争结果对清朝朝野造成的巨大冲击，中国人对探查日本政治实情的热情亦远远超越了明代。

一、清初的日本政治观

受清日双方"锁国"政策的影响，中日间唯一交流的窗口是长崎贸易。因此，清初的对日认识并没有沿着明朝中后期成绩的基础上继续前进，交流渠道的单一，反而使得中国对日本、特别是对日本政治情况的了解有所倒退。

1. "宽永通宝"案与清初的日本政治观

清朝乾隆年间查出的"宽永通宝"一案，就充分反映出当时对日本政治情报的匮乏。《清实录》"乾隆一七年七月甲申"条：

　　又谕：向闻滨海地方，有行使宽永钱文之处。乾隆十四年，曾经方观承奏请查禁。朕以现在制钱昂贵，未令深究。且以为不过如市井所称翦边沙板之类，仍属本朝名号耳。乃近日浙省搜获贼犯海票一案，又有行使宽永钱之语。竟系宽永通宝字样。夫制钱国宝，且铸纪元年号。即或私铸小钱，掺和行使，其罪止于私铸。若别有宽永通宝钱文，则其由来不可不严为查究。又闻江淮以南米市盐场，行使尤多，每银一两，所易制钱内。此项钱文、几及其半。既铸成钱文，又入市行使，则必有开炉发卖之处，无难查办。著传谕尹继善、庄有恭令其密饬干员、确查来历。据实具奏浙、闽滨海郡县。一并令该督抚等、密行查办，不可因从前之失于查察。遂尔稍存回护，并宜镇静办理。勿令胥役人等、借端滋扰，声张多事。寻尹继善、庄有恭等奏，宽永钱文，乃东洋倭地所铸，由内地商船带回。江苏之上海、浙江之宁波、乍浦、等海口，行使尤多。查宽永为日本纪年，原任检讨朱彝尊集内，载有《吾妻镜》一书，有宽永三年序。又原任编修徐葆光《中山传信录》内载市中皆行宽永通宝。是此钱本出外洋，并非内地有开炉发卖之处。但既系外国钱文，不应搀和行使。臣等现饬沿海各员弁、严禁商船私带入口，其零星散布者，官为收买，解局充铸。报闻。[①]

宽永通宝案，曾经引起很大轰动，一些史书也对此进行了记载。从《清实录》的这段记载中，基本可以了解到案件的始末。事情的起因是由于一些到日本进行贸易的商人除了带回货物之外还带了一些日本钱币，其中大量是日本宽永年间（1624—1643）铸造的宽永通宝，并在沿海一些居民中流通。乾隆年间进行查禁民间私铸铜钱时发现了宽永通宝，使得朝野上下高度紧张。因为在清朝，如有偶有私铸小钱流通只能算是私铸之罪。但是宽永通宝，既有国宝之名，又有年号之称，其罪行已经达到了谋反自立的程度。这自然是一件十分重大的政治案件，而且在江淮市场上已经有所流通，所以朝廷上层怀疑存在这样的秘密组织和场所，因此严令地方官员查办此案。尹继善、庄有恭等人奉旨严查，一时人心惶惶，后来终于在朱彝尊的集子中发现了《吾妻镜》一书的序言中有"宽永"年号，以及徐葆光的《中山传信录》中发现有宽永通宝的记载，才真相大白。清朝始认识到宽永通宝乃为日本所铸之钱，并非民间有人谋反，所以将此钱禁止流通，并有官局收回充当铸钱原料。此次宽永通宝案，充分暴露出了当时朝野上下对日本的无知。因此，为了避免这种问题的再次发生，清政府就在解决此案的当月发布命令进行调

---

① 《清高宗实录》卷 419，"乾隆一七年七月甲申"条。

查外藩情形。《清实录》记载："闽浙总督喀尔吉善等奏，前奉旨令近边各省将附近番夷形貌衣饰绘图呈览。查闽省界在东南，外夷番众甚多，臣等绘图进呈。通计畲民二种，生熟社番十四种，琉球等国外夷十三种，种各有图，图各有说。凡风土嗜好，道里远近，无不具载。报闻。"①这可以看作是一次亡羊补牢的措施，但效果并不明显。这种状况直接反映出当时直至19世纪中期清朝人的日本政治认识的迷糊状态。

在这样的情形下，清初的日本政治观被几部影响较大的日本研究史籍所左右。如陈伦炯《海国闻见录》中对于日本政治的记载，就对清朝统治层的日本政治观影响深远。此书记载："国王居长崎之东北，陆程近一月，地名弥耶谷，译曰京。受封汉朝，王服中国冠裳，国习中华文字，读以倭音。予夺之权，军国政事，柄于上将军，王不干预。仅食俸米，受山海贡献，上将军有时朝见而已。易代争夺，不争王而争上将军。倭人记载，自开国以来，世守为王，昔时上将军曾篡夺之，山海应贡之物不产，五谷不登，阴阳不顺，退居臣位，然后顺若如故。至今无敢安冀者。官皆世官世禄，遵汉制，以刺史千石为名，禄厚足以养廉，故少犯法。即如年金举一街官，街官者，乡保也，岁给赡养五十金，事简而闲。通文艺者为高士，优以礼，免以徭。"②这里体现陈伦炯的日本政治观是日本天皇深居宫中，实际权力掌控在幕府将军手中。他还认为日本的官员都是世官世禄，跟中国汉代的官职相类似，采用厚禄养廉的方式。由于陈伦炯亲自到过日本，并且在康雍两朝中地位特殊，所以他的日本政治观对于清朝影响较大。一些政治决策的得出与其有关联，而且在新的日本政治观信息未涌入以前，陈伦炯的认识还是占主流地位的。另外，在汪鹏的《袖海编》和童华的《长崎纪闻》中也多少涉及日本政治观的内容，主要都是从长崎贸易中得来的信息，成为锁国时代清人获取日本认识的重要来源。

2.《吾妻镜补》的日本政治观

翁广平的《吾妻镜补》是清朝锁国时代编纂的一部日本通史，代表了清

---

① 《清高宗实录》卷419，"乾隆一七年七月戊子"条，北京：中华书局，1985年。

② 陈伦炯撰，李长傅校注，陈代光整理：《〈海国闻见录〉校注》，郑州：中州古籍出版社，1985年，第35-36页。

初日本研究的最高水平，其中反映出的日本政治观值得关注。此书关于日本政治的记载主要有《世系表》和《职官志》两个部分。在《吾妻镜补》中，《世系表》一共有十卷，占了全书三十卷的三分之一，足见翁广平对于日本世系内容的重视。《世系表》中，翁广平追记了神武天皇以前的世系，因为诸书记载不同，所以他就把从天御中主开始的诸多记载并列于后以备后来者考证。详细的世系记载从神武天皇开始，翁广平考证出基本相当于中国周惠王十七年辛酉，一直记载到乾隆四十五年庚子继位的后桃园天皇之子光格天皇，基本是到了与翁广平所生活的年代相当。翁广平在《世系表》中的记载并非是单列天皇的世系和名称，而且在每一年下都附有发生的国家大事，这种编纂方法类似于中国纪传体史书中的本纪。众所周知，纪传体史书中的本纪是用编年的形式记载某位皇帝的历史，翁广平借用这种书法义例意在突出天皇的地位。就当时在清朝流布的《吾妻镜》一书来讲，传统士人如朱彝尊等对其编纂体例并不满意，认为主要记载了幕府将军的政事，而不记天皇政事，认为这不合体统。所以翁广平在《吾妻镜补》中就要改变这种编纂方法，而建立以天皇为中心的国家政事书写方式。其实《吾妻镜》只是记载镰仓武家政权的史籍，其性质就是专门记载幕府将军的历史。这里也反映出了翁广平等人的日本政治观还是以天皇为中心，并没有准确认识到当时日本政治的实况。

翁广平专门设立一卷《职官志》记述日本的职官制度。翁广平广泛征引中日两国的史籍记载，将日本从中央到地方的官员设置情况详细列出。其中记载"将军"一职时称："《年号笺》后鸟羽院天皇建久三年始有将军之号，盖执国柄者，非如平西镇守等官也。嗣后凡为将军者，其姓名皆得记载。按《平攘录》日本国有七道，每道有大将军镇守之。"①翁广平是从日本书籍中找到的将军之号的最早记录，并且也认识到其为执国柄者，并非一般的亲王或者镇守者可比。他还根据明朝一些史书中的记载，了解到日本行政区划中的七道以及各有大将军的设立。由于翁广平主要是从他书转录的一些资料，所以他并不十分清楚大将军在日本政治中的准确权力定位。也反映了翁广平

---

① 翁广平：《吾妻镜补》卷18《职官志》，载王宝平编著：《吾妻鏡補：中国人による最初の日本通史》，京都：朋友書店，1997年，第362页。

日本政治观中对于幕府将军武家政权的认识不够透彻。《吾妻镜补》中对于"关白"的认识是：

> 《备倭考》正亲町天皇天正十三年乙酉始有关白之号，黄俣卿谓如汉大将军也，亦执国柄者。嗣后凡为关白者，皆得记载。按《年号笺》正亲天皇癸酉信长任将军，乙酉秀吉任关白。尤侗《外国传》曰，关白信长，又后阳成天皇辛卯秀次任关白，癸卯家康公任将军，乙巳秀忠任将军。尤侗又曰，秀忠称新关白。按，关白之称仅有二十年，二十年中并无将军之称。是则关白者，非于将军外别设一官，即将军，而更其称者也。尤侗以将军、关白为两官，盖所闻异词耳。[①]

翁广平认为，关白只是将军别称，在设立关白的二十年中并没有将军的设立，其他时间只有将军而无关白。因此，他在《吾妻镜补》中否定了尤侗的说法，认为将军与关白并非两官，而是一官在不同时期的两种称呼。翁广平的认识显然与日本实情不符，"关白"一词来源于中国的《汉书·霍光传》中"诸事皆先关白光，然后奏御天子"，意思就是"禀报"，在日本变成了一种官职之名。开创日本史上"关白政治"这一特殊政体的是藤原氏，从9世纪中叶开始，藤原良房不仅取得了外戚身份，而且制造政治事件打压政敌，于857年破例当上太政大臣。后又以太政大臣身份摄政，并在866年正式获得"摄政"称号。887年，宇多天皇又把权力交给了藤原良房之子藤原基经，称之为"关白"。由此，藤原氏开创了在天皇年幼或年长时担任摄政、关白而执政的先例，形成了以外戚资格掌握国家政权的"关白政治"这一特殊政体。[②]后来日本政治格局又发生了几次大的变化，包括院政和镰仓、室町两大幕府时代。1573年，织田信长废除了足利义昭，结束了室町幕府的统治时代。其后继者丰臣秀吉完成了统一日本的大业，并在1585年被任命为"关白"，次年担任太政大臣。但是丰臣秀吉因为家臣数量不大，取得政权的时间又过短，所以并没有创建自己的幕府，也没有取得将军之衔，只

---

① 翁广平：《吾妻镜补》卷18《职官志》，载王宝平编著：《吾妻鏡補：中国人による最初の日本通史》，京都：朋友書店，1997年，第363页。

② 参见吴廷璆：《日本史》，天津：南开大学出版社，1994年，第101页。

是以"关白"名义凌驾于各大名之上。①丰臣秀吉的统治没有维持多久就被德川家康所取代，后者建立了江户幕府，并开始了日本历史的德川时代。从日本历史来看，确有二十多年没有将军之称，但是关白与将军并不能等同。而且关白之称在日本历史上有过多次，并非如翁广平所言的仅仅二十年。所以翁广平在《吾妻镜补》中的日本政治观并非完全准确，但是却也代表了清初对于日本政治了解程度的最高水平。

二、对明治维新的认识

甲午战争的惨败，对清朝造成了巨大的冲击。因此，明治维新自然引起清朝上下的集体关注。在对日本明治维新的看法上，清朝存在着肯定和否定两种观点。

1. 否定的观点

日本的明治维新变革虽然取得了巨大成功，但在初期并没有引起清朝的重视。近代最早接触日本的罗森对日本明治维新的详情也不十分了解，他在《日本日记》中只是简单记载他的所见所闻，流于表面的内容较多，对于深刻的变革都没有细究。随着 1871 年《清日修好条规》的签订和 1874 年日本出兵台湾事件的爆发，使得清朝人士开始重视对日研究。首先关注到日本明治维新的是陈其元，他在《日本近事记》中写道："往者日本国王不改姓者二千年，国中七十二岛，岛各有主，列为诸侯。自美加多篡国，废其前王，又削各岛主之权。岛主失柄而怀疑，遗民念旧而蓄愤，常望一旦有事乘间蠡起。彼昏不悟，尚复构怨高丽。使国中改西服，效西言，焚书变法，于是通国不便，人人思乱。"②文中"美加多"是"天皇"之别称"帝"（"みかど"，音 mikado）的音译。通过这段材料可以看出，陈其元的日本政治观中犯了一个极大的错误，他是将日本国王即大将军视为日本的最高统治者，而把天皇当成了篡位者。在他看来，明治天皇篡夺德川幕府将军的权位是不合法的。而且明治维新所进行的改西服、效西言、变西法等措施都不足取，造

---

① 参见吴廷璆：《日本史》，天津：南开大学出版社，1994 年，第 204 页。
② 陈其元：《日本近事记》，收入《小方壶斋舆地丛钞》第十帙，台北：台湾学生书局，1975 年，第 266 页。

成国内混乱，人心思变。所以在陈其元根本上否定明治维新。

19 世纪 80 年代以后，赴日考察游历者日渐增加，他们得以实地观摩明治维新后的日本。然而，其中仍有不少人否定明治维新。如在 1880 年赴日考察的李筱圃，其《日本纪游》就充满了对明治维新的批判。"按德川氏为日本诸侯，号曰大将军，世掌国政历三百年，国王徒拥虚位而已。早年米利坚求通商，德川氏以力难拒绝，遽欲允之，民情不服，德川氏因之失据。国王乘此夺其权，并废藤、橘、源、平各诸侯，收其采地归公，但给岁俸，大权一归于国，曰维新之政。今则非但不能拒绝远人，且极力效用西法，国日以贫，聚敛苛急，民复讴思德川氏之深仁厚泽矣。"[①]在这里，李筱圃认为德川幕府掌权三百余年，天皇坐拥虚位，但美国叩关以后，使得明治天皇乘机驱逐德川将军而掌握实权。明治政府所采取的维新举措使得国家日贫，大力效用西法也使得人民不堪重负，所以以民众重新怀念德川幕府统治时期的仁政。这是李筱圃对日本明治维新的基本看法，认为这种变法不但不能抗拒外敌，反而使得民众贫困。所以李筱圃的日本政治观中是否定日本维新变革的。其实李筱圃在日本的观察并不完全符合事实，当时的日本经过变革已经在经济上有所起色，并且开始觊觎中国和朝鲜，只是尚欠足够实力而已。李筱圃不仅对近代化缺乏足够认识，其思维深处仍是以华夷之别来观察当时世界变局。

王锡祺《小方壶斋舆地丛钞》收录的不少文章也持反对维新变革论调。如《日本琐记》（作者不详）曾借用日本弃中国历改用西历之事批评变法，称"其国计不能蒸蒸日上者，有自来矣。观其未效西法时，五风十雨，民康物阜，有上古遗风。自效西法，废封建为郡县，前后旧职去爵去禄者不知凡几，此乱萌隐伏也。且国计日蹙不得不多取之于民，而民怨此，亦乱萌隐伏也。近十一年间，本国债竟积三万六千二百六十二万六千二百八十四圆，外国债亦积至一千二百六十二万四千零七十二圆。"[②]这段材料中认为由于进行明治维新的变革，所以使得国内萌生了变乱的隐患。采用西法也使得原本风调雨顺的国家变得负债累累，由此也导致了民怨沸腾，似乎日本将由此走向

---

① 李筱圃：《日本纪游》，收入钟书河主编：《走向世界丛书》之《早期日本游记五种》，王晓秋点，史鹏校，长沙：湖南人民出版社，1983 年，第 98-99 页。

② 《日本琐记》，收入《小方壶斋舆地丛钞》第十帙，台北：台湾学生书局，1975 年，第 307 页。

万劫不复的深渊。但事实也并非作者所言的那样，日本虽然遭到暂时的经济困难，但是还是在西法的影响下走上了强国之路。此丛书中另外一部作者阙名的《日本杂记》也详细记载了日本的政治情况，文中记道："今王国号明治，即位十三年。明治以前称为富庶，迨至通商以后，羡泰西各国之富强，百务更张，效用西法，易衣冠，改岁历，下至饮食刀匕之琐细无不仿之。"①作为认为日本似乎是在进行全盘西化的改革，但实际上仍然没有学到西方的真髓。所以"自以为富强可以立待，殊不知慕西法而无生财之道，适足以自耗其财。今自通商改用西法之后，国用不继，不可不苛敛于民，丁税、地税、关税之外甚至茶棚、地摊无不有税，百计搜罗。"②作者认为日本只知从百姓身上征收苛捐杂税，无法实现国家真正的富强；进而指出："其各事皆效西法，交相夸誉，不知其正以此而致贫。慕虚名而难收实效，富强二字恐不易言也。"此外，对日本处处效仿西方的做法，作者也嘲笑道："现在日人装束种种不同，有一仍其旧者，此敦古守常之士与务农力穑之人。此外浮浪辈则有剪发而脚拖木屐者，有革靴而不剪发者，有剪发着靴而东服者，有西服而不剪发者。讥之者曰'东头西脚，西头东脚，不成东西'。"③同时作者还记载了德川庆喜和江藤新平之乱，认为维新引起的叛乱，也造成军饷靡费。对于大久保等人进犯中国台湾之事，当时日本国内舆论比较不安，"迨大久保至我京都就抚而回，始举国称庆。谓中国再四议和，夸耀于各国公使之前。即有西人绘中国衣冠者一人，手持一大金钱高坐于上，下跪一人作乞钱状，印为新闻纸出卖，日人多阅购之，传以为笑。日本今日之贫，固由于改效西法，亦半由于节次之军需也。"④作者是用取笑的口吻批判日本自不量力，滥用武力造成国内贫困，而根源就在于效用西法。这里借用西方人所作之漫画，表达对日本窘况的看法，也是表明作者的日本政治观中是根本否定明治维新变革的。

驻日使馆人员和海外游历使中也不乏否定明治维新的观点。如作为清朝第三届驻日使团随员的陈家麟，他在《东槎闻见录》中称："又廿余年矣，

---

① 《日本杂记》，收入《小方壶斋舆地丛钞》第十帙，台北：台湾学生书局，1975年，第350页。
② 《日本杂记》，收入《小方壶斋舆地丛钞》第十帙，台北：台湾学生书局，1975年，第350页。
③ 《日本杂记》，收入《小方壶斋舆地丛钞》第十帙，台北：台湾学生书局，1975年，第352页。
④ 《日本杂记》，收入《小方壶斋舆地丛钞》第十帙，台北：台湾学生书局，1975年，第354页。

所更革者若干事，所讲求者若干条，立学校、整矿务、开铁道、设银行，以及机器、电线、桥梁、水道、农务、商务各事，此利政也。易服色、废汉学、改刑罚、造纸币、加赋税，以及用人、宫室、饮食、跳舞之属，此弊政也。"①在他看来，日本在物质技术方面对西方的学习是可取的，也有利于推动经济发展。但是如果触及服色、刑法、生活等方面，则属于变乱传统的有害之举。在1887年由清政府派遣的游历使顾厚焜，他在《日本新政考》中曾慨叹道："是邦天时地利风土人情本与中国不甚相远，无如维新以来，易藩属为府县，而政一新；易宽永天保钱为金银铜币楮币，而政一新；易额兵为征兵，而政一新；易旧历为西历，而政又一新。"②对于涉及政治制度的根本性变革持反对态度：

> 国债积而国库匮，汉文轻而洋文重，旧都废而新都兴。有志者抚今思昔，谢职归田，往往于种瓜艺菜之余唏嘘不已。而当轴且以善规西法为得计，一若谓非尽弃旧政万不足富国，万不足强兵。噫，是何言欤！是何言欤！厚焜澄观时变，乃以昕夕所识者编成《新政考》二卷。盖慨西法之转移国俗何如此之速也，又慨是邦之轻弃成宪何如此之易也！虽然时局之奇至今而极，事务之变亦至今而极，处今日而必谓西法可屏而不用，岂笃论哉！亦期用所当用而已。海陆军之电扫风驰，枪炮制之日新月异，邮筒万里藉电线以飞驰，地宝五金赖矿师以辨别，是诚法所可用者也。若夫岁历之推迁守其旧则农民称便，衣冠之制度率其常则国体自存，日人乃好异矜奇，竟一变而无不变也，是诚何道也？抑亦思一姓相传历世已一百二十二，历年已二千五百四十八，一旦举法度典章一一弃若弁髦，是得谓是邦之福哉？③

可见顾厚焜的立场和观点与洋务派"中体西用"的观点基本一致，即在器物层面上学习西法，而在根本制度问题上坚持祖宗之法。

---

① 陈家麟：《东槎闻见录·总论》，清光绪十三年（1887）铅印本，第2页。
② 顾厚焜：《日本新政考·自叙》，载刘雨珍、孙雪梅编：《日本政法考察记》，上海：上海古籍出版社，2002年，第2页。
③ 顾厚焜：《日本新政考·自叙》，载刘雨珍、孙雪梅编：《日本政法考察记》，上海：上海古籍出版社，2002年，第2页。

2. 肯定的观点

随着清朝开放程度的加深和统治危机的加重，清朝内部对明治维新持肯定态度的人日渐增多，而变法革新的呼声也随之出现。

作为清政府的首任驻日公使，何如璋的亲身经历，让他较为深入地认识到明治维新对日本富强产生的巨大作用。他在出使日本之前已经从驻华公使森有礼那里了解到萨摩之乱的情况，到达长崎后又了解到"西南战争"的具体情形。到达东京后，何如章发现以前日本仪文中的尊卑悬绝已被礼仪从简所取代，特别是向明治天皇递交国书仪式之简约而不失威严以及天皇身着西服的形象对他产生较大触动。经过详细考察之后，何如璋对明治维新前后的日本历史进行了如下评价："迩来二十年，强邻交逼，大开互市。忧时之士，谓政令乖隔，不足固邦本、御外侮，倡议尊攘。诸国浮浪，群起而和之，横行都下。德川氏狼狈失据，武权日微；而一二干济之才，遂得乘时以制其变，强公室、杜私门、废封建、改郡县，举数百年积弊，次第更而张之，如反手然，又何易也！"①何如璋的描述带有一定的倾向性，他承认"大政奉还"与"倒幕运动"的正义及合法性，认为明治政府进行的一系列改革，包括废封建改郡县等措施，都消除了日本数百年的政治积弊，使得国政日新。何如璋还在《使东述略》中详细记载了明治维新以后的官制、军制、国计、学校和行政区划等内容，并称："近趋欧俗，上自官府，下及学校，凡制度、器物、语言、文字，靡然以泰西为式。"②何如璋对待明治维新的态度也会与传统文化的保守发生碰撞，但他的观点是"日本虽僻处东隅，汉唐遗风，间有传者，一旦举而废之。初与米利坚通商，继欲锁港拒之，后又仿其法之善者，下至节文度数之末、日用饮食之细，亦能酷似。风会所趋，固有不克自主者乎？"③何如璋从大势所趋的角度来看待明治维新，虽然日本传统悠久，但只要变革维新就可以甩掉负担。而日本正是顺应了时代的要求，积极进行改革，所以才能取得发展和进步。何如璋的日本政治观中是用肯定的态度来看待明治维新，也是在当时清代官僚和士大夫中属于比较进步的。

---

① 何如璋：《使东述略》，收入《早期日本游记五种》，长沙：湖南人民出版社，1983 年，第 64 页。

② 何如璋：《使东述略》，收入《早期日本游记五种》，长沙：湖南人民出版社，1983 年，第 67 页。

③ 何如璋：《使东述略》，收入《早期日本游记五种》，长沙：湖南人民出版社，1983 年，第 62 页。

除了官派使臣之外，赴日的民间人士中亦不乏持赞成明治维新态度者，王韬和王之春就是有代表性的两位。王韬著有《琉球向归日本辨》《琉球朝贡考》《日本通中国考》等，对日本情况较为了解，他在《扶桑游记》中写道："盖日本昔仿周制，藩侯三百，棋布星罗。类皆各擅一方以治其民，生杀由己，惟岁时贡献于幕府而已。自维新后，诸侯皆纳土地、归政柄于王朝。乃改藩城为郡县，辖以镇台，城垣亦概从废撤，所存者名城坚堞而已。"①显然他是认为明治天皇从德川幕府中收回权力顺应时势，并且经过改革，统一全国的土地和政权无疑是有利于国家发展的，消除了过去日本诸藩林立、各自为政的弊端。王韬是从肯定明治维新改革来看待日本政治的。另外在王之春的《谈瀛录》中也大加赞赏日本明治维新后采用西方技术，对于修筑铁路、电信和电灯等西洋新鲜事物他都很感兴趣，并从肯定的角度来记载和评价日本的维新变革。

黄遵宪的《日本国志》可以看作是一部明治维新史，他曾作诗云："草完明治维新史，吟到中华以外天。"②他对《日本国志》的期待是编纂一部鲜活的明治维新史，并希望通过总结日本的经验以资中国改良之借鉴。黄遵宪在此书的《国统志》中详细记载了明治维新的改革过程，并且以时间先后为序逐条罗列了除旧布新的改革措施。在罗列事实的同时，黄遵宪总结了明治维新的前因后果和经验与教训。他认为日本在"霸政久窃，民心积厌，外侮纷乘，内讧交作"③的背景下发生的新改革，所以"日本今日之兴，始仆幕府，终立国会，固天时人事，相生相激，相摩相荡，而后成此局也。然而二三豪杰遭时之变，因势利导，奋勉图功，卒能定国是而固国本，其贤智有足多矣。"④黄遵宪借明治维新成功的经验，希望清政府也能够依靠改良派实现国家的真正富强。相对于同时期清代其他的日本研究史籍来说，黄遵宪的明治维新观显得更加彻底和深刻。在《东槎闻见录》、《日本新政考》等史籍中

① 王韬：《扶桑游记》，收入《小方壶斋舆地丛钞》第十帙，台北：台湾学生书局，1975年，第328页。
② 黄遵宪：《人境庐诗草》卷4《奉命为美国三富兰西士果总领事留别日本诸君子》，收入陈铮编：《黄遵宪全集》，北京：中华书局，2005年，第105页。
③ 黄遵宪：《日本国志》卷1《国统志一》，收入陈铮编：《黄遵宪全集》，北京：中华书局，2005年，第892页。
④ 黄遵宪：《日本国志》卷2《国统志三》，收入陈铮编：《黄遵宪全集》，北京：中华书局，2005年，第926页。

也有很多对于明治维新的记载，以及对于维新之后社会经济、军事等取得进步的赞扬，但是陈家麟、顾厚焜等人只是站在洋务派的立场上肯定技术方面的进步，而否定根本制度方面的变革。黄遵宪则不然，他总结日本明治维新的目的就是要为改革服务，在日本出使期间他就称："中国必变从西法。其变法也，或如日本之自强，或如埃及之被逼，或如印度之受辖，或如波兰之瓜分，则吾不敢知，要之必变。将此藏之石函，三十年后，其言必验。"①虽然当时他还不清楚中国会采用何种道路，但是坚信变法是历史必然。当他出使欧美各国之后，对于变法的思想认识更加深刻，所以《日本国志》也就成为其呼吁进行新政改革的有力武器。这也就是《日本国志》中所体现的原则："凡牵涉西法，尤加详备，期适用也。"②黄遵宪《日本国志》中所体现出的肯定明治维新的日本政治观对于后来清末的改革具有重要的意义，并且在甲午之战以后引起很大的社会反响，也影响了大批清人的日本政治观。

傅云龙在 1887 年受清政府的派遣作为海外游历使出访日本，完成了堪称为与《日本国志》齐名的《游历日本图经》。书中用大量的表格和数据记载了日本明治维新的方方面面，用"志"的形式记叙了日本的地理、天文、河渠、国纪、风俗、食货、考工、兵制、职官、外交、政事、文学、艺文、金石、文征等方面内容，对于清末国人全面认识日本，特别是明治维新提供了帮助。而在日本政治观上表达出强烈肯定明治维新观点的是在 1893 年赴日考察的黄庆澄。他在《东游日记》中记载了赴日的考察情形，并曾在东京向驻日公使汪凤藻请教过日本政治问题。书中也记录了日本的官制，"日本官制，自维新后，屡加更改，甚至有一岁中旋设旋废者，兹就其现存者约略言之。"③这是日本维新伊始的不稳定阶段，也是在政治道路的探索中的状况。他对明治维新持积极肯定态度，"日本自幕府执政，权在武门，太阿倒持，历有年所。一旦用霹雳手削夺兵柄，归之朝廷，旋乾转坤，在此一举。"④所以他支持明治政府迁都东京，以此来压制以前幕府的残余势力。黄庆澄特别

---

① 黄遵宪：《人境庐诗草》卷 9 "四七"，收入陈铮编：《黄遵宪全集》，北京：中华书局，2005 年，第 158 页。
② 黄遵宪：《日本国志·凡例》，收入陈铮编：《黄遵宪全集》，北京：中华书局，2005 年，第 821-822 页。
③ 黄庆澄：《东游日记》，收入《早期日本游记五种》，长沙：湖南人民出版社，1983 年，第 236 页。
④ 黄庆澄：《东游日记》，收入《早期日本游记五种》，长沙：湖南人民出版社，1983 年，第 238 页。

指出："予观维新之治，其下之随声逐响汹汹若狂，则可笑。其上之洞烛外情，知己知彼，甘以其国为孤注，而拼付一掷，则既可悲，又可喜。嗟乎！古来国家当存亡危急之秋，其误于首鼠两端者，何可胜道，日人其知所鉴矣。"①所以具备了这种上下齐心、破釜沉舟的精神，才使得日本明治维新得以挽日本于危亡之中。黄庆澄还将中日两国进行对比，认为中国必须效法日本励精图治、勇于改革的精神，才能摆脱内忧外患的困境。

甲午战争后，中国的思想界和政治界都受到了巨大的冲击，自信为天朝上国的清政府却被"东夷小国"日本所败。残酷的事实让清朝对明治维新的认识上升到另一个层次。因为在此之前，无论是肯定还是否定，对明治维新的认识只是停留在客观观察和讨论的层面；惨败之后，尽管顽固派态度不改，然而对明治维新持肯定态度的朝野人士声势浩大，而是否效法明治维新进行改革，也正式进入清朝最高决策层的议事日程。康有为《日本变政考》就诞生在这种历史趋势中。该书不仅按时间顺序记载了明治维新的各项具体措施，还以"案语"的形式，对日本的维新变法进行积极肯定，并且指出清朝应该效仿和学习。通过康有为编纂的《日本变政考》，也能够看出当时的思想界中的日本政治观，不仅积极的肯定日本明治维新的变革及其取得的成就，而且借鉴其经验来为中国改革服务的意识也更加明显。通过清末的变法实践和康有为等人的宣传，日本明治维新的影响已经在中国传播开来，这对清末的日本政治观影响深远。

总之，清朝前中期，因为两国的隔绝状态而无法得到日本政治情况的详细信息。开港以后，中国对日本政治的探查和了解，基本围绕明治维新展开。在清末主要形成了两种不同的日本政治观，否定明治维新和肯定变法改革者。前者中包括完全否定变革者和部分否定变革者，主要是肯定经济技术方面的措施而反对根本制度的变革。随着国内和国际形势的变化，清朝人士对于明治维新持肯定态度者日渐增多，而"戊戌变法"的出现则是对"明治维新"认可的最高体现。尽管这一效法明治维新的变法改革运动以失败告终，但是学习日本却作为中国实现近代化的新选择和新途径，在中国近代史中正式登场。

---

① 黄庆澄：《东游日记》，收入《早期日本游记五种》，长沙：湖南人民出版社，1983年，第239页。

第十一章 明清时期的日本文化风俗观

文化和社会风俗是一个国家或民族区别于其他邻近群体的基本参照，也是维系国家和民族共同体的重要特质。所以在认识一个异域民族或国家时，最显著的特征就是观察其文化和社会风俗。中国古代的日本观中，对于日本文化和社会风俗的看法占据着重要的地位。明清以前的日本文化风俗观主要是根据来华的日本人和传来的器物进行了解，比如唐代诗人与日本遣唐使（僧）之间的诗文交流，还有如宋代欧阳修《日本刀歌》中体现出的对倭刀的赞美，这些都是古代中国人的日本文化风俗观的形成因素。特别是在《魏志·倭人传》中形成的对日本民风民俗的看法，影响了历代史书中对于日本风俗的书写。明清时期，随着两国交往的日渐加深，中国对日本文化风俗的认识，在继承之前相关内容的基础上，也增加许多新的因素，特别是两国建立近代外交关系后，随着赴日者的实地考察，中国对于日本文化风俗的认识亦随之不断深化。

第一节　明代的日本文化风俗观

如前所述，明代的对日认识较之前代有了很大突破，对于明人对日本的整体认识产生了重要影响，也对明朝的对日政策产生了一定的导向作用。

一、明初的日本文化风俗观

明初中国对日本文化风俗的认识主要有以下两个重要来源，一是两国正式的官方交流活动；二是经勘合贸易流入中国的日本器物。前者主要影响到中国官方和上层士人的日本文化观，后者对民间人士的影响更为直接。

1. 官方的日本文化风俗观

明朝官方的日本文化风俗观较为概况和抽象。明成祖朱棣初次派赵居仁等人宣谕日本，称："眷兹海甸，密迩东郊，素称文物，慕尚诗书。"①在明朝官方看来，日本属文教之国，崇尚诗书礼仪。永乐四年（1406），明成祖再次遣使赴日，并赐日本阿苏山为"寿安镇国之山"，御制碑文于其上。在碑文中，永乐帝盛赞足利义满有事大之心，并且称日本为礼仪之邦和海东贤国。事实上，明朝官方的上述认识有两个背景。其一、自隋唐以来，日本仰慕中华文化的相关记载不绝于官方史书，所谓"素称文物"正基于此；其二、时值明朝开国，加之朱棣"靖难"，急于通过与周边国家建立宗藩关系，确认明王朝和永乐朝廷的合法正统地位，而确立华夷秩序途径之一的"修文德"，自然需要将对方（日本）首先纳入同一价值体系内部。

2. 民间的日本文化风俗观

与官方认识的政治性和抽象性相比，民间的日本文化观更为具体写实。通过勘合贸易，大量的日本制品流入明朝内地，而民间广泛接触的主要有倭扇、倭刀、倭砚、家具和珠宝等。除贡品外，大多直接由倭商和明商贩售而

---

① 《善鄰國寶記》，收入近藤瓶城编：《改定史籍集覽》第廿一册（新加通記類一四），東京：臨川書店，1984 年，第 36 頁。

来。倭扇是明朝时日本朝贡和市舶的主要物品，明代文人对于倭扇的题咏诗也极为丰富。日本朝贡而来的倭扇数量较多，皇帝往往也会赏赐给臣下，而在宗室和朝臣之间也往往会互赠倭扇。于是一些文臣就赋诗称颂此类事件，如夏言吉诗云："远夷效职呈倭扇，圣主覃恩赐侍臣。捧处九霄红日近，挥来一片白云新。蒲葵侧足瞻余影，蝉雀甘心立后尘。荡荡皇风从此播，炎氛清绝万方春。"[①]既有接受皇帝恩赐的感激之情，也有对倭扇本身使用价值的一种称赞。这也反映出日本进贡之扇已经在朝廷之内广泛流传，更重要的是对社会的积极影响。朝廷的流行和欣赏会对民间的风气产生重要影响，于是倭扇也就慢慢扩展到社会基层，民间对于倭扇的追捧也逐渐流行起来。随着倭扇在民间的流行，进而对于日本文化风俗的想象也就丰富起来。明初文人解缙曾作一首《扇中竹树》，诗中云："常时十五二十过，手弄素月云间磨。广寒椎碎堕蛟室，龙影欸人扶桑波。向道仙人一桂树，秋声那得万竿多。洞庭日本通银河，姮娥夜宴邀湘娥。"[②]这里是通过倭扇引发了作者的一连串想象，用"姮娥"代指日本，用"湘娥"代指中国，两者相遇于仙境。这也是作者对倭扇所出的日本国的一种异国仙境的浪漫想象。倭扇在民间的流传范围不断扩展，女性对其也十分喜爱，李昌祺的一首词中描写道："奇特。最风流处，宝镜台前，绣香奁侧。想来恢匀面，慵将填额。懒施粉饰，且付描扇描图，底须去问倭夷国。谁制与佳名，也端然消得。"[③]作为梳妆台前的女性，对于倭扇非常感兴趣，打算描扇描图，却又无从入手，奥妙还需日本国人懂得。所以这既是间接赞美倭扇的精美，也是反映出倭扇在民间的流行和影响力。除了倭扇之外，日本进贡的物品中还有倭刀。明初进贡倭刀的数量极少，后来却急剧增多，建文三年（1401）日本进贡的倭刀只有一把，永乐元年（1403）进贡的倭刀增至 300 把，宣德八年（1433）进贡刀剑 3500 把，景泰四年（1453）就迅速增至一万余把，成化年间则是每次激增至三万余把。数量如此之多的倭刀进贡明朝，自然很快就会流传到地方甚至是民间，也出现了不少描述倭刀的诗文。通过倭刀加深了民间对于日本方物的认识，

---

① 夏言吉：《忠靖集》卷 4《两蒙恩赐倭扇欣戴之余赋此》，《钦定四库全书》本。
② 冯邦彦等编：《御定历代题画诗类》卷 82《兰竹类》，《钦定四库全书》本。
③ 李昌祺：《运甓漫稿》卷 7《石州慢·咏青娥眉淡竹草》，《钦定四库全书》本。

也促进了对日本风俗文化的了解。另外，倭砚在明初的文人中非常流行，方孝孺、杨士奇等人俱有赞美倭砚的诗作，宋濂也写诗称："夷而华四海一家，此非文明之化邪。"①他是由倭砚想到华夷一家的意识，也是符合明初朱元璋恢复朝贡秩序的国家外交思想，不过也透射出宋濂对日本文明看法的文化观。通过这些日本进贡的器物，使得明初的民间加深了对日本的认识，也形成了一定的日本文化风俗观。

明初尚有不少日本僧人来华，与他们的交流也成为明初各类人士日本文化风俗意识的来源。明初来华的僧人中不乏精通诗书绘画者，类似于雪舟等扬等人，就受到当时明朝文人的极力夸赞，连明宪宗也对其在礼部院壁所作之画称赞不已。当时来华的一些日本人也纷纷购买中国的字画，也表现出其对文化的重视。如此喜欢字画，日本人自然也会在这方面有很深的造诣。例如仲芳中正就精于楷书，他曾在建文三年（1401）随同使团来华，后来明成祖知其书法甚佳，特命其写"永乐通宝"四字于新铸铜钱之上。②流传至民间，自然会使民众对日本的文化有新的认识。明初还有一位叫林叔旻的人渡海至日本，回国后作了一幅描绘日本山水的图画，王洪为其作序称："永乐三年，吾乡林叔旻氏以医从使者，航海至倭国。踰年而后归，遂图其山川所历，以志一时之盛，时出而玩焉。凡江海之浩洋，岛屿之迥绝，波涛之薄滴、鱼虾、水兽、烟帆、云树、蛮樯、贾舶，出没于海潮汹涌渺茫之间者，俨乎如在眉睫之下。虽工人所不能及者，亦可意想而目睹也。夫一草一木，可以见天地化育之功。斯图虽细，而圣朝德化之大，亦庶几于是见之。而叔旻以乡里布衣，卓然能扬芳于万里之外，其志亦可壮也。故为识之。"③通过王洪的序言可知，林叔旻所绘主要是日本的山川风物和风俗人情，并将一草一木刻画为皆受天地化育之功效，也就暗含日本的文化已经较为先进，或者是以明朝为标准来看待其文明接近于中华。从整体上看，明初的日本文化风俗观中已经将日本看作较为先进的国家，但是在具体细节上仍显模糊。

---

① 宋濂：《文宪集》卷15《日本砚铭》，《钦定四库全书》本。

② 参见王辑五：《中国日本交通史》，上海：上海书店，据商务印书馆1937年版复印，1984年，第161页。

③ 王洪：《毅斋集》卷5《鲸波万里图序》，《钦定四库全书》本。

二、明朝中后期的日本文化风俗观

从嘉靖时期开始，由于受倭寇之患的影响，明人对日研究日趋迫切，出现了一批质量上乘的对日研究专书。其中，对日本文化风俗的记载也较为丰富。

1. 《日本考略》中的日本文化风俗观

薛俊《日本考略》专辟"风俗略"、"文辞略"等栏目来记叙日本的社会风俗和文化风貌。

该书对日本风俗的记载，主要来自于《魏志·倭人传》等前代史书。《日本考略》中的"风俗略"从日本人的外貌、服饰、婚葬习俗、饮食习惯和禁忌等方面来阐述日本的风俗情况。关于日本人的外表习俗和服饰习惯前文已述，在婚俗方面，《日本考略》中记载称："其婚姻不娶同姓，男女相悦即为夫妇，妇入夫家，必先跨火，乃与夫相见。富者妻四五，其余每两或三，女多于男也。"①这段认识的最早史料来源是《魏志·倭人传》，原文为："其俗，国大人皆四、五妇，下户或二、三妇。"②到范晔的《后汉书》中变为："国多女子，大人皆四五妻，其余或两或三。"③范晔的史料依据主要是《魏志·倭人传》，而"国多女子"记载则属范晔臆测。但因袭长久，以至于薛俊未加批判而直接采信。不过在日本人基本习俗性情的认识上，薛俊称："《白虎通》曰：'夷者，蹲也，谓无礼仪。'即是而观，信矣。《王制》乃云：'夷者，抵也，言信而好生，万物抵地而出，故天姓柔顺，易以道御。'噫，是何见之左耶？"④显然，薛俊对日人性情为何与典籍记载相左的疑问，显然是饱受倭寇之害的缘故。

《日本考略》"文词略"收录了部分日本诗词文章。最早从入宋僧东大寺的奝然的启文开始，后面还载有《戒严王师行成表》的表文，以及大量的诗

---

① 薛俊：《日本国考略》，收入邓士龙辑，许大龄、王天有主点校：《国朝典故》卷103，北京：北京大学出版社，1993年，第2039页。

② 陈寿：《三国志》卷30《魏书·倭》，北京：中华书局，1959年，第856页。

③ 范晔：《后汉书》卷85《东夷列传·倭》，北京：中华书局，1965年，第2821页。

④ 薛俊：《日本国考略》，收入《国朝典故》卷103，北京：北京大学出版社，1993年，第2040页。

词如《咏西湖》《春日感怀》《题春雪》《四友亭》等。文末薛俊加以按语的形式表达其对日本文化的看法是："文以载道，诗以理性情，如《典谟》《训诰》《国风》《雅》《颂》为足多者。彼倭夷诗文，肤鄙纤巧，而于道义风化，邈无所关，其不足为士君子齿录明甚矣。兹姑述一二，盖彰我国家一统之盛，书同文，且以见圣人之道之宏，覆被四夷，而海隅日出，沾渍为尤深也。"①薛俊还是站在华夷之辨的角度来看待日本文化，认为日本的诗文是由中华文化的熏陶而产生。但是从中华文化的博大精深来讲，日本的诗文在薛俊眼里尚显鄙陋，而且无补于道义风化，为贤明士君子所不齿。

2. 《筹海图编》中的日本文化风俗观

《筹海图编》中专有"风俗"一节记载日本的社会风俗，其中涉及日本的气候、物产、民俗、文艺等，其内容基本来自前代史书。此外，有关居处、饮食等方面的记载为"倭人居处以所产新罗松为之，色白而香，仰尘、地板皆是，复涂以香，入其室芬郁异常。食则共置一器，聚而团食，以竹作折，折取之。鞋则无跟，或用木，或以细蒲为之。衣皆细布，得中国绫绢则珍焉。"②这是说明日本居室喜欢用新罗的木材而使得屋内飘香，并且饮食用竹子折而取之，这跟以前史书记载的用手抓食不同，也是体现出一种进步的风俗观。

《筹海图编》中还有一些关于日本文化方面的记载，如日本较为重视儒学典籍，也是肯定日本在文化方面的进步。另外，日本人"好棋博、握槊、樗蒲之戏，每至正月一日必射戏饮酒。"③这是一种文化的雅戏，弈棋、射戏和饮酒都跟中国儒家传统中的"六艺"有所关联，意在点明日本文化中有受中华文化的影响。另外，《筹海图编》"倭好"部分记载日本于"《五经》则重《书》《礼》，而忽《易》《诗》《春秋》。《四书》则重《论语》《学》《庸》，而恶《孟子》。重佛经，无道经。若古医书，每见必买，重医故也。"④其中，对日本人厌恶孟子的记载体现了日本对"异姓革命"说的排

① 薛俊：《日本国考略》，收入《国朝典故》卷103，北京：北京大学出版社，1993年，第2048页。

② 郑若曾：《筹海图编》，北京：中华书局，2007年，第183页。

③ 郑若曾：《筹海图编》，北京：中华书局，2007年，第183页。

④ 郑若曾：《筹海图编》，北京：中华书局，2007年，第200页。

斥，这同时反映了明人对两国在政治观和历史观基本立场上的差异已有所
了解，但明人对此点的把握究竟到达怎样的程度，该书难以提供详细
资料。

3. 《日本一鉴》中的日本文化风俗观

《日本一鉴》对日本文化和社会风俗的记载详细而具体。该书将风俗细
化为"礼乐"、"服饰"、"男女"、"身体"、"婚姻"、"冠笄"、"饮食"、"丧
祭"等，每部分都详实而具体的记载内容，既追述中国传统史籍中的认识，
又引证以日本书籍，并附加自己的判断。可以说，《日本一鉴》中呈现出的
是一幅丰富多彩的日本文化风俗画卷。

《日本一鉴》中记载的日本社会风俗是多方面的，所以体现出郑舜功的
日本风俗观也是内容丰富。比如在进见礼节上，《日本一鉴》中记道：

> 今按夷礼凡入王家，必先脱去靴履，卸下佩刀，然后入门，伏于厅
> 门之外。命入乃入，有问则对，对罢而退。若入平等人家，冬衣皮袜以
> 进，夫主迎宾躬身而迎，搓手为悦。既入门，伏地低头，问对毕则叩
> 头，蹲踞席地。初则茶，次则饭，然后饮，必东道开壶，各各顶礼，祭
> 酒而饮，饮则喜醉。有不能饮者，必虚受之，以至唇而醉之于地。下人
> 供奉至厅门外，先告而后入，入则膝行，主人送食于宾，宾答之。客
> 别，主则尽彼之礼，而远送之。[①]

这里是郑舜功对日本在拜访和接待客人方面的习俗的记载，从中也可以
看到日本非常重视礼节，特别是尊卑有别体现的比较明显。这种传统对日本
文化的发展影响很大，如今的日本人仍然坚持在处理事务和打理人际关系方
面不能有"失礼"之处。《日本一鉴》中对于日本礼俗的如此细致的记载，
得益于郑舜功在日本的调查和生活所得，所以比其他史书中的日本风俗观要
更加详实。另外，在对日本女多男少的问题上，《日本一鉴》中也提供了有
价值的记载，并有郑舜功对此的看法。此问题在前代的史书中都有记载，并
且说明是因为一夫多妻导致的结果。郑舜功通过自己的调查，认为日本女多

---

① 郑舜功：《日本一鉴·穷河话海》卷 3《礼乐》，民国二十八年据旧抄本影印，第 3 页。

男少的状况仍未改变，其基本情况是：

> 其男少也，抑非少生。若生男多，俗通厌之。之其生母当生产时，审系男，产男多必厌。即执儿身，仍捉儿首，扭杀之。其残忍也如此。欲女多者，俗妻妾多之故也。……抑俗正月初子日，男女祝松曰"男七女二"。"七"盖欲女多男少矣。昔扣东夷"俗欲男少，其意云何？"东夷答曰"好不须多"。而诘之曰："今为寇盗中国者，众子与，孤子与？"夷笑不答。此即自知不善矣。俗养多男，长子袭官，家业居之，众子遗业甚薄，多有为僧者，盖俗敬重佛法也。渔贩生子月余，天霁，盛以摇篮，绳悬高树，随风荡之，欲其航海无惊也。通俗家子方六七岁，教之习技。头目、良民之子多习华书，女习倭字，间有习学华文也。①

郑舜功的日本风俗观中认为日本为了保证女多男少而几近残忍，不惜以野蛮杀婴的方式来达到目的。对此问题，郑舜功曾与日本人有过对话，对方的回答并不以此为怪，反而以男子贵精不贵多为由搪塞，郑舜功反诘以倭寇问题，而使其无以为答。中国传统中重视男婴，视为传宗接代的根本，并以男孩多为家丁兴旺的标志，而日本的观念与此完全不同。日本只是以长子继承家业，众子得到的很少，以致出家为僧者。郑舜功对渔民的风俗记载比较有趣，生子以摇篮荡之，使其日后习惯于航海的风波。而在学习上各阶层也不同，良民子女多有学习华文者，《日本一鉴》中还对日本的渔猎习俗和饮食习惯有很详细的描述，一些内容来自于前代的史书，另一些则是郑舜功的调查所得。比如在饮食方面，他补充道："俗常盛饭必以椀，合至丰盈，以椀大小定尊卑，常饭不至饱。"②他还记载群下之民饮食条件的低下，各种饭食杂以山菜、草根之类，处于受疾苦的生活状况。《日本一鉴》中还详细记载了各种食物的种类，比如粥、茶、糍粑、炊芋、海藻等数十种类别的食品。在日本的丧葬习俗方面，郑舜功记载的比其他史书更加详细。《日本一鉴》中还对日本一年中各种祭祀节日进行了记载，"正月望日作膏粥祭土

---

① 郑舜功：《日本一鉴·穷河话海》卷3《男女》，民国二十八年据旧抄本影印，第6页。
② 郑舜功：《日本一鉴·穷河话海》卷3《饮食》，民国二十八年据旧抄本影印，第10页。

地。二月望日吊三闾。六月望日夷王祭天地。七月七日祭二星，望日盂兰盆，是夜比屋燃灯于门外，谓导亡者入门飨祭。八月望日夷都祭八番菩萨，大和祭春日大明神，伊势祭天照大神，是日者其为三社之日也。九月九日采菊献观音以祈寿。十月出云独谓神有月择日祭神。十一月卜期祭灶。十二月望祭祖。先正德间，夷使源永春诣祀先师仪注，议者未当，故不之许，致使东夷有负文教大恩。"①从中可以看出，日本非常重视祭祀，每个月几乎都有重要的祭神内容。郑舜功认为是明武宗时期拒绝日本来华祭祀孔子才导致现在的状况，也是从文化观上看待日本文教不盛的原因。

《日本一鉴》中有不少关于日本文化方面内容的记载，也体现了郑舜功的日本文化观。其基本观点是日本崇尚文教，但是与中华相比并不十分发达，而且当时风气渐坏。郑舜功在《日本一鉴》中专辟"文教"一节来记载日本文明教化的情况，他首先追述从汉魏时期开始日本学习中国文化的过程，特别是唐宋两朝文化之盛的渲染，使得日本文教进步很快。其文称："备考前代及今国家，其来朝臣皆是僧释，莫不知书。文教所宣，其僧居首，宋德隆盛，大儒屡出，文教大行于其间，故其僧常入贡夷都，列国久开学馆院，而夷僧向又行馆于琉球，惟其下野大设学堂，题名学校一名足利，又名风世，中奉先师神位，学之左右开凿二渠，慕名洙泗，皆僧主之列国学徒，常二三千人讲学其中，惟蹲踞之未改也。"②显然是在中国文化的影响下，日本的文教之风也比较浓厚，而且对儒家的文化和教学之风吸收很大。只可惜正德年间日本学子请求来华朝圣孔子的要求没有得到明朝方面的批准，由此造成文教之风的逆转。郑舜功对此事较为痛惜，并认为由此造成了部分日本人黩武格杀，肆虐中国东南沿海的局面。除此之外，郑舜功还记载了日本搜求中国书籍的过程，以及袭用中国历法的情况。《日本一鉴》中还历数日本所喜欢中国的绘画和诗歌，其他情况的记载是："兵精孙武十三篇，若孙武者，此为倭诈之祖也。今夷之俗敬佛重僧，僧累入朝故能尊崇文教，而鄙于武学校之徒一是之。中国书籍流彼颇多，珍藏山城大和下野文库及相模金泽文库，抑惟大和金泽二文库以为聚书之渊薮，他库虽藏遗书未及

---

① 郑舜功：《日本一鉴·穷河话海》卷3《丧祭》，民国二十八年据旧抄本影印，第13页。
② 郑舜功：《日本一鉴·穷河话海》卷4《文教》，民国二十八年据旧抄本影印，第1页。

二库也，彼此之初学始自释文三注及《语》《孟》《五经》《文选》《史记》之类。"①当时明朝对于《孙子兵法》的推崇程度并不高，所以郑舜功才将其作为倭寇奸诈的渊薮，也说明此书在日本的影响之大。日本的文库之盛也说明对书籍的重视，郑舜功对日本初学读物也较为了解。在本节中，他还把日本书目中的和汉书籍标列于后，以示图书之盛。语言文字方面，《日本一鉴》中专门有"文字"一节的记载，将日本从初无文字刻木结绳以记事到吉备真备等人仿汉字造假名的过程叙述一过。为了更深入的了解日本文字，郑舜功还用汉字注音的方式将日语标注出来，类似于明代御倭类史籍中常用的"寄语"的形式。《日本一鉴》中还辟有"词章"的专节收录日本文辞，并且郑舜功盛赞日本重文学，师于僧的风气。"致使国人尊崇文教，而能向化归善也，如此信乎。"②由此也使日本每得中国片文只字都如获至宝，因此郑舜功认为如果能够合理引导修文偃武，则是对中日都有好处的事情。所以他也收录了重要的文辞诗章，以显示四海同文之意。总之，《日本一鉴》中所体现出的日本文化风俗观属于实地考察所得，补充了其他史书的不足，更加接近于日本的实际。郑舜功既看到了日本吸收中国文化的方面，又认识到造成当时文教不盛的原因，对于处理中日关系也极具参考价值。

4. 《日本考》中的日本文化风俗观

《日本考》关于日本风俗的内容记载更加丰富，充分吸收了前代和嘉靖时期的研究成果。如《日本考》中记载"齿黑"习俗："其土官本身宗族子侄并首领头目，皆以铁锈水浸乌梧子末，悉染黑牙，与民间人以黑白分其贵贱，女子年及十五以上，不分良贱，亦染黑牙始嫁。"③文中将日本染齿的方法和原因都进行了详细说明，一般认为贵族和身份较高的男子都要染牙为黑色，女子到十五以上也要染黑牙后才可以嫁人。郑舜功《日本一鉴》中对此习俗也有记载，"俗男女人齿喜黑。齿黑之法，乃以烂铁置于醋中，伺其油浮加五倍子。如法煎之，恒染齿黑，故有黑齿之名。"④不过郑舜功并没有对

---

① 郑舜功：《日本一鉴·穷河话海》卷4《书籍》，民国二十八年据旧抄本影印，第2-3页。

② 郑舜功：《日本一鉴·穷河话海》卷4《词章》，民国二十八年据旧抄本影印，第14页。

③ 李言恭、郝杰：《日本考》卷2《染牙》，北京：中华书局，2000年，第71-72页。

④ 郑舜功：《日本一鉴·穷河话海》卷3《身体》，民国二十八年据旧抄本影印。

何人染齿和为何染齿进行区分,《日本考》中则将此进行了更加细致的记载。在婚姻习俗方面,《日本考》吸收了此前史书中的相关记载,所记内容基本相同,不过还单列有"便宜婚姻"一节进行补充说明:"假如东家有义男,西家有义女,两便婚姻。在朝,男侍男之家主,女侍女之家主;至暮,男女同宿。不索财礼。若孕生男,听分与男家主,议给乳银一两;若生女,听分与女家主。男随父姓,女随母姓,以取两家之便宜也。"①从中看出编纂者对日本婚姻风俗的看法是较为简洁,只要两情相悦就可皆为夫妻,不须媒妁之言,也不用财礼。对于孩子姓氏的记载有误,因为当时日本平民并没有姓。在生育和儿童成长方面,日本的习俗中也有独特之处,《日本考》中对此记载到:

> 生育,谅其孕妇产月临日,预选吉日,择其方向,于天井或后院僻静处所,结盖一小舍,名曰生衙,令孕妇居于舍内侯产。既生之后,水火饮食之类皆禁,于夫两不相通,忌戒月逾,方同寝食。若生男女之初,必密请一友认为义父。如不从,强求之。子之亲父执一籤箕,送弓一张,箭二矢,请义父将箕射三回,却将弓箭籤箕遮镇子卧之处,以压其邪。

> 三朝名曰密革那以外,用艾丸如米大,于所生之孩儿顶中,炙三焦以保一生无恙,备酒品款待义父及邻族亲识。七日名曰南革那以外,分与子沐浴、设酒,人宴亦如之。月半名曰寿吾仪之以外,与子沐浴,请人。满月名曰三寿仪之以外,剃其胎发,令子母净浴,同夫寝食,始周无其诚礼。

> 待子年支十五已上,亲夫厚备礼物,或至一二百金,送子归于义父之家,叩其义父,断发魁头。彼之义父量其原送财物,外加一倍,并子送归亲夫,由此两为至爱,休戚相关。

> 若生女,其义父养发礼亦如之。②

此处不惮其烦的引用了《日本考》中的记载,主要是为了说明日本在生

---

① 李言恭、郝杰:《日本考》卷2《便宜婚姻》,北京:中华书局,2000年,第79页。

② 李言恭、郝杰:《日本考》卷2《生育》,北京:中华书局,2000年,第79-81页。

子和育子方面的习俗，这是在前代史书以及之前的御倭类史籍中并不多见的内容。首先是还未生时就要做好生育的准备，并且婴儿出生就有认义父的风俗，还要进行射箭以压邪。孩子出生后的三日、七日、半月和满月的日子里都要进行不同的习俗，等到十五岁以后还要到义父家进行类似于成人礼的仪式。这些风俗习惯都是日本对待种族繁衍和后辈健康成长非常重视的反映。在日本的其他习俗方面，《日本考》中都有不少新的内容，比如丧葬习俗中增加了由亲子抬棺出殡的习俗，如只生一子则由女婿和外甥代之。在时令节日方面，《日本考》中又增加了一些《日本一鉴》中所不载的节日和习俗。在接待宾客和饮食方面，《日本考》中补充道："看馔以鹿脯鱼物为常品，海味甚多。不食鸡，谓鸡乃德信之禽。无牛脯，以为牛代力之牲，不忍食。粉面之物，与中国大略相同。"①饮食中的禁忌反映出日本的一种信仰，对待诚信和劳动的尊重。这也是编纂者站在中国的角度来看待日本的饮食习惯。另外还有一些关于居住生活等方面的内容记载，从中都可以看出《日本考》的编纂者对于日本风俗的基本看法和认识。

《日本考》中关于日本文化的内容记载较为丰富，体现出编纂者的日本文化观。例如在日本文字的记载方面，此书中也从日本上古绝无文字开始记起，到魏、隋时从中国学习佛法。并且称："今虽略知文赋，尚无学校开科之设。富贵之家送子读书，名曰摇目。启蒙所读者名曰以路法，共四十八音以学。写字名曰革古，亦写以路法。四十八字有清浊之分，可以通用，一应字体皆以草书为熟，呼音与中国大异。"②从中体现出编纂者的日本文化观中认为日本文化并不繁盛，只是略知文赋而已，只有富家子弟才会读书，文化并未普及大众。《日本考》中已经了解了日本四十八音的以路法，也就是日本的假名文字，并用寄语来说明各种名词。此书中还借用谈论佛教之事，涉及文化问题的认识。其文称："民间子弟识中国真字者甚鲜，惟释教得中国经文始通真字。但朝贡必于寺中选僧人封赏名号，领表来朝，是以此教愈通中华事体，唱经礼佛音乐之类，皆仿效中国规模。彼国官家子孙皆肯舍送出

① 李言恭、郝杰：《日本考》卷 2《待宾饮馔》，北京：中华书局，2000 年，第 87 页。
② 李言恭、郝杰：《日本考》卷 2《三教》，北京：中华书局，2000 年，第 90-91 页。

家披剃，不给牒。"①所谓中国真字就是指汉字，当时日本和明朝间的一切往来文书都是使用汉字，全部由五山僧侣起草执笔书写。所以日本的佛教文化较为兴盛，唱经礼佛等事一应仿照中国，也吸引很多俗家弟子入教。《日本考》的编纂者意在说明日本佛教文化受到中国的影响，也反映出日本文化观中其在中国文化映照下的迅速发展的一面。《日本考》中还专门设有"字书"一卷来记载日本的语言文字，也是用来了解汉语和日语的相互翻译问题。在此卷的序言中称："本国自古及今尚无学校，虽有字书，全无真正字体，而官民子弟幼学皆从师于释教，虽释教颇通中国真字，但本国惯以习草为常，以真正字书视非切要，故不习耳。……本国之人间有精熟四十八字能变通字体者，即为饱学也。及考诸书，草书之中间有一二字与中国相似，本国文意颇同而呼音又异。"②文中还介绍了日语学习的入门"以路法"，而国内有人能通四十八字且变通字体者即为饱学，这也反映出编纂者的日本文化观中认为日本人普遍文化水平并不高。《日本考》中也专门辟有"文辞"的部分来收录日本人的表文和诗词，和嘉靖时期的日本研究史籍中收录内容基本一样，只是多了几首歌谣性质的作品。也从中可见对日本文化的一种基本了解。

除了以上诸书以外，明代还有一些记载日本文化和风俗内容的书籍，特别是一些御倭类的史籍和文人的文集，但是其内容较为零散，多为片言只语的介绍。很多内容都是从以上诸书中抄袭而来，或者从中得出的认识和观点，在日本文化风俗观上基本没有超出以上的范围，因此不再——列举。

总之，明代的日本文化风俗观较前代有了很大进步，通过各种方式获得了对日本文化和社会风俗的较为丰富的认识。明初的日本文化风俗观多是通过两国的官方交往体现出来，受到朝贡贸易和倭寇问题的影响较大。明代中后期的日本研究虽主要应对倭患问题，但客观上刺激了对日本文化风俗观的深入认识。

---

① 李言恭、郝杰：《日本考》卷2《三教》，北京：中华书局，2000年，第91页。
② 李言恭、郝杰：《日本考》卷3《字书》，北京：中华书局，2000年，第97页。

第二节　清代的日本文化风俗观

从整体上来看，清代继明代之后又出现了一个日本研究的热潮，无论是在论著数量还是研究深度上都要超过以往各代。对于日本文化和社会风俗的研究更是如此，特别是在清末随着两国国门的打开，大批的中国人赴日考察，加深了对于日本文化风俗的了解和认识。清人的日本文化风俗观更加符合日本的实际情况，对日本文化和风俗的研究较为系统，对于中国人的日本观影响较大。

一、以长崎贸易为中心的日本文化风俗观

清初中日交流的唯一窗口是长崎贸易，清朝的商船通过到长崎贩铜而了解日本的情况，日本也借助他们了解中国的事情，并且将他们的消息编成"唐船风说书"送往江户将军府。所以了解此时的日本文化风俗观只有借助于当时的长崎贸易商人，他们提供的信息也是清初最先进和最有代表性的认识。

1. 不尚文墨

清初，了解到日本国内未开科举，所以得出其国不尚文墨的结论。但是，日本国内亦有人颇能读圣贤之书，博通经史，并能学习中华韵语而作文类。在诗画方面也有一些水平较高者，"所为诗颇仿唐音，无宋元浇薄气"。①虽然日本文风并不很盛，但是也建有至圣先师庙，其大成殿、明伦堂、棂星门的设置和规模全部仿照中国，并且更加精丽。孔子牌位要四配十哲七十二贤之牌位，都从中国录写，还用洋漆描金装成。日本上下对先师孔子在礼节上较为重视，"将军王家俱在棂星门外行礼，叩头至地，以脚底反向上为敬。"②这反映出通过长崎观察到日本并不特别崇尚文墨，但对儒学较

---

① 汪鹏：《袖海编》，收入《小方壶斋舆地丛钞》第十帙，台北：台湾学生书局，1975年，第271页。

② 童华：《长崎纪闻》，收入北京图书馆古籍出版编辑组编：《北京图书馆古籍珍本丛刊》79《子部·丛书类》，据乾隆刻本影印，北京：书目文献出版社，1998年，第799页。

为尊敬。

2. 禁绝天主教

当时日本视天主教为邪教，视其书为邪书，在国内严令禁绝百姓信从。关于日本对其禁绝的原因，清人的认识是："昔以其教行于东国，东人惑焉，举国若狂，有潢池之私。后事发杨帆将逝，觉而追之，从者过半矣，乃以矢石分击尽残其类。"①由此造成的巨大影响使得日本决心禁绝天主教，并在海关专门设立司铎来检查入境客商的行李，防止邪书流入。另外，在清船到达长崎后要进行读告示和踏铜板两关的考验。"告示中大略叙天主邪说之非，煽人之巧，恐船中或有夹带而来。丁宁至再。铜板则以铜铸天主像践履之，以示摈也。"②因为天主教徒的信仰不允许他们污蔑本教，所以大声宣读告示者和践踏天主像者肯定不是信徒。随着这种禁令的逐步推行，慢慢的变成日本文化风俗中的一个组成部分了。"正月初三日，岛人男女皆跣足践铜板，以为盛会。唐人践板以一足，岛人双足践之，红毛人上岸亦令践板而入。"③由一种禁教的强制性命令演变成一个国家的风俗习惯，这也是世界风俗史上比较有趣的事情。这种赤脚踏铜板的风俗活动，成为清人认识日本风俗文化的重要内容。

3. 宴妓盛行

关于日本的情色业特别是妓女问题的认识，在明代的《日本考》等史籍中已有所记载。商人到达长崎后，常有宴妓陪酒。当时到达长崎贸易的清商经常在唐馆中举行宴妓酒，有日本妓女作陪，也加深了清商对这一群体和行业习俗的认识和了解。这些妓女不仅着装华丽，打扮精细，而且"多聪明慧辩，捷于应对，工于修饰"④。这些人一般十四五岁就开始接客，二十五岁就要出楼嫁人，三十岁就被称为老妇了。这一行业的经营和运转都非常有序，并有义妓、痴妓、骄悍之妓等各种类别，往往也住在唐馆。当时的清人对于商人在长崎寻花问柳之事颇有几多不满，因为花费成本很高，几乎使贸

① 汪鹏：《袖海编》，收入《小方壶斋舆地丛钞》第十帙，台北：台湾学生书局，1975 年，第 271 页。

② 汪鹏：《袖海编》，收入《小方壶斋舆地丛钞》第十帙，台北：台湾学生书局，1975 年，第 271 页。

③ 童华：《长崎纪闻》，收入《北京图书馆古籍珍本丛刊》卷 79，据乾隆刻本影印，北京：书目文献出版社，1998 年，第 799 页。

④ 汪鹏：《袖海编》，收入《小方壶斋舆地丛钞》第十帙，台北：台湾学生书局，1975 年，第 269 页。

易所得都耗尽于此。童华就曾批评道："商人冒风涛、弃家室，以竞锥刀之利，乃日与此辈为伍，言语不通，疮毒易染，资财性命委之异域，岂不可惜！"[①]

4. 饮食清淡

清商在长崎居住和生活，所以对日本的饮食文化较为了解，习俗观中印象最深刻的应属饮食的清淡。明代的有关史籍中已经记载了日本在丧葬期间要断食酒肉，清商已对此有所耳闻，到达长崎后的所见也证实了这一点。"今以所见概言之，肉食者绝少，人嗜清淡，爱鲜洁，鸭肥鸡劣，猪羊类中华而较瘦，鹿肉微烂，山雀之属最佳，种类亦繁。"[②]基本上反映出日本饮食以清淡为主。各种蔬菜包括白菜、青菜、菠菜等等都与中国的类别一样，另外盛产的各种鱼类也是和中国类似，反映到饮食结构上则以菜类和鱼类居多，这也是跟日本农业和渔业为主的经济结构相关。

总之，清初的日本文化风俗观主要围绕长崎贸易展开，但其认识往往拘于长崎一隅，对于整个日本的认识较为陌生，虽可以通过长崎一窥日本全豹，但也有可能会犯以偏概全的错误。

二、早期赴日者的日本文化风俗观

锁国时代的日本研究史籍中较著名的是翁广平的《吾妻镜补》，书中专有《风土志》和《艺文志》，但其内容大多摘录前书。真正实现对日本文化风俗有新的认识则是到了清朝国门打开以后，出现了赴日和使日的人士，通过在日本的亲自观察，了解到日本文化和社会风俗的实际情况后，才得出了和以前不一样的新认识。其中包括罗森、何如璋、王韬等人，都纷纷完成了东游的日记或者杂感，表达其日本文化风俗观。

1. 整洁有序的民风

近代中日两国开始直接交流以后，赴日人士最直观的感受是其整洁有序

---

① 童华：《长崎纪闻》，收入《北京图书馆古籍珍本丛刊》79，据乾隆刻本影印，北京：书目文献出版社，1998年，第800页。

② 汪鹏：《袖海编》，收入《小方壶斋舆地丛钞》第十帙，台北：台湾学生书局，1975年，第272页。

的环境。何如璋《使东述略》言："俗好洁，街衢均砌以石，时时扫涤。民居多架木为之，开四面窗，铺地以板，上加莞席，不设几案。客至席坐，围小炉瀹茗，以纸卷淡巴菰相饷。室虽小，必留隙地栽花种竹，引水养鱼，间以山石点缀之，颇有幽趣。"①对于近代赴日的中国人来讲，见到这样的情景很自然就会跟国内的状况作比较，自然形成日本民俗整洁的印象。

2. **男女同浴的陋俗**

日本风俗中男女之别不甚严苛，这在谨奉"男女授受不亲"的近代赴日国人看来是不可理解同时又颇觉鄙陋的。罗森在《日本日记》中记载其到下田时看到的情景："女人过家过巷，男女不分，虽于途间招之亦至。妇人多有裸裎佣工者。稠人广众，男不羞见下体，女看淫画为平常。竟有洗身屋，男女同浴于一室之中，而不嫌避者。每见外方人，男女则趋而争看。"②在罗森看来，日本妇女并不像中国女子那样不敢抛头露面，她们敢于见世面，甚至有赤身做工者。社会风俗中，男子并不遮掩下体，女子也以看淫画为平常。更让罗森不能理解的是，男女竟然同在浴室中洗浴，完全不用回避。这在中国是不可想象的，但是在当时的日本风俗中较为平常，人人并不觉得有什么羞涩或可耻，是一种习以为常的民俗。所以这种状况在一些清朝士人看来就是令人鄙夷的陋俗，比如李筱圃就在《日本纪游》中说道："板屋之中，砌石作池，方径六七尺，水深一尺余，男女同浴于中，诚为陋俗。"③这是在他参观日本温泉时看到的情景，对于男女同浴之事，他显然不能接受。但这也确实反映出当时日本生活习俗中的真实情况。不过日本全国范围内也并非如此，比如同样是在罗森的日本之行中，他到达箱馆后见到的情形是："房屋较下田而壮丽，衣冠人物似富盛于下田。妇女羞见外方人，深闺屋内，而不出头露面。风俗尚正，人民鲜说淫辞。"④

3. **维新与遗老的文化之争**

日本实行明治维新以后，在文化上出现了全盘西化和守旧的两派之争，

① 何如璋：《使东述略》，收入钟书河主编：《走向世界丛书》之《早期日本游记五种》，王晓秋点，史鹏校，长沙：湖南人民出版社，1983年，第50页。
② 罗森：《日本日记》，收入《早期日本游记五种》，长沙：湖南人民出版社，1983年，第37页。
③ 李筱圃：《日本纪游》，收入《早期日本游记五种》，长沙：湖南人民出版社，1983年，第92页。
④ 罗森：《日本日记》，收入《早期日本游记五种》，长沙：湖南人民出版社，1983年，第40页。

体现在社会风俗和对待东方文化的态度上也就出现了截然不同的观点。早期赴日者大都赶上了日本的新旧之争，社会上对风俗文化的争论较为激烈，这种现象也出现在赴日者的考察记录中。如在服装上，日本人一般宽衣博袖，足蹑木屐，明治维新后"顷改西制，在上者毡服革履，民不尽从也"。[①]老百姓多愿服旧，不过有些旧俗已经有所改变，如以前女子薙眉黑齿，明治维新后已逐渐消失。在文化方面，这种欧化和保守的争论依然激烈。"近趋欧俗，上自官府，下及学校，凡制度、器物、语言、文字，靡然以泰西为式。而遗老逸民、不得志之士，尚有敦故习、谈汉学、踽踽以旧俗自守者，足矜已！"[②]从官府到学校的很多制度都实行西化，但是在一些遗老遗少看来传统的汉学不能丢弃，因此仍然在固守之。在日本社会大多已经西化的时候，确实还有不少人坚守汉学，孜孜于汉文和汉诗的学习。李筱圃在其后赴日时，也见到了这样的情形："日本自维新政出，百事更张，一切效法西洋，改岁历，易冠裳，甚欲废六经而不用。遗老逸民尚多敦古以崇汉学，痴堂盖逸民之贤者，爱拈四绝以贻之。晚刻，又有骏河国静冈县人藤沼轫来求赐教，语极谦恭，亦崇汉学而能文者，录近作数首示之。"[③]当时有很多日本人还在坚持学习汉学，并向赴日的清人索诗，以满足他们对文化的渴求。这也是当时日本兼收并蓄的表现。这都说明日本文化虽然在明治维新中改从西学，但是汉学的影响力依然很大，很多日本人还是坚持学习和研究。所以早期赴日者的日本文化观中也是注意到了这一点，认为日本汲汲于汉学的文化传统尚存，并未完全欧化。

三、研究专著中的日本文化风俗观

清末的日本研究史籍中，最有代表性的两部专著是黄遵宪的《日本国志》和傅云龙的《游历日本图经》。

---

① 何如璋：《使东述略》，收入《早期日本游记五种》，长沙：湖南人民出版社，1983年，第50页。
② 何如璋：《使东述略》，收入《早期日本游记五种》，长沙：湖南人民出版社，1983年，第67页。
③ 李筱圃：《日本纪游》，收入《早期日本游记五种》，长沙：湖南人民出版社，1983年，第104-105页。

1. 《日本国志》中的日本文化风俗观

《日本国志》中涉及日本文化和社会风俗的内容主要收录在《学术志》和《礼俗志》。在学术文化观上，黄遵宪用两卷的篇幅交代了日本的汉学、西学、文字和学制。黄遵宪首先交代了日本汉学的由来，从中国传往日本的过程，以及在其国内如何吸收和发展的状况。对于 19 世纪末的情况，黄遵宪特别指出："维新以来，广事外交，日重西法，于是又斥汉学为无用，有昌言废之者。虽当路诸公知其不可，而汉学之士多潦倒摈弃，卒不得志。明治十二三年，西说益盛，朝廷又念汉学有益于世道，有益于风俗，于时有倡斯文会者，专以崇汉学为主，开会之日，亲王大臣咸与其席，来会者凡数千人云。"[①]这是看到汉学曾在日本历史上发挥很大作用，但是明治维新后广收西学而抑汉学，虽然未曾完全废除但是汉学已经不兴。当时的情况是经过一段时间的调适，朝廷益觉汉学之不可废，对日本的世道和民俗具有不可替代的作用，所以重新又有人聚集起来钻研汉学。黄遵宪还加以"外史氏曰"的形式批评日本维新后废汉学的论调，不仅证明汉学之大功用，而且展望日本未来汉学之兴指日可待，并以此勉励日本之治汉学者。

日本的西学滥觞始于宝永年间，此后借助明治维新的潮流而大行其道。维新后政府又派出巡览欧美大国的考察团，目睹其技术之先进和学术之精，更加助推了日本崇尚西学的风气。西学呈现出一派蒸蒸日上之势，服习其教者渐多，渐染其说者益众。在黄遵宪看来，"西人之学，未有能出吾书之范围者也。西人每谓中土泥古不变，吾独以为变古太骤"[②]。现在西方的技术先进，轮舶、电线层出不穷，因此应该借助西方交通便利的条件大力引进其技术，"考求古制，参取新法，藉其推阐之妙，以收古人制器利用之助，乃不考夫所由来，恶其异类而并弃之，反以通其艺为辱，效其法为耻，何其隘也！"[③]批评那些以效法西方为耻的人，黄遵宪认为这些本是中国的实学精神本已有之的事情，应该根据时势的变化，具体问题具体分析，不应盲目排

---

① 黄遵宪：《日本国志》卷 32《学术志一》，收入陈铮编：《黄遵宪全集》，北京：中华书局，2005 年，第 1404-1405 页。

② 黄遵宪：《日本国志》卷 32《学术志一·外史氏曰》，北京：中华书局，2005 年，第 1414 页。

③ 黄遵宪：《日本国志》卷 32《学术志一·外史氏曰》，北京：中华书局，2005 年，第 1415 页。

外。所以对于日本能够吸收西方的技术，致力于格致之学，黄遵宪给予了肯定，并认为其能够给日本带来富强之势。

关于日本古时是否有文字，一直聚讼纷纭，黄遵宪认为神代所谓文字只是一些字形，汉籍东传后始知用文字记事。天武之世，日本曾造类似梵书的新字，后被废止。遣唐生吉备真备为日本创造了片假名，空海又创造了平假名，由此就形成了日本由汉字和假名以成文的习惯。黄遵宪认为日本语言文字为颠倒之读、错综之法，和汉文有很大不同。但是对于日本本身的文字来讲，他认为："然此为和人之习汉文者言，文章之道，未尝不可，苟使日本无假名，则识字者无几。"①所以要区别来看，日本人习汉字较为困难，但是日本人学假名还是较为便利的。黄遵宪是从普及大众的识字率角度来谈的，假名书写容易，笔画简单，自然易于学习。这也是跟黄遵宪提倡的欲令天下农工商贾、妇女幼稚都能通文字之用，必须寻求简易之法的观点相一致。另外在学制方面，黄遵宪还将日本七大学区的设置和学校规则、教授内容等方面作了介绍，并且列有各项数据的统计表。这也是黄遵宪对日本教育的了解，也是日本文化观的内容。

2. 《游历日本图经》中的日本文化风俗观

《游历日本图经》中涉及日本文化和社会风俗的主要是《风俗》《文学》《艺文志》《金石志》和《文徵》等，共十二卷，占全书的四分之一左右，足见其分量。

在对日本风俗的描述上，傅云龙主要从中国典籍中寻找相关记载，然后形成书中的内容。比如在服饰方面，主要是追述明治以前的情况，介绍各种书籍中对日本着装方面的记载。有时傅云龙也会在介绍古书记载的同时，对照现今的情况比较其异同。比如在俗礼的记载上，旧俗中婚后三日由女婿置办酒肴，而当时已经变为"婚后七日婿与女偕至女家，谓之婿入"②。在岁时节气方面，日本明治以后改用西历，虽然农圃课时不改，但是傅云龙认为这样就会使传统的节气余风逐渐被遗忘，所以他在《游历日本图经》中《荆楚岁时记》的目次来叙述日本的岁时节气。

---

① 黄遵宪：《日本国志》卷 33《学术志二·外史氏曰》，北京：中华书局，2005 年，第 1420 页。
② 傅云龙：《游历日本图经》卷 10《日本风俗》，上海：上海古籍出版社，2003 年，第 219 页。

《游历日本图经》中还有关于日本文化方面的记载。比如在对待和汉书籍的问题上,"未读西书以前,守汉籍如拱璧,千百年物犹有存者。今散佚多矣,然府县有馆,若中国若日本若西,分类庋之可数也。"①传统的汉籍已经不似以前那么加以重视了,现在跟西书并列书库之中,傅云龙专门作《书籍馆表》一见其藏书大概情形。另外,在《文学志》中傅云龙记载了日本各学派的源流,以及各类学校的制度和教授内容。在《艺文志》中分为中国人记日本事之书,日本人之著述和中国的逸书,重点以目录的形式著录日本人的各类著述。《金石志》是此书中较为重要的内容,也曾经在日本单独出版,主要是收录了日本的墓志、碑铭等各种金石之文,还有刀剑志和印章等内容的记载。《文徵》中则详细收录了日本人的记事之文。从这些有关文化方面的内容记载可以看出,傅云龙对于日本的文化成就还是认可的,所以才在书中详细记录。只是对于明治维新后西学的内容关注不多,所以在他的日本文化观中仍然认为传统的积淀才是最重要的。

四、清末游记中的日本文化风俗观

19 世纪 90 年代至 20 世纪初,大批的清人赴日,既有官方派遣考察日本新政者,也有自费前往游历者,更有众多的公自费留学生。由于受甲午战争和国内新政风向变化的影响,这批人在赴日之前已经对日本充满了好奇和期待,到达日本后自然少不了一番细致的观察。其中许多人将其在日本的所见所闻,以及考察和游历的所得,都写进了日记或者编成了游记。这些游记中的日本文化风俗观与前期的那批赴日考察者不同,这二十多年间中日两国都发生了很大变化,日本明治维新日益深化,清朝也在积极寻找新政之道。所以对于这些游记中所体现的日本文化风俗观有必要加以解读。

1. 西化影响下的风俗变化

明治维新既带来了西方先进的科学技术,也带来了西方的价值观念,特别是重商重利思想,这对日本的传统风俗观有很大冲击。如清末赴日的黄庆澄就在日本了解到了这种变化,维新之前日本人对于清朝的文人学士致敬尽

---

① 傅云龙:《游历日本图经》卷 20 下《日本文学》,上海:上海古籍出版社,2003 年,第 372 页。

礼，对于清商也优待备至，西化后此风逐渐转变。更明显的是风俗的变化："倭俗素质朴，未通商前人人安分守业，几乎道不拾遗；近则内地之人，尚有不失庐山真面者，其各口岸人口庞杂，俗渐浇诈，盗窃之事亦间有所闻。世风不古，中外类然，可嘅也。"①这就说明在商品经济的冲击下，日本的风俗已不完全像以前那样醇厚古朴，更有甚者做起了鸡鸣狗盗之事。当然这也只能算是极个别现象，在当时的诸多游记中还是对日本的民风淳朴表示赞扬。特别是日本人的彬彬有礼给他们留下了很深印象，不仅在日语中会大量使用敬语，而且平时鞠躬为礼节常态，做事得体，讲话礼貌。另外在服装上和饮食上很多也是保留了传统的古朴一面。这样也就出现了日本新俗与旧体的并存局面，表现在对传统建筑和文物的保存上也是较为完备。比如严修在东游时就看到德川家康家庙的东照宫基本保存完好，家康生前用品自舆服、刀剑、杂佩到乐器无一不备，所以他不禁感叹："游此宫想见当年将军之势力，而日人保守之善亦足称矣。"②

2. 雅好洁净风俗的秉持

清末的赴日游记中大多会被日本的雅好洁净的风俗所折服，这也是当时日本对于传统风俗习惯的一种秉持。黄庆澄在他的《东游日记》中就特别对此评论道：

> 东俗尚洁，入户必脱履徒跣而行，房内悬书画，窗几户壁纤尘不染。客至席地围坐。初至时必叩首甚恭，或有至再者；亦有叩首时喃喃道殷勤片晌始起者。既坐，进茗点，多甘品。茗碗小仅如酒杯。每食三四簋，盛以漆器，多腥馔。寝则悬大帐，可容五六人。寝扉以纸糊之，下设滑车，推却之际，应手而移。房外有厕所，厕口以瓷料为之，旁必置浣器。③

黄庆澄的这段记载集中体现了日本人精致风雅、好净尚洁的习俗，乃至厕所都有周到的布置。而记录者对此不惜笔墨的记述以及表达出的由衷赞

---

① 黄庆澄：《东游日记》，收入《早期日本游记五种》，长沙：湖南人民出版社，1983 年，第 223 页。
② 严修：《严修东游日记》，天津：天津人民出版社，1995 年，第 215 页。
③ 黄庆澄：《东游日记》，收入《早期日本游记五种》，长沙：湖南人民出版社，1983 年，第 231-232 页。

叹，可能来自于其本人国内经验的强烈对比。此外，上述记载中也反映了日本人注重礼节的风俗，不论是待客还是日常交往，都能够表现出彬彬有礼的一面。由此可见，当时日本无论是居住环境还是人际交往环境，都给人以井然有序的印象。根据当时赴日中国人的相关记录，事实也的确如此。[①]

3. 论学与重教的文化风气

在文化观方面，东游者关注到当时日本热衷讨论的学术风气和重视教育的理念。日本在明治维新以后，讨论学术的风气渐浓，并且成立了很多的学会，诸如哲学会，地学协会之类。当时黄庆澄东游时就见到哲学会讨论的情形，一些有志学术的人聚集一起，每出一新书辄互相讨论和学习。但凡儒学、佛学、老庄之学、基督之学以及各教中有关天地人之理者，无不加以研讨，而且各标新义。黄庆澄也发表对此问题的看法是："窃谓以文会友，肇自圣门；明儒之学，亦得力于讲学者居多。学会之举，甚为有益。中国不乏有志之士，起而行之，是所望于有心世道者。"[②]他认为以文会友始自儒家，明代学术发展得益于此。中国若能继续推行这种学术风气，何愁国家发展大计。所以黄庆澄也对在日本所见学会的这种良好学术氛围表示肯定。日本之所以形成如此热烈的学术讨论氛围，并且人人乐学，主要在于对教育的重视和普及。王三让在考察时也注意到了这一点："路见送报人驰走如风，腰悬铜铃，声铮铮聒耳，按门逐户，无或遗漏。其上流人之阅报者无论矣，即降而贫家儿女及拉人力车者，亦率皆手不释报，口喃喃若读状。推其原因，总由教育普及，读书识字之人多，故能使民智大开，人人有国家思想也。噫！以区区三岛之国，其进步乃如是之速，夫亦足以自豪矣。"[③]正是由于教育的普及，所以才使得日本出现人人尚学的局面，这样才会使得民智大开，人人心中有国家。国家重视教育，教育启迪民智，民众推动国家发展，这就是日本近代良性互动发展的规律所在。当时的游日者对于日本教育的考察也是较为深入的，他们发现日本已经建立了健全的学校制度。[④]国家的发展、民族

---

① 段献增：《三岛雪鸿》，收入《日本政法考察记》，上海：上海古籍出版社，2002年，第85页。

② 黄庆澄：《东游日记》，收入《早期日本游记五种》，长沙：湖南人民出版社，1983年，第244页。

③ 王三让：《游东日记》，收入《日本政法考察记》，上海：上海古籍出版社，2002年，第389页。

④ 参见孙雪梅：《清末民初中国人的日本观——以直隶省为中心》，天津：天津人民出版社，2001年，第61-68页。

的进步，最终还是依靠教育的普及，正是由于教育得到发展和进步，日本才出现了近代的飞跃局面。

总之，清代的日本文化风俗观大多来源于赴日者的亲自踏查，这与明代主要依靠间接的口耳相传完全不同。不管是通过长崎贸易还是国门打开以后的深入交流，都使得这批亲自赴日的清朝人士感受到日本的社会风俗和文化的别样风貌，对中国人的日本观冲击也非常之大。清人最开始关注的是日本整洁的社会环境和礼节习俗，进而认识到日本的各种生活风俗，了解日深之后就会深入到文化层面。特别是在明治维新以后，西化和守旧两种文化观的碰撞在日本体现的较为明显，赴日清人也敏锐的观察到了这一点。清人的日本文化风俗观中主要还是站在中国人的视角来评价所见之事，对于文化主要是从汉学传统和优点的角度去分析日本的学术文化，对于社会风俗的认识也是从国内习以为常的视角来看待日本的独特之处。综上所述，清人的日本文化风俗观比明朝人前进了一大步，也为后来民国时期继续深入的了解和认识日本奠定了基础。

结　语

近年来，中国史学史研究的再出发问题引起了学术界较多的关注，如何拓展学科研究视野、改进史学史的研究方法，是中国史学史学科发展必须进行反思的问题。明清时期出现了大量研究日本的史籍，这一史学现象是值得中国史学史关注和研究的问题。本书即是从中国史学中对域外研究的视角出发，探求有关日本的史籍编纂和其中所体现的日本观问题，以期对中国史学史学科的发展有所贡献。

首先，从文献学和史学发展的角度来说，中国很早就开始对日本进行了解和认识，传统史书中的日本记载贯穿始终。明清以前的日本研究是基于中国史学的域外探求传统而出现的，从先秦到明清不管是官修正史还是私家纂史都有关心和记载域外史地的传统。历代正史中出现了15篇关于日本的专门传记，不仅记载了日本的史地和中日关系史的变化，还体现出一种编纂上的连续性和系统性。正史之外，也有一些地理类史籍和地方史志等记载了日本的史地，这些也是中国古代日本研究史学的组成部分。

明代日本研究的兴起是与中日关系的发展有密切关系的，嘉靖时期日本研究勃兴的契机是抗倭的需要、私人修史潮流的推动、官方的支持、中日文化交流的加强和资料来源的扩展，以及明代实学思潮的推动等多方面因素交织的结果。《日本考略》是宁波争贡事件发生之后由薛俊所编纂，也是现存最早研究日本的专门性史籍。《日本考略》在开创编纂方式、保存倭寇研究史料等方面有重要的史学价值，也存在抄袭旧史、错讹较多等问题。随着倭患问题日益严重，许多史家将目光投向日本研究，编纂完成了大量有关日本的史籍。此时出现的史籍主要分为两类，一是专门以日本为论述对象的史籍，侧重从整体上对日本史地、中日关系史等各方面进行介绍和研究；二是抗倭御倭类史籍，侧重从武备、海防等角度研究日本和提供抗倭策略。前者主要以《日本一鉴》《日本图纂》《日本风土记》等史籍为代表。后者又可以分为纪事反思类和建言献策类两种文献。如《皇明驭倭录》《嘉靖倭乱备抄》《倭患考原》《虔台倭纂》等就属于纪事反思类史籍，《备倭记》《御倭军事条款》等属于建言献策类史籍。整体来看，明代后期的日本研究史籍具有作者群体以江南为主、对日本和倭患认识趋于全面、史籍编纂具有存史和致用目的等方面的特点。

清初出现了以长崎见闻为主的三部日本研究史籍——《海国闻见录》《长崎纪闻》《袖海编》。这三部史籍对日本的研究都以记载中日长崎贸易为主，并注意观察长崎的风土人情，进而扩展至对日本的认识。翁广平编纂的《吾妻镜补》是这个时期最重要的一部日本研究通史，体现了作者为异域纂修通史的思想，是日本研究史籍在编纂体例上的创新。《吾妻镜补》广泛征引中日各种文献，还对史实进行了扎实考证，体现了乾嘉时期的治学风气，在编纂内容和治史方法上都展现了时代特色。清朝于 1877 年开始派遣驻日公使团，其中的许多人都完成了日本研究的史籍。姚文栋、陈家麟和王肇鋐是驻日使馆人员中在日本研究方面成就较突出者，分别编译和纂修了大量的日本研究史籍。这个群体中完成的最重要的著述无疑是黄遵宪的《日本国志》，通过与同时期编纂的其他日本研究史籍的比较，可以发现他们在明治维新观和编纂方面的异同之处。清朝在这个时期还派遣了游历使考察日本，其中傅云龙完成了对日本进行全面研究的史籍《游历日本图经》，顾厚焜则重点对明治维新的措施和成效进行考察并写出《日本新政考》。这个阶段的日本研究史籍都比较重视图和表的运用，是编纂中的新特点。甲午战败之后引起了清朝思想界的震动，对日本的研究和思考日益引起重视，也先后出现了两部最具代表性的日本研究史籍。康有为编纂的《日本变政考》主要采用编年体的形式记载了日本明治维新的历史，并且通过添加大量按语的形式来阐述他的改良观，试图影响和指导光绪帝的戊戌变法运动。王先谦编纂的

《日本源流考》是我国第一部编年体的日本通史，体现了王先谦治学严谨的特点，也是其晚年外国史地研究的组成部分，并且还通过对明治维新历史的评析阐述其对新政的态度。这个阶段的日本研究史籍都重视对明治维新的记载和研究，反映了编纂者对清末变法和新政改革的忧患与思索，体现了史籍编纂、史学潮流与社会发展的互动关系。

其次，从对日认识的角度来说，明清时期的涉日史籍中体现出对日本的地位和整体形象观、日本人形象观、日本政治观、日本文化风俗观等四个方面的内容。

日本地位和整体形象观：明初，日本被视为"海东守礼义之国"，并且形成了"海东之国，未有贤于日本者也"的观念。嘉靖中后期倭乱大爆发后，日本地位和整体形象观发生了急转直下的变化。在当时普通民众的日本观中，日本的地位只是东夷诸国中的一个，从整体形象来讲，日本也只是一个叛服无常、巧于用诡的国家。明廷官方对日本地位和整体形象的观点是冥顽不化、不可轻信的东夷之国。在明代士大夫文人的日本观中，日本的地位更加想象化，而日本的整体形象也成为更加被夸张的异类化形象。万历时期发生的抗倭援朝战争则进一步加剧了这种趋势，日本地位观没有实质性的变化，而整体形象观变得更差，敌方之国的整体形象特征更加明显。明朝末年，由于曾向日本乞兵求援，所以在南明士人圈子里的日本地位和整体形象观中，日本成为经过"文"化的礼仪之邦和能够帮助明朝复国的仁义之国。清朝前期的日本地位和整体形象观中，只是将日本看成东夷之一，而非和朝鲜、琉球一样的藩属国。在记载长崎贸易的清朝诸书中，日本的地位已经不完全是海东藩属国，而是一个海东富强之国。日本的整体形象也不是凶残的蛮夷，而是文化昌明、贸易兴盛的礼仪之邦。日本明治维新以后，清朝的日本地位和整体形象观向富强发达国家转变。甲午之战后，在清末新政者眼中，日本已经经由变法而成为海东之盛国，由此所塑造的日本整体形象观就是尽革旧俗、勇于开拓创新的日本。

日本人形象观：明代的日本人形象观主要可以分为两种不同的类型，一类是对于日本来华的使臣和僧侣的认识，以及亲自赴日接触到日本人所产生的日本人形象观，另一类就是以倭寇为主导的日本人形象观。倭寇问题对于明代的日本人形象观影响甚大，很多书籍和图像资料中直接把日本人描绘成了"盗寇"、"狡黠"、"残忍"、"凶狠"、"好战"等等极其邪恶的形象，形成了"丑化"的日本人形象观。明代的日本人形象观中，除了以使臣和僧侣为中心的比较善良、有修养的较为正面的观点，以及以倭寇为中心的充满着狡黠、残忍的较为丑化的反面的观点，还有曾作为"国客"身份亲自赴日调查的郑舜功，以及文人作品中一些不同内容的日本人形象观。明末出现了日本乞师的议论，对于日本人形象观的描绘就更多了诚信好义的内容。在明代的日本人形象观中，出现了各种不同的表现形态，占主流的还是残忍、狡黠的寇盗形象。清初的日本人形象观主要是沿袭明代的观点，有不少倭寇的痕迹蕴含其中。在清朝和日本都实行闭关锁国的这段时间内，清朝的日本人形象观主要有两种，一是沿袭前代的印象而加以演绎和放大，二是借助长崎贸易中清朝商人的观察所得。清末国门洞开以后，逐步走上扩展和深化认识日本之路，其间也经历了起伏，但是清代的日本人形象观也因此而愈加丰满起来。在赴日考察者和驻日使馆人员编纂的有关日本的史籍中都对日本人的形象进行了刻画，最显著的特点是受到日本明治维新成功的刺激，而出现文明开化和西化的日本人形象观。

日本政治观：明清时期对于日本政治的认识充满了模糊曲解与深化了解的交织。明代日本政治观的内容往往有很多主观因素蕴含其中，但从总的趋势来看，日本政治观的内容还是逐渐朝着接近日本实际的方向发展。从明朝中后期开始，日本研究史籍中对于日本政治内容的记载越来越详细，并且符合日本的实际情况，因为既有如郑舜功这样的亲自赴日考察者，也有如郑若曾那样通过访谈密切接触日本的人士以获得资料的认真研究者。虽然因为倭寇问题而出现了大量研究日本的史籍，但是并未因为对倭寇的憎恶而进行故意丑化的日本政治观。一是因为政治制度本身并没有多少可以附加的主观成分，没有存在故意丑化的可行性；二是因为日本政治观的真实性对于明代的御倭策略具有重要意义，所以不可能进行故意歪曲，否则迷惑的只能是自身。清初的日本政治观认识比较模糊，等到日本明治维新以后，清朝的驻日使馆人员和游历者纷纷关注起日本政治。在对明治维新的看法上，不管是东渡游历时的初次接触，还是受命考察时的深入研究，都存在着肯定新政与否定变革这两种日本政治观。甲午战败使得清朝认识到研究日本政治的重要性，日本政治观也开始发生转变，逐渐通过日本认识到西方政治制度的先进性。越到清朝的晚期，持积极肯定明治维新的日本政治观的人越多。

日本文化风俗观：明初的日本文化风俗观主要体现在朝廷官方的整体认识和民间对日本器物的认识两个方面。从整体上看，明初的日本文化风俗观中已经将日本看作较为先进的国家，只是在具体细节上仍显模糊而已。明代中后期，严重的倭患刺激了对日本文化和社会风俗观察与记载的热情，但是故意扭曲的主观性因素较少，保持了基本客观的描述和认识。清初的日本文化风俗观主要是围绕对长崎的认识而展开，其中包括不尚文墨、禁绝天主教、宴妓盛行和清淡的饮食习俗等内容。早期赴日者的日本文化风俗观中则包括整洁有序的民风、男女同浴的陋俗和维新与遗老的文化之争等内容。在清末游记中，其日本文化风俗观又增加了西化影响下的风俗变化、雅好洁净风俗的秉持和论学与重教的文化风气等方面的内容。清人的日本文化风俗观中主要还是站在中国人的视角来评价所见之事，对于文化主要是从汉学传统和优点的角度去分析日本的学术文化，对于社会风俗的认识也是从国内习以为常的视角来看待日本的独特之处。

第三，从中日两国相互认识的角度来说，中国和日本是东亚地区的重要邻国，两国之间的相互了解和认识程度是影响中日关系的重要因素。从中国人的日本研究史来看，中国对日本的认识既有深刻的了解又有停滞不前的阶段，这个过程又与两国关系的发展紧密相关。日本则在对中国的认识和研究上保持了较高的热情，通过各种渠道及时获取中国的信息。这种状况与中日两国各自的国际关系理念和心态密不可分。中国古代各王朝均以"天朝上国"自诩，用"华夷之辨"的观念来看待周边国家，对于邻国日本的情况不可能做到时时关注。遇到两国关系紧张之时，特别是遇到日本强有力的威胁后才做出积极研究对方的姿态，当危机解除后又重弹老调。日本的古代文化受中国的影响很大，越到近代其政治和经济等方面的发展就越离不开与亚洲大陆的互动，尤其是面对如此庞大的东亚邻国，无论如何都不能不使其重视对中国的研究，这也是日本人危机意识和学习精神的体现。

明清时期出现了大量的有关日本的史籍，特别是从明代开始编纂了数量众多的研究日本的专门史籍，这也是中国古代史学发展中的一个比较重要的现象，也是值得中国史学史和文献学关注和研究的问题。明清时期出现的日本研究史籍与两国关系史的发展密切相关，这也是史学与时代互动的生动例证。"史家对历史的观察和思考，往往都是出于时代的启迪、激励和需要，从而使这种观察、思考、撰述在不同程度上反映了时代的要求。因此，中国古代史学又具有鲜明的时代精神，这是它的又一个优良传统。"①明清时期有关日本的史籍大量出现正是对中国史家关心时代学术传统的一种传承，也是中国史家域外探求传统的一种延续和发展。

对于日本史家而言，他们从古代即重视学习中国历史，但是从史料研究特别是编纂中国历史则要从明治时代才开始。日本自 17 世纪之前的中国认识一方面是通过遣唐使来进行直接的观察和认识，另一方面则通过交流至日本的中国书籍来进行了解。到 17 世纪 30 年代江户幕府实现严厉海禁政策后，日本人的中国认识只剩下从典籍文物了解之一途。直到幕府末期的 1862 年，日本才有了第一艘驶往中国的官船"千岁丸"，此后的明治时期才有了大批到中国踏访的日本人，并留下了诸多的见闻录。②日本人的中国观也经历了较大的变化，从古代对中国文化的敬仰和崇拜，到近代亲眼目睹中国的落后，而变得不屑和鄙夷。如 1862 年"千岁丸"上海行的藩士们就目睹了一片兵荒马乱的景象，他们昔日对"文化母国"的敬仰在现实面前发生了动摇。可以说，"幕末至明治时期日本人的中国观已由崇仰变为鄙薄"，他们"对古中国保有敬仰，对现中国充满蔑视"。③

日本古代史学模仿中国传统史学作法纂修了一系列史书，但大多集中于对本国历史的纂修。明治以后的历史学开始发生了较大变化："吸收西方的史学研究方法，特别注意鉴别和解释史料；视野不限于日本，也扩展到西方和东方的历史。"④对中国历史的研究成为日本东洋史研究的一个重要方面，大批的史书和论著纷纷问世。明清时期当中国出现大批研究日本的史籍，掀

① 瞿林东：《中国史学的理论遗产》，北京：北京师范大学出版社，2005 年，第 93 页。

② 参见小岛晋治：《幕末明治中國見聞録集成》、《大正中國見聞録集成》，東京：ゆまに書房，1997 年，1999 年。

③ 冯天瑜：《"千岁丸"上海行——日本人 1862 年的中国观察》，北京：商务印书馆，2001 年，第 301 页。

④ 坂本太郎：《日本的修史与史学》，沈仁安译，北京：北京大学出版社，1991 年，第 175 页。

起日本研究热潮之时，同时期的日本则没有出现中国研究的热潮，也没有编纂中国方面的史书。对于中国的日本研究热潮，日本方面当时也并没有明显的感知和强烈的反应。直到清末大批中国人赴日之时，日本人才开始频繁的接触到这些日本研究者。如清朝的驻日使馆人员，他们经常与日本人进行笔谈交流，日本人对清朝人的日本研究也有一些反馈。姚文栋的《日本国志》编译完成之后，日本人星野恒、宫原确、川口鬻等都有很高的评价。黄遵宪的《日本国志》也受到日本一些学者的追捧。王韬等人在日本游历期间也受到了很多日本人的慕名拜访。这些现象跟日本近代以前对中国文化极其仰慕的中国观有密切关系。等到 20 世纪日本专业化史学兴起以后，他们在东洋史上的研究成绩让他们自信起来，不仅对中国人的日本研究水平不再恭维，而且对中国人的中国研究水平也有质疑。这样就难怪近代的中国史学家对学术研究的担忧，甚至发出要将汉学研究的中心夺回北京的感慨。

最后，具体到中国对日本的认识和研究来讲，明清时期的日本观应该倍加重视。这个阶段几乎可以看成中国人日本观发展过程的一个缩影，其间既有两国友好交往的时期，比如明清都与日本建立正式官方间的外交关系和民间的频繁贸易，又有两国关系恶化的时期，比如明朝时期的大倭乱时代和清末日本的对华侵扰，当然也有直接交锋的抗倭援朝战争和甲午之战。所以对明清时期的日本观进行研究，可以为从长时段的视角进行研究中国人的日本观提供基础，也能够为长时段的研究中日关系提供借鉴。从中总结出的规律性认识，也是进行历史研究的应有之义。

对于明清时期日本观的研究，属于中外关系史领域的一项内容。在中外关系史的研究中，特别是晚清对外关系方面，不能不提到费正清（John King Fairbank）的理论成果。他作为美国中国研究的第一人，认为中国的现代化过程是在"冲击——反应"的模式中展开的。费正清的研究模式为思考中国从天朝大国走向现代化的历程提供了宏观的视野，但也遭到了很多学者的质疑，例如柯文（Paul A. Cohen）提出的"中国中心观"。柯文的《在中国发现历史——中国中心观在美国的兴起》一书，系统分析了"中国对西方之回应"的症结所在，并对此进行了质疑。其实在探讨中国人的域外认识时，可以发现中国人认识世界的历程存在着自发和外力冲击两种模式。传统中央王朝中有对域外认识的欲求，特别是在新政权建立之时，往往会昭告天下，宣示正统，也就需要跟域外建立联系。中国历史上不乏域外探求的例子，比如西汉时期张骞的凿通西域，明初郑和七次下西洋的壮举。当然中国在传统天下观念的影响下，很多域外观念也是被动接受，比如明朝的西洋观就是在西方传教士的影响下产生的，而清末则是受到外力冲击，在西方坚船利炮的威胁下才开始睁眼看世界的。

在分析中国人认识世界的问题时，必须看到中国自身的政治文化因素和外部环境条件。正如沟口雄三所言："以中国为方法，就是以世界为目的。……以中国为方法的世界必定是不同的世界。以中国为方法的世界是一个多元化的世界。中国是它的组成要素之一。换言之，欧洲也是其组成要素之一。"[1]因此，要从中国的内外部因素，结合中国实际来考察中国，并看清中国认识世界的步履。同样在研究中国人的日本观时，也必须结合中国的内外部因素来分析。既要看到中国的社会实际和政治、文化等传统因素，也要看到日本的影响和中日关系的变迁，以及复杂多变的国际环境。所以在讨论明清时期的日本认识时，既要看到明清两个王朝自身发展的特性，同时也要分析当时中日关系的走向，而对于当时西方国家的介入东亚社会的因素也应予以考虑。在这种背景下，才呈现出明清时期日本观的基本样貌。

通过对明清时期涉日史籍的研究，以及对其编纂特点、影响因素和所体现的日本认识的分析，基本可以映射出当时的历史场景。这将会为中日关系史的研究提供使之更加完善的内容，而对于中国人域外认识的研究和当今中日关系的健康发展也会有一定的参考价值。

---

① 沟口雄三：《日本人视野中的中国学》，北京：中国人民大学出版社，1996年，第94页。

参考文献

一、基本史料

【汉】班固：《汉书》，北京：中华书局，1962年。

【汉】司马迁：《史记》，北京：中华书局，1959年。

【晋】陈寿：《三国志》，北京：中华书局，1959年。

【唐】房玄龄：《晋书》，北京：中华书局，1974年。

【唐】李林甫等：《唐六典》，北京：中华书局，1992年。

【唐】李延寿：《北史》，北京：中华书局，1974年。

【唐】李延寿：《南史》，北京：中华书局，1975年。

【唐】刘知幾：《史通》，赵吕甫校注本，重庆：重庆出版社，1990年。

【唐】魏征等：《隋书》，北京：中华书局，1973年。

【唐】姚思廉：《梁书》，北京：中华书局，1973年。

【后晋】刘昫等：《旧唐书》，北京：中华书局，1975年。

【宋】范晔：《后汉书》，北京：中华书局，1965年。

【宋】王溥：《唐会要》，上海：上海古籍出版社，2006年。

【元】脱脱等：《金史》，北京：中华书局，1975年。

【元】脱脱等：《宋史》，北京：中华书局，1977年。

【元】王恽：《秋涧先生大全集》，《四部丛刊》本。

【明】卜大同：《备倭记》，《四库全书存目丛书》，子部第31册。

【明】蔡汝贤：《东夷图说》，《四库全书存目丛书》，史部第255册。

【明】范涞：《两浙海防类考续编》，《四库全书存目丛书》，史部第 226 册。

【明】郭光复：《倭情考略》，《四库全书存目丛书》，子部第 31 册。

【明】黄俣卿：《倭患考原》，《四库全书存目丛书》，史部第 52 册。

【明】李言恭、郝杰：《日本考》，北京：中华书局，2000 年。

【明】宋濂等：《元史》，北京：中华书局，1976 年。

【明】宋应昌：《经略复国要编》，台北：华文书局，1968 年。

【明】万表：《海寇议》，《四库全书存目丛书》，子部第 31 册。

【明】王士骐：《皇明驭倭录》，《四库全书存目丛书》，史部第 53 册。

【明】谢杰：《虔台倭纂》，《北京图书馆古籍珍本丛刊》第 10 册。

【明】薛俊：《日本国考略》，收入【明】邓士龙辑，许大龄、王天有主点校：《国朝典故》卷 103，北京：北京大学出版社，1993 年。

【明】叶向高：《四夷考》，收入《丛书集成新编》，第 98 册，台北：新文丰出版，1985 年。

【明】张燮：《东西洋考》，北京：中华书局，1981 年。

【明】郑若曾：《筹海图编》，北京：中华书局，2007 年。

【明】郑若曾：《郑开阳杂著》，《文渊阁四库全书》，史部第 584 册。

【明】郑舜功：《日本一鉴》，民国二十八年据旧抄本影印本。

【清】曾纪泽：《曾纪泽日记》，长沙：岳麓书社，1998 年。

【清】陈家麟：《东槎闻见录·总论》，清光绪十三年铅印本。

【清】陈伦炯撰，李长傅校注，陈代光整理：《〈海国闻见录〉校注》，郑州：中州古籍出版社，1985 年。

【清】陈其元：《日本近事记》，【清】王之春：《东洋琐记》，【清】王韬：《扶桑游记》，收入《小方壶斋舆地丛钞》第十帙。

【清】傅云龙：《游历日本图经》，上海：上海古籍出版社，2003 年。

【清】傅云龙：《游历日本图经余纪前编》，收入傅云龙著，傅训成整理：《傅云龙日记》，杭州：浙江古籍出版社，2005 年。

【清】顾厚焜：《日本新政考》，【清】王三让：《游东日记》，【清】刘枟：《蛉洲游记》，【清】段献增：《三岛雪鸿》，收入《日本政法考察记》，上海：上海古籍出版社，2002 年。

【清】黄宗羲：《行朝录·日本乞师纪》，《四库禁毁书丛刊》，史部第 44 册，北京：北京出版社，1998 年。

【清】李圭：《环游地球新录》，谷及世校点，长沙：湖南人民出版社，1980 年。

【清】梁章钜：《浪迹丛谈》，北京：中华书局，1981 年。

【清】罗森等：《早期日本游记五种》，王晓秋点，史鹏校，长沙：湖南人民出版社，1983 年。

【清】童华：《长崎纪闻》，收入北京图书馆古籍出版编辑组编：《北京图书馆古籍珍本丛刊》卷 79《子部·丛书类》，据乾隆刻本影印，北京：书目文献出版社，1998 年。

【清】汪鹏：《袖海编》，收入【清】涨潮、杨复吉、沈楙惪等编纂：《昭代丛书》戊集续编，卷 29。

【清】王先谦：《葵园四种》，长沙：岳麓书社，1986 年。

【清】王先谦：《日本源流考》，光绪二十八年（1902）思贤书舍刻本。

【清】王肇鋐：《日本环海险要图志》，国家图书馆藏清抄本。

【清】王之春：《清朝柔远记》，北京：中华书局，2000 年。

【清】文廷式：《纯常子枝语》，扬州：江苏广陵古籍刻印社，1990 年。

【清】夏燮：《中西纪事》，长沙：岳麓书社，1988 年。

【清】姚文栋：《琉球地理小志》，清光绪九年刻本。

【清】姚文栋：《日本地理兵要》，收入王宝平主编：《日本军事考察记》，上海：上海古籍出版社，2004 年。

【清】张廷玉等：《明史》，北京：中华书局，1974 年。

《明实录》，台北："中研院"历史语言研究所校印本。

《钦定四库全书总目（整理本）》，北京：中华书局，1997 年。

《清实录》，北京：中华书局，1985 年。

陈铮编：《黄遵宪全集》，北京：中华书局，2005 年。

狄葆贤：《平等阁诗话》，收入《人境庐诗草笺注》，上海：上海古籍出版社，1981 年。

方勺：《泊宅编》，北京：中华书局，1983 年。

江少虞：《宋朝事实类苑》，上海：上海古籍出版社，1981 年。

康有为：《日本变政考》，收入蒋贵麟主编：《康南海先生遗著汇刊》（十），台北：宏业书局，1987 年。

梁启超:《戊戌政变记》,收入中国史学会主编:《戊戌变法》(一),上海:上海人民出版社,1957 年。

全国公共图书馆古籍文献编委会:《外国通鉴稿》,北京:中华全国图书馆文献缩微复制中心,1997 年。

上海文物保管委员会编:《康有为遗稿·戊戌变法前后》,上海:上海人民出版社,1986 年。

汤志钧:《戊戌变法史》,北京:人民出版社,1984 年。

汤志钧编:《康有为政论集》,北京:中华书局,1981 年。

王宝平编著:《吾妻镜补:中国人による最初の日本通史》,京都:朋友书店,1997 年。

王宝平主编:《中日诗文交流集》,上海:上海古籍出版社,2004 年。

王韬:《琉球向归日本辨》,王锡祺辑,《小方壶斋舆地丛钞》第十帙,台北:台湾学生书局,1975 年

王先谦撰,吕苏生补释:《鲜虞中山国事表疆域图说补释》,上海:上海古籍出版社,1993 年。

玄奘、辩机:《大唐西域记》,季羡林等校注,北京:中华书局,1985 年。

严修:《严修东游日记》,天津:天津人民出版社,1995 年。

杨伯峻:《论语译注》,北京:中华书局,1980 年。

杨伯峻:《孟子译注》,北京:中华书局,2003 年。

赵尔巽等:《清史稿》,北京:中华书局,1977 年。

郑樑生:《明代倭寇史料》第七辑,台北:文史哲出版社,2005 年。

中国古籍善本书目编辑委员会编:《中国古籍善本书目·史部》,上海:上海古籍出版社,1993 年。

【日】稻叶岩吉编:《朱舜水全集》,东京:文会堂,1912 年。

【日】黑板胜美、国史大系编修会编:《新订增补国史大系》第 2 卷《续日本纪》,东京:吉川弘文馆,1966 年。

【日】菅野真道奉敕撰:《续日本纪》,收入黑板胜美、国史大系编修会编:《新订增补国史大系》,东京:吉川弘文馆,1988 年。

【日】近藤瓶城编:《改定史籍集览》第廿一册(新加通记类一四),东京:临川书店,1984 年。

【日】林春勝、林信篤編：《華夷變態》，東京：東方書店，1981 年。

【日】牧田諦亮：《策彥入明記の研究》，京都：法蔵館，1955 年。

【日】内務省地理局編纂物刊行会編：《日本地誌提要》，東京：ゆまに書房，1985 年。

【日】黑板勝美、国史大系編修会編：《新訂増補国史大系》第 1 卷《日本書紀》，東京：吉川弘文館，1966 年。

【日】松下見林：《異稱日本傳》，收入【日】近藤瓶城編：《改定史籍集覽》第廿一册（新加通記類一四），東京：臨川書店，1984 年。

【日】小島晋治監修：《幕末明治中国見聞録集成》、《大正中国見聞録集成》，東京：ゆまに書房，1997 年，1999 年。

二、研究著作

Allen S. Whiting，*China Eyes Japan*，Berkeley：University of California Press，1989.

白寿彝：《中国史学史》（六卷本），上海：上海人民出版社，2006 年。

陈懋恒：《明代倭寇考略》，北平：哈佛燕京学社，1934 年。

陈其泰：《历史编纂与民族精神》，北京：国家图书馆出版社，2011 年。

陈小法：《明代中日文化交流史研究》，北京：商务印书馆，2011 年。

冯天瑜：《"千岁丸"上海行——日本人 1862 年的中国观察》，北京：商务印书馆，2001 年。

葛兆光：《想象异域：读李朝朝鲜汉文燕行文献札记》，北京：中华书局，2014 年。

何慈毅：《明清时期琉球日本关系史》，南京：江苏古籍出版社，2002 年。

黄虞稷：《千顷堂书目》，上海：上海古籍出版社，2001 年。

江庆柏：《清代人物生卒年表》，北京：人民出版社，2005 年。

姜胜利：《清人明史学探研》，天津：南开大学出版社，1997 年。

康有为著，楼宇烈整理：《康南海自编年谱》，北京：中华书局，1992 年。

黎光明：《嘉靖御倭江浙主客军考》，北平：哈佛燕京学社，1933 年。

梁启超：《中国历史研究法》，石家庄：河北教育出版社，2000 年。

林克光：《革新派巨人康有为》，北京：中国人民大学出版社，1990 年。

刘节：《中国史学史稿》，郑州：中州书画社，1982 年。

米庆余：《明治维新——日本资本主义的进步与形成》，北京：求实出版社，1988 年。

南炳文：《明史学步文选》，天津：天津古籍出版社，2014 年。

庞乃明：《明代中国人的欧洲观》，天津：天津人民出版社，2006 年。

彭澤周：《中国の近代化と明治維新》，京都：同朋舍出版部，1976 年。

钱仲联：《黄公度先生年谱》，载黄遵宪著，钱仲联笺注：《人境庐诗草笺注》，上海：
上海古籍出版社，1981 年。

乔治忠：《环球凉热——中国人认识世界的历程》，郑州：河南人民出版社，1998 年。

乔治忠：《中国官方史学与私家史学》，北京：国家图书馆出版社，2008 年。

乔治忠：《中国史学史》，北京：中国人民大学出版社，2011 年。

乔治忠：《中国史学史经典精读》，北京：高等教育出版社，2014 年。

瞿林东：《历史文化认同与中国统一多民族国家》，石家庄：河北人民出版社，2013 年。

瞿林东：《史学在社会中的位置》，北京：商务印书馆，2011 年。

瞿林东：《中国史学的理论遗产》，北京：北京师范大学出版社，2005 年。

沈仁安：《日本起源考》，北京：昆仑出版社，2004 年。

石曉軍：《『点石斋画报』にみる明治日本》，東京：東方書店，2004 年。

石晓军：《中日两国相互认识的变迁》，台北：商务印书馆，1992 年。

孙卫国：《大明旗号与小中华意识：朝鲜王朝尊周思明问题研究，1637-1800》，北
京：商务印书馆，2007 年。

孙卫国：《明清时期中国史学对朝鲜之影响：兼论两国学术交流与海外汉学》，上海：
上海辞书出版社，2009 年。

孙雪梅：《清末民初中国人的日本观——以直隶省为中心》，天津：天津人民出版社，
2001 年。

孙玉敏《王先谦学术思想研究》，哈尔滨：黑龙江人民出版社，2008 年。

谭汝谦主编：《中国译日本书综合目录》，香港：香港中文大学出版社，1980 年。

田久川：《古代中日关系史》，大连：大连工学院出版社，1987 年。

汪高鑫、程仁桃：《东亚三国古代关系史》，北京：北京工业大学出版社，2006 年。

汪婉：《清末中国对日教育视察の研究》，東京：汲古書院，1998 年。

汪向荣、汪皓：《中世纪的中日关系》，北京：中国青年出版社，2001 年。

汪向荣、夏应元编：《中日关系史资料汇编》，北京：中华书局，1984 年。

汪向荣：《〈明史·日本传〉笺证》，成都：巴蜀书社，1988 年。

汪向荣：《古代中国人的日本观》，上海：上海古籍出版社，2006年。

汪向荣：《中日关系史文献论考》，长沙：岳麓书社，1985年。

王宝平：《清代中日學術交流の研究》，東京：汲古書院，2005年。

王辑五：《中国日本交通史》，上海：上海书店，1984年。

王嘉川：《布衣与学术——胡应麟与中国学术史研究》，北京：商务印书馆，2005年。

王晓秋、大庭修主编：《中日文化交流史大系·历史卷》，杭州：浙江人民出版社，1996年。

王晓秋、杨纪国：《晚清中国人走向世界的一次盛举：1887年海外游历使研究》，大连：辽宁师范大学出版社，2004年。

王晓秋：《近代中国与日本：互动与影响》，北京：昆仑出版社，2005年。

王晓秋：《近代中国与世界：互动与比较》，北京：紫禁城出版社，2003年。

王晓秋：《近代中日关系史研究》，北京：中国社会科学出版社，1997年。

王晓秋：《近代中日启示录》，北京：北京出版社，1987年。

王晓秋：《近代中日文化交流史》，北京：中华书局，1992年。

王晓秋：《近代中日文化交流史》，北京：中华书局，2000年。

王勇：《历代正史日本传考注》，上海：上海交通大学出版社，2016年。

王勇：《中国史のなかの日本像》，東京：農山漁村文化協会，2000年。

吴怀祺主编，陈鹏鸣著：《中国史学思想通史·近代前卷》，合肥：黄山书社，2002年。

吴廷璆：《日本史》，天津：南开大学出版社，1994年。

吴泽、杨翼骧主编：《中国历史大辞典·史学史卷》，上海：上海辞书出版社，1983年。

武安隆、熊達雲：《中国人の日本研究史》，東京：六興出版，1989年。

夏晓虹：《追忆康有为》，北京：三联书店，2009年。

谢保成：《增订中国史学史》，北京：商务印书馆，2016年。

谢贵安：《中国史学史》，武汉：武汉大学出版社，2012年。

熊達雲：《近代中国官民の日本视察》，東京：成文堂，1998年。

杨艳秋：《明代史学探研》，北京：人民出版社，2005年。

杨翼骧编著，乔治忠、朱洪斌订补：《增订中国史学史资料编年》，北京：商务印书馆，2013年。

张声振、郭洪茂：《中日关系史》，北京：社会科学文献出版社，2006年。

张舜徽:《清儒学记》,武汉:华中师范大学出版社,2005 年。

张舜徽:《张舜徽学术文化随笔》,北京:中国青年出版社,2001 年。

張偉雄:《文人外交官の明治日本:中国初代駐日公使団の異文化体験》,東京:柏書房,1999 年。

张哲俊:《中国古代文学中的日本形象研究》,北京:北京大学出版社,2004 年。

郑海麟:《黄遵宪传》,北京:中华书局,2006 年。

鄭樑生:《明・日関係史の研究》,東京:雄山閣,1985 年。

郑樑生:《明代中日关系研究:以明史日本传所见几个问题为中心》,台北:文史哲出版社,1985 年。

郑樑生:《明史日本传正补》,台北:文史哲出版社,1981 年。

郑樑生:《中日关系史》,台北:五南图书出版公司,2001 年。

郑翔贵:《晚清传媒视野中的日本》,上海:上海古籍出版社,2003 年。

中国中日关系史研究会编:《日本的中国移民》,北京:生活・读书・新知三联书店,1987 年。

钟书河:《走向世界——近代中国知识分子考察西方的历史》,北京:中华书局,1985 年。

周一良:《中日文化关系史论》,南昌:江西人民出版社,1990 年。

朱莉丽:《行观中国——日本使节眼中的明代社会》,上海:复旦大学出版社,2013 年。

【加拿大】诺曼著,姚曾廙译:《日本维新史》,北京:商务印书馆,1962 年。

【日】坂本太郎:《日本的修史与史学》,沈仁安译,北京:北京大学出版社,1991 年。

【日】大庭修著,戚印平、王勇、王宝平译:《江户时代中国典籍流播日本之研究》,杭州:杭州大学出版社,1998 年。

【日】大友信一、木村晟编:《日本一鑑「名彙」:本文と索引》,東京:笠間書院,1982 年。

【日】沟口雄三:《日本人视野中的中国学》,北京:中国人民大学出版社,1996 年。

【日】呼子丈太朗:《倭寇史考》,東京:新人物往来社,1971 年。

【日】木村晟编辑:《日本一鑑の総合的研究:大本山総持寺貫首梅田信隆禅師退董記念・本文篇》,大阪:伽林,1996 年。

【日】木宫泰彦著:《日中文化交流史》,胡锡年译,北京:商务印书馆,1980 年。

【日】秋山谦藏：《日支交涉史研究》，東京：岩波書店，1939 年。

【日】秋山谦藏：《支那人の觀たる日本》，東京：岩波書店，1934 年。

【日】三ケ尻浩校訂：《日本一鑑》，京都：出版者不明，1937 年。

【日】石川英：《日本杂事诗·跋》，载黄遵宪著，钟书河辑校：《日本杂事诗广注》，长沙：湖南人民出版社，1981 年。

【日】石原道博：《明末清初日本乞師の研究》，東京：冨山房，1945 年。

【日】实藤惠秀著，谭汝谦、林启彦译：《中国人留学日本史》，北京：生活·读书·新知三联书店，1983 年。

【日】實藤惠秀：《明治日支文化交涉》，東京：光風館，1943 年。

【日】實藤惠秀：《中國人的日本觀》，"中國文化叢書"10《日本文化與中國》，東京：大修館書店，1968 年。

【日】松浦章：《明清时代东亚海域的文化交流》，郑洁西译，南京：江苏人民出版社，2009 年。

【日】太田弘毅：《倭寇：商業·軍事史的研究》，横浜：春風社，2002 年。

【日】藤塚鄰：《日鮮清の文化交流》，東京：中文館書店，1947 年。

【日】田中健夫著，杨翰球译：《倭寇——海上历史》，武汉：武汉大学出版社，1987 年。

【日】信夫清三郎：《日本外交史》，天津社会科学院日本问题研究所译，北京：商务印书馆，1980 年。

【日】岩井大慧：《支那史書に現はれたる日本》，東京：岩波書店，1935 年。

【日】岩橋小弥太：《日本の国号》，東京：吉川弘文館，1970 年。

【日】伊東昭雄、小島晋治：《中國人の日本人観 100 年史》，東京：自由国民社，1974 年。

【日】中山久四郎：《支那史籍上の日本史》，東京：雄山閣，1929 年。

【日】佐久間重男：《日明関係史の研究》，東京：吉川弘文館，1992 年。

【日】佐藤三郎：《近代日中交涉史の研究》，東京：吉川弘文館，1984 年。

【日】佐藤三郎：《中國人の見た明治日本：東遊日記の研究》，東京：東方書店，2003 年。

【日】佐々木揚：《清末中國における日本観と西洋観》，東京：東京大学出版会，

2000 年。

三、论文

安京:《〈海录〉作者、版本、内容新论》,《中国边疆史地研究》2003 年第 1 期。

陈代光:《陈伦炯与〈海国闻见录〉》,《地理研究》1985 年第 4 期。

陈华新:《康有为与〈日本变政考〉的几个问题》,《近代史研究》1984 年第 2 期。

陈建平:《〈日本考〉所见的日本婚葬礼俗——明代中国人的日本观初探》,《西南师范大学学报》2000 年第 5 期。

陈景彦:《也谈古代中日关系史的分期问题——与汪向荣先生商榷》,《现代日本经济》1990 年第 2 期。

陈其泰:《〈日本国志〉的时代价值》,收入陈其泰:《史学与中国文化传统》,北京:学苑出版社,1999 年。

陈卫平:《近代中国的日本观之演进》,《社会科学》1994 年第 1 期。

陈小法:《从服饰文化谈谈古代中国人的日本观》,《文献》2003 年第 2 期。

程天芹:《王先谦的外国史地著作述论》,复旦大学博士学位论文,2009 年。

戴逸:《中日甲午战争的影响和意义》,《齐鲁学刊》1991 年第 1 期。

冯佐哲、王晓秋:《〈吾妻镜〉与〈吾妻镜补〉——中日文化交流的历史见证》,《文献》1980 年第 1 期。

冯佐哲、王晓秋:《从〈吾妻镜补〉谈到清代中日贸易》,《文史》第 15 辑,收入冯佐哲著:《清代政治与中外关系》,北京:中国社会科学出版社,1998 年。

福井重雅:《〈後漢書〉〈三國志〉所收倭(人)傳の先後問題》,福井重雅先生古稀·退職記念論集刊行會編:《古代東アジアの社會と文化》,東京:汲古書院,2007 年。

龚缨晏:《〈欧罗巴国记〉:古代中国最早介绍欧洲的著述》,《社会科学战线》2015 年第 11 期。

韩东育:《关于日本“古道”之夏商来源说》,《社会科学战线》2013 年第 9 期。

韩东育:《朱舜水在日活动新考》,《历史研究》2008 年第 3 期。

韩小林、冯君:《论甲午战争前中国社会的日本观》,《嘉应学院学报》2005 年第 2 期。

何孝荣:《明代的中日文化交流》,《日本研究论集》1999 年第 1 期。

胡稹、洪晨晖:《“日本”国号起源再考》,《外国问题研究》2011 年第 4 期。

黄淑莲:《傅云龙和他的〈游历图经〉》,《兰台世界》2008 年第 10 期黄彰健：《读康有为〈日本变政考〉》，《大陆杂志》第 40 卷第 1 期，1970 年。

黄长义：《嘉道之际域外史地学的兴起》，《中南民族学院学报》2000 年第 3 期。

贾麦明：《新发现的唐日本人井真成墓志及初步研究》，《西北大学学报》2004 年第 6 期。

姜胜利：《中国史学史学科的发展与存在的问题》，《南开学报》2004 年第 2 期。

金维诺：《〈职贡图〉的时代与作者》，《文物》1960 年第 7 期。

荆晓燕：《清康熙开海后中国对日贸易重心北移原因初探》，《社会科学辑刊》2013 年第 2 期。

鞠桂燕：《中日徐福传说比较研究》，山东大学硕士学位论文，2008 年。

孔祥吉：《黄遵宪若干重要史实订证》，《清史研究》2010 年第 2 期。

李丽：《浅析〈日本考〉中的社会风俗》，《沧桑》2010 年第 6 期。

李小林：《侯继高及其〈日本风土记〉》，《兰州大学学报》2006 年第 1 期。

李小林：《明人私撰日本图籍及其对日本的认知》，《求是学刊》2005 年第 4 期。

李小林：《浅论明朝人认知日本的局限性》，《江南大学学报》2005 年第 6 期。

李长莉：《黄遵宪〈日本国志〉延迟行世原因解析》，《近代史研究》2006 年第 2 期。

李致忠：《谈〈筹海图编〉的版本和作者》，《文物》1983 年第 7 期。

廖源兰：《〈吾妻镜补〉杂谈》，《上海高校图书情报学刊》1992 年第 4 期。

刘黎明：《〈山海经〉里"黑齿国"与日本古俗》，《文史杂志》1993 年第 5 期。

刘芹：《论王先谦的〈五洲地理志略〉》，《史学史研究》2006 年第 4 期。

刘晓东：《〈虔台倭纂〉的形成：从"地方经验"到"共有记忆"》，《历史研究》2013 年第 1 期。

刘晓东：《嘉靖"倭患"与晚明士人的日本认知——以唐顺之及其〈日本刀歌〉为中心》，《社会科学战线》2009 年第 7 期。

刘晓东：《禁倭与申交：明太祖对日交涉目的探析——以洪武初年的对外诏书为中心》，《外国问题研究》2016 年第 1 期。

刘晓东：《明代官方语境中的"倭寇"与"日本"——以〈明实录〉中的相关语汇为中心》，《中国史研究》2014 年第 2 期。

刘晓东：《南明士人"日本乞师"叙事中的"倭寇"记忆》，《历史研究》2010 年第 5 期。

刘志军，李又增：《宁夏大学图书馆馆藏〈筹海图编〉考略》，《图书馆理论与实践》2013 年第 12 期。

柳岳武：《清初中日关系研究》，《人文杂志》2006 年第 1 期。

间小波：《〈海国闻见录〉——中国人开眼看世界的珍贵文献》，《学海》1993 年第 3 期。

马先红：《薛俊的日本观——以第一部日本研究的专著〈日本考略〉为中心》，《黑龙江史志》2014 年第 9 期。

缪凤林：《明人著与日本有关史籍提要》，《中央大学国学图书馆年刊》2 期，1929 年 10 月。

潘崇：《载泽出洋考察团编译书籍与清末宪政——兼论清末宪政思想的日本来源》，《近代史学刊》2014 年第 2 期。

彭雷霆、谷秀青：《近代中国人日本观研究的回顾与展望》，《甘肃社会科学》2007 年第 5 期。

彭雷霆：《近代中国人的日本认识（1871—1915）》，华中师范大学博士学位论文，2008 年。

乔治忠：《关于中外史学比较研究问题的解说》，《山东社会科学》2011 年第 9 期。

乔治忠：《论中国史学史研究的东亚视域》，《史学理论研究》2016 年第 2 期。

乔治忠：《论中日两国传统史学的比较研究》，《学术月刊》2006 年第 1 期。

石晓军：《日本遣隋使来华年次考略》，《文史知识》1989 年第 8 期。

时培磊、金久红：《王先谦〈日本源流考〉略论》，《史学史研究》2014 年第 3 期。

时培磊：《侯继高〈全浙兵制考〉及其与〈日本风土记〉的关系》，《廊坊师范学院学报》2015 年第 6 期。

时培磊：《明代的日本研究史籍及其特点》，《廊坊师范学院学报》2012 年第 2 期。

时培磊：《试论元代官方史学的两重体制》，《汉学研究》第 26 卷第 3 期，2008 年 9 月。

时培磊：《我国最早以"日本"为名的专书考述》，《兰台世界》2012 年 5 月上旬。

宋克夫、邵金金：《论胡宗宪在〈筹海图编〉编撰中的重要作用》，《中南大学学报》2011 年第 6 期

孙卫国：《东亚视野下的中国史学史研究》，《史学月刊》2013 年第 11 期。

孙卫国：《东亚视野下的中国史研究》，《史学理论研究》2016 年第 2 期。

孙卫国：《万历援朝战争初期明经略宋应昌之东征及其对东征历史的书写》，《史学月

刊》2016 年第 2 期。

孙卫国：《中国史学对东亚史学的影响与交流》，《历史教学问题》，2012 年第 4 期。

孙文政：《读〈明史·日本传〉发现的问题》，《黑龙江史志》2007 年第 6 期。

孙玉敏：《王先谦生卒年考辨》，《船山学刊》，2005 年第 4 期。

覃启勋：《日本国名研究》，《武汉大学学报》1999 年第 2 期。

唐力行：《关于〈日本碎语〉的碎语》，《安徽史学》1996 年第 4 期。

唐星煌：《黑齿管窥》，《东南文化》1990 年第 3 期。

童杰：《明季御倭史籍研究——以〈筹海图编〉与〈日本一鉴〉为中心》，南开大学博士学位论文，2011 年。

童杰：《郑若曾〈筹海图编〉的史学价值》，《史学史研究》2012 年第 2 期。

童杰：《郑舜功生平大要与〈日本一鉴〉的撰著》，《中南大学学报》2014 年第 5 期。

汪向荣：《〈筹海图编〉的版本和作者》，《读书》1983 年第 9 期。

王宝平：《〈策鳌杂摭〉：首部晚清民间文人日本研究专著》，《浙江外国语学院学报》2014 年第 4 期。

王宝平：《〈吾妻镜补〉著者翁广平考》，收入杭州大学日本文化研究所、日本神奈川大学人文学研究所编：《中日文化论丛 1996》，杭州：杭州大学出版社，1997 年。

王宝平：《傅云龙〈游历日本图经〉征引文献考》，《浙江工商大学学报》2008 年第 2 期。

王宝平：《黄遵宪〈日本国志〉清季流传考》，《文献》2010 年第 4 期。

王宝平：《黄遵宪与姚文栋——〈日本国志〉中雷同现象考》，收入胡令远、徐静波编：《近代以来中日文化关系的回顾与展望》，上海：上海财经大学出版社，2000 年。

王宝平：《康有为〈日本书目志〉资料来源考》，《文献》2013 年第 5 期。

王宝平：《新发现的姚文栋的代表作——〈日本国志〉》，（日本）《中国研究月报》1999 年 5 月号。

王魁星：《关于康有为写〈日本变政考〉的两个问题》，《近代史研究》1985 年第 4 期。

王妙发：《徐福东渡日本研究中的史实、传说与假说》，《中国文化》1995 年第 1 期。

王守稼，顾承甫：《研究明代中日关系史的珍贵文献——兼评复旦藏嘉靖本〈筹海图编〉》，《史林》1986 年第 1 期。

王晓秋：《傅云龙〈游历日本图经〉初探》，《北京大学学报》（日本中心十周年特辑）1998 年 6 月。

王晓秋：《康有为的一部未刊印的重要著作——〈日本变政考〉评介》，《历史研究》1980 年第 3 期。

王晓秋：《试论清代中日关系的开端》，《郑州大学学报》2008 年第 2 期。

王晓秋：《晚清中国人走向世界的一次盛举——1887 年海外游历使初探》，《北京大学学报》2001 年第 3 期。

王晓颖：《谢杰与〈虔台倭纂〉》，东北师范大学硕士学位论文，2010 年。

王勇、孙文：《〈华夷变态〉与清代史料》，《浙江大学学报》2008 年第 1 期。

王玉玲：《〈吾妻镜补〉对〈吾妻镜〉的误解》，《读书》2016 年第 10 期。

吴伟明：《姚文栋——一个被遗忘了的清末"日本通"》，《日本学刊》1985 年第 2 期。

吴玉年：《明代倭寇史籍志目》，《禹贡半月刊》2 卷 4、6 期，1934 年。

夏欢：《郑舜功与〈日本一鉴〉》，东北师范大学硕士学位论文，2014 年。

杨晓燕：《嘉隆万时期明人日本观研究（1522～1619）——以明人私修日本著作为中心》，江苏师范大学硕士学位论文，2013 年。

易惠莉：《清代中前期的对日关系认识》，收入华东师范大学中国现代思想文化研究所编：《思想与文化》第五辑，上海：华东师范大学出版社，2005 年。

翟正男：《邓钟〈筹海重编〉研究》，山东大学硕士学位论文，2015 年。

张冬冬、巨永明：《刍议中国古人的日本观——从正史中关于日本的专门记载来看古人的日本观》，《重庆师范大学学报》（哲学社会科学版）2007 年第 3 期。

张冬冬：《明代日本文献修纂研究》，河南师范大学硕士学位论文，2007 年。

张群：《傅云龙其人及其著述》，《河南图书馆学刊》2005 年第 5 期。

张书才：《康有为纂〈日本变政考〉》，《故宫博物院院刊》1980 年第 3 期。

赵佳霖：《嘉靖时期的海防思想研究——以〈筹海图编〉为例》，黑龙江大学硕士学位论文，2014 年。

郑樑生：《明嘉靖间浙江巡抚朱纨执行海禁始末》，收入氏著《中日关系史研究论集》第五卷，台北：文史哲出版社，1995 年。

郑樑生：《宁波事件始末——一五二三》，收入氏著《中日关系史研究论集》第十二卷，台北：文史哲出版社，2003 年。

郑樑生：《再论明代勘合》，收入氏著《中日关系史研究论集》第十卷，台北：文史哲出版社，2000 年。

郑永常：《郑舜功日本航海之旅》，《国家航海》2014 年第 9 辑。

周启乾：《晚晴知识分子日本观的考察》，《日本学刊》1997 年第 6 期。

周少川：《元朝的开放意识与域外史研究》，《河北学刊》2008 年第 5 期。

周迅：《汪鹏事辑》，《文献》1997 年第 2 期。

朱莉丽：《明代中国人日本观初探》，山东大学硕士学位论文，2004 年。

朱莉丽：《倭寇之乱下明朝人对日本的研究》，收入陈尚胜编：《中国传统对外关系的思想、制度与政策》，济南：山东大学出版社，2007 年。

【日】安田章：《日本風土記解題》，收入京都大学文学部国語学国文学研究室编：《日本風土記：全浙兵制考》，京都：京都大学国文学会，1961 年。

【日】坂井健一：《日本館訳語と日本一鑑にみられる近世方音の研究》，《漢學研究》（日本大學中國學會），通号 7，1970 年 3 月。

【日】赤松祐子：《「日本風土記」の基礎音系》，《国語国文》，中央図書出版社，1988 年 12 月。

【日】大和岩雄：《"日本"国名与天武天皇》，《国外社会科学》2004 年第 4 期。

【日】大友信一：《「日本風土記」"山歌"考》，《文芸研究》通号 22，1962 年 8 月。

【日】渡邊三男：《「日本一鑑」について：明末の日本紹介書》，《駒澤大學研究紀要》駒澤大学，通号 13，1955 年 3 月。

【日】木村晟：《『日本一鑑』の名彙》，《駒沢国文》，駒沢大学，1976 年 2 月。

【日】片山晴賢：《『日本一鑑』の基礎的研究 其之一》，《駒沢短期大学研究紀要》，駒沢大学，1996 年 3 月。

【日】片山晴賢：《『日本一鑑』の注釈的研究》，《駒澤國文》（駒沢大学文学部国文学研究室），2005 年 2 月。

【日】秋山謙藏：《明代支那人の日本地理研究》，《歷史地理》第 61 卷第 1 号，1933 年 1 月。

【日】神戸輝夫：《鄭舜功と蒋洲：大友宗麟と会った二人の明人》，《大分大学教育福祉科学部研究紀要》21（2），1999 年 10 月。

【日】石原道博：《明代日本観の一側面》，載茨城大学人文学部编：《茨城大学人文学部紀要・文学科論集》，第 1 号，1968 年 1 月。

【日】石原道博：《黄遵憲の日本国志と日本雑事詩（下）：清代の日本研究・第五

部》,《茨城大学人文学部纪要》文学科論集，通号 9，1976 年 3 月。

【日】石原道博：《日本刀歌七種——中国における日本観の一面》,《茨城大学文理学部纪要》人文科学，通号 11，1960 年 12 月。

【日】石原道博：《日明交渉の開始と不征国日本の成立——明代の日本観（一）》,《茨城大学文理学部纪要》人文科学 4 号，1954 年 3 月。

【日】石原道博：《日明通交貿易をめぐる日本観——明代の日本観（二）》,《茨城大学文理学部纪要》人文科学 5 号，1955 年 3 月。

【日】石原道博：《中国における隣好的日本観の展開——唐・五代・宋時代の日本観》,《茨城大学文理学部纪要》人文科学 2 号，1952 年 3 月。

【日】石原道博：《中国における日本観の端緒的形態——隋代以前の日本観》,《茨城大学文理学部纪要》人文科学 1 号，1951 年 3 月。

【日】石原道博：《中国における畏悪的日本観の形成——元代の日本観》,《茨城大学文理学部纪要》人文科学 3 号，1953 年 3 月。

【日】市村瓚次郎：《支那の文献に見えたる日本及び日本人》,《東方文化》第 1 号，1937 年 7 月。

【日】藤塚鄰：《清儒翁廣平の日本文化研究》，收入藤塚鄰著《日鮮清の文化交流》，東京：中文館書店，1947 年。

【日】田中健夫：《倭寇図雑考——明代中国人の日本人像》,《東洋大學文學部纪要》第 41 集《史學科篇》，1987 年。

【日】田中健夫：《倭寇図追考——清代中国人の日本人像》,《東洋大學文學部纪要》第 46 集《史學科篇》，1992 年。

【日】中島敬：《『日本一鑑』の日本認識》,《東洋大学文学部纪要・史学科篇》，通号 21，1995 年。

【日】中島敬：《『日本一鑑』研究史》,《東洋大学文学部纪要，史学科篇》，東洋大学，通号 22，1996 年。

【日】中島敬：《劉喜海の『日本一鑑』研究》,《白山史学》（白山史学会），通号 32，1996 年 4 月

【日】中島敬：《鄭舜功の来日について》,《東洋大学文学部紀要・史学科篇》（19），1994 年。

索引关键词

后记

　　在儿时的影像记忆中，电影里的日本鬼子形象和电视里的日本动漫人物是印象最深的，那个时候也搞不清楚日本人到底是什么样子的，更不会想到若干年后自己的研究会围绕着中国人的日本认识而展开。世界上恐怕没有哪一个国家会像日本这样让中国人充满着如此复杂的情感，中日两国既有友好与仇恨交织的过往，也有合作与竞争的现实。而在近些年对两国民众的情绪调查中发现，"嫌日感"和"厌华感"正呈现上升趋势，这与中日关系的走势密切相关。作为一衣带水的两国来讲，只有友好相处才会合作共赢，敌视和对抗的结果只能是两败俱伤。这种认识可以从历史上找到很多例证，凡是中日友好交往之时，两国的经济、文化等都获得了较大的进步，而中日之间的战争则给两国人民都带来了巨大的伤痛。我们今天研究中日关系史，不是要从历史上寻找仇恨，而是要以史为鉴，更好地面向未来。

　　本书是国家社科基金青年项目的结题成果，而涉足对日本问题的研究则是从读博期间开始的。南开大学史学史学科的特点之一是注重对东亚史学史的研究，特别是在中国与日本、朝鲜半岛史学的比较研究方面成果丰硕。所以自己的博士论文就选定以明清时期出现的两次日本研究热潮为研究方向，并以联合培养博士生的身份赴日留学，既搜集了大量资料，又获得了宝贵的考察经验，最终完成博士论文顺利通过答辩。毕业后，"阴差阳错"地入职到了廊坊师范学院。没想到以博士论文为基础申报国家社科基金项目获得立项，虽然工作中遇到各种困难，但该研究项目却打开了一个很好的局面，帮助一个高校"青椒"站稳了脚跟。经过几年的努力，项目通过验收结项，但其中仍有很多的不足，如今就要展示在读者面前，内心不免惶恐，学术研究永无止境，希望能够得到大家的批评和帮助。

本书的完成和本人的成长离不开老师和朋友们的帮助，所以要向他们表示感谢。最应该感谢的是我的导师乔治忠先生，是先生引领我踏入了史学史研究的殿堂。自己天资愚钝，如果没有乔先生的谆谆教诲和耳提面命，学术上恐怕一无所成。南开史学史教研室的姜胜利、孙卫国、朱洪斌三位先生对我也是帮助甚大，谦谦君子之风，对学生的成长犹如春风化雨。张秋升先生是我本科学习阶段的指导老师，感谢他培养了我的学术兴趣。南炳文先生是我的老师们的老师，以前上学时只是仰望而不敢接近，近年来却机缘巧合有了很多促膝长谈的机会，南先生的支持和鼓励对我帮助极大。还有很多学术界的前辈和老师给了我各种各样的帮助，他们提携后进，嘉惠后学，是我们青年学子永远的榜样。

我的同门师兄弟和学术界结识的各位同仁，对我学术上帮助甚大，我也要向他们表示感谢。求学各个阶段的同学们对我的学习和生活都有很大帮助，我的成长离不开他们的关心。马孟龙是我硕士期间的舍友，也是我的人生益友，他在我的学术之路上给予了极大的正能量。工作之后的遇到的领导和同事都对我帮助很大，也感谢他们的关爱。谢谢家人的支持，解决了我的后顾之忧。

最后要特别感谢科学出版社的李春伶和耿雪两位老师，本书的出版离不开她们的帮助。二位老师的学术见识和编辑水平让我非常敬佩，感谢她们为本书付出的辛勤努力。